金融服务法评论

Financial Services Law Review

主　编：郭 锋

副主编：甘培忠 曾筱清

执行主编：邢会强

10

第十卷

中国法制出版社
CHINA LEGAL PUBLISHING HOUSE

目　录

特稿

笔谈

智能投顾专题

改革开放四十年与中国证券法学研究

论文

书评

研究综述

特 稿

完善我国金融市场基础设施立法的建议

中国法学会证券法学研究会*

2018年6月28日，“新时代中国金融市场基础设施法治体系建设论坛”暨中国法学会证券法学研究会2018年年会在北京举行。按照第五次全国金融工作会议提出的服务实体经济、防控金融风险、深化金融改革三大任务，来自各大院校、证券交易（场）所、证券业协会、证券投资基金业协会、证券公司、互联网金融公司、上市公司、律师事务所等机构的领导、专家学者和代表等300余人对我国金融市场基础设施法治体系建设进行了深入探讨。基于此，我们将研讨共识总结、汇报如下。

一、我国金融市场基础设施现状

金融基础设施是对国家经济发展有重大影响、涉及金融稳定运行的基础硬件设施和制度安排，金融基础设施建设是一个国家金融业健康发展的先导性、战略性、全局性工程。在国务院以及中国人民银行、证监会等部门重视下，经

* 执笔人：邢会强（中央财经大学法学院教授、中国法学会证券法学研究会副会长兼秘书长）、潘一豪（中央财经大学法学院硕士研究生）。

过多年发展，我国支付系统（PS），中央证券存管（CSD）与证券结算系统（SSS），中央对手方（CCP），交易报告库（TR），其他金融市场基础设施，如中证机构间报价系统、全国中小企业股份转让系统、互联网金融平台等金融市场基础设施建设取得了显著成就，在促进金融市场发展，保障市场安全稳定高效运行方面发挥了重要作用。

二、我国金融市场基础设施宏观层面立法完善建议

（一）明确金融市场基础设施的法律定义

无论是分散立法还是综合立法，都应在相应的法律中明确金融市场基础设施的定义，以便提高金融市场基础设施的地位。对金融市场基础设施的定义不宜过宽，如果将会计环境、审计制度、法律环境、市场监管等都视为金融市场基础设施入法，并无太大意义。我国金融市场基础设施的定义应采取瑞士的做法，可比《金融市场基础设施原则》略宽，但不宜太宽。

（二）建立对金融市场基础设施进行宏观审慎管理与微观准入监管与行为监管的二元框架

1. 对金融基础设施坚持宏观审慎监管。由于金融基础设施本身带有风险集聚的特征，防范金融风险在多个基础设施间传递和蔓延而形成系统性风险，保障整个金融系统的稳定显得尤为重要。在我国经济发展进入新常态，结构调整和转型升级处于关键阶段的当前，更需要建立宏观审慎监管框架，需要宏观审慎监管在机构间关注共同风险敞口，并从时间维度抑制体系整体的顺周期特征。

2. 厘清宏、微观审慎监管的职能划分和责任边界。在有重点地构建宏观审慎监管框架的同时，充分尊重行业规律和特点，抓住风险源头和传播途径。

3. 探索制定系统重要性的金融市场基础设施认定规则，并将具有系统重要性的金融市场基础设施纳入宏观审慎监管框架内。

建议突出宏观审慎监管的重点内容和领域，就针对系统重要性金融市场基础设施而言应重点加强支付结算领域信用、流动性等风险的控制。具体地，针对五类金融基础设施，按其在防范系统性风险、维护金融体系稳定中发挥

的不同作用，以及系统重要性程度，可大致分为三个层次：第一层为重要支付系统（PS）和交易数据库（TR），与货币政策传导、整体市场监控等事宜高度相关。第二层为中央对手方（CCP），一方面，服务不同的市场和不同的标的，中央对手方应对的风险不尽相同；另一方面，当中央对手方的风险集聚到一定程度，才可能产生系统性风险，才有必要宏观审慎监管介入。第三层为中央存管系统（CSD）和证券结算系统（SSS），二者专注于证券的存管和转让，受限于市场和标的，不涉及央行资金流动，跨市场形成系统性风险的关联度较弱。

按上述分类，在国务院金融稳定发展委员会的统一领导下，可由人民银行负责宏观审慎监管，并承担对重要支付系统（PS）的准入监管和行为监管；由中国证监会具体负责中央证券存管系统（CSD）和证券结算系统（SSS）的准入监管和行为监管；对于中央对手方（CCP）和交易数据库（TR），根据所在市场是由哪个监管机构进行监管，中国人民银行、中国银行保险监督管理委员会和中国证监会履行监管职责。

（三）注重金融市场基础设施立法的可操作性，落实《金融市场基础设施原则》，推进金融市场金融设施监管与国际标准接轨

建议一方面从法律法规层面落实《金融市场基础设施原则》，另一方面尽快建立规则明确、标准统一的金融市场基础设施的管理规则和业务指引，逐步提高系统重要性金融市场基础设施安全高效运行的最低标准，并从总体架构、信用风险和流动性风险管理、结算、证券存管和交换结算系统、违约风险管理、一般业务风险和运行风险管理、准入、效率和透明等方面规定金融市场基础设施的安全运行基本原则。譬如，瑞士《金融市场基础设施法》对于金融市场基础设施的市场准入、内部控制、财务担保、清算顺序、流动性要求、财产隔离、数据保存时间、个人信息保护等方面的规定都是非常具体的，具有较强的可操作性，共用了161个条文。为此，瑞士联邦政府颁布了《金融市场基础设施和证券及衍生品交易市场行为条例》予以细化。我国应以精细化立法的理念来指导法律制定，从而为市场主体提供明确的预期。

三、我国金融市场基础设施微观层面立法完善建议

（一）支付系统（PS）

1. 加强对备付金的监管

首先，从第三方支付的交易形式上看，沉淀资金与孳息应归属用户所有。建议优化对沉淀资金的存管与分配。可以将市场资源配置与央行管理相结合，保障市场活力。将一定比例的资金交由商业银行存管且计息，用于第三方支付平台资金的日常周转和运行维护；其利息用于分担用户购买保险的一定比例的费用，其余资金由央行存管，由央行对其进行投资，收益合理分配可用于消费者权益的保护及突发支付风险的应急等方面。

其次，应进一步加强备付金存管银行统一集中存管的监督管理，充分发挥以存管银行的清算中心为优势建立的备付金监测系统，做到对挪用备付金的事前预防、事中审查、事后追惩。

最后，应加大备付金违规操作的惩罚力度，提高对第三方支付平台和银行违规行为的罚款标准。

2. 强化第三方支付平台客户的安全权和知情权保障

建议拓宽支付平台信息披露范围，增加具体责任章节来细化第三方支付平台的义务范围，加强对客户隐私权的保护，防止支付平台违反信息保护义务损害客户的信息和资金安全。

（二）中央证券存管（CSD）

1. 明定登记托管机构的法律性质，围绕无纸化债券重点解决登记托管的关系，明确簿记形式证券以登记为效力条件，确定债券初始登记后应视为存管在证券登记托管机构。

2. 以权利义务为核心规范登记托管机构，明定具有操作性的民事责任。

3. 统一债券市场登记托管体系，保证参与者可在统一的系统内进行交易。

（三）证券结算系统（SSS）

由于我国债券结算所处的“多头离散”的分离局面已无益于债市的市场化

推进，应切实贯彻《证券法》第158条所强调的“证券登记结算采取全国集中统一的运营方式”的立法要求，以债券的实质类型为主导，将债券结算系统进行集中统一，避免同种债券的人为差异化结算，进而减少结算成本，提高交易效率。

（四）中央对手方（CCP）

1. 建构审慎监管体系

第一，针对中央对手方和交易商、中央对手方和清算会员设定最低保证金、最低资本等要求；第二，建立更严格的资金分离制度，在中央对手方与清算会员的自有资金和客户的资金之间建立一道风险隔离墙。

2. 构筑风险防范体系

由于中央对手方所服务不同市场的不同特性，建议基础性规范应从较高层面对中央对手方风险应对机制进行原则性设计，将制定具体标准及运作方式的任务交由各监管部门同构规章或规范性法律文件的方式予以确认。

3. 明确中央对手方与结算参与人的权利义务

中央对手方机制顺利实施的关键在于“合约更替”的确立，不同于传统民法合同变更仅限于内容的变化，其要求合同内同一主体同步变化，这种差异化的金融架构机理需要我们采取适应性变革，在法律框架内明确中央对手方和结算参与人的权利、义务与责任。

4. 完善期货市场中中央对手方机制

建议设立期货专门结算机构，担任期货市场的中央对手方，专门履行期货结算以及相关职责，并承担相应法律责任。关于统一期货结算所与上海清算所在场外衍生品种结算方面的划分，应立法予以明确。

互联网金融纠纷案件的法律适用与司法裁判规则建议

中国法学会证券法学研究会*

2018年4月22日，由中国法学会证券法学研究会、中国商业法研究会、浙江大学互联网金融研究院主办，浙江省法学会金融法学研究会等单位承办的“互联网金融纠纷案件的法律适用与司法裁判规则”研讨会在杭州隆重举行。本次会议围绕互联网金融纠纷案件的法律适用与司法裁判规则，就互联网金融的本质与平台定位、互联网金融监管制度与司法裁判的关系、互联网金融纠纷案件的司法裁判实践经验与疑难问题、网络借贷与第三方支付纠纷的法律适用与裁判规则等话题进行了广泛而深入的研讨，形成主要成果如下。

一、互联网金融的本质与平台定位探析

（一）互联网金融的本质应回归金融

互联网金融的本质是金融，互联网是实现互联网金融的工具，应重点关注

* 执笔人：李有星（浙江大学光华法学院教授、中国法学会证券法学研究会副会长）。

互联网金融的金融本质特点。研究互联网金融不能背离金融逻辑，对互联网金融主体的行为性质要根据具体法律文本、合同进行判断。金融具有社会性公共属性，因此互联网金融业务也应遵循金融活动的适当性原则等铁律。

互联网金融与传统金融是互补关系，不可取代传统金融。互联网金融的基础是小额、分散、涉众、普惠，弥补了传统金融市场服务的不足，具有降低小微企业融资成本，减轻实体经济负担的功能。

（二）互联网金融平台的定位探讨

2015 年 7 月，中国人民银行、工业和信息化部、公安部等发布的《关于促进互联网金融健康发展的指导意见》将网络借贷平台、股权众筹平台等互联网金融平台界定为中介机构，此后的监管规则予以沿用。2016 年 8 月发布的《网络借贷信息中介机构业务活动管理暂行办法》（以下简称《网贷办法》）进一步将网络借贷平台定性为信息中介机构，但却赋予平台超出居间人的义务。目前，互联网金融平台存在定位不清的问题。

平台定位困境不仅造成司法裁判基础法律关系定性困境，也限制了互联网金融行业的良性发展。如北京海淀区法院审理的全国首例股权众筹案诺米多案，由于缺乏法律依据，最终定性为居间合同纠纷。依据美国 JOBS 法案，P2P 网络借贷属于借贷众筹，股权众筹属于投资众筹，可以根据平台特点注册为集资门户或经纪商。此外，目前“一刀切”地限定互联网金融平台仅可提供信息中介服务，限制了平台生存空间，抑制了互联网金融的长期发展。监管规则将平台定性为一种类似于具有公众平台性质的信息中介，将平台在司法纠纷中置于尴尬境地。投资者基于对平台的信任选择平台进行投资，平台也愿意代理投资者协助其实现债权。需要厘清相应制度障碍，解决互联网金融平台在司法裁判中的定位与权利义务问题。

网络借贷平台的定位有待进一步厘清，监管规则将其定性为信息中介机构存在问题，应当将其定性为复合中介机构。在现行规定下，网络借贷平台业务属于经纪业务还是居间业务存疑，应当系统梳理研究网络借贷平台相关合同文本，明晰平台业务属性，进而确定网络借贷平台的主体定位。此外，信息中介机构的定位，使得其责任设计前后矛盾。网络借贷平台作为信息中介机构，不承担处理逾期债务的责任；备案制进一步明确了网络借贷平台是非金融机构。

但是，监管规则同时要求网络借贷平台承担超出居间人的责任，信息中介难以涵盖平台实质属性。应当借鉴英国监管规则，将网络借贷平台定性为复合中介，允许平台提供增信，契合实践发展需求。

互联网金融平台实质上是其控制主体业务的延伸机构，互联网金融的本质是金融，因此互联网金融机构实质上也是金融机构。要根据互联网金融平台的共性重新界定其性质，当平台行为与现行法律冲突时，应考量其商业逻辑与社会价值，实现法律服务社会发展的职能。与正规金融机构不同，互联网金融平台是弱金融机构，配置权利、义务、责任应低于正规金融机构。此外，金融市场基础设施的概念也可以解释互联网金融平台的定位。金融是经济的血液，血液流经的管道就叫金融市场基础设施，互联网金融平台实质上是金融市场的基础设施。

二、互联网金融监管制度与司法裁判关系的界定

（一）互联网金融监管规则作为司法裁判依据的商榷

第一种观点认为，监管规则作为管理性规范不能作为司法审判的直接依据。《最高人民法院关于适用〈中华人民共和国合同法〉若干问题的解释（二）》第十四条对管理性规范和效力性规范进行了区分，在商事裁判领域有着重大意义。互联网金融司法裁判的法律适用不能以管理性规范代替效力性规范，具有管理性质的监管规则不能作为司法审判的直接依据。互联网金融监管存在滞后性、应急性、非公开性，监管规则的合法性、合理性基础存疑，无法在司法裁判中直接援引参照。司法裁判对监管规则的适用衔接可以考虑以下三点：第一，对监管规则进行司法审查；第二，尊重商事判断规则，综合考量企业经营成本，适时推出集中管辖，提升商事审判质量；第三，司法裁判应考虑社会效果，区分涉众型和非涉众型纠纷。也有学者对此持反对意见，认为司法裁判应当与监管规则保持一致，监管规则可以作为司法审判的依据。

第二种观点认为，如果司法裁判不依据互联网金融监管规则，而是依据民法原理认可行为效力，会使监管规则形同虚设，严重危害国家的法律统一。应当尊重政府出具的监管规则。政府基于法律的授权履行行政监管职责，只要不违背上位法规定，法院无权撤销监管部门的合法决定。

（二）互联网金融监管规则对于司法裁判的积极意义

第一，互联网金融监管规则有利于在前端规范互联网金融行业，减轻司法机构负担。司法裁判是最后环节，事前和事中监管需要监管规则。虽然法律行为并不因违反管理性规范而无效，但是政府有权依据监管规则进行行政处罚。在这一层面上，互联网金融的监管规则对于遏制行业乱象十分必要。

第二，司法裁判可以借鉴互联网金融监管规则的先进理念。如借鉴穿透式监管和行为监管方式，从消费者的权益以及社会稳定、社会价值等方面进行考量。

第三，监管规则的完善是司法裁判规则完善的基础。目前出现的互联网金融纠纷，大多源自监管规则生效前的不规范行为。当网络借贷平台备案工作完成，不规范行为将被纳入现有法律体系之中调整，在此基础上才能制定可持续性适用的互联网金融司法解释规则。

三、互联网金融纠纷案件的司法裁判的实践经验与疑难问题

（一）互联网金融纠纷案件司法裁判的实践经验

上海与杭州是国内互联网金融起步最早、发展最快的核心区域之一。2017年8月18日，国内首家互联网法院在杭州挂牌成立，集中审理涉网案件。2018年4月27日第十三届全国人大常委会第二次会议通过了设立上海金融法院的决定。在互联网法院与金融法院的筹建与运行过程中，积累了大量互联网金融纠纷争议解决的实践经验。

杭州市内互联网金融借款与小额贷款纠纷归属互联网法院集中管辖，案件数量在互联网法院所管辖案件中约占15%。目前，杭州互联网法院审理互联网金融案件具有以下经验：第一，与省内数家金融机构协调合作，实现网上审理。第二，启用电子签章系统提高审判效率，保障数据安全。第三，对互联网金融案件，特别是小额贷款纠纷采用智能立案。第四，采用电子送达和相应的“弹屏短信”功能，并与三大电信运营商协调，确认当事人能够收悉法院文件。第五，启用“异步审理”，突破传统面对面的同步审理方式。第六，采用金融快审机制，互联网金融借贷、小额贷款纠纷从起诉到最终的裁判

文书全部由系统智能化生成。第七，互联网法院将互联网审理的选择权交由当事人，为实现互联网庭审中司法的严肃性，在线审理对话框中设置了禁言和禁图像功能。

上海市各级法院在实践过程中，积累了大量网络借贷纠纷案件的审判经验。第一，目前上海已经建立了从基层到高级法院的完整金融审判体系，涉及 P2P 网络借贷平台的案件归属金融审判庭管辖。第二，P2P 网贷案件的司法裁判理念有两点，一是正确处理好鼓励金融创新和依法规范金融秩序之间的关系；二是注重裁判结果和金融监管政策的契合，妥善处理好涉众交叉案件。

（二）互联网金融纠纷案件的司法裁判的疑难问题与解决思路

第一，互联网金融纠纷案件的管辖存在争议。一种观点认为，由于许多平台服务器置于境外，互联网金融纠纷案件的管辖问题不能适用原有管辖规则，应当在上海、杭州等几个核心地区实行集中管辖。也有观点认为，互联网金融案件数量的剧增给地方政府与法院带来了巨大压力，应当遵循平台注册地辖区管辖的原则。此外，也可进行约定管辖，以平台所在地作为互联网法院管辖的连接点之一，约定网络合同的签订地，实现约定管辖的落地。

第二，互联网金融是商事案件，与普通传统民间借贷不同，要体现商事法律特点。司法解释需要回归请求权基础的确定，判断互联网金融是否具有不同于传统的请求权的特点。处理互联网金融纠纷案件应当重点关注以下问题：首先，准确区分和鉴定法律关系。厘清金融关系和互联网技术的区别，归纳争议焦点需要提炼出法律关系。其次，恰当地处理行政、民事以及刑事法律规范的关联适用问题，如互联网金融平台商事主体资格、经营主体与客户合同权利义务的关系，互联网金融违法犯罪行为和商事交易合同效力的关系等问题。再次，实现信息数据完整有效地入案，监管机构、企业和司法机关建立信息数据共享机制，确保互联网金融的行政监管数据、交易记录信息和线下信息的完整性。最后，互联网金融纠纷案件司法裁判的制定应当重点对金融消费者进行保护。制定司法解释需要对投资者进行分类，对金融消费者进行倾斜性保护。实行举证责任倒置，强调适合性原则，引入金融机构的信义义务，将证券法上的反欺诈和民事诉讼机制推广到互联网理财领域。

第三，互联网金融多元纠纷解决机制的不足与完善思路。根据世界银行和国际金融消费者保护组织 2012 年的统计，全球 114 个参与调查的国家当中，75% 的国家已经建立了金融消费纠纷的非诉讼替代性争议解决机制。互联网金融案件具有小额、分散、简易等特点，不应为此浪费过多的司法资源。应当尽快设计倾斜保护金融消费者的纠纷解决机制，探索互联网金融多元化纠纷解决机制。可以参考英国解决金融消费纠纷的申诉专员机制，对消费者在以下方面进行倾斜保护：首先，争议解决产生的费用全部由金融机构承担。其次，消费者可以选择是否接受申诉专员的裁决意见。最后，一旦消费者接受裁决，金融机构就必须接受。

四、网络借贷纠纷法律适用与裁判规则问题

（一）网络借贷平台的收费与利率问题

首先，网络借贷平台收取的服务费用原则上不应与借贷利率合并计算，不受《最高人民法院关于审理民间借贷案件适用法律若干问题的规定》的利率限制。平台服务费用与借贷利息，基于完全不同的两种法律关系产生。前者是客户与平台间的服务合同关系，后者是借贷双方的借贷合同关系，原则上不应混同。平台收取的费用，是平台提供各类服务的对价，只要合法合理，应当予以支持，不能与借贷利息合并计算，亦不受司法解释的利率限制。但是，如果平台以服务费用代替利息，变相提高利率进行收费，人民法院应当在实质审查的基础上，将其认定为利息的组成部分合并计算，总额不得超过司法解释规定的利率上限。

其次，网络借贷平台不必遵循司法解释的利率规定。监管利率与司法利率并不等同，司法解释利率已不适应互联网金融发展的现实需求。一方面，互联网金融经营风险的成本与技术成本加总，决定其平均利率要达到 50%—60% 才能持续盈利；另一方面，网络借贷平台经营的短期借贷产品，往往按照周或月利率计算。司法解释对民间借贷年化利率的限制性规定，不宜适用于互联网金融。也有观点认为，虽然互联网金融机构是经营风险的机构，但是利率不能作为风控手段。现金贷之所以利率过高，正是因为缺乏经营高风险业务所应具备的风控技术，简单地用利率来作为风控手段。

（二）网络借贷平台的退出问题

司法实践中存在大量不规范平台的破产问题，应当完善法律制度，引导其良性退出。

第一，如果网贷平台存在资金池，司法裁判应适当参考 SPV 的处置方法，进行破产隔离。国内国际金融结算过程中在线、在途的资金，虽然没有构成资金池，但应明确其结算之后的归属，并采用破产隔离原则。

第二，如果平台制定的“生前遗嘱”，对平台破产之后的资产归属、债权债务关系处置作出了合理的安排，并在互联网或其他公开渠道上进行了公示，司法审理过程中应当对其效力予以认定。

第三，对于网贷平台从事的融资性业务，可以比照银行贷款合同，对提前还款或提前清偿予以确认。提前清偿涉及其他破产债权人的利益，需要在其他债权人和投资者利益间进行价值选择。

第四，共益费用和共益债务问题。依照《破产法》的规定，在平台出现破产危机时，用于从事生产的支出也属于共益债务。部分平台在破产过程中对外借款，用以偿还平台债务，实现投资者债权，具有公共性质，司法裁判中应将这笔借款认定为共益债务。

五、非银行支付纠纷法律适用与裁判规则问题

（一）非银行支付纠纷中的基础法律关系

厘清非银行支付纠纷法律适用于裁判规则的基本问题，需要对其基础法律关系进行梳理。第一，非银行支付机构与用户之间建立的是电子货币保管法律关系、资金代收代付的服务合同法律关系；银行与非银行支付机构建立的是关于支付服务的合作关系。第二，支付行为具有独立性。非银行支付机构不负责审查支付行为背后的基础交易是否真实有效，不负责处理由于基础交易而引发的纠纷。非银行支付机构提供的“担保交易”服务，并非担保基础交易真实有效的意思，不是担保法意义上的担保，主要功能是为交易提供代收代付的中介服务。第三，备用金所有权归属用户，非银行支付机构受托保管。

（二）电子支付非授权交易中的责任规定与举证责任归置问题

根据《电子商务法（草案）》以及最高法互联网金融司法解释的立法设计思路，非因客户自身原因造成的资金损失，客户向非银行支付机构和银行索赔的，应予以支持，除非支付机构能够证明损失由客户过错导致。对支付机构设置严格责任，并需承担举证责任。对此形成了两种针锋相对的观点：支付机构认为不宜对其赋予过重的责任，司法实务工作者则持相反观点。

第一种观点认为，目前立法思路存在以下问题。第一，赋予支付机构的责任过重。支付机构可以保障系统安全可靠，符合国家标准与金融监管要求，但没有能力防范道德的风险。第二，这种责任规则一旦被法律确定，会对实务审判、司法机构造成较大压力和混乱。因为该条款不具有可操作性，支付机构承担证明责任是在侵权的语境下，但用户可能选择提起违约之诉。第三，易引发道德风险。蚂蚁金服根据统计数据发现，大部分申请账户被盗的都是骗赔骗保。要求支付机构承担举证责任，变相鼓励了用户的套利行为。第四，造成裁判尺度的不统一。线下支付中的ATM机刷卡出现非授权交易，银行只要证明自身无过错即可免责。非银行支付机构通过长期发展已经具备与银行同等水平的风控能力，在交易原理实质相同的情况下，不应加重非银行支付机构的义务。第五，不利于非银行支付行业的健康发展。从动态来看，如果司法解释明确了无过错责任，赔付金额会急剧放大。当支付机构最大限度利用风控手段，通过合约方式明确各方承担的风险的情况下，仍然让支付机构承担所有责任有失公平。

第二种观点认为，基于支付机构的属性与交易地位，应当由其承担更加严格的责任。第一，支付机构本质上从事金融业务，不应将互联网金融机构和传统金融机构区别对待。银行在银行卡被盗时承担严格责任，非银行支付机构同样应适用该规则。但是，这种严格责任应当是有限的、封顶的，需要司法裁判规则进一步完善。第二，支付机构在交易中处于优势地位。执行支付信息由委托人和支付机构同时控制，且支付机构可以控制所有委托人。支付机构也有信息、技术等方面的优势，应当承担保障技术安全性的责任。第三，金融机构能筹集社会资金是基于社会对金融机构的信任，因此金融机构有保障金融消费者资金安全和维护自身商业信誉的义务。非授权交易损失如果由用户承担，会导致委托支付的用户丧失对该支付机构的信任，进而影响整个支付行业的存续与发展。第四，按照谁主张谁举证的原则，支付机构主张用户恶意敲诈，需要承担举证责任。

折中观点认为，一方面，如果平台被攻陷，执行了黑客发出的指令，应由账户管理者承担责任。另一方面，账户持有人未妥善保管交易密码而受损，应当由用户承担责任。既然用户接受了便捷的密码支付方式，就有一定义务承担相应风险。

多层次资本市场建设比较研究

李正全[*]　邢会强[**]　张晓春[***]　张河生[****]　惠　宇[*****]

【内容提要】多层次资本市场的形成及建立，其目的在于满足实体经济多样化的融资需求，进而更好地发挥直接融资的作用。我国的资本市场经过了20多年的发展，市场规模不断扩大，市场容量不断增加。但是，从实践来看，我国多层次资本市场似乎一直没有形成无缝对接的完整体系，对实体经济实现全覆盖。很多实体企业的融资需求无法通过资本市场得到满足，它们不得不依赖间接融资或者去海外股市融资。此外，我国各层级股权市场之间均是独立的体系，缺乏统一制度设计，市场之间不能有效衔接，大大降低了整个资本市场的运行效率，抑制了低层次资本市场的发展。一方面，这与我国多层次资本市场体系构建比较晚有关；另一方面，这也与资本市场的整体制度架构设计有关。为了更好地理解多层次市场体系形成的内在市场逻辑，我们选择了资本市场发达且

* 国联证券股份有限公司副总裁，经济学博士。
** 中央财经大学法学院龙马学者特聘教授，法学博士。
*** 国联证券股份有限公司宏观策略首席分析师。
**** 太平洋证券股份有限公司固收分析师。
***** 国联证券股份有限公司场外市场部持续督导部负责人。

具有典型意义的美国和日本，通过研究它们多层次资本市场的架构、历史演进以及制度设计，总结出背后的规律，试图对我国未来的多层次资本市场发展完善提供一些有帮助的建议。

【关键词】 多层级资本　历史演进　国际经验　比较研究

资本市场是连接各类投资者与融资者的重要场所，建立多层次资本市场是满足实体经济多样化的融资需求，进而更好发挥直接融资的作用的重要渠道。从世界各国资本市场的实践来看，即使在直接融资体系最发达的美国，不仅全国性资本市场内部存在分层，而且区域性资本市场仍然存在，共同构成了多层次的资本市场体系。在我国政策实践中，中国证监会非常重视多层次资本市场的发展，国务院文件中多次提到要完善多层次资本市场建设，证监会前主席肖钢2015年甚至提出要研究在创业板中设立专门板块，推动新三板向创业板的转板。党的十九大报告中再次明确强调发展多层次资本市场。

经过二十多年的发展，我国基本建立了资本市场的多层次架构。但是，从运行上看，各个层次资本市场之间相互独立，缺乏有效的衔接，而且各层级间的表现差异较大：A股市场交易活跃，优秀企业众多，具有较好的融资功能，未上市公司争相排队希望登陆A股。但是新三板以及区域股权交易中心则面临着相当尴尬的局面，成交低迷，融资功能弱，企业挂牌意愿不足，已挂牌企业甚至主动摘牌；区域股交中心甚至需要依赖财政补贴才能吸引企业挂牌，缺乏市场基本的投融资功能。

为了使资本市场建设更加完善，不少学者基于对自身多层次资本市场的理解，从不同方面对多层次资本市场的建设提出了自己的想法和建议。吴晓求和王道云分别对我国多层次资本市场建设的层次有不同的见解，吴晓求认为层次过多不利于管理，因此将资本市场分为三层。而王道云认为应该分为四层，这样更有利于我国的建设和管理。杨业中（2014）在《我国多层次资本市场建设研究》中以多层次资本市场为切入点，通过剖析多层次资本市场体系的构建，对多层次资本市场建设中存在的问题相应地提出了四点建议。李燕①

① 李燕：《我国多层次资本市场体系下的场外交易市场建设研究》，载《经济问题探索》2009年第10期。

(2009) 指出完善场外交易市场是构建我国多层次资本市场的必要条件，提出在市场框架下，对场外交易市场建设的制度设计、市场监管以及中介服务等方面的解决建议。

近年来，随着新三板的出现和迅猛发展，以及国家对区域性股权交易市场的整顿和规范，不少学者将多层次资本市场的研究集中在两部分：一是对新三板的思考，二是对区域性股权市场的思考。张璟、史明[①] (2011) 认为多层次资本市场突破的重点在于新三板市场的建设，而新三板需要使股价符合公司价值，并对新三板提出了三条具体意见。吴勇、权威 (2017) 在《新三板市场困境摆脱及其交易机制改善》中同样强调了新三板市场是我国多层次资本市场的重要组成部分，对目前我国新三板中存在的准入门槛低、流动性不足、交易机制不完善、转板机制不健全、信息披露不充分等问题提出了加强资本市场监管的建议。宋晓刚 (2015) 在《多层次资本市场建设的新抓手——加快新三板市场创新与规范发展》中指出新三板的发展面临非常有利的制度和监管环境，且新三板作为多层次资本市场体系中承上启下的重要组成部分，是大力发展直接融资的重要抓手，要重视新三板市场的健康发展。在对新三板的重视上，陆莹洁 (2014) 在《新三板市场对中小企业融资及其他隐性推动作用研究》中对新三板进行了深入分析，认为新三板对于中小企业有一定的融资性作用，但该融资作用有其局限性，更为主要的作用应该在非融资性的隐性激励作用及规范作用，从而提出完善做市商制度。杨雪莹 (2012) 对做市商制度的构建进行探讨，提出做市商制度对解决新三板的现存问题有重要意义，必须借鉴国内外经验使得制度更加完备。何登录 (2014) 对区域性股权交易发展中存在的问题进行了分析，并从业务范围、交易模式、制度建设等方面提出了一些完善思路。张付琪 (2014) 在《区域性股权交易市场的法律监管问题研究》一文重点从法律监管方面进行探讨，通过对比三类监管模式的优缺点，结合多层次市场的实际情况和我国证券市场监管市场存在的问题，对我国区域性股权交易市场的监管体制的构建提出了思考。王磊 (2013) 在《证券公司参与区域性股权交易市场的实务思考》中参考光大证券参与区域性市场的实际经验，提出了相关业务模式的完

① 张璟、史明：《我国多层次资本市场建设的思考——关于新三板市场发展探讨》，载《企业经济》2011 年第 10 期。

善方式。除了对新三板和区域性股权交易市场分别讨论，也有不少学者提出将两者结合起来探讨。吴哲、谢亚（2016）在《区域性股权市场与新三板对接的意义、障碍与解决方案》中提出了两者对接存在的问题与障碍，从而提出了分步实现对接的制度建设，并且完善对接的配套制度。此外，不少学者还通过国际比较，对我国多层次资本市场的发展提出了建设性意见。周中明（2016）在《从国际比较看我国多层次资本市场的建设与完善》中指出，随着经济活动的日益复杂、金融创新的不断出现，一些制度性障碍的长期存在和日渐显现，使我国多层次资本市场的特性和作用难以得到充分发挥。因此，在深入分析当前我国多层次资本市场功能定位和发展现状的基础上，通过国际比较，对我国多层次资本市场提出了四点建议。刘文娟[①]（2010）借鉴了美国、英国等国家的经验，对这些国家的多层次资本市场体系进行了分析，对我国资本市场的发展建设有重要的借鉴意义。

这些研究大大丰富了我们对国内多层次资本市场的认识。但是现有的研究，有些立足于低层次资本市场谈其本身改革，缺乏对资本市场的整体把握，不利于明确多层次市场定位与改革取向；有些借鉴了国际资本市场，特别是美国纳斯达克市场等多层次资本市场的架构和经验，提出了改革建议，但是很多只做简单类比借鉴，不利于真正理解多层次资本市场形成的内在规律和发展趋势。

对世界发达国家资本市场的研究表明，不仅交易所市场内部具有多层次的架构体系，而且随着技术的进步，近年来在交易所市场之外，还形成了一定规模的股票交易市场——这些共同构成了发达国家资本市场的交易体系。为了更好地考察和研究资本市场多层次形成的内在规律，本文选择了资本市场较为发达、体系较为完备的美国和日本进行研究，并在考察其多层次资本市场体系架构的同时，重点考察交易所市场包括区域交易所市场分层演进的历史及内在逻辑、制度设计，以及运行效率等，为中国资本市场体系的建设完善，以及提升整体运行效率提出政策建议，使资本市场成为国家经济转型及创新发展的更有力支撑。

---

① 刘文娟：《多层次资本市场建设的国际比较与经验总结》，载《哈尔滨商业大学学报（社会科学版）》2010 年第 4 期。

一、美国多层次资本市场及其演进

（一）美国股权市场层级结构

美国的资本市场从大的层次来看，分为交易所市场和场外市场。交易所市场包括全国性的交易所市场和地方性的交易所市场。全国性的交易所市场主要是纽约证券交易所（NYSE）、全美证券交易所（AMEX）与纳斯达克证券市场（NASDAQ）；地方性的交易所市场包括芝加哥证券交易所、太平洋交易所、费城股票交易所、波士顿股票交易所和国际证券交易所等。

随着科学技术的发展，一些新的另类交易系统（ATS①）比如 ECN② 平台、黑池平台等，也发挥着交易所类似的功能，逐渐形成一个相对独立的资本市场层次。

在美国资本市场发展历史上，场外柜台交易市场（OTC）一直是美国资本市场的重要组成部分。这个市场因其交易的大部分股票面值较小，又被称为便士股票市场（Penny Stock Market），它包括招示板市场（OTCBB③）和 OTC Markets。OTC Markets 按照挂牌企业财务指标和信息披露频次从高到低依次分为 OTCQX、OTCQB 和 OTC Pink 三个层次。

另外，场外市场还包括一些特殊的市场，如私募股票市场 PORTAL 系统④，以及绕过经纪人投资者之间直接交易的第四市场等。

综上，美国资本市场可以分为四层。如下图所示，第一层是交易所市场，包括纽交所、全美交易所与纳斯达克等全国交易所，也包括芝加哥交易所等地方的交易所市场；第二层是另类交易平台 ATS，如 ECNs 和黑池平台；第三层是场外交易市场，包括 OTCBB 和 OTC Markets；第四层为特殊的场外市场，包括 POKTAL 系统和第四市场等。

---

① ATS：Alternative Trading Systems

② ECN：Electric Communication Network

③ OTCBB：Over the Counter Bulletin Board

④ PORTAL 系统：Private Offering Resale and Trading through Automated Linkages System

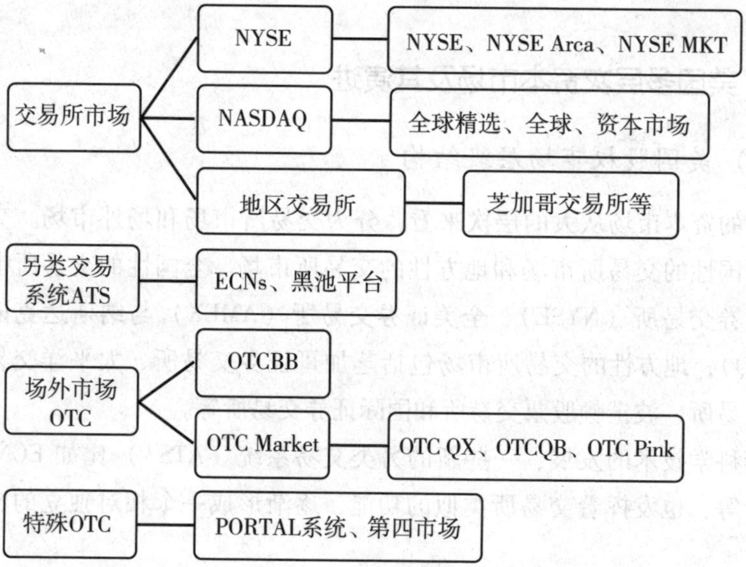

图1　美国资本市场分层

数据来源：国联证券研究所整理

（二）美国多层次资本市场形成的历史演进

1. 场外交易标准化，交易所开始出现

从时间节点来看，美国最初的股票交易店头市场全部算作场外市场，交易所的出现才开始分场内与场外，两者并存发展局面长期持续。场内市场以纽约交易所（NYSE）与全美交易所（AMEX）最为出名；场外市场则在全国各地的柜台广泛地交易。

2. 场外市场开始统一报价，粉红单市场出现

20世纪初，美国全国各地分布着众多的柜台交易市场。1904年，一家从事印刷和出版业务的私人公司（国家报价局NQB[①]）开始向全美的投资者提供统一报价服务，涉及5000多种债券和1万多种股票，并形成了初级的全国性场外交易市场。由于国家报价局用粉红色纸张刊印、发布全美国柜台交易的证券价格、成交量等数据，因此被称为粉红单市场。

---

① NQB：National Quotation Bureau

3. 信息电子技术催生 NASDAQ

“二战”后的信息技术革命，对美国场外市场的发展产生了较大的影响。为进一步提升粉红单市场的效率，全美证券交易商协会（NASD①）于 1971 年启用“全美证券商协会自动报价系统”（NASDAQ），从粉单市场上挑选出了 2500 家相对优质的企业进行交易，从而形成了场外市场的高端市场。其余不符合标准的则形成了另一个市场，被称为便士股票市场（Penny Stock Market）。随着 NASDAQ 在 2006 年注册成为全国性交易所，NASDAQ 不再属于场外市场。

4. 场外市场再分层，OTCBB 市场建立、繁荣与萎缩

1990 年，为了进一步细分便士股票市场，美国联邦政府建立了 OTCBB 市场，并将便士股票市场分成 OTCBB 市场与 OTC Pink 两个部分。OTCBB 的入围标准比 OTC Pink 稍微严格。OTCBB 在初期挂牌报价条件宽松，吸引大量粉红单市场前来报价，一度非常繁荣。1999 年 SEC 要求 OTCBB 报价企业披露财务信息，OTCBB 逐渐衰落。

5. OTC Markets 的收购与繁荣

2007 年，OTC Pink 被 OTC Markets Group 收购后，将粉红单市场改名为 OTC Markets，并划分出由高到低三个层次：OTC QX、OTC QB 和 OTC Pink。近几年 OTC Markets 势头远远盖过 OTCBB 市场，几乎成为场外市场的代名词。

6. 信息技术催生另类交易平台

20 世纪 90 年代，信息技术及互联网的发展催生了一种新型的市场交易模式——ECN，它是一个电子交易系统，能够实现集合竞价交易，与交易所交易模式类似。一些传统交易所甚至关闭自己的交易大厅，将股票交易业务转移至 ECN 平台。

另外一种较为著名的 ATS 为黑池交易平台（Dark Pool），它主要是在成交清淡时，为客户提供一种新的流动性来源。它的特点是允许在公开市场外匿名执行大额交易。高盛的 Sigma X、摩根士丹利的 MSPool 和瑞银的 PIN 自动交易系统是目前美国较为著名的黑池交易平台。

图 2 直接展示了美国多层次资本市场形成的历史路线。

---

① NASD：National Association of Securities Dealers

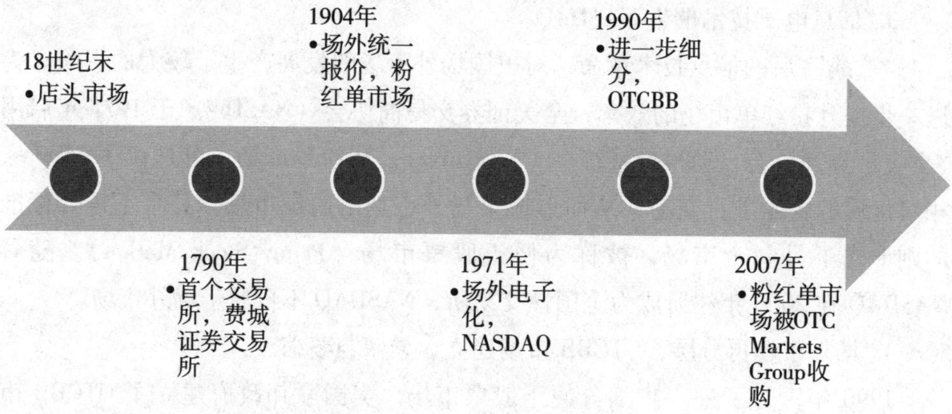

图2　资本市场分层的历史演进

数据来源：国联证券研究所整理

（三）美国交易所市场内部分层演进与制度设计

1. 纳斯达克市场的分层架构与历史演进

纳斯达克从启动、独立到随后两次分层，共可以分为四个阶段。

表1　纳斯达克分层历史

1971—1975	1975—1982	1982—2006	2006 年至今
启动	纳斯达克市场	纳斯达克全国市场	纳斯达克全球精选市场
			纳斯达克全球市场
		纳斯达克小型资本市场	纳斯达克资本市场

数据来源：国联证券研究所整理

（1）1971 年启动与 1975 年独立

纳斯达克市场于 1971 年启动，最初仅是一个针对所有场外市场的报价系统。直到 1975 年，纳斯达克纳设置了一套挂牌标准，企业只有达标后才可以进入纳斯达克。自此，纳斯达克独立于其他场外市场。表 2 展示了当时进入纳斯达克的一些最低要求，如总资产不得低于 100 万美元，股本与资本公积不得低于 50 万美元。

表 2　纳斯达克第一套挂牌标准

财务指标	最低要求
总资产	100 万美元
股本与资本公积	50 万美元
公众持股	100 万股
股东数	300
做市商	2

数据来源：纳斯达克官网　国联证券研究所

（2）划清层次，单独推销，1982 年第一次分层

在纳斯达克市场成立的头十年里，交易惨淡，缺乏流动性，企业也无法融资，显得并不成功。1980 年，苹果公司登陆纳斯达克后，股票交易开始活跃，并在短时间内创造了数位亿万富翁，财富效应让纳斯达克市场知名度大幅提高。

1982 年，纳斯达克市场上包括苹果公司在内的部分高科技公司抓住了市场发展机遇，迅猛成长，交易较为活跃，市值规模也不断成长，这部分公司的市值及交易占了整个市场的相当大比例，形成了事实上的分层。纳斯达克根据这一事实，因势利导，将成交活跃、市值规模较大的部分企业单独放在一个层次里，称为纳斯达克全国市场，其余的为纳斯达克小型资本市场。如表 3 所示，全国市场要求净有形资产不得低于 200 万美元，但小型资本市场是要求总资产不低于 200 万美元，全国市场的标准更高些。

表 3　第一次分层设立的标准

财务指标	小型资本市场	全国市场
总资产	200 万美元	
净有形资产		200 万美元
股本与资本公积	100 万美元	100 万美元
流动性要求		
公众持股	100 万股	50 万股
股东数	300	300
做市商	2	4
最低股价		10 美元
平均交易量		80 万（月均）
公众持股市值		500 万美元

数据来源：纳斯达克官网　国联证券研究所

分层取得了较好的效果，明星科技公司纷纷被吸引过来。1986 年微软上市，1997 年亚马逊来了，2004 年是谷歌，等等；纳斯达克通过市场分层对新经济的关注和支持，掀起了包括中国公司在内的全世界高科技及互联网公司赴美上市热潮：2000 年网易在纳斯达克上市，2003 年是携程，2005 年百度也来了。

（3）经营困难被迫转型，同纽交所直接竞争，2006 年第二次分层

21 世纪初的互联网泡沫破灭使得纳斯达克市场经营困难，出现较大衰退，甚至出现亏损，并被迫关闭了在欧洲与日本的子公司。2005 年，纳斯达克的全美市场交易占比降到约 20%，而纽交所占比约 70%。纳斯达克开始寻求转型，不再满足仅将自己定位于服务于高科技或互联网企业的平台。2004 年纳斯达克成功说服在纽交所上市的惠普公司同时在纳斯达克上市。之后多家大型上市公司走上了两地上市路线。

同时，纳斯达克不仅仅盯住国内，还放眼全球，吸引全球范围内最好的公司。至 2006 年，纳斯达克已经吸引了大量国外的优秀科技公司。

2006 年 1 月，纳斯达克正式成为全国性证交所，为了吸引优秀企业，并且盯住全球，建立全球精选市场，正式同纽交所全面竞争。另外，纳斯达克将原全国市场改为全球市场，小型资本市场改为资本市场。至此，纳斯达克共包含三层：全球精选市场、全球市场和资本市场。其中，全球精选市场是所有交易所中上市标准最高的，如表 4，其要求净资产不低于 5500 万美元，前一年主营收入不低于 9000 万美元。

表 4　纳斯达克全球精选市场上市标准

财务指标	最低要求
公众持股	125 万股
公众持股市值	4500 万美元
总资产	8000 万美元
净资产	5500 万美元
市值	1.6 亿美元
主营收入	前一年收入不低于 9000 万美元
税前利润	前三年累计不低于 1100 万美元， 每年不能为负，最近两年每年不低于 220 万美元
现金流	前三年累计不低于 2750 万美元，每年不能为负

数据来源：纳斯达克官网　国联证券研究所

2008 年纽交所增加了市值、总资产与股东权益等标准，2010 年纳斯达克全球精选市场也增加了相同的标准，而且同样设置了略高的门槛值。

2. 纽交所市场的分层史

长期以来，纽交所并没有内部分层。进入 21 世纪后，面对纳斯达克咄咄逼人的进攻态势，纽交所开始推行内部分层。

(1) 2005 年，增设了 NYSE Arca，抢夺交易份额

由于纳斯达克开始寻求转型，不再满足定位于高科技企业融资，开始将目标盯向传统的蓝筹企业。纽交所开始面临纳斯达克的直接威胁与竞争，纽交所迫于形势作出改革。2005 年，纽交所完成公司化改革，从会员制转变为上市公司。同年，纽交所收购 ECNs 的佼佼者群岛交易所（Archipelago），提升自己电子交易技术。2006 年，纽交所成立高增长市场（NYSE Arca），此时纽交所内部分为 NYSE Arca 与 NYSE 两个层次。

但是这两个层次之间仅仅是交易方式的差异，在上市标准、投资者门槛方面并没有差异。NYSE Arca 的建立仅仅是优化交易方式，抢夺市场份额。

(2) 2008 年，再增设 NYSE MKT，抢夺上市公司

由于 2006 年纳斯达克建立全球精选层，直接与纽交所抢夺上市公司资源。纽交所应对竞争被迫再次改革。2008 年 10 月收购全美交易所，并整合高增长市场进行了内部分层，建立 NYSE MKT，相当于中小板市场。2009 年，纽交所降低上市门槛，使许多高科技公司能够满足直接登陆纽交所的条件。2012 年 4 月，美国出台了 JOBS 法案，鼓励与支持中小企业融资，纽交所的分层也迎合了这一政策需求。

当前，纽交所与纳斯达克在上市条件方与交易方式的差异越来越小，形成了全面竞争关系。之前许多企业一开始没有达到纽交所上市条件只能在其他交易所上市，两三年后满足条件后再转移至纽交所。而分层之后，这些企业可以先在 NYSE MKT 上市，待满足 MYSE 条件后直接转板过来，而无须证监会批准同意。

3. 美国地区性交易所市场的演进

作为一个市场化程度很高的经济体，美国的资本市场是先从地方、从小规模交易逐渐成长成为全国性的市场，也就是说先有地方后有全国，这样来看，一个重要的问题是：当全国市场发展起来后，很多地方市场的流动性并不足，

也逐步丧失了上市融资的功能，那么它们是否还能作为独立层次继续存在？

（1）区域交易所演进的三个方向

如表5所示，美国当前在SEC注册的地方交易所有六个：芝加哥证券交易所、芝加哥期权交易所（CBOE①）、太平洋交易所、费城股票交易所、国际交易所和波士顿股票交易所。从地区交易所的演进来看，一般有三个方向：被并购成为大交易所的子公司，如波士顿交易所与费城交易所于2007年被NASDAQ收购，太平洋交易所于2006年被NYSE收购；靠特色化经营维持继续存活，如芝加哥交易所与芝加哥期权交易所；作为实体不再存在而消亡，如国际交易所于2017年2月被NYSE收购，并被关闭至今。

表5 美国区域交易所

地区交易所	城市	成立时间	结局
Boston Stock Exchange	Boston	1834	acquired by NASDAQ in 2007
CBOE Stock Exchange	Chicago	1973	
Chicago Stock Exchange	Chicago	1882	
National Stock Exchange	Jersey City	1885	acquired by NYSE in 2017
Pacific Stock Exchange	California	1973	acquired by NYSE in 2006
Philadelphia Stock Exchange	Philadelphia	1790	acquired by NASDAQ in 2007

数据来源：纳斯达克官网　国联证券研究所

（2）具体案例

①费城交易所：被并购成为大交易所的子公司

美国最早的交易所为费城交易所，它本有希望成为美国最大的交易所。1817年伊利运河的修建将纽约同五大湖连接起来，纽约逐步发展为美国的商业中心，纽交所也逐步超过费城交易所，成为全国性的交易所。

费城交易所作为区域性交易所，因占有全美国证券成交金额的一定比例市场份额而维系下来。“二战”后它也面临纳斯达克市场的冲击，市占率不断下降。费城交易所通过与其他区域性交易所合并维持市场份额：巴尔的摩与华盛顿先后被合并，而且内部会员将匹兹堡、波士顿以及蒙特利尔等地的股票也带

① CBOE：Chicago Board Options Exchange

到了费城交易所交易。另外，费城交易所的期权品种较为丰富，拥有大约3600只股票期权、15个指数期权以及若干货币期权，其期权交易一直较为活跃。

2007年费城交易所被刚成为交易所的纳斯达克收购，成为其子公司，终结了作为独立区域性交易所的历史。

②芝加哥交易所与CBOE：兼并重组以及特色化经营维持市场份额

芝加哥交易所成立于1882年，其股票与债券的交易量一直较为活跃，除了在“一战”期间短暂关停以及1929年大危机期间经营困难，芝加哥交易所一直运营得不错。“二战”后，交易所的竞争日趋激烈，芝加哥交易所市占率不断下降。与其他区域交易所一样，芝加哥交易所通过与其他区域性交易所合并维持市场份额。1949年与圣路易斯与圣保罗交易所合并组成中西部交易所，1959年收购了新奥尔良交易所，1993年又改名为芝加哥交易所。国际交易所停止交易后其部分证券转移至芝加哥交易所，扩大了其市场份额。

与此同时，芝加哥交易所作出一些重大变革，以便跟上时代的步伐。1978年创建市场间交易系统（ITS①），允许在一个交易所交易另一个交易所的股票；1982年启动MAX系统，成为第一批实现全自动化下单的交易所；1987年允许自身平台交易纳斯达克的股票；1997年开始交易ETF基金；2005年经证监会批准转变为营利性的股份制机构，并完成了电子下单平台建设。

CBOE成立于1848年，是最早交易期货与期权的交易所，50多个不同的期权、期货合约被超过3600个成员交易，2003年交易合同数量达到惊人的4.54亿张。2007年7月与芝加哥商品交易所合并，组成芝商所集团。由于其保持衍生品交易的特色，并没有被纽交所、纳斯达克等大型交易所合并，而能够完整存活下来。

③国际交易所：区域交易所逐渐消亡的一个案例

国际交易所于1885年在俄亥俄州的辛辛那提成立，当时名为辛辛那提交易所。1995年搬至芝加哥并于2003年改名为国际交易所。2006年股份化以后总部搬至新泽西州的泽西城。2011年被芝加哥期权交易所收购，2017年1月又被纽交所合并。之后，纽交所停止国际交易所的交易功能至今。

① ITS：Intermarket Trading System

（四）美国多层次资本市场形成的特点和启示

首先，美国多层次资本市场形成是适应经济中产业结构变迁以及市场需求变化的结果，其目标是更好地抓住优秀的企业，保持交易所长期竞争力。

我们对纳斯达克市场以及纽约证券交易所市场分层演进过程的考察和分析表明，全国性交易所市场内部多层次架构的形成，是其适应经济产业结构变迁以及顺应市场需求的结果，特别是既要保持市场发展的稳定性，又要抓住新兴产业中那些无法满足原有严苛上市条件的优秀企业，拓展交易所的未来，必须以多层次市场空间和上市标准来满足不同类型企业和投资者的需求；区域性交易所或资本市场，或者并入更大资本市场，或者另辟蹊径，走特色化发展之路，才能在竞争中生存下来。

从各交易所初始上市标准演进来看，由资产指标组成的单一标准阶段逐步演变为以股东权益为基础的多元化标准阶段。

其次，系统化的制度设计是多层次资本市场自我革新、保持较高运行效率的重要保障。

这主要包括三个方面的制度安排。一是鼓励交易所竞争，鼓励开放。当前纽交所与纳斯达克形成了全面竞争的关系。迫于竞争压力，纽交所也开始降低更低层次板块的上市标准，以便吸收科技企业，阿里巴巴成功登陆纽交所便是纽交所改革的成果。在鼓励竞争的同时，交易所之间也鼓励开放，纳斯达克上市企业可以转板到纽交所，纽交所上市企业也可以转板到纳斯达克市场，甚至可以在两个市场同时挂牌。竞争导致了交易所市场的内部分层，也促使交易所不断提升资本市场服务水平和运行效率。二是分层与退市、转板等制度相结合，保持了资本市场的自我净化功能。纳斯达克将成交活跃、市值规模大的企业群独立起来形成专门的市场板块，单独对外推广，吸引了更多投资者的关注，以及更多优质企业的加入，大大提升了整个市场的影响力。同时，无论是纳斯达克还是纽交所，都实施“升板自愿、降板强制”的原则，不符合市场要求的企业更是强制退市，通过这些制度设计，将好的企业纳入较高层次，把不符合要求的企业转入更低层次甚至剔除资本市场，从而保持了资本市场的自我净化功能。三是建立集体诉讼制度，在提高投资者自我保护能力的同时，提高了上市公司违规操作的成本。美国的集体诉讼制度规定，一个投资者提起诉讼，所有人都能够从中受益，而且散户提起诉讼是免费的，律师能够得到和解费的30%，因此律师事务所有动力做。在集体诉讼制度下，美国大股东侵犯广大中小股东利益的现象大幅减少。

二、日本多层次资本市场及其演进

“二战”后兴起的日本与中国同属于间接融资为主导的市场经济国家，两者的证券市场在发展过程中存在更多的共性，有别于美国资本市场的特点，研究日本多层次资本市场无疑对国内多层次资本市场建设有着更加重要的借鉴意义。

（一）日本多层次资本市场分层结构

如表6所示，日本的股权市场也可以按照地区进行划分，包括名古屋、福冈、东京、大阪、札幌等地的证券交易所。其中，东京和大阪交易所均隶属日本交易所旗下，分别覆盖证券和衍生品交易，是全国性的交易所，所以在这里，日本交易所的股权市场情况主要是指东京证券交易所。而名古屋、札幌和福冈为地方性的证券交易所。同时，不论是全国还是地方性交易所，每个交易所内部均有作进一步分层。

表6　日本多层次的股权市场概况

（注：数字为企业家数，括号内的数字为外国企业家数）

交易所	日本交易所	名古屋证券交易所	福冈证券交易所	札幌证券交易所
市场分层	市场一部：2024（3）	市场一部：194	主要市场：97	主要市场：58
	市场二部：527（1）	市场二部：85	Q-Board:6	
	MOTHERS:241(0)	Centrex:13		
	JASDAQ Standard:708(1)			
	JASDAQ Growth:42			
	TOKYO PRO Market:18			
合计	3560(5)	292	103	58

数据来源：国联证券研究所　数据统计至2017年8月底

1. 地方性交易所：名古屋、福冈、札幌交易所

作为日本第三大的证券交易所，名古屋证券交易所仅占有全国不到1%的交易量，其重要性也不如全国性的证券交易所。

福冈证券交易所是日本九州岛唯一的交易所。由于股票交易的电子化，企业在多市场上市的需求逐步减弱，已在日本交易所上市的企业纷纷从福冈证券

交易所退市，导致其上市公司数量逐年减少。福冈交易所包括主板市场和 Q-Board 市场，后者是 2005 年 5 月开设的以新兴企业为主的版块，上市公司大多为九州岛的当地企业。

札幌证券交易所是目前日本规模最小的交易所，其上市公司以北海道当地公司为主。与福冈交易所类似，札幌交易所分为主板市场和针对新兴企业的 AMBITIOUS。

2. 全国性交易所：日本交易所集团

东京证券交易所和大阪交易所于 2013 年初合并，成立了日本交易所集团。合并之后，原本同时在两个证券交易所上市的公司只保留在东京证券交易所的上市资格，原先只在大阪交易所上市的公司全部转移至东京交易所。与此同时，两家交易所原有的金融衍生品业务统一整合到大阪交易所内。日本交易所目前是全球第三、亚洲最大的证券交易所，其市值规模达到 4.9 万亿美元，仅次于美国的纽约证券交易所和纳斯达克股票交易所。

针对股权，日本交易所（主要是东京交易所）包含 5 个市场：市场一部、市场二部、MOTHERS[①]、JASDAQ 和 TOKYO PRO Market，分别对应主板、中小板、创业板、场外市场和特定投资者市场。

市场一部：相当于主板，面向在全球范围内开展业务的大型企业，公司规模达到一定程度以及股票流通在外单位数目达到交易所规定的大企业在此上市交易，其股票交易非常活跃。

市场二部：相当中小板，面向已经具备一定知名度和业务基础的中坚企业。该部成立于 1961 年 10 月，将当时 OTC 市场符合市场二部上市标准的公司全部纳入该部。

MOTHERS：相当于创业板，面向具有高度成长潜力的新兴企业。该板成立于 1999 年 11 月，提供未达到市场一部、二部上市标准的企业在此挂牌交易，但是信息披露的要求比市场一部、二部更为严格。

JASDAQ[②]：最早作为场外市场而设立，其前身为日本证券业协会 OTC 市场（于 1963 年 2 月设立），1976 年 6 月成立日本店头株式会社，2004 年 12 月正是

---

① MOTHERS：Market of the High-Growth and Emerging Stocks

② 日本证券交易商自动报价系统协会。

改制为证券交易所。当时，JASDAQ 定位类似于创业板，但各地区均设有创业板，所以彼此之间的竞争非常激烈。2010 年 4 月，JASDAQ 被并入大阪证交所。2013 年东京与大阪合并之际，在东京交易所新增 JASDAQ 市场，旗下包括 JASDAQ Standard、JASDAQ Growth。

TOKYO PRO Market：只限专业投资者（即特定投资者）参与，是专门提供给公司向特定对象的投资人集资的交易市场。与其他市场相比，其在披露语言、披露文件、会计准则等方面的限制更为宽松。TOKYO PRO Market 采取了“J－Advisers（保荐人）”制度，由 J－Adviser 对在 TOKYO PRO Market 上市的企业进行资格审查，从申请到正式上市只需 10 天。目前在 TOKYO PRO Market 上市的企业相对较少。

（二）日本多层次资本市场的演变

日本现有的股权市场分层基本与美国类似：东京交易所集团承担全国性的交易所职能，涵盖股权、衍生品等多种金融产品的交易，内部也存在较为明晰的板块分层；名古屋、福冈和札幌三个地方性的交易所作为补充。

而事实上，这样的发展并不是一蹴而就的，日本的股权市场也经过了长时间的演变发展而成。

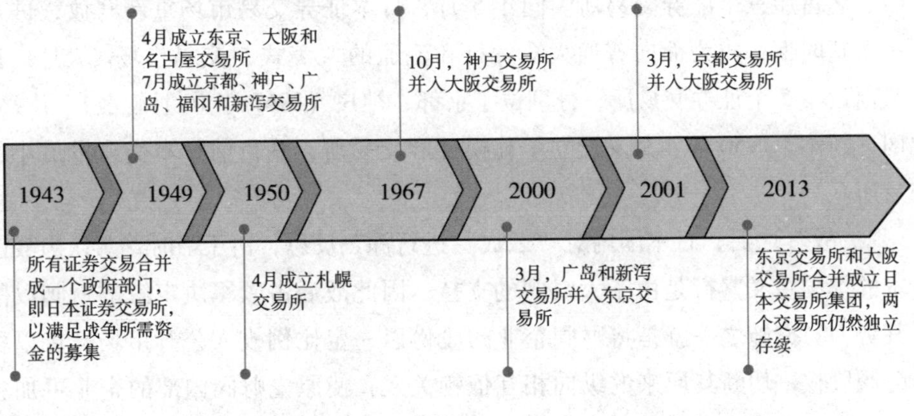

图 3　日本的证券交易所经历多次并购整合

数据来源：日本证券交易所　国联证券研究所

1. “二战”前的发展

1870 年代，由于有价证券制度的引进以及公债买卖活跃化的需求，于 1878

年5月成立了东京证券交易所，开始了有价证券的交易。随后制定了《证券交易条例》《证券交易法》，这些早期立法，主要借鉴了英国证券市场的立法经验。1943年6月，由于第二次世界大战的因素，将全国11个交易所统合成一个半官营的日本证券交易所，以满足战争所需资金的募集。随着战事的进行，造成证券市场的混乱，在1945年8月停止所有交易。

在“二战”之前，日本企业整体上主要以财阀为主，主要依靠银行解决资金问题，因此，直接融资和证券市场发展有限，在证券交易所上市的企业主要以铁道和轻工业为主导，投机氛围十分浓厚。

2. “二战”后“美式”交易市场的建立以及证券的民主化

战后，日本经济处于崩溃边缘，以美国为首的占领军进行了接管。美军对日本证券市场的整改起到了关键作用，完善了证券交易的法规，并提出只有满足了三个原则证券交易才能重新恢复：1）为了保护投资者，交易所内的所有交易必须按照交易的时间顺序做记录。2）证券交易所会员交易股票必须在交易所内部进行，场外交易受到控制，从而使得证券交易的价格更加公允。3）禁止股票的期货交易，以抑制之前日本股票市场过于浓厚的投机氛围。在这三个原则的指导下，日本颁布了沿用至今且不断修改的《证券交易法》。

随着战争的结束和证券交易法规的完善，1949年4月，日本设立了东京、大阪、名古屋三个证券交易所。同年5月，日本证券交易市场重新开放，进入了一个新时期，成为面向普通大众发行和流通的“美式”交易市场。7月，日本又新设了5个证券交易所，分别位于京都、神户（1967年10月解散）、广岛、福冈、新潟。1950年4月又设立了札幌证券交易所，是目前日本交易量最小的交易所。

“二战”之后，日本国内对“二战”进行深刻反思，由于当时普遍认为战前日本的军国主义盛行是由于大财阀的支持，因此战后占领军决定解散财阀以削弱其势力。措施之一就是将财阀企业的股份以一定比例投入公开市场发售以稀释财阀股权，切断其原来的纵向相互依赖关系，使原先财阀内部的企业更加独立。这些企业使得民众也有机会参与资本的运作，以证券的形式参与经济发展，因此这个过程被称为“证券的民主化”。在这一过程中，财阀的股权成为资本市场股票的重要来源，日本的证券交易日趋活跃。

3. 20 世纪 60 年代，部分交易所增设二部

20 世纪 60 年代，日本崛起的经济带动了证券市场的发展，上市企业明显增多。在此时期，日本资本市场的国际化进程加快，先后加入了 IMF、WTO、OECD 等，在国际组织的压力下，日本资本市场必须进一步对外开放，为满足外资需求，提高日本资本市场竞争力，日本证券市场需要开设不同板块满足不同企业的融资需求。

1961 年 10 月，东京、大阪和名古屋的三个交易所在原先市场一部的基础上同时增设门槛略低的二部。之后，企业若要进入一部，首先得在二部交易一年以上。相应地，如果市场一部的上市公司已不再符合该板块对企业的要求，就要被动转板至市场二部进行交易。

4. 20 世纪 80 年代，JASDAQ 创立

20 世纪 80 年代，由于过度的开放，日本经济非常繁荣乃至产生泡沫，但同样由于开放的经济和放松的资本管制，日本证券市场在这一时期经历了快速的国际化和自由化。此前，1973 年日本将原本盯住美元的固定汇率制转变为浮动汇率制，随后就经历了 20 世纪 70 年代的两次石油危机，自此日本从原本的高增长转为低增长，投资需求减弱，资本供大于求，投资开始多样化，原本针对设备投资的间接融资开始走弱，而伴随着个人财富的增长，资金通过有价证券的形式投入市场，直接融资在 20 世纪 80 年代兴起，证券市场因此大幅增长。从 1980 年到 1989 年，日本居民的财富中证券资产的比重快速提升，提升 10 个百分点至 22.5%，企业融资方面，直接融资的比重提升 15 个百分点上升至 27%。

1983 年 11 月，为规范店头市场交易，证券交易商协会在上市标准、投资者以及交易制度等方面进行改革，并为此制定了一整套制度。1984 年 7 月，证券交易商协会启动了店头市场自动报价系统。1991 年，为了提高店头市场的效率，日本建立了日本证券商自动报价系统（JASDAQ）。经过上述一系列改革措施，店头市场的交易日趋活跃，交易量也开始增加。目前，日本绝大多数的债券交易都是在店头市场完成的。目前 JASDAQ 主要以吸引中小公司挂牌为主，优先被交易所摘牌公司也会进入店头市场进行交易，这部分股票被称作“调查中的股票”。

5. 20 世纪 90 年代金融大改革，东交所增设 MOTHERS

受到“泡沫”破裂，经济崩溃，日本在 20 世纪 90 年代初就致力于推进

金融改革，推动日本资本市场更成熟化。当时虽然直接融资不断上升，但间接融资依然占据主流、为增加市场活力、促进经济复苏，日本政府在 1996 年年底推出了“金融大改革”方案，有效地推动了日本金融资产多元化、证券化的发展。

1999 年 11 月，美国互联网经济蓬勃发展，为了满足日本新兴企业的融资需求，东京证券交易所增设“MOTHERS”板块，意为“高增长新兴股票市场”。MOTHERS 上市的标准远低于主板市场，甚至可以是初创的、盈利为负的企业，但相应地，MOTHERS 对企业信息透明性的要求要高于主板市场。

另一个促进设立 MOTHERS 的原因是：在这之前，由于上市成本太高，外国上市企业纷纷退市，数量从 1991 年至 1997 年由 125 家降到 47 家。设立 MOTHERS 可以有效减低中小企业的维持上市费用，也是出于鼓励外国企业到日本上市的需要。

6. 21 世纪，交易所整合潮

2000 年后，日本有八家证券交易所，分别位于东京、大阪、名古屋、京都、广岛、福冈、新潟与札幌。由于技术进步和电子化交易的普及，证券交易打破了地域限制，整合与更有效的分工才能为日本资本市场赢得竞争力。

2000 年 3 月，广岛、新潟的证券交易所与东京交易所合并。2001 年，京都交易所和大阪交易所合并。2013 年，东京交易所和大阪交易所合并，成立日本交易所（JXP），使两家交易所成为日本交易所的子公司，交易量占全国 90% 以上，总市值位列世界第三。合并后的两家交易所分工明确，规模增大，有利于在竞争日趋严峻的国际市场立足。东京和大阪的合并本质上是顺应了世界主要证券交易所跨国并购重组的历史潮流。对日本交易所来说，能够有效地应对本国证券交易所在国际上地位逐渐降低的现状，提高国际竞争力。

7. 金融海啸之后 TOKYO PRO 现身

2009 年 6 月，TOKYO AIM 成立，由东京证券交易所和伦敦证券交易所合资成立的 TOKYO AIM 公司负责经营，前者持股 51%，后者持股 49%。TOKYO AIM 是根据 2008 年的《金融工具和交易法（修正案）》为机构投资者设立，采用灵活的 J – Advisor 系统管理市场。旨在为东京及亚洲的公司提供新的机遇和动力，为特殊投资者提供新的投资机会，提振日本资本市场。2012 年，TOKYO AIM 改名为 TOKYO PRO。

TOKYO PRO 设立的初衷是为初创企业服务，相对于其他版块上市要求更低。一方面，企业在 TOKYO PRO 上市只需提供一年的审计报告，能够实现较早的上市；另一方面，TOKYO PRO 对企业没有股东与财务方面的要求。另外，TOKYO PRO 对信息披露的要求更宽松灵活，使创业企业承担较低的披露成本。

（三）日本多层次资本市场演变背后的政策推动

“二战”之前，日本的证券交易主要靠交易所的自律监管，并没有专门的政府机构对证券的交易进行监管，监管工作在不同时期由不同的政府部门承担。

1945 年，美军对日本的证券市场进行了整改，并完善相关证券交易法规，制定出了沿用至今的《证券交易法》。

1948 年，日本股权市场进入统一金融监管机构 MOF 阶段。1998 年，日本股权市场进入 FSA① 阶段，3 年后成为对金融市场进行统一监管的部门。建立 FSA 是为了将原来缺乏透明度和非市场导向的日本金融系统，建设成为可与美国纽约、英国伦敦等相竞争的全球金融中心。

（四）日本不同层次股权市场的制度设计

1. 日本企业上市标准

各证券交易所管辖所在地的企业，原则上在本地证券交易所上市。拟上市企业必须达到上市审查标准，股票才能上市。

东京证券交易所将会根据“实质标准”对满足形式标准的企业进行审查。如上市股票发行方是外国企业，东交所在进行上市审查时，也将对该国或地区的法律、规章制度等进行调查。

表 7 日本企业的上市标准

	主板市场		MOTHERS	JASDAQ	
	市场一部	市场二部		Standard	Growth
股东人数	2200 人以上	800 人以上	200 人以上	200 人以上	
流通股数量	20000 单位以上	4000 单位以上	2000 单位以上		

① FSA：Financial Supervision Agency

续表

	主板市场		MOTHERS	JASDAQ	
	市场一部	市场二部		Standard	Growth
流通股总市值	10亿日元以上（不低于1000万美元）	10亿日元以上（不低于1000万美元）	5亿日元以上（不低于500万美元）	5亿日元以上（不低于500万美元）	
流通股比例	35%以上	30%以上	25%以上		
公开发行	–	–	500交易单位以上	10%，或者1000交易单位以上	
总市值	250亿日元以上（2.5亿美元以上）	20亿日元以上（2000万美元以上）	10亿日元以上（1000万美元以上）	–	
持续经营年数	三年以上		一年以上	–	
净资产额	10亿日元以上（1000万美元以上）		–	2亿日元以上（200万美元以上）	不为负
利润总额或总市值	[经常利润]：过去两个财年总额5亿日元以（500万美元） [总市值]：500亿日元以上（5亿美元） [销售额]：100亿日元以上（1亿美元）		–	[经常利润]：1亿日元以上（100万美元） [总市值]：50亿日元以上（5000万美元）	–

数据来源：日本证券交易所　国联证券研究所

表8：日本企业上市的实质标准

主板市场（市场一部和市场二部）	MOTHERS	JASDAQ Standard	JASDAQ Growth
1. 企业的持续性及营利性	1. 企业信息，风险信息等披露的适当性	1. 业务持续性	1. 企业发展潜力
能够持续开展业务，并有稳定的收入基础	能够以适当的方式披露企业信息、风险信息等	在业务活动的持续性方面存在障碍	具备发展潜力

续表

主板市场（市场一部和市场二部）	MOTHERS	JASDAQ Standard	JASDAQ Growth
2. 企业管理的健全性	2. 企业管理的健全性	2. 稳健的企业治理以及内部管理体制的建立	2. 不同发展阶段，稳健的企业治理以及内部管理制度的建立
公正且忠实地开展业务	公正且忠实地开展业务	已经根据企业的规模、职能，有效地建立了企业治理以及内部管理体制	已经根据企业的发展阶段，有效地建立了企业治理以及内部管理体制
3. 企业治理以及内部管理体制的有效性	3. 企业治理以及内部管理体制的有效性	3. 企业行为的可靠性	3. 企业行为的可靠性
保证公司治理以及内控制度健全并切实发挥作用	根据企业规模、企业成熟度，建立了企业治理以及内部管理体制，并有效发挥作用	预计不存在引起市场混乱的企业行为	预计不存在引起市场混乱的企业行为
4. 企业信息等披露的适当性	4. 商业计划书的合理性	4. 企业信息等披露的适当性	4. 企业信息等披露的适当性
能够恰当地披露企业信息	上市申请人已经制作了合理、恰当的商业计划书，并已经具备了执行该商业计划书的运营基础，或者具备这种运营基础合理预期	有能力对企业信息等进行适当披露	有能力对企业信息等进行适当披露
5. 从公众利益或投资者保护的角度出发，东交所认为必要的事宜	5. 从公众利益或投资者保护的角度出发，东交所认为必要的事宜	5. 从公众利益或投资者保护的角度出发，东交所认为必要的事宜	5. 从公众利益或投资者保护的角度出发，东交所认为必要的事宜

数据来源：日本证券交易所　国联证券研究所

2. 多层次资本市场的转板机制

以日本交易所为例，市场一部、市场二部、MOTHERS 和 JASDAQ 等多个市场，彼此之间存在各自的转板机制，以适应企业在不同阶段的融资需求。

图4　东京交易所各市场之间存在转板机制

数据来源：日本证券交易所　国联证券研究所

各层级之间可以相互流动，在东交所二部上市的企业符合条件后可以在市场一部上市。MOTHERS 的企业在经历成长和发展后，也可以申请转板至市场一部或者市场二部。截至 2014 年 3 月，已有 71 家企业通过 MOTHERS 成功转板至市场一部和市场二部，占该市场上市企业总数的 22%。

表9　日本交易所各类转板要求

	从市场二部转到市场一部	从 MOTHERS 转到市场一部		从 MOTHERS 转到市场二部	从 JASDAQ 转到市场一部	从 JASDAQ 转到市场二部
		根据总市值	根据销售额			
股东人数	全球 2200 人以上	全球 2200 人以上		全球 800 人以上	全球 2200 人以上	全球 800 人以上
流通股						
a. 流通股数量	4000 交易单位以上	20000 交易单位以上		4000 交易单位以上	20000 交易单位以上	4000 交易单位以上
b. 流通股总市值	20 亿日元以上	20 亿日元以上		10 亿日元以上	10 亿日元以上	
c. 流通股数量占上市股份总数的百分比	35% 以上	35% 以上		30% 以上	35% 以上	30% 以上
交易量	最近半年的月交易量不低于 200 交易单位	-	最近半年的月交易量不低于 200 交易单位	-	-	-

续表

<table>
<tr><th rowspan="2"></th><th rowspan="2">从市场二部转到市场一部</th><th colspan="2">从 MOTHERS 转到市场一部</th><th rowspan="2">从 MOTHERS 转到市场二部</th><th rowspan="2">从 JASDAQ 转到市场一部</th><th rowspan="2">从 JASDAQ 转到市场二部</th></tr>
<tr><th>根据总市值</th><th>根据销售额</th></tr>
<tr><td>总市值</td><td>40 亿日元以上</td><td>250 亿日元以上</td><td>40 亿日元以上</td><td>20 亿日元以上</td><td>250 亿日元以上</td><td>20 亿日元以上</td></tr>
<tr><td>净资产总额</td><td colspan="6">10 亿日元以上（各单独项目的净资产不能为负值）</td></tr>
<tr><td>持续经营年数</td><td>–</td><td colspan="5">已设立董事会，且持续经营 3 年以上</td></tr>
<tr><td>利润总额或总市值（利润代表）</td><td colspan="6">必须满足 a 或 b
a. 最近两年的利润总额达 5 亿日元以上
b. 最近一年的销售额达 100 亿日元，并且总市值超过 500 亿日元</td></tr>
<tr><td rowspan="2">虚假陈述或否定意见等</td><td>a. 最近五年的有价证券报告书等均无虚假陈述
b. 最近五年的审计意见为适当</td><td colspan="2">a. 最近五年的有价证券报告书中均无虚假陈述</td><td colspan="3">a. 最近两年的有价证券报告书中均无虚假陈述</td></tr>
<tr><td>申请人不能有以下（a）（b）情形
（a）最近一个业务年度的内控报告书中有“对评估结果持保留意见”的陈述
（b）最近一个业务年度的内部管理审计报告中有“无法发表意见”的陈述</td><td colspan="2">b. 最近五年有一个“无保留意见”或一个“带强调事项段的保留意见”
c. a、b 都不满足</td><td colspan="3">b. 最近两年每一个业务年度（不包括最近一个业务年度）的财务报表等的审计意见为“无保留意见”或“带强调事项段的保留意见”
c. 最近一个业务年度的财务报等的审计意见为“无保留意见”
d. （a）（b）都不满足
（a）上一个业务年度的内控报告书中有“对评估结果持保留意见”的陈述
（b）上一个业务年度的内部管理审计报告书中有“无表述意见”的陈述</td></tr>
</table>

数据来源：日本证券交易所　国联证券研究所

3. 投资者的分层设计

日本交易所的交易参与者，指有资格直接参加东京证券交易所交易的证券公司、交易所运营商和注册金融机构。要成为交易者，必须通过交易资格考试。根据投资标的不同，可以将交易者分成三类：普通交易者、期货交易者和政府债券期货交易者。

2009 年，日本交易所引入远程交易系统，使得在日本不设分支机构的外国投资者也可以直接进入日本市场进行交易。远程交易投资者可以获得和普通投资者同等的交易资质，但是，申请者必须根据《金融工具和交易法》得到交易所的资质检验。

另外，远程投资者也可以和普通投资者以相同方式参与交易。但是，远程交易者不允许接受日本本土的委托交易单，也不允许提供任何清算服务。

表10　获得交易资质的具体标准

要求项目		标准
金融工具业务经营者（证券公司）	规定资本金额（股本）	3亿日元以上
	净资产额	除股本外5亿日元以上
	资本与风险之比	超过200%
注册金融机构	规定资本金额（股本）	规定资本金额不少于3亿日元
	净资产额	除规定资本金额外，净资产不少于5亿日元
	其他	如果注册金融机构是符合统一国际标准的银行，该机构要符合以下a到c的要求，外资银行也一律如此：
		a. 其合并或者非合并普通股1级比率×1超过4.5%
		b. 其合并或者非合并普通股1级比率超过6%
		c. 其合并或者非合并总资本率超过8%
		在统一国际标准下的除银行外的注册金融机构，如外资银行和保险公司，在日本国内标准下，其合并或者非合并的资本充足率要超过4%
		对于保险公司，其偿付能力比率要超过400%
场内交易者	规定资本金额（股本）	规定资本金额不少于3亿日元
	净资产额	除去股本外，净资产应不少于5亿日元
	资本充足率现状	鉴于资产持有状况，资本充足率应维持在适当水准
	操作经验	应不断从事证券交易等同类业务交易，从业超过3年

数据来源：日本证券交易所　国联证券研究所

日本交易所对于交易申请者的营利能力也有相应标准：交易者的普通收入应大致等于当期费用（即是否有稳定的收入支撑运营费用），或者申请人应在最近两个财年内获得正的净利润且进行记录。

从执行公平交易和防范事故等角度出发，申请人应建立以下公司结构：（1）健全的管理结构（申请人不得因交易市场运作等因素被视作不适合申请）；（2）为实现公平、顺利的交易下单、执行和交割订单系统（如避免错误订单并能有效管理客户），以及内部管理系统（如风险控制、合规、规章制度的完善）。

（五）日本多层次资本市场特点和启示

1. 日本多层次资本市场特点

从前文我们发现，日本多层次资本市场呈现出以下特点：

（1）日本股权市场很大

日本交易所市值排名全球第三，亚洲第一。日本股权市场的发展壮大与其背后日本本国强劲的经济实力密不可分。日本经济世界排名第三，因此上市企业可以借助日本规模庞大的经济体量，获得较高的流动性，募集足够的资金来拓展业务。

（2）国际化的投资者

日本股权市场是开放的全球市场，国际化的上市公司和投资者也成就了其股权市场的强大。国际投资者贡献了日本交易量的近60%，是日本市场上的最大参与方。外国投资者投资规模的扩大，一方面有助于投资风格的日趋全球化，另一方面由于东京市场备受全球知名机构投资者的青睐，上市企业可以通过在此上市得到合理的定价。

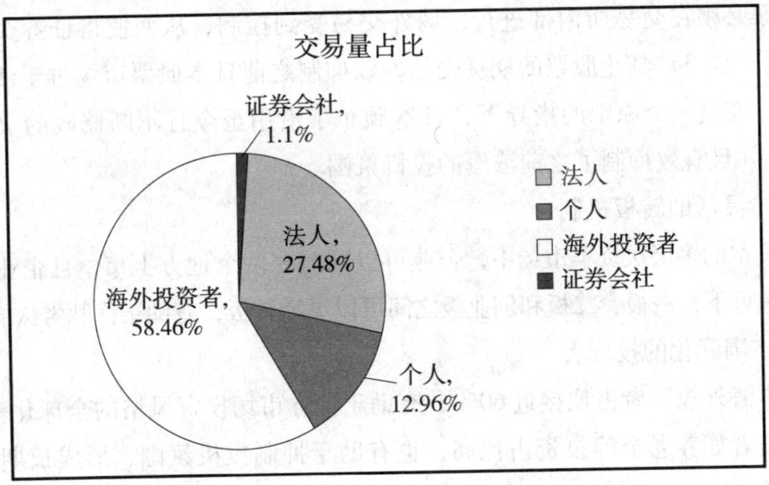

图5　日本资本市场海外投资者交易量占比近60%

数据来源：日本证券交易所　国联证券研究所

（3）全球最大的机构投资者

日本股权市场也备受政府养老投资基金的关注，如日本 GPIF 是世界上最大的机构投资者，是世界第七大养老金管理基金“地方政府官员退休基金协会”。根据截至2012 年年底的 P&I/TW 前 300 名养老基金分析，17 家日本主要的养老基金（世界 300 强）管理着世界上 14.7% 的养老金。

（4）富裕的个人投资者

截至2013 年 12 月末，日本个人持有的金融资产高达1579 万亿日元（15.79 万亿美元），相当于日本 GDP 的 3 倍（5.96 万亿美元）。日本投资者对外国的股票及政府和企业债券的投资呈持续上升态势。

2. 日本多层次资本市场发展的启示

从日本多层次资本市场的发展中我们可以得到以下启示：

（1）日本的市场先规划后发展，法规随着发展而完善

早在明治维新时期，日本就已经制定了《证券交易条例》与《证券交易法》，这些早期的立法，主要借鉴了英国证券市场的立法经验，对战前的日本市场发展起到了重要作用。“二战”之后，美军对日本证券市场的整改又起到了关键作用，提出只有满足了三个原则证券交易才能重新恢复：1）为了保护投资者，交易所内的所有交易必须按照交易的时间顺序做记录。2）证券交易所会员交易股票必须在交易所内部进行，场外交易受到控制，从而使得证券交易的价格更加公允。3）禁止股票的期货交易，以抑制之前日本股票市场过于浓厚的投机氛围。在这三个原则的指导下，日本颁布了沿用至今且不断修改的《证券交易法》，并且有效抑制了之前浓厚的投机氛围。

（2）灵活的转板机制

在日本的多层次资本市场中，企业可以同时在两个地方上市，且企业在多层次中可上可下，一板、二板和创业板之间可以灵活转板，有助于优胜劣汰的形成。

（3）国际化的投资者

日本海外投资者占比接近 60%，有助于证券市场投资风格的全球化。同时，机构投资者如养老金等投资占比高，也有助于抑制投机氛围，形成长期投资的良好环境。

（4）完善的投资者适当性管理

1974 年，日本大藏省证券局便引入投资者适当性规定。此后，监管机构不

断加强对投资者的保护，主要体现在制定了《金融商品销售法》和《金融商品交易法》。

《金融商品销售法》除了要求经纪人员必须了解投资者的经验及财务状况，还规范了他们的销售方式：不得以胁迫、利诱或疲劳轰炸等不当方式，且不能妨碍投资者日常的生活作息等。

1992 年，日本修订《证券交易法》，坚持的投资者保护原则是：不得诱导投资者购买与其自身财富、知识与经验不匹配的证券。2006 年，日本再次修订了《证券交易法》，并改名为《金融商品交易法》。该法案要求销售的产品不仅要与投资者知识、经验和财产状况相匹配，还要考虑交易合同签订的目的，从而作出更为客观的判断。

（5）信息披露的分层

对于一些低层次的市场，上市标准越宽松，但信息披露要求却可能更高。比如 JASDAQ Growth 主要面向成长型企业，上市标准并不高，但在信息披露上，除按时披露年报季报外，还要求上市公司每年公布 3 年及以上的中期发展规划等，以及每年举办不少于一次的投资者见面会，公开企业的发展概况。

如图 6 所示，我们将日本多层次资本市场的发展启示进行了汇总。

图 6　日本多层次资本市场发展启示

数据来源：日本证券交易所　国联证券研究所

三、我国多层次资本市场架构及其演进

（一）我国多层次资本的层级结构

如图7，关于我国多层次资本的层级划分，传统上存在四板之说：一板即主板，二板为中小板、创业板和科创板，三板为新三板，四板为区域股权市场。近年来，主板、中小板和创业板交易标准基本一致，而且上市企业标准事实上越来越趋同，因此，有学者将一板与二板当作一个层次——交易所市场，新三板作为全国性的证券交易场所为一个层次，区域股权交易市场因明显地域特征、挂牌标准、交易制度以及不同的监管体系等被划为另外一个层次。这样我国多层次资本市场就被分为三层：交易所市场、非交易所市场以及区域股权交易市场。

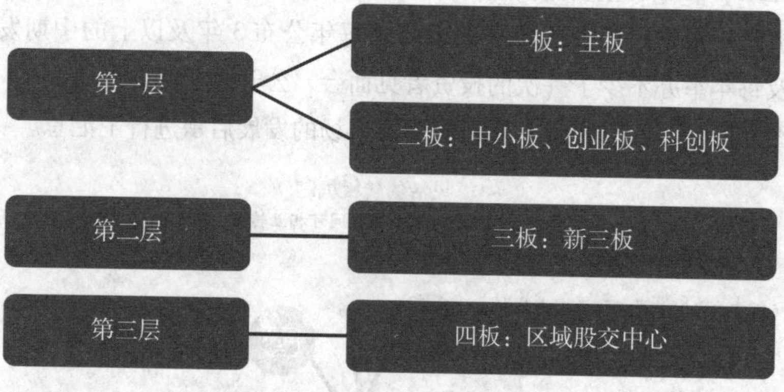

图7 我国多层次资本市场体系构建图

1. 交易所市场的分层演进

（1）交易所的出现与发展

①20世纪80年代初出现股票及初级交易场所

改革开放之后，我国开始对企业进行股份制改革，股票得以出现。随着越来越多的企业发行股票，一级市场开始出现。1986年，飞乐音响以及延中实业的股票率先在上海信托的静安证券营业部流通，标志着股票二级市场雏形的出现。随后，股票的柜台交易陆续在全国各地出现。其中一个著名的例子是红庙子市场，随后在市场整顿时于1993年被关闭。

②1990 年成立交易所

1990 年，我国开始允许建立证券交易所，上海证券交易所、深圳证券交易所于当年 12 月先后开始营业。1992 年的“8 · 10 事件”发生后，官方开始加强管理与整顿，并于当年 10 月成立国务院证券委与证监会，统一监管全国的股权市场。深交所与上交所均为主板市场，上市指标由国家统一分配，交易制度基本一致，并不存在实质性差异。

（2）分层：中小板与创业板的设立

①1998 年开始探索创业板

20 世纪 90 年代，纳斯达克市场的成功以及其对创新创业、高科技产业的巨大推动作用，在全世界范围内引发了设立创业板的浪潮。受其影响，我国 1998 年便意识到科技产业发展要靠资本市场支持，开始探索创业板，学术界和产业界针对创业板设立进行广泛讨论和研究。当时主要争论点在于是学习香港搞一所两板还是在第三地新设创业板以打破沪深交易所的垄断。

②2005 年中小板设立

2000 年深圳交易所暂停 IPO 发行，准备创立创业板事宜。但是，由于当时主板自身面临股权分置问题尚未解决，以及相关法律制度尚未成熟等因素影响，创业板一直迟迟无法落地。由于资本市场的长年熊市以及缺少 IPO，深圳交易所活力及影响力日渐下降，对地方经济以及资本市场发展产生了不利影响。经过研究，2005 年，国务院批复同意设立中小企业板，主要服务于中小企业上市，而上交所主板则定位于服务国有大中型企业，两者以发行人总股本 8000 万股作为分界线。

③2009 年设立创业板

2005 年起，股权分置改革开始实施；2006 年证券法、公司法相继修订，创业板推出的相关的制度环境逐步成熟。2008 年 3 月，温家宝总理批示建立创业板，10 月 30 日，创业板正式成立。

2. 新三板演进及分层

（1）原两网系统 + 主板退市形成三板市场

1992 年 7 月，我国创建了个 STAQ 系统[①]，即全国证券交易自动报价系统，

① STAQ 系统：Securities Trading Automated Quotations System.

用以解决股份制改革后法人股流通问题。1993 年 4 月，央行批准设立 NET 系统[①]，为证券市场提供清算、交割等服务。

1997 年 11 月，中央金融工作会议决定整顿泛滥的交易所。1998 年开始明文禁止非上市公司股票与股票权证的交易。1999 年 STAQ 和 NET 系统被迫关闭，但遗留的 8 家挂牌公司仍有流通股转让的需求。

2001 年 6 月，中国证券业协会允许部分证券公司开展原 STAQ、NET 系统流通股转让业务，这就是"代办股份转让系统"。2002 年 8 月起，该系统也能够交易从主板退市的公司。从此，市场上称这个转让两网及退市公司的板块称为"三板"。

（2）接纳高新企业，老三板变身新三板

2006 年，证监会和科技部火炬中心牵头，中国证券业协会、中关村管委会、深圳交易所参加，研究探索在中关村试点设立股权交易市场，为高科技企业提供一个类似纳斯达克的交易平台。这个交易平台依托于老三板的代办股份转让交易系统，并由中国证券业协会监管，开始接收中关村企业的挂牌申请。从这时候开始，这个系统被称为"新三板"，而之前"两网退市"阶段就成为"老三板"。2012 年 8 月，经国务院批准，新三板试点范围扩充至中关村、张江、东湖、滨海四个国家级高新技术园区。2013 年 1 月，全国中小企业股份转让系统有限责任公司正式成立，成为新三板日常交易监管单位。2013 年 12 月 14 日，新三板正式扩容至全国范围，接受全国范围内中小微企业的挂牌申请，成为全国性的证券交易场所。

新三板市场扩容后，迅猛发展，截至 2017 年 7 月 31 日，挂牌公司数量为 11284 家，总市值 4. 87 万亿元，分别是市场初建时的 32 倍和 88 倍，已经成为全球上市（挂牌）企业数量最多的证券交易场所，其中中小微企业占比达 94%；行业覆盖从初期的 12 个行业大类发展至覆盖全部 89 个行业大类；地域覆盖从四个高新园区扩大至境内所有省域，地级市覆盖也超过了 90%。

图 8 展示了新三板的演进历史。

---

① NET 系统：National Exchange and Trading System.

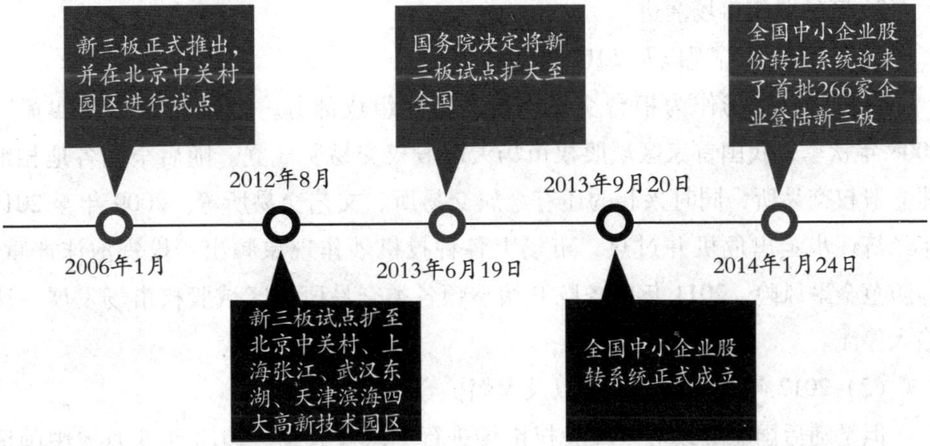

图8　新三板演进历史

数据来源：全国中小企业股份转让系统官网　国联证券研究所

（3）新三板分层：基础层与创新层

2015 年底，新三板挂牌数量超过了 3000 家。为便于细分管理以及更好地服务挂牌公司，全国中小企业股份转让系统经论证，并参考了纳斯达克市场，于 2016 年 5 月，推出了新三板分层制度：基础层与创新层。

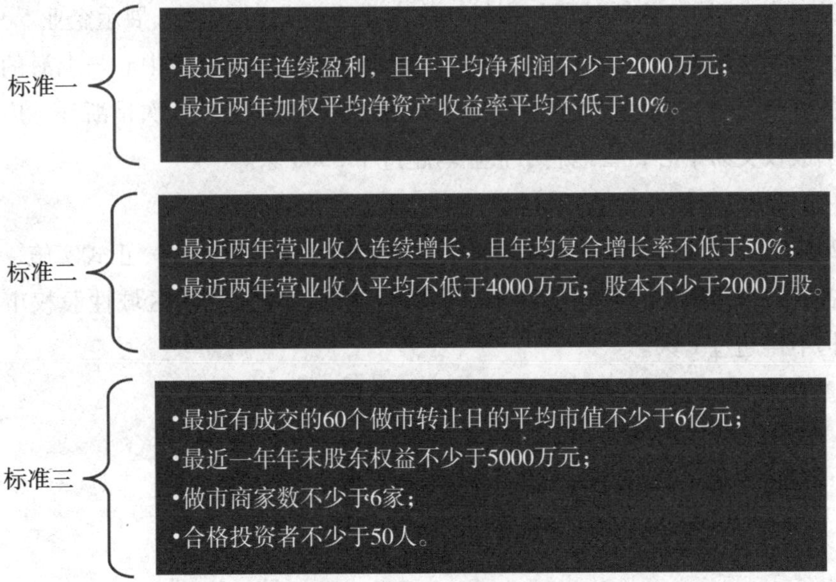

图9　新三板创新层标准

数据来源：全国中小企业股份转让系统官网　国联证券研究所

3. 区域股权市场演进

（1）2008 年首现以及 2011 年整顿

区域股权市场作为柜台交易市场的重要组成部分，也被称为“新四板”。2008 年秋季，我国首家区域股权市场天津股权交易所成立。随后全国各地相继建立股权交易所，同时兴起的还有金属交易所、文艺交易所等。2009 年至 2011 年经济逐步走出危机并过热，市场上各种投机炒作现象频出，投资泡沫严重。为防范金融风险，2011 年国务院开始整顿各类交易所。区域股权市场发展一度陷入停滞。

（2）2012 年政策继续鼓励以及大幅扩容

但是随后国家继续对区域股权市场进行了政策鼓励。2012 年 5 月，中国证监会发布指导意见明确指出：以柜台交易运作的区域性股权交易市场将成为中国多层次资本市场的重要组成部分。

随后区域股权市场开始大幅扩容，截至 2016 年底，全国共有 40 家区域股权市场。除云南外其他省市均已设立，部分省份甚至设立 2 家及 2 家以上。如广东省有广州、前海、佛山三家市场，福建有厦门、平潭两家，辽宁省有辽宁、大连两家等。

2016 年，这 40 家区域股权市场挂牌企业达到 1.74 万家，展示企业 5.94 万家，为企业实现融资 2871 亿元。其中，深圳的前海股权交易中心与上海的上海股权托管交易中心展示企业数量最多，都在 9000 家以上。其次是浙江、广州与北京的股权交易中心，三地展示企业均超过了 3000 家。

（3）2017 年整合潮或开始

2017 年 7 月 1 日起，《区域性股权市场监督管理试行办法》正式实施，其中规定各省、自治区、直辖市、计划单列市行政区域内设立的区域性股权市场运营机构不得超过 1 家。

图 10 展示了我国区域股权交易市场的发展历史。

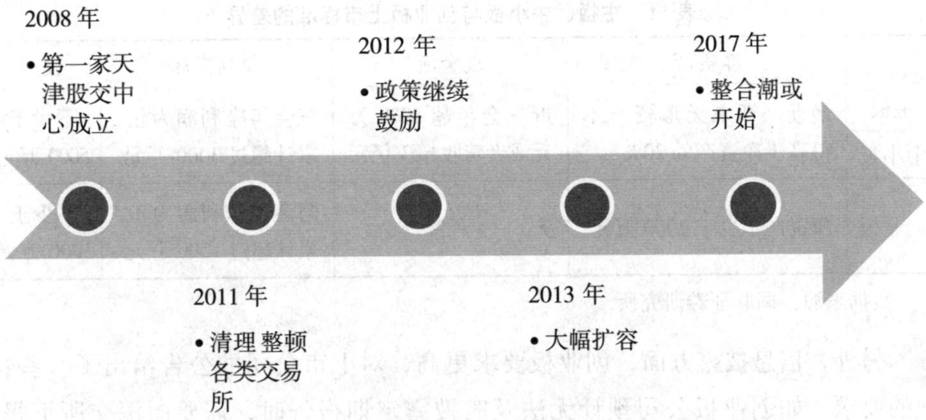

图 10　区域股交中心的历史演进

数据来源：国联证券研究所

（二）我国多层次资本市场的制度完善

1. 交易所市场不同板块的制度差异

创业板是服务于成长型创新企业的，在上市门槛、投资者保护与交易制度等方面和主板、中小板市场存在差异。

（1）供给端：创业板上市标准稍低，信息披露更严

在上市门槛方面，创业板在财务、规模与股本方面的要求都比主板和中小板低，如表 11 所示。

首先，财务方面，主板要求公司近三个会计年度现金流累计大于 5000 万元或者营收累计大于 3 亿元，以及净利润为正且累计高出 3000 万元。创业板则设立两个条件，只要满足其中一条便达标。一是近两个会计年度净利润为正且累计不低于 1000 万元；二是近一年净利润不低于 500 万元，营收不低于 5000 万元，且近两年营业收入增长率均不低于 30%。

其次，在规模与股本方面，主板要求无形资产比重不能大于净资产的 20%；创业板没有这方面的限制，仅需要求净资产不低于 2000 万元。主板要求股本不少于 5000 万元，而创业板则要求最低是 3000 万元。

表 11　主板、中小板与创业板上市标准的差异

<table>
<tr><th></th><th>净资产</th><th>现金流</th><th>盈利指标</th><th>股本</th></tr>
<tr><td>主板</td><td rowspan="2">最近一期末无形资产不得高于净资产的 20%</td><td rowspan="2">近三会年超 5000 万元或者营收超 3 亿元</td><td rowspan="2">三会年净利润为正，累计超过 3000 万元</td><td rowspan="2">不少于 5000 万元</td></tr>
<tr><td>中小板</td></tr>
<tr><td>创业板</td><td>净资产不少于 2000 万元</td><td>无</td><td>两会年净利润为正，累计超过 1000 万元</td><td>不少于 3000 万元</td></tr>
</table>

数据来源：国联证券研究所

另外，信息披露方面，创业板要求更高，对上市公司的公告给出了一些特别的要求。如创业板公司预计无法及时披露定期报告时，需要向深交所汇报，并给出解决方案。

2013 年，证监会取消了主板和中小板 5000 万股本的要求，允许企业自主选择上市地点以及主板或中小板，至此，主板与中小板事实上已基本无差异。同时，近年来，由于创业板审核速度更快，市盈率更高，流动性及交易制度无差异，很多满足主板或中小板上市条件的企业更愿意选择创业板上市。

（2）需求端：投资者门槛无本质差异

在投资者保护方面，创业板要求投资者单独开户，并需要录制一段风险提示视频。事实上，这并不构成投资者的类别划分，因此，在投资者方面，三者并无本质上的区别。

（3）供需结合：交易制度相同

在交易制度方面，主板、中小板与创业板都是集合竞价交易，且采用 T + 1 以及涨跌停制度，三者并无本质区别。

2. 新三板的制度设计

（1）供给端：上市标准宽松，内部分层且可转板

新三板的挂牌条件相对 A 股低很多，并没有设立股本、净资产、现金流与盈利方面的要求，如表 12 所示。其上市门槛可以总结为“一前提六条件”。前提是必须是股份有限公司；六个条件分别是：存续期满两年，业务明确持续经营，公司治理健全，产权明晰，券商推荐并持续督导以及其他条件。

表12　新三板与A股上市标准的差异

存续期	净资产	现金流	净利润	股本	股东人数	
主板	存续期满三年	最近一期末无形资产不得高于净资产的20%	近三会年超5000万元或者营收超3亿元	三会年净利润为正，累计超过3000万元	不少于5000万元	超过200人
中小板						
创业板		净资产不少于2000万元	无	无	不少于3000万元	
新三板	存续期满两年	无	无	无	无	200人以下直接挂牌；超过200人需经证监会批准

数据来源：全国中小企业股份转让系统官网　国联证券研究所

如前文所述，新三板内部也存在分层，其中创新层标准较基础层高。另外，两个层次之间存在转板制度：基础层的企业达到创新层初始标准后可以转入创新层，而创新层的企业不符合创新层的持续标准且在3个月内没有整改达标将会被调入基础层。在达到其中任一标准的基础上，还需要满足最近3个月内有一半时间以上有成交或者曾经融资过便可进入创新层。

（2）需求端：投资者准入门槛高

新三板对投资者设立了较高的准入门槛，这使新三板投资者多数为机构投资者。

参与新三板的法人机构需要注册资本不低于500万元，如果是合伙企业，其实缴资本也不得低于500万元。而个人要想参与新三板交易，需要满足资产市值不低于500万元，且要有两年以上相关投资或金融从业经验。

（3）供需结合：交易制度有缺陷

新三板目前采取协议转让和做市商交易两种，迟迟没有推出竞价转让。我们的做市转让是竞争性做市商制度，不允许投资者绕过做市商进行报价转让，这也在一定程度上限制了新三板的流动性。

另外，做市商数量严重不足，截至2016年底，我国新三板市场仅有88家券商做市，需要面对10163家挂票公司和1654家已经采用做市转让方式的挂牌公司，平均每只股票的做市商数量只有5家，这与纳斯达克平均每只股票14—15家做市商相比存在较大的差距。

综上，挂牌标的质量不高、投资者准入门槛过高以及交易制度的缺陷使得新三板的流动性不足：据统计，2016年全年新三板市场的日均成交额仅为7. 87

亿元，日均成交股数仅为1.50亿股，而且有近半数的挂牌企业至今没有进行过一笔融资。这进一步削弱了上市企业融资功能以及投资者的投资热情。

3. 区域股权交易市场的制度设计

（1）监管：省级政府负责，证监会协调配合，运营机构自律管理

根据最新颁布的《区域性股权市场监督管理试行办法》，各省级人民政府负责对区域性股权市场进行监督管理。另外，中国证监会对他们的监督管理工作进行指导、协调，而且需要与省政府建立监管合作及信息共享机制。

区域股权市场的运营机构负责对市场参与者进行自律管理。由于证券公司可以参股、控股运营机构，很多区域股权市场如重庆股份转让中心，实质上由证券公司主导运作，证监会通过监管证券公司能够对其进行间接管理。

（2）挂牌门槛：各地不统一，原则上限制跨区域挂牌

由于各地股权交易中心主要由当地省政府监管，各地市场的挂牌标准并不统一。在股份制、经营情况与财务状况方面，各地不尽相同。不过总体而言，区域股权市场的挂牌条件相对新三板以及沪深交易所更为宽松。

另外，区域性市场原则上不得接受跨区域公司挂牌。但是也有例外，如天津股权交易所和上海股权托管交易中心因有国务院批复，其他省份的企业也可以挂牌。

（3）投资者要求：机构投资者以及自然人50万元门槛

参与区域股权交易市场的投资者只能是合格投资者，主要包括证券公司、期货、基金、资管计划、社保基金与养老基金等。对于自然人而言，需要至少50万元人民币以及2年以上的金融投资经验或金融从业经验。另外，单只证券持有人数量不能超过200人。

（4）交易制度：协议转让与T+5

区域股权交易所目前主要买卖中小微企业的股票、可转债以及国务院有关部门认可的其他证券，是地方上唯一允许组织证券发行和转让活动的场所。

从交易制度上看，最新的《区域性股权市场监督管理试行办法》不允许采用集中竞价、连续竞价、做市商等集中交易方式，而且执行T+5的规则。之前重庆股权交易中心引入竞价与协商交易机制；天津股交中心存在竞价、协商与做市三种交易制度。未来这两家将取消多元化交易方式的策略，统一只能采取协议转让的方式。

四、多层次资本市场的国际比较

（一）国际股权市场多层次格局形成的内在逻辑

1. 服务实体经济及交易所竞争的需要

股权市场的存在就是为实体经济提供融资功能，其发展变化也是为了服务实体经济，多层次资本市场的建立弥补了原有层级无法覆盖到的实体经济融资需求。

（1）服务实体经济

从美国股权市场层级架构形成历史来看，更好地服务实体经济是其分层演进的内在逻辑。1980 年，第三次科技革命迅猛发展，美国包括苹果公司在内的部分高科技公司抓住了市场成长机遇，市值不断成长，交易非常活跃，形成了事实上的分层。纳斯达克因势利导，把这些成交活跃，市值较大的企业单独归入纳斯达克全国市场中，从而更好地为科技企业的发展提供了所需的资金。纳斯达克通过市场分层表现了对新经济的关注和支持，掀起了包括中国公司在内的全世界高科技及互联网公司赴美上市。顺此对全球开放之势，纳斯达克在 2006 年正式成为全国性证交所，并盯住全球，建立全球市场。

日本交易所的多层次资本市场发展亦如是。20 世纪 60 年代后，随着经济的崛起，上市企业数量增加，日本越来越多地参与到国际市场竞争中。为了适应加入的 IMF、WTO、OECD 等组织的国际规定，日本部分交易市场开放了门槛较低的二部市场，完善了公司从二部跻升一部的渠道。此举适应了日本实体经济发展中不同板块、不同企业的融资需求，并且进一步打开了日本资本市场，满足了外资需求。而到了 20 世纪 90 年代，随着美国互联网经济的蓬勃发展，日本涌现了一大批新型企业，为了满足这批初创的、高风险、高成长企业的融资需求，东交所增设 MOTHERS 板块。该板块为高增长新兴股票提供了标准低、透明度要求高的市场，不仅有效减低了中小企业的维持上市费用，还鼓励了外国企业在日本上市。

（2）交易所竞争

另外，由于国际上的交易所多为私营的法人机构，相互之间存在的竞争压力也迫使传统的交易所进行变革。

美国的纳斯达克从成立起就是公司制的股权市场，其面对竞争作出的反应更为灵活。21 世纪初，随着互联网泡沫的破灭，主营高科技或互联网企业服务平台的纳斯达克一度出现亏损。为了拓宽定位，寻求转型，纳斯达克说服多家大型公司同时在纳斯达克上市，并进行了第二次分层，扭转了亏损的局面，甚至给纽交所带来了巨大的竞争压力。

在纳斯达克将目标拓宽到蓝筹企业之后，纽交所迫于形势作出改革。首先便是进行公司化，转变为上市公司。之后进行收购，通过高新的电子技术建立 NYSE Arca 抢夺份额。2008 年，为了应对纳斯达克的全球精选层，纽交所又收购全美交易所，整合高增长市场进行内部分层，建立相当于中小板市场的 NYSE MKT。

不仅是全国性的市场，区域性的股权交易中心之间也充斥着激烈的竞争。随着美国全国市场的发展，很多地方市场流动性降低，区域交易所为了保持自身存续，在竞争中站稳脚跟，不得不接受并购或挖掘自身的经营特色。比如 CBOE 交易所挖掘并发展自身衍生品交易的特色，从而避免了被大型交易所合并，完整存活。

除应对来自国内交易所的竞争外，在金融全球化的当下，交易所还面临着来自世界各国的挑战。以日本证券交易所为例，2013 年东京交易所和大阪交易所合并，成立日本交易所。此举统筹了日本国内的交易所力量，集合了全国 90% 的交易量，在总市值方面达到世界第三，有效应对了日本证券交易所在国际地位上逐渐降低的现状，提高了原本较弱的国际竞争力。

表 13　服务实体经济及交易所竞争的需要

多层次格局形成的内在逻辑		交易所	时间	分层
服务实体经济	第三次科技革命，高科技公司成交活跃，市值大，事实分层	纳斯达克	1980 年间	纳斯达克全国市场
	全世界高科技及互联网公司赴美上市		2006 年	纳斯达克全球市场
	日本经济崛起，上市企业增加	日本部分交易市场	20 世纪 60 年代	开设二部市场
	美国互联网经济蓬勃发展，日本涌现大批高科技互联网企业	东交所	20 世纪 90 年代	“MOTHERS”

续表

多层次格局形成的内在逻辑		交易所	时间	分层
交易所竞争	互联网泡沫，纳斯达克亏损，寻找转型	纳斯达克	21 世纪初	第二次分层
	纳斯达克向蓝筹股市场转型	纽交所	2005 年	NYSE Arca
	纳斯达克全球精选市场		2008 年	NYSE MKT
	地方市场流动性降低，众多区域股权交易中心面临收购风险	CBOE		特色衍生品市场
	应对国际压力，提升日本证券所国际竞争力	东京、大阪交易所	2013 年	成立日本交易所

2. 市场开放及交易所市场自我调节的制度安排

（1）交易所拥有较大自主权，可进行自我调节

从发达国家股权市场多层次架构形成历史中，我们发现交易所拥有较大的自主权进行变革与调整，以适应时代的变化。美国纳斯达克能够通过劝说在纽交所上市的蓝筹公司同时挂牌纳斯达克以解决自身的困境，进而导致纳斯达克及纽交所开始正面竞争，也引发了随后的分层。在分层、转板等制度设计方面，纳斯达克以及纽交所都有着相当自主的权力。纳斯达克将全球精选市场的标准设置得高于纽交所以重新定位，纽交所也可以降低 MKT 板块的标准同纳斯达克竞争。

而日本的证券交易所也都是公司制，从而可以较为自由地进行合并和重组。随着 2000 年、2001 年、2013 年三次证券交易所合并，日本交易所成立，提高了日本证券交易所的国际竞争力。另外日本证券交易所还可以较为自主地增设内部分层，如 1999 年东交所成立的“MOTHERS”板块和 TOKYO PRO 的成立。

（2）监管理念的宽松形成开放的市场环境

正是交易所较大的自主权力，形成了股权市场较为开放的市场环境：两地同时上市，转板自由，等等。这些制度安排增加了企业的流动性，形成了各层次市场应有的价值与定位，这背后深层次的原因是监管理念的宽松。欧美多是市场经济，很多变化源于自发的需求，官方顶层设计并不起主导作用。2002 年德国颁布的《第四部金融市场促进法案》，强调监管者要以保护金融系统的消费者为主要监管目的，塑造了目前德国金融监管制度，同时规定交易所可自主调

整市场板块。

因此，交易所能够根据自身需要进行调整、变革是美国多层次资本市场得以形成的另一重要逻辑。

3. 通信信息和互联网技术的进步

技术的发展对于股权交易市场也产生了深远的影响。一方面，随着通信技术和信息技术的发展，20 世纪 80 年代起电子信息技术逐步应用于全球金融市场，公开喊价交易逐步被取代。与此同时，随着互联网技术的迅速发展，电子化市场日趋成熟，不仅实现了交易速度的提高、交易成本的降低，还能够为投资者提供全方位便利化服务。证券交易活动的范围不再受到地域和时间的限制，甚至不需要借助有形的交易场所。以日本为例，一些偏远地区的小型交易所陆续被整合，2000 年前后，原八家证券交易所合并为五家。

另一方面，电子交易也改变着全球不同交易所之间的竞争格局。电子化市场能够为交易所全天候联网交易、为全球交易者直接入市提供便利，实现了单一交易所跨界服务的覆盖能力。2003 年起，全球出现了新一轮的交易所合并潮，包括纽交所与泛欧交易所合并、伦敦交易所收购意大利交易所、纳斯达克收购北欧 OMX 等。2013 年，东京交易所和大阪交易所合并，成立日本交易所集团，也是顺应了全球的交易所并购重组浪潮。

同样因为技术的进步，一些新的另类投资平台如 ECNs、黑池平台相继崛起，如今已经形成美国多层次资本市场中单独的一个层次。而在德国，超过 90% 的股票是在全球范围内最高效且最灵活的交易基础设施之一 Xetra 上完成交易的。将近 1000 只股票，1500 个交易所交易基金（ETFs），交易所交易商品（ETCs）和交易所交易票据（ETNs）在该系统上交易，来自 18 个国家的约 200 家市场参与者加入了该系统。

4. 金融监管体系的变迁

多层次资本市场的演变，很多时候也与历史背景下的金融监管体系变化有着割不断理还乱的关系。

以日本为例，早期证券交易所主要依靠自律监管。在参考了英国证券市场后，日本制定了《证券交易条例》《证券交易法》等早期立法，促成了东京证券交易所的成立。同时，“二战”带来的资金募集需求，使得当时全国十余个交易所被统一成一个半官营性质的交易所。而战事的进行，也造成了证券市场的混乱。

“二战”之后，以美军为主导的日本证券市场在重建过程中，美国方面提出三个原则，并颁布新版的《证券交易法》。在此基础上，日本证券交易市场重新建立，包括东京、大阪等在内的多个新开立交易所，进行了“证券的民主化”，构成了日本的“美式”交易市场。

20世纪末，日本股权市场进入FSA阶段，FSA在2001年成为对金融市场进行统一监管的部门。在FSA的监管下，原来缺乏透明度、非市场导向的日本金融系统越来越与国际标准接轨，将其逐渐建设成了可与纽约、伦敦相匹敌的全球金融中心。

（二）中外多层次资本市场差异及其分析

1. 监管环境不同

目前各地区证券市场的监管主要可以分为集中行政监管、行业自律监管和综合间接监管三类，美国、日本和我国大陆地区都是采用的集中行政监管的方式。尽管如此，三者间也存在着不小的差异，而这些差异也在一定程度上导致了其多层次资本市场的差异。

美国的政府监管机构为美国证券交易委员会（SEC），拥有准立法权、执法权和准司法权，因此能够独立对证券市场实行强有力的管理，并且直接对国会负责。除此之外，美国证券市场也是高度自律的，证交所、行业协会和其他团体都会承担起行业的自我监管。在法律方面，得益于美国完备的法律体系，美国也形成了比较完备的反证券欺诈体系（“蓝天法”），利益受害者可以通过司法途径提请诉讼。

而日本的监管体系部分由金融服务局（FSA）对金融市场实行统一监管，在服务局内部设立负责综合性工作的企划局、负责现场稽查监管的检查局和负责检查监督的监督局。其中，监督局内部又设立证券部、银行部和保险部对所属行业进行监督。FSA还设立“证券交易监督委员会”（SESC）单独监督证券市场，该委员会与企划局、监察局和监督局相对独立。但是SESC并不具备任何的执法权，它只能就违规的公司与个人向其他负责机构提出处罚动议。

而我国金融业目前是分业经营、分业监管，整个金融体系由一行三会进行监管。其中，证监会负责对证券行业的监管。由于交易所的章程制定修改须经证监会批准，其总经理也由证监会任免，证监会能够通过行政化手段对证券交易所、证券公司、证券业协会等市场参与主体进行监管。

但是，我国四个层级股权市场的监管暂不统一。接受证监会监管的只有 A 股与新三板。区域股权市场的监管则主要由各省级政府负责，证监会只是起指导、协调作用。至于券商柜台市场则以证券业协会自律管理为主。监管的不统一，造成了各层级股权市场相互独立，无法形成紧密的整体。

虽然我国的监管体系和日本有诸多相似之处，但是通过比较不难看出，我国的监管体系相对独立，监管部门的职能定位也存在一定的冲突和真空地带。证券法及配套法律体系的建设落后于快速发展的市场，可操作性和统一协调性较差。

另外，行业协会的自律监管体系尚未建立，甚至存在证券业协会和证券交易所权责不明的情况。这也就综合导致了我国当前更多地依靠行政化、证监会为主导的单一监管方式，而非证监会、行业自律等多样化、市场化的监管模式。

2. 市场体系成熟程度不同

（1）我国股权市场缺少完善的转板制度，并未形成完整体系

国外各层级股权市场之间存在转板制度，形成完整体系。日本交易所内部的市场一部、市场二部、MOTHERS 和 JASDAQ 之间存在各自的转板机制，美国场外市场与纳斯达克之间也存在转板制度设计，这样使得它们的多层次资本市场形成一个完整的体系。虽然我国新三板的基础层与创新层之间也存在转板制度，但是深圳交易所主板、中小板与创业板之间并没有转板制度。没有转板制度使得各个层次之间无法通过流动保持各个层次的净化，其结果就是深交所主板、中小板与创业板趋同。

另外，我国各层级股权市场之间缺少衔接制度安排。目前企业想从新三板转移至 A 股，必须首先在新三板摘牌，然后重新走 A 股 IPO 流程，这增加了企业的成本。由于当前新三板流动性不足以及 A 股 IPO 加速，缺少新三板与 A 股的转板制度也使得新三板部分已挂牌企业主动摘牌退市。由于这些企业是新三板中相对质量较高的企业，它们的离去使得新三板的挂牌企业整体质量下降，降低了自身的吸引力。

（2）A 股退市制度有待完善，市场自我净化功能相对缺乏

早在 1993 年我国的《公司法》便规定了暂停和终止上市的条件，2001 年证监会明确规定了 PT 公司终止上市的操作流程。自此，退市制度在我国正式建立。2001 年 4 月，PT 水仙成为我国 A 股首家退市的公司。2012 年郭树清主席上台后不久便修订创业板股票上市规则，建立了创业板的退市制度。2014 年 10 月，证监会发布上市公司退市制度的若干意见，从五个角度完善 A 股的退市制度。

然而我国的退市制度与全球相比已属严格，但 16 年来 A 股总共退市 108 家上市公司，平均每年退市仅 6.7 家。一方面，由于核准制的影响，壳资源稀缺，A 股盛行炒作壳资源，价值投资理念未形成；另一方面，由于公司逃避退市，地方政府也千方百计帮助当地企业避免退市。由于人治取代法治，导致我国空有严格的退市制度，没有系统的落实方法，造成“应退不退”现象。

这种现象还影响到了发行制度改革，令注册制迟迟不能推出。由于 A 股每年退市公司数量少，如果贸然推行注册制，会引起投资者的恐慌，使得市场出现较大的下跌。2015 年拟推出注册制改革最终不了了之。

另外，新三板退市制度建立太晚，导致目前挂牌企业过多，融资功能减弱。由于新三板采用注册制，2015 年新三板企业快速扩张，短短两三年挂牌企业数量暴增至一万家以上。2016 年 10 月 20 日，全国股转系统发布《全国中小企业股份转让系统挂牌公司股票终止挂牌实施细则（征求意见稿）》，明确 11 种强制终止挂牌情形，新三板退市制度姗姗来迟。截至 2018 年 1 月，2017 全年新三板摘牌公司总数量达 709 家，全年退市率超过 6%，正在接近纳斯达克每年 8% 的退市率。然而由于随着新退市制度的推出，新三板信披和监管方面的要求提高，也导致一批拟 IPO 企业选择提前摘牌，导致一部分优质企业的流失。

3. 制度设计不同

我国多层次资本市场在制度设计方面与发达国家存在一些差异。我们从上市/挂牌企业标准、投资者以及交易制度三个角度具体分析。

（1）上市/挂牌企业标准

以美国为例，纳斯达克允许企业在满足先决条件、积极条件、消极条件和诚信原则的基础上申请在其小资本市场上市。其中消极条件中设立了四套标准，

包括有形资产净值、最近一年税前净利、最近三年其中两年税前收入和公司资本市值的要求。然而这四套标准，企业只要满足其一即可上市。总体而言，较为宽松。

然而我国创业板对公司上市提出了门槛值不低的股本、流动性与财务条件的要求，且必须同时满足，才能在创业板上市。由于高科技企业在初创期流动性和财务条件方面都难以很好满足，所以创业板的高门槛无法有效支持国内高科技企业初创期发展。由此导致国内大量如百度、网易等科技企业由于不满足A股上市资格，不得不另寻纳斯达克上市。

（2）投资者保护思路和法律制度存在差异

国内外在投资者保护的思路方面都强调加强信息披露、加强金融监管打击违法犯罪等。在信息披露方面，美国信披要求主要由《1933年证券法》和《1934年证券交易法》规定，不仅要披露发行信息，还要披露持续信息；不仅要有多维度的财务信息，还要有动静态财务信息及其他符合重要性条件的非财务信息。而且美国还建立了信息质量保障制度，以保证企业信息披露的真实性。同时，美国的集体诉讼制度也能有效地保护中小投资者的利益。

然而在我国，中小投资者则缺少类似的自我保护的法律武器，尤其是A股广大中小股东利益容易被侵犯。我国A股投资者门槛很低，这使得中国普通百姓参与A股的热情很高。但是一方面广大中小投资者市场知识缺乏，另一方面上市公司在市场中处在信息链和资金链上的绝对优势，上市公司频繁定增稀释股份，产业资本由于信息优势高位减持，等等，使广大股民利益经常被大股东侵犯。然而我国没有相应的法律手段来帮助广大中小股东维护自己的利益，导致他们只能通过二级市场的投机操作自负盈亏。

但是我国在投资者保护上也存在一些非常独特的地方，如在三板、四板市场上设立较高的投资者门槛值。新三板投资者门槛最低为500万元，区域股权交易中心最低门槛为50万元。因为新三板和四板市场的风险远远高于A股市场，所以从某种程度上，这种高门槛保护了投资经验欠缺，市场知识缺乏的中小股民。然而高门槛将大多数自然人排除在外，是导致两个市场流动性不足的重要原因。而在国际的主要股权市场上，多数并没有直接设定投资者参与的最低门槛值。虽然在私募证券市场上美国、日本也设定了合格投资者的概念，但是都没有明确规定财富门槛的具体数值。

（3）交易制度

①A 股 T+1 与涨跌停限制过度保护投资者，散户比例过高

在发达国家的股权市场，成交金额中大部分是机构投资者。这些投资者有着过硬的职业素养，受到严格的监管，并且信奉价值投资。在这种结构下，依据有效市场假说，例如美股的市场，已经达到了弱势有效的水平，不太会出现短期大量买进卖出。因此国外市场基本采用 T+0，而且没有涨跌停制度，以此充分让市场行使其作用。而且这种制度进一步导致普通投资者不敢随意投资股票，更多投资基金，有利于形成较好的价值投资氛围。

然而我国的市场本身仍处在非有效市场水平，短期股价涨跌有较大的投机性。这导致 A 股不得不设立涨跌停制度以及 T+1 的交易制度，强制降低投资者的短期波动风险。如果采用 T+0 以及取消涨跌幅，普通个人投资者由于信息不对称，风险敞口会很大。所以 A 股目前的交易制度一定程度上保护了投资者，但是也促使了我国 A 股成交中个人投资占比过高，不利于信息的充分市场化，也容易导致市场忽视价值投资，过分投机。

②新三板做市制度存在缺陷，流动性低迷

新三板目前采取集合竞价与竞争性做市商制度相结合的混合交易制度，虽然新引进的集合竞价大大改善了新三板的定价稳定性，但是于流动性的改进上帮助不大。同时，我国新三板市场上存在着做市商数量严重不足、积极性不高的问题。

在美国纳斯达克市场，平均每只挂牌股票有 20 家做市商，而微软、苹果等明星公司股票的做市商数量甚至超过了 60 家。大量的做市商数量放开非券商机构做市，增加做市服务的供给，形成了良好的竞争市场。同时，美国的做市商可以成为承销商，且具有优先获取信息及股票，以较低成本进行交易的权利，这使美国的做市商在履行义务的同时能够获得实际的利益，大大提升了其竞争动机。

然而在我国，目前不仅整个新三板市场取得做市资格的券商远远小于发达国家交易所平均额，平均每只做市股票的做市商数量也没有达到平均水准。另外，我国做市商权益不对等，做市商需要承担的存货成本和信息处理成本高，并需承担巨额风险，导致我国做市商活力不足。

我们将我国各层次之间的制度对比汇总如表 14。

表 14　各层级市场制度对比

	挂牌标准	投资者		交易制度
		个人	机构	
主板	类同	无		集合竞价，T+1、涨跌停
中小板				
创业板	稍低	单独开户		
新三板	宽松	500 万元，2 年	500 万元	做市转让：投资者 T+1，做市商 T+0；协议转让：T+1
区域股交中心	限定区域，各家不一，标准最低	50 万元，2 年	合格投资者	协议转让，T+5

数据来源：证监会官网　国联证券研究所

五、完善我国多层次资本市场体系的政策建议

（一）构建股权市场整体设计的制度机制及政策环境

1. 建立允许自下而上改革的制度环境

目前我国股权市场的制度建设往往由监管层顶层设计，然后下发至交易所执行。这样的机制面临的一个重大问题是制度设计往往滞后于现实变化需求。我国创业板从 1998 年开始提出，直至 2009 年才正式建立，花费了十余年的时间。而这 10 年间我国诞生了大量处于初创期的科技企业，他们无法在国内获得股权市场的融资支持，纷纷谋求登陆纳斯达克或者港交所。同样，由于深交所没有办法自主修改上市门槛的资格，设立较早的中小板逐渐脱离了其初衷，眼睁睁地看着诞生于深圳的大量科技企业一个个流失。就这样，我国大陆的股权市场丧失了大量优秀的、深刻影响了我们生活方方面面的科技企业。

相比之下，纳斯达克的成立及其分层演进，我们更多看到的是自下而上的自发的制度设计。1982 年的首次分层，也是基于内部出现市值与流动性的实质分层后而推出的，并不是 SEC 制定的，这使得纳斯达克能够根据需要作出最佳的推广方案，改变自身流动性不足的现状。我国新三板目前面临流动性不足的局面，但是自身却无法积极改革解决问题，只能等待上层的首肯后才有所行动。

因此，我们认为有必要改变这种制度机制以及政策环境，充分发挥市场的基础配置作用。

2. 树立市场化和法治化的监管理念，打造宽松的政策环境

推动多层次资本市场体系建设尤其要完善监管机制，要树立正确的监管理念和监管目标，解决好监管权分配和归属问题，特别是协调好中央与地方、中央各部门之间的监管关系。

多层次资本市场的建设，需要体系化，就必须坚持法治化路径，实现立法的体系化，把纵向的多层次与横向的债权市场、资产证券化与衍生品市场均纳入法制化的轨道并在《证券法》修改中体现。市场分层是交易市场内在需求，能够使市场变得更加立体多元，吸引各类企业上市挂牌，进而增强市场自身活力，因此，应坚持市场化的路径发展市场，政府适时推动。如市场的内部分层及四板的融合，均应坚持市场化路径。功能性监管不仅意味着按照资本市场的性质和功能来决定监管政策，也意味着监管的专业化技术要主导监管职责的划分。功能性监管以资本市场所具有的基本功能为依据确定相应的监管机构和监管规则，从而能有效地解决金融创新产品的监管归属问题，避免监管“真空”和多重监管现象的出现。此外，功能性监管还能够更有效地防范金融风险和促进金融创新。

（二）交易所竞争与交易所市场内部分层

1. 交易所公司制改革，允许自由竞争

（1）美、日国内交易所之间相互竞争、相互促进

竞争是实现优化的最佳路径，交易所之间的竞争对提升效率、优化制度、促进创新有着重要的促进作用。纵观发达国家多层次资本市场的演进历程，就是一部相互竞争、相互促进的历史。

以美国最大的两个交易所纽交所和纳斯达克为例，虽然一开始两个市场定位差异明显，前者主要以大盘蓝筹为主导，而后者则是成长和创新的代名词，但随着时间的推移，两者逐渐向对方渗透，尤其是纳斯达克更是以一种挑战者的姿势出现，这也使其保持着不断创新的精神。处于相对弱势地位的纳斯达克对纽交所的挑战显示出更大的进攻性，纽交所也被迫进行公司化改革以及放下身段降低自身的上市标准，以吸引高科技企业。

日本多层次资本市场同样也是在竞争中演进，日本之前各个交易所内部都有完整的从主板到创业板的分层，各个板块之间充分竞争，最后，在市场化之下完成整合。比如2000年初，面向新兴企业方面，有JASDAQ，有大阪交易所旗下的NASDAQ Japan，东交所旗下的MOTHERS等。为了减少彼此之间的激烈竞争，2007年，日本证券业协会决定将JASDAQ和大阪证券交易所整合。2010年4月，大阪证券交易所完成对JASDAQ的整合，并成为大阪交易所的JASDAQ市场。2013年东京与大阪合并之际，在东京交易所新增JASDAQ市场，旗下包括JASDAQ Standard、JASDAQ Growth。

2. 交易所进行公司化改革

当前，我们国内多层次资本市场的分层更多是一种自上而下的规划，蓝筹公司只能在上交所上市，而深交所则是中小和创新的代名词。但从长远来看，只有竞争才是资本市场发展的源动力和提升国际竞争力的有效路径，借鉴纳斯达克与纽交所以及日本的多层次资本市场演进经验，我们认为鼓励沪深交易所展开良性全面竞争有重大意义和必要性。两者可以学习纽交所和纳斯达克交易所，通过在内部分层的形式最后逐步向对方渗透，最终形成良性竞争和整体市场的效率提升。

当然，美国交易所竞争激烈的前提是，对方全是自负盈亏的公司制，因此，交易所有天然的动力去抢夺市场。而国内交易所实行会员制，交易所不以营利为目的，缺乏有效的激励机制。因此，我们认为，要实现竞争的前提条件是对交易所进行公司制的改革，从而进一步提升竞争，做大做强。

目前，我国证券交易所的发展程度已经具备实行公司制改造的基本条件。首先，随着电子交易技术的发展，我国的证券交易已经全方位实现了电子化和自动化。交易大厅的进入壁垒被消除，投资者可以随时随地购买股票，互助性质的会员制存在的基础已经被打破。其次，外部环境的挑战要求我国交易所公司化。我国现今出现了部分高新科技企业流出，选择在境外交易所上市的现象，显示出了严峻的竞争态势。须知，我国交易所不仅是在国内竞争，同时也是在和国际竞争。当今国际潮流中，为了更快响应市场，更优作出决策，80%的证券交易所已经成为公司制交易所。此等外部环境的挑战正是我国交易所公司化的直接诱因。

然而我国的资本市场发展情况不与世界上任何其他国家相同，所以在公司化的改造过程中不仅需要借鉴如纽交所等发达国家的公司制改造经验，还需要结合我国的特殊国情，因地制宜，建成有中国特色的公司制证券交易所。这要求我们从以下两个方面进行考量。

一是产权方面采用国有相对控股的股权结构。首先，我国的证券交易所是由政府发起、领导、组织、筹建的。作为一个由政府设立并多年来一直在国有体制框架下运作的组织，证券交易所的积累应有一部分属于国家权益。其次，交易所“最有价值的财产是政府特许的独占权，这是会员单独和共同都无法形成的一份无价资产”，所以交易所的公司化必然是国有股权占主要地位的公司化的改革。然而，交易所的启动资本主要来源于会员费和席位费资金，且在长期过程中证券交易所会员通过各种形式对交易所的发展壮大做出贡献，理应获得回报。所以会员在交易所积累形成的财产也应以股权的形式返还给会员，该股权可以自由转让，而获得实际的收益。在产权明晰的基础上，才能组织交易所上市，扩大筹资渠道，以此加强交易所的竞争能力。综上，国有相对控股的股权结构应该是公司制交易所的合理模式。

二是监管职能方面做到公益性与营利性分离，经营与监管分离。在会员制时期，交易所强调的是自律监管。然而当交易所成为一个追求自身利益最大化的市场平等竞争者，只能基于民事契约进行市场监控，而不宜继续保有原有的管理权、监督权和处罚权。因此有学者呼吁，在证券交易过程中，我们应当建立三层监管。在交易所建立基于民事契约的市场监控，在证券业协会进行基于行业自治的自律监管，而由证监会执行基于公权力的市场监管。[①] 在这种情况下，证券交易所更能将有限资源分配到提供优质交易服务，提高自己的竞争力上，由此促进我国交易所的自我改善。

3. 竞争压力下交易所为吸引优秀企业进行制度变革

竞争之下有压力，有压力才有变革。我国中小板与创业板上市标准过高，并没有很好地发挥应有的作用。通过公司化改革加强交易所之间的竞争之后，深交所更有动力对此作出变革。例如，创业板可以将上市标准多样化，吸引不同类型的企业，尤其是高科技企业。针对高科技企业，不宜对上市财务条件作

① 黄晟：《论我国证券交易所公司制改革的合理性——对质疑交易所公司制改革的若干法律问题之回应》，西南政法大学2009年硕士论文。

严格限制。纳斯达克抓住了第三次科技革命的机遇，通过吸引大量科技企业登陆，成功发展为仅次于纽交所的大型交易所集团。纳斯达克也为全世界的科技企业提供了融资，促进了时代的进步。多样化的上市标准还有助于吸引海外优秀企业进入国内股权市场。创业板可考虑接受多种会计标准，给予适当的税收优惠政策。为了操作起来更为可行，可以先考虑向港澳台与新加坡等大中华圈的企业开放；如果效果很好，再次向东亚、东南亚、南亚乃至欧美进行开放。优秀的企业才能吸引投资者参与，也拓宽了国内投资者的投资渠道，享受海外经济的发展成果。

4. 完善内部分层、退市与转板制度

交易所市场这一块本身又进一步分层，深圳交易所可分为主板、中小板和创业板，上海证券交易所可分为主板、战略新兴板和国际板。新三板也要进一步分层，以基础层为基准，进一步分出更低层级的市场。

海外实践证明，实质分层是内部分层的基础，而设置合理分层能够促进产业聚类发展，更好地实现资源配置功能。在我国，深交所的主板、中小板和创业板分层和新三板的基础层、创新层分层也充分证实了这一点。

然而我国上交所作为蓝筹股的集中场所，市场容量大，发展水平高却缺少分层。从实质分层的角度来看，一方面，上交所单一分层，门槛过高，令新兴企业上市困难，从而阻碍了一部分高新技术企业在上海上市。在我国高新技术迅猛发展的今天，新兴企业上市筹资的需求越来越大，然而他们却不得不转向深交所甚至是境外交易市场，导致了上交所可能的颓势。这一现状与当初纽交所与纳斯达克的较量相似。为应对该挑战，纽交所在 2008 年建立 NYSE MKT，相当于中小板市场；在 2009 年降低上市门槛，使许多高科技公司能够满足直接登录纽交所的条件，与纳斯达克抢夺上市公司。我们可以从中学习，在上交所创立战略新兴板，以较低的门槛，吸纳有一定实力的高科技公司在上交所上市，解决战略新兴需求，提升上交所的市场活力。另一方面，上交所还应分设国际板，从而可以吸引全球范围内最好的公司，与全球交易所进行竞争，进一步扩展市场体量，调动市场活性。

目前，上交所可以借注册制改革的契机，进一步优化交易所内的层次，从而优化资源陪住，提高对各类企业融资的覆盖。

另外，为保障各层次的优胜劣汰，必须完善和建立相应的退市制度，坚持市场化和法治化的路径推行退市制度。可在交易所市场探索主动退市与强制退市并重机制，允许从交易所退市的公司进入新三板或者四板市场。经过市场选择，优胜劣汰，创业板也能保持自身的质量，增强投资者对创业板的信心。

国际上实行的退市制度普遍较为宽松，我国的退市制度与国际制度相比更为严密，甚至对公司的经营状况都做了额外的要求。然而在我国现行的退市制度下，每年退市的企业绝对数量远小于国际交易所的退市量。这说明我国退市制度的问题不在制定不周，而在执行不严。我国企业普遍不愿退市，各地政府也运用各种手段帮助当地企业逃避退市，造成亏损企业“应退不退”的现象，严重扭曲了市场资源配置能力。

“应退不退”一方面是因为我国股市“壳”资源稀缺。由于没有注册制，企业上市困难，于是营利能力较低，接受特别处理的公司容易成为珍贵的“壳”资源。这些“壳”一旦接受资产重组，就可以成功脱胎为一支市场前景良好的股票。众多企业便是仗着自己已经上市的资源待价而沽，不愿退市。另一方面，我国《公司法》法规不健全，落实不严格，导致应退市企业在操作过程中有空可钻，逃避退市，导致“应退不退”。

为了维持供需平衡，实行优胜劣汰，保持创业板的自身质量，增强投资者对创业板的信心，我们应针对以上两方面原因实行改进措施。首先，应坚持贯彻退市制度，完善《公司法》《证券法》，提供一个有法必依、执法必严、违法必究的法律环境。让应退市公司自觉遵守程序，遵守法律，依法退市。其次，我们应对退市公司进行帮助和指导。我们应完善基础性制度建设，在退市公司整顿并达到挂牌标准后，允许其进入新三板或者四板市场。为退市公司指出筹资明路，降低公司对于退市的恐慌，减少公司对退市的抵触、逃避心理。

除了从高层次市场进入低层次市场，也要建立从低层次市场进入高层次市场的转板制度。在新三板与创业板之间建立有效的衔接制度，减少企业从新三板转至A股的成本。这样既增加了新三板自身的吸引力，也有助于解决当前新三板尴尬的局面。

为了提升新三板与创业板之间的衔接效率，有学者提出进行“三步走”的改革。[①] 第一步，在新三板的创新层基础上进行“5%优选”再分层作为创业板

① 王军：《三步走推动新三板转板制度建设》，载《证券日报》2017年6月24日。

非强制性预备市场，打通新三板与创业板市场的联系和沟通，使之成为多层次资本市场互联互通的重要枢纽。优选层设立后，新三板市场将呈现一种“金字塔”形分布格局：基础层占70%，创新层占25%，优选层占5%。该优选层作为新三板的转板通道，其各项实质性标准与A股上市标准相同，在审核上也实行严格的“有实质审核”注册制，保证与IPO企业在时间、成本、审核上的公平。第二步，通过优化交易制度、降低投资门槛、维护投资者权益、修改《证券法》等手段，完善新三板市场的基础性制度和配套制度建设，做大、做活新三板市场。第三步，进行新三板转板试点工作，使新三板市场的挂牌企业在两个甚至三个层次资本市场之间迁移或升降。

（三）新三板市场定位及制度完善

1. 新三板市场定位

新三板是全国性证券交易场所，对于缓解中小微企业融资难，壮大直接融资比例，推进供给侧结构性改革具有重要的战略意义。但除了《证券法》第39条提到了“其他证券交易场所”外，《证券法》对新三板并没有具体规定。同时，新三板也面临着市场法律定位不清，市场预期不稳，创新方向不明的问题，并导致了市场流动性有限，融资功能下降，投资者信心不足。在挂牌公司总数早已超过1万家的今天，新三板面临着“二次创业”。建议制定一部单行的《证券法》特别法——《全国股转系统监督管理法》（简称“新三板监管法”），它既可以细化《证券法》的规定，也可以作出有别于《证券法》的特殊规定，从而为新三板市场的相关制度运行提供全方位的法律依据①。

2. 制度完善

随着挂牌企业突破万家，新三板市场将从规模升级转变为质量提高，将更加重视以制度创新为突破口，推动市场体系完善。对推动完善新三板市场体系，我们给出以下四个制度建议。

（1）明确新三板内部层次的各自定位

创新层（占10%），逐渐演变为一个真正的交易所，做成纳斯达克；基础层（占90%），转变为真正的OTC市场，做好的可转创新层；随着市场的不断发展

---

① 邢会强：《新三板市场的法律适用与“新三板监管法”的制定》，载《现代法学》2018年第1期。

和成熟，再对相关层级进行优化和调整，如探索设立精选层、警示板等，以更好满足中小微企业和投资者的差异化需求。市场在股转公司层面分化后，券商服务也会随之分化，做到有的放矢。

（2）建立差异化的交易制度

从境外市场发展的经验来看，混合交易制度是一种发展趋势。原来采用纯粹做市商制度的市场如纳斯达克市场等，逐渐引入竞价交易制度，而之前采用纯粹竞价制度的市场，出于解决市场流动性不足的需要，也开始引入各种形式的做市商，如德国交易所 Xetra 系统中的指定保荐人（designated sponsor）等。目前全球各大交易所均在不同程度上采用了混合交易制度。

为顺应新三板市场加强流动性的需求，我国在2018年1月15日起也开始取消“盘中”协议转让制度，引入竞价交易制度，正式进入混合交易制度的行列。在该制度下，非连续集合竞价的频次初步拟定为：基础层每天1次，竞价交易时间为15：00之后进行，时长预计在15分钟左右；创新层每天5次，竞价交易分别在9：30、10：30、11：30、14：00、15：00进行，每次预计在15分钟左右，设置同样50%的涨跌幅。以后根据市场情况逐渐增加每日撮合次数。

协议转让的取消预示着新三板交易方式的进一步简化，并降低了由协议转让带来的涉嫌避税、虚假价格和“手拉手交易”等风险。同时非连续集合竞价的引入，能够在较长时间内累计较多量的买卖订单，以保障价格竞争充分，市场定价有效。且以最大成交量为成交原则的集合竞价方式具有较强抗操纵性，这一改革对提升新三板定价公允性、增强市场稳定性有着积极作用。

然而，我国现行的混合交易制度在改进新三板流动性方面比较间接，没有解决新三板市场参与资金体量小和资金转化率低这两个根本问题。对于扩大资金体量，需要降低投资者门槛，并大规模对多方资金进行引入。而在资金转化率方面，就目前我国新三板的发展阶段来看，应当在混合交易制度下继续完善现有的做市商制度，缓解新三板的流动性问题。

第一，要增加做市商的数量，放开做市商牌照。虽然在集合竞价引入后，我国从前的类垄断性做市被打破，但是目前，我国新三板取得做市资格的券商及平均每只做市股票的做市商数远远低于美国纳斯达克市场的平均水平。放开非券商机构做市，不仅有助于增加做市服务的供给，形成合理的做市商竞争机制，还能促进减少库存股与二级市场的价差。在此基础上，还应同时扩大做市商资金来源，如允许做市商通过资管计划、发债等方式筹集资金参与做市，增加新三板市场参与资金体量。

第二，通过提高信息获取权限提高做市商的积极性。在美国，做市商可以成为承销商，且具有优先获取信息及股票，以较低成本进行交易的权利，这使美国的做市商在履行义务的同时能够获得实际的利益。然而我国做市商权益不对等，做市商需要承担的存货成本和信息处理成本较高，并需承担巨额风险，导致我国做市商活力不足。如适当增加做市商交易信息获取权限，使其有一定的信息优势，有利于增加做市商的营利机会，从而刺激做市积极性，提高市场流动性。

第三，要加强对做市商流动性的职能考核，国际上的常见方式是在每月结束后对做市商的做市行为进行评估，对符合要求的做市商给予手续费返还，对不符合要求的做市商进行警告或者取消资格，以此刺激做市商加强做市能力，推动市场流动。

（3）差异化的投资者适当性管理制度

新三板在实行分层后，可考虑对最高层次板块的挂牌公司，降低投资者准入门槛，而其他板块的投资者准入门槛维持不变。

（4）差异化的公司治理制度和信息披露制度

创新层的挂牌公司，在新三板体系中承担最高程度的信息披露义务。基础层的挂牌公司，在新三板体系中承担中等程度的信息披露义务。如果设立了其他板块，即按照板块市场定位承担相应的信息披露义务。

（四）区域性市场的定位

1. 市场化兼并重组，剩者为王

在设计多层次资本市场之初，各层级市场本身具有明确的定位。如图 11，主板市场定位是大盘蓝筹市场，服务行业的龙头企业；中小板则是服务有一定规模的中小企业；创业板则服务于“两高六新”的高成长、科技型企业；新三板则服务于创新、创业型中小企业，为全国中小企业提供股权交易平台及融资平台；区域股权交易中心服务其所在省级行政区域内中小微企业。

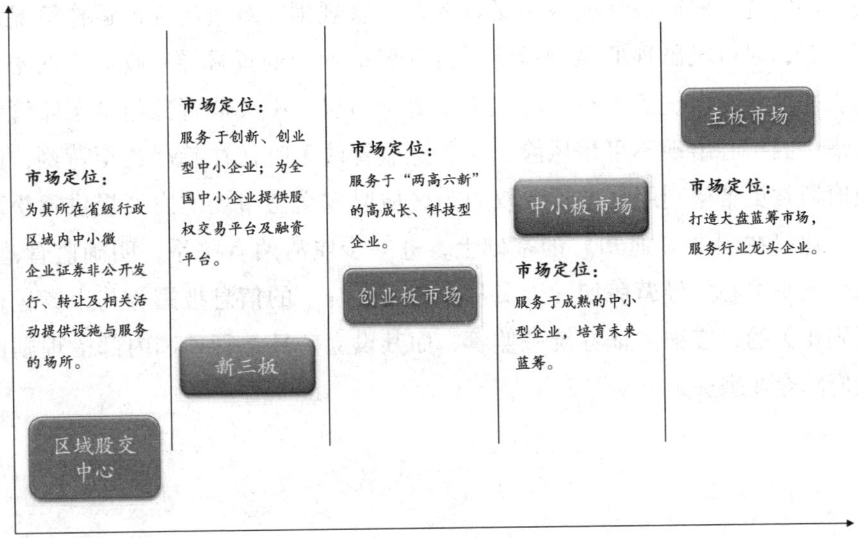

图 11　多层次股权资本市场定位

数据来源：国联证券研究所整理

可见，官方对区域股权市场的定位是非常明确的。但是实际运行上，很多省份流动性过低，当地企业挂牌意愿不足，省政府甚至依靠财政补贴吸引企业挂牌。这样，区域股权市场并没有有效地实现自身的功能。

通过对美国、日本等国家多层次资本市场演进历程的研究，不难发现地方交易所最终会走上整合兼并或特色化发展的道路。如今在美国，地方交易所甚至被质疑能否独立成为一个层次。但是，这些地方性的交易所或依靠并购或依靠特色化经营最终还是生存下来了。

2017 年国家相关政策颁布后，我国区域股权交易中心也将进入一轮兼并整合潮。但是按照一省一家的原则，我国区域股权交易中心的数量仍然过多。因此，我们认为或许应该尝试摒弃放松一省一家的原则，按照市场化的原则让区域交易所自行兼并重组，最终留存下来的都是有特色或是市场份额足够大的市场。

2. 进一步明确监管职责，纳入统一监管体系

2017 年 1 月，国务院办公厅颁布了《关于规范发展区域性股权市场的通知》（以下简称《通知》）（国办发〔2017〕11 号），对区域股权市场的定位、监管等都作出了明确规定。特别是在监管上，主要监管职责在省级人民政府，证监

会负责制定统一的区域性股权市场业务及监管规则，对市场规范运作情况进行监督检查，对可能出现的金融风险进行预警提示和处置督导。政策实践中，双重监管往往容易出现监管空白与政策重叠等情况，中央监管部门基于监管职责的考虑，因担心出现不可控风险，在制定监管政策时往往趋严甚至苛刻，而地方政府通常更希望利用地方行政权力为区域股权交易市场的发展提供宽松政策支持。建议在国办《通知》的基础上，进一步厘清两者关系，明确监管范围，区域性股交中心的经营牌照、人员从业资质、统一的信息披露等与市场运行基本规则相关的，应纳入证券统一监管，而其设立、日常管理和内部治理则由地方政府和企业来决定。

笔　谈

金融监管的价值取向

宋晓燕*

解读“稳金融政策背景下证券市场监管与司法保障制度”的命题，第一是监管本身的价值取向是不是要随着政策之变而变？这对于我们国家而言，可能不仅是资本市场，其他领域都会涉及这个根本问题。第二就是金融的稳与不稳和监管的必要性之间的冲突问题。第三和第四个问题是来谈司法保障目的的恒定性和司法政策阶段性之间的关系问题。

关于监管的价值取向是否要随着政策之变而变，此处我们要在中国的国情下研究中国的问题，同时又基于全球市场的发展，思考如何去面对。这里面又有一个共同的因素，我们从国际市场上来看，与其他国家进行比较，会发现有很多共同的因素，比如说证券市场的安全、效率和投资者保护。但是从国内来看，我们就有我们的国别因素，有一个根本性问题，即市场与政府的关系问题，以及在这个关系过程中不同经济力量间的博弈。

我所说的上述一切都是常识，但依然有必要谈一谈。根本的因素就是私主体权利在中国法律体系中的地位，这是一个根本性问题，而且会影响到后面的

* 上海财经大学法学院院长、教授。

问题，后续第三和第四个问题都是源于对这个问题的根本性思考，涉及金融的稳与不稳和监管的必要性问题。我们要破题就要先切题：稳金融政策背景。所以回到这就必须要看金融市场，我经常会把金融法研究和金融本身的研究结合到一起，毕竟金融法是调整经济基础和金融市场的。所以必须先要了解金融市场本身的功能是什么。不管是证券市场还是银行市场，先把它了解清楚，它有什么风险？这个风险是伴随着市场功能所必然发生的，而且有风险才会有收益。反过来讲，证券市场必然有风险，这是市场本身的特性。但是回到金融监管，监管和市场的关系，有很多的理论，尤其是微观经济学和制度经济学方面的理论。制度经济学的理论对于法学的思维和逻辑的完备其实是非常有帮助的。行为金融学和行为经济学则为传统微观经济学提供了一个非常好的补充，但仍然没有撼动它的基础。所以从这个角度来研究，对于金融监管和资本的关系是非常重要的。这就涉及市场曲线和不完备的理论，这对我们谈监管的必要性都是很有帮助的。以互联网金融市场为例，在互联网金融元年，我们有很多的论坛，在这些论坛上，我们当时在会议上说的话在今天看来实际上对监管者已经提出了一些建议，这些建议源于当时很多人说互联网金融改变了金融的样态，但是没有人说互联网改变了金融的法律属性。如果分析透了金融本身的实质，就会发现金融的本质没有改变。没有改变的话，监管为什么不在第一时间跟上？这个问题现在再说已经没有任何意义了，我们早在互联网金融元年就已经谈过。在金融学框架下来谈市场和监管之间的关系，把“互联网”三个字去掉，如果用到未来的金融市场都可以，这就是用微观经济学的分析方式来做的。这里面我们假定自由市场不需要监管，以此为前提，我们逐渐地放松假设条件，这个假设条件如果不具备，像西方有效金融市场，基于此再来谈其他监管制度的界定。可是有效市场在中国根本就不成立。所以第二步就要做对假设问题的分析和排除。然后再来看一般性和特殊性的问题，就是如果我们已经有了法律、有了证券法律等一般性制度，那就不需要更多的制度工具，因为制度工具是需要交易成本的。反过来如果有特殊性，当这些制度不具备的时候，再来看制度的供给。

我后面就来谈互联网金融市场的特征，即它本身具备的特殊性，是由一般到特殊，由特殊本身即金融风险和金融市场本身的特殊性来谈对一般的金融监管原则的增加和补充。所以这是我们谈到的第三个问题，对于金融的稳与不稳，我们怎么来看，因为金融有它自己的一个功能，它有风险也属正常，在它出现风险的时候，我们的政策要变吗？如果说作为一个监管者，已经有自己的价值取向了，比如从2008金融危机中大家都看得很清楚，主要是从国际层面来看，金融市场本身的安全是重要的，但同时金融市场的效率也是很重要的。再有，公平或金融消费者保护的维度。如果已经认同了这些价值，因为政策具有阶段性和偶然性，监管要随着政策的变化而变化吗？

最后是司法保障，它的目的恒定性和司法政策阶段性的冲突在于司法是手段，是我们本应惧怕的东西，它本来应该是保护我们权利的，但是它用国家强制力对权利予以肯定和否定。当用国家强制力来否定个人权利时是非常可怕的，包括在各个市场上我们的私权利，所以司法能动性是对司法保守和谦抑的挑战，对此我持保留观点，我认为司法还是应该保持传统的保守和谦抑。

证券监管执法体制机制的改革与发展：是否应当准司法化？

汤　欣*

中国证监会在证券执法过程中，尤其是在听证程序中有若干需要改进的地方。首先来看一下证券的执法，尤其是从稽查、听证到行政处罚结果的作出。从2002年开始，中国证监会开始探索实施行政处罚的查审分离，这个制度具体来说是由中国证监会的稽查局来落实，负责违法证据和事实的确定，而具体对违法行为的判定和行政法律责任的确定则由中国证监会的处罚委作出。这个制度当时是国内行政管理体例的首例，同时也是我国行政处罚执法体制的创新，可以说是中国金融监管模式的一个重大变化。中国证监会对证券市场违法行为的稽查和行政处罚是作出很多成就的，这点有很多的数字可以做证，而且在国内的金融监管机构当中，中国证监会的行政执法确定地在机制上是处于前列的。我们比较了银监会、保监会（现在是银保监会）以及中国人民银行在行政处罚方面的程序、措施。在制度化、效率化和公平性的追求方面，中国证监会都处于前列。另外，我们可以看到从2002年开始，中国证监会的查审分离制度很大

* 清华大学法学院教授。

程度上是借鉴了美国证监会的行政法官办公室制度，叫作 Office of Administrative Judge，但我们今天来看中国证监会实行的查审分离制度，2016 年以后中国证监会在证券市场的行政处罚方面，相比于我们原来学习的美国证监会的制度已经遥遥领先。我给大家展示一组公开数据，2017 年全年，中国证监会作出行政处罚决定224 件，罚没款金额74. 79 亿元，相比2016 年增长74. 74%，行政处罚在决定的数量、罚没款的金额和市场禁入的人数方面都创了历史新高。那么美国的情况又是如何呢，我们通过美国证监会（SEC）的官方网站和美国证监会的年报来看，在2017 财年当中，该会的行政法官办公室发布了121 个初步的决定，举行了 16 场公开听证会，这个数字远远低于中国证监会。而且总体来说，上述处罚总共是处以了 300 万美金的赃款吐出和大概 100 万美金的民事罚款。2017 年度美国证监会的执法，就行政法官办公室来说，已经大幅度地“落后”于中国证监会。当然，我们都知道，相比之下，美国的证券市场的执法主要靠的并不是行政执法，而是民事诉讼，而且其中最为重要的诉讼模式是证券市场的集团诉讼。而且我们都知道，美国的集团诉讼制度在近二三十年中是一波三折的，最近的一个立法限制是在 1995 年的 PSLRA，即《美国私人证券诉讼改革法》，在这个法律当中，大幅度收紧了原来非常火热的证券诉讼。但即便是这样，PSLRA 之后二十几年的时间里，实际上证券的集团诉讼仍然非常活跃。从斯坦福大学法学院集团诉讼研究中心所给出的数据可以看出在这么长的时间内，集团诉讼的数字实际上一直高涨。而且在最近的两年当中，从 2016 年的中期到 2018 年的中期，美国的证券市场集团诉讼还体现出火上浇油的进一步高涨模式，有 750 件证券集团诉讼，而且这些集团诉讼很多是天文数字的索赔案件。在同一个范畴里面的数据，与美国的集团诉讼相比，就中国国内我们针对上市公司不实陈述的民事诉讼来讲，在原告集团的人数和所涉的金额，包括和解金额上都是完全不同量级的。

从以上的对比中可以看到，中美两国主要证券市场在证券执法的主要机制上，体现出非常不同的特征。中国原来就高度依赖证券市场上的行政执法，到今天为止，还在进一步推动行政权和监管权的介入。而在美国，与民事诉讼，尤其是集团诉讼的机制相比，美国证监会的执法还可能说不上是绿叶扶红花，纯粹是一个辅助的机制，两者之间有很大的差别，这就是一个大的背景。今天我的具体题目是“准司法化”。我来简单讲一下什么是“准司法化”。准司法化就是指把司法当中的不仅是实体而且还有程序上的一些规范的、两造平等对抗的规则，把司法的灵魂注入行政的执法过程当中。已有的研究表明，如果说在行政程序和行政主体方面能呈现出司法化的景象，将在很大程度上有助于形成良好的法治方面的品质，克服行政执法有时会出现的功能性危机，有助于重塑失范的行政权力，提升行政过程及其结果的社会可接受性，在这一点上，学界有比较统一的认识，尤其是行政执法的准司法化是一个好事。在这个方面我们回过头来看，中国证监会在目前的相当长的一段时间，尤其是2002年以来不断地尝试查审分离的证券行政执法中作出的种种措施，包括公开听证程序当中的制度设计，到目前为止已经取得了相当大的成就。但是行政处罚的工作，尤其是其中的听证工作，与发达市场的监管者相比还有很大的差距。我们仔细对比美国证监会在证券行政处罚方面的做法，该机构有一个手册叫作 Rule of Practice，就是行政执法的工作手册，其中对于行政执法的听证程序都有较为细致的规定，相比较起来，我们现在的制度还有不足的地方。最后是一些建议，具体的建议已经正式提交给中国证监会的行政处罚委员会。比如说，要明确行政处罚的审理期限，要扩大律师的阅卷权的范围，要提高证明的标准，要明确不法所得的计算方法，要考虑系统风险的影响，要增加听证会上的释明，要增加处罚和复议决定的说理性。对于结案的理由，如果说不予处罚的话，序予以充分的说明。这些做法都是从准司法化的角度对行政处罚权进行限制的提议。

稳金融背景下对证券违法立案调查公告制度的反思与存废建议

张保生*

作为执业律师，我主要从事证券合规和证券诉讼律师业务，曾协助很多上市公司应对证券监管调查、听证、行政处罚、行政复议以及证券虚假陈述民事赔偿诉讼，现结合我在从业律师中的体会谈点看法。

一、证券违法立案调查制度及上市公司的影响

1. 证券违法立案调查制度

证券违法立案调查公告制度，是指上市公司被证券监管机构立案调查后必须公告的制度。这一制度源于《上市公司信息披露管理办法》第30条，即上市公司在"涉嫌违法违规被有权机关调查"时必须披露。根据我的了解，在实践中，当证券监管机构掌握了一些证券违法线索后会对上市公司进行初查，秘密调查或公开调查，如果符合内部立案标准会下发立案调查通知书，上市公司收到立案调查通知书后必须依法公告。立案调查通知书的内容是"因涉嫌违反证

---

* 北京市中伦律师事务所合伙人。

券法律法规对贵司立案调查”或者“因涉嫌违反信息披露法律法规对贵司立案调查”，不明确涉嫌违法的具体事项。

2. 证券违法立案调查制度对上市公司的影响

立案调查公告制度对上市公司的影响是巨大的：

（1）在立案调查期内，上市公司不得公开发行证券，如果有重大资产重组和借壳上市，要暂停；

（2）如果因为虚假陈述被立案调查，在调查期内控股股东和董监高则不得减持股票；

（3）上市公司公告被立案调查后，公司股价通常会应声大幅下跌，上市公司形象严重受损，且导致融资困难，甚至导致公司经营陷入困境；

（4）有些上市公司被立案调查后，还会被强制发布“退市风险警示”公告，对上市公司负面影响更大。

二、证券违法立案调查制度的弊端

根据我执业的体验和理解，立案调查公告制度存在很多弊端，主要有以下几个方面。

1. 立案调查制度法律依据不足，导致其存在先天不足

《证券法》规定证券监管部门有权依法对“违反证券市场监督管理法律、行政法规的行为”进行查处，但未规定“立案调查”制度，证监会至今也未公布对证券违法行为立案调查的行政规章。实际上，证券监管机构公开启动对上市公司利益影响重大的立案调查涉嫌违反行政法上“法无明确规定不可为”的基本原则。当然，在没有法律标准的情况下，监管机构是否启动立案调查、如何调查的自由裁量权没有法律限制，没有约束的权力容易导致滥用。而且，立案调查对上市公司利益存在重大影响，但上市公司在被立案调查前却没有申辩机会，也凸显了这一制度的不合理性。

2. 立案调查公告制度容易倒逼稽查人员不公正执法

由于立案调查公告制度的存在，稽查人员容易立功心切，或导致稽查人员担心不严查、严罚容易被追责的心态，这实际上使上市公司一被立案调查就处于被“有罪推定”的不利境地。结果是，在稽查实践中，此案不成，另查他案；一事无成，再查他事。本来是对涉嫌违法的特定事项的调查经常变成对上市公

司的全面调查，从上市前三年一直查到今天，给上市公司的正常经营带来了极大困扰，有时上市公司为息事宁人被迫违心认罚，以便给调查人员台阶下。从实践中上市公司被立案调查的结果来看，最终认定证据不足或者显著轻微作出撤案处理的案件寥寥无几，这不正常。另外，调查期限无限制，有些案件变成“马拉松”，数年无结果，甚至出现上市公司为早日盖棺论定、结束调查，以便公司可以尽早恢复正常经营，而恳求监管机构处罚、快点处罚的奇怪现象。

3. 立案调查公告给资本市场带来的好处远远不及带来的坏处

立案调查公告制度虽然可以给资本市场释放信号，提醒投资者注意上市公司可能存在的风险，但坏处更多：对执法者而言，由于已经公告立案，难以做到以查清案件为目的地公正执法；对上市公司而言，在被认定违法之前，就已经苦不堪言；对上市公司利益相关方而言，立案调查事项的不明确性、结果的不确定性使得无法预判后果，上市公司证券违法重则可能退市、构成犯罪，轻则不构成任何违法。因此，这样的公告制度欠缺明确性、稳定性与预判性，因而危害巨大。有研究显示，相比行政处罚事先告知书和行政处罚公告，立案调查公告对上市公司的负面影响要大得多，这显然是因不当执法而出现的不当的执法效果。另外，立案调查后如果最终上市公司不构成违法，作撤案处理，上市公司的损失和股民的损失就无人担责。即使最终被处罚，立案调查公告给上市公司和股民造成的负面影响和损失也远远大于被处罚事项本身应有的负面影响和损失。

4. 立案调查公告制度使得对虚假陈述民事赔偿诉讼揭露日的认定存在极大争议

大家知道，上市公司因虚假陈述被行政处罚，一定会引发大批股民对上市公司提起虚假陈述民事赔偿诉讼。而立案调查公告制度使得这类案件中对虚假陈述揭露日的认定存在极大争议，是以立案调查公告日还是以行政处罚事先告知书公告日为揭露日，经常成为案件争议最大的焦点问题，而揭露日的认定就决定了哪些股民有索赔权，对股民和上市公司利益影响巨大。而且，由于立案调查公告制度的存在，导致无论认定立案调查公告日或行政处罚事先告知书公告日为揭露日都存在不公平不合理之处。

5. 我国的立案调查公告制度与境外的通行做法不一致，导致多地上市公司披露标准差距太大

美国和香港都只要求披露正在进行的法律程序，而不要求披露立案调查。

美国法院认为，立案调查不能说明上市公司有违法行为，上市公司无须预测调查结果而提前披露；香港《证券及期货条例》规定，任何被证监会调查的人士及公司都不能披露与调查有关的资料，应对调查过程保密。

三、对立案调查公告制度的存废或完善的建议

对立案调查公告制度的存废或完善的建议，有两个：

1. 废除立案调查公告制度

可以借鉴境外的做法，废除立案调查必须公告的制度，由上市公司根据信息披露标准自行决定是否披露。

2. 完善立案调查制度

如果不废除立案调查公告制度，则应当完善立案调查及公告制度及相关立法：

（1）对证券违法立案调查制度制定行政规章、明确清晰的立案条件，在立案前赋予当事人申辩权、允许律师介入，严格限制调查时限。

（2）立案调查通知书要明确涉嫌违法的具体事项，对错误立案造成的损失要明确国家赔偿，在被行政处罚前不能限制上市公司的其他权利。

（3）在价值导向上，把查清案件而不是把查出大案作为稽查人员是否称职和尽责的标准，更不能把查出大案要案作为稽查的目标和立功条件。

四、结语

最后总结一下我的观点，在当前稳金融背景下，要通过立法管住监管者的手，稳定市场预期，依法监管和依法处罚；监管手段与被监管的违法行为要匹配，行政处罚要罚当其过，而不能简单机械地对上市公司亮剑，一味“严管重罚”；更不能树立“严管重罚就是负责尽职、未严管重罚就是不负责不作为”的价值导向和评价机制；证券监管机构要公平对待上市公司，不能假想上市公司都是坏人，在行政处罚前不能做有罪推定，在监管调查中要重视与被监管者的对话，听取被监管者的意见和申辩，重视律师对监管行为和处罚行为的纠偏作用，推动资本市场法治化。

司法介入资本市场问题二则

——法律适用与规则合法性审查

凤建军*

司法介入资本市场问题实际上是两个独立的问题。这里仅限于在学术层面的探讨，并不针对某一群体或个体进行批评与褒奖。

一、司法权与行政权的特点

司法权与行政权这两种权力在介入资本市场时，有不同的运行特点。行政权是一种相对主动积极的权力，而司法权是一种相对被动消极的权力。行政权的本质是一种管理权，管理贵在效率；司法权的本质是一种判断权，判断贵在公正。所以，行政权的价值取向更侧重于效率，而司法权的价值取向更侧重于公平。因此，基于司法权自身被动性的特点，在其介入资本市场时，应当处于一种居中裁判的位置。但是这种被动性居中裁判，并不是意味着司法权在介入资本市场时就不具有行政权那样的建树。

* 西北政法大学民商法学院副教授。

二、行政权在介入资本市场中的主导地位

在当下中国资本市场的发展现状及法治环境中，为确保行政权在资本市场（金融）领域行使的正当性，更需要司法权从个案层面和资本市场监管规则制定层面，发挥其独立、专业、权威和引领性的积极作用。

从个案角度来看，通过对法律规范的多种解释方法的运用，使法律规范的价值、理念、原则和规则在个案的法律适用中得以实现，当然也需要严格遵守《立法法》关于法的效力位阶等规定。

从资本市场的可操作性监管规则制定的角度来看，司法机关要对行政机关制定监管规则的程序和内容发挥独立专业的合宪性审查、合法性审查作用。以此还原司法独立与司法权威应有之含义，树立其在治国理念与法治文化中应有之地位。

三、司法介入资本市场——个案法律适用视角

对于第一个角度，个案的法律适用问题。“东易律师事务所诉证监会案”作为典型案例，各位法官、律师及中介机构应该都十分关注这一案件。鉴于该案件目前处于二审阶段，我们仅站在学者的角度上从学术探讨层面对其进行讨论。

该案中，原告认为律师事务所没有权力也没有能力审查审计报告。原告出具的法律意见书是依据欣泰电气提供的相关文件及审计报告作出，欣泰电气相关申请文件中含有虚假记载的原因是审计报告、保荐机构报告等材料中含有虚假记载，而非律师事务所行为。律师事务所没有对审计报告进行查验的权力，也不具备查验的能力。律师事务所出具法律意见书这一行为没有过错，被诉处罚决定对原告施加了超越法律的义务和责任。法院在判决书中回应，由于法律尽调是从法律风险的角度对公司整体情况进行评估，因此对于与公司经营相关的重要事项，律师事务所均应当予以充分关注并进行审慎查验。公司的财务状况无疑是律师事务所在进行尽调过程中必须包含的内容，而且应当作为查验的重点事项。从法院对律师事务所勤勉尽责的认定标准的描述中，可以彰显出审理此案的法官具有比较深厚的民商事法律功底。

但我对此案的审理仍有一些自己的看法，律师作为“看门人”的法律义务

的边界究竟在哪里？这一问题可以从应然和实然两个视角分析。

实然视角下，《证券法》及《律师事务所从事证券法律业务管理办法》都对此有所规定。《证券法》原则性地描述了“勤勉尽责”这四个字，但未对“勤勉尽责”的具体标准进行规定。《律师事务所从事证券法律业务管理办法》第十四条规定：律师在出具法律意见时，对与法律相关的业务事项应当履行法律专业人士特别的注意义务并加以说明，对其他业务事项履行普通人一般的注意义务，其制作、出具的文件不得有虚假记载、误导性陈述或者重大遗漏。《律师事务所从事证券法律业务管理办法》第十五条规定：律师从公共机构直接取得的文书，可以作为出具法律意见的依据，但律师应当履行本办法第十四条规定的注意义务并加以说明。那么这一问题的核心就在于律师对会计师事务所出具的审计报告应当承担怎样的义务？

根据律师事务所和会计师事务所分别出具的法律意见书和审计报告是否与法律相关作为界限，可将律师及会计师应承担的义务组合为四种类型。在这四种类型当中，最关键的问题在于会计师事务所出具的审计报告中，哪些事项与法律相关？哪些事项与法律不相关？这是一个很难回答的问题。因为从广义角度来看，一个公司在 IPO 过程中所有的事项似乎都与法律相关，律师事务所在出具法律意见书时，需要对该公司从法律层面上进行全面的梳理。所以在这一意义上，很难界定某一会计科目是否与法律相关。如果将所有的会计科目当中的事项都认定与法律相关，那就意味着律师应当对审计报告所列会计科目的数据真实性、合法性和关联性等都要进行基础材料的查验，并向有关单位发出询证函，待有关单位回函后才可作出法律上的判断。

在“东易律师事务所诉证监会案”中，主要涉及的是欣泰电气的应收账款问题。律师对应收账款的审查，主要从债权债务合同的签订和合同履行两方面进行。合同的签订存在法律风险，但合同履行过程当中的违约责任或者违约风险，是一个非法律性的风险。即使再完善的合同，也存在有违约的可能性，或者不按照合同规定进行履约的可能性。本案中，欣泰电气虚构了公司从外部的借款，将其打散做成应付账款单位给欣泰电气的回款。基于该行业的特点，期末应收账款较大，所以需要计提的坏账准备也随之提高，为解决欣泰电气应收账款余额过大问题，欣泰电气便采用外部借款以减少应收账款，并于下期初再还款冲回。本案中，律师事务所并未对新泰电器每一笔应收账款科目进行核查。

本案主审法官认为应收账款是会计科目中与法律相关的重要事项，但在判决书中并未对如何界定某一会计科目是否与法律相关进行充分的阐述。所以，律师核查义务的边界需要明确的界定。

另外，还需要在法律层面进一步界定专业人士应当履行的特别注意义务与普通人应当履行的一般注意义务的区别，界定这两种注意义务的标准是什么？以及相关人员在这样的标准下，有没有“安全港”的设置或豁免规则的设置。

对于上述问题，可在美国的一些判例中寻求借鉴。美国资本市场的发达程度和规则建构的完善程度是比我国资本市场先进的。美国资本市场的规则对专家和非专家的身份界定、专家出具专业性意见和非专家所出具的意见都有所区分，其明确了专家在专业性专家意见中应该具有审慎的注意义务。

我国《证券法》和相关的部门规章对这一问题的规定过于原则性，所以需要司法机关充分发挥其在该领域中的补充立法功能。为此，司法机关对“东易律师事务所诉证监会案”的审理就需要慎之又慎。该案在一审判决后，各界反应都比较强烈，尤其是券商、会计师及律师等。所以，希望能够通过对该案的判决，对我国《证券法》和相关部门规章、行政法规不具有具体可操作性这一现状起到补充性的作用。但是，若最高院确立了有关标准后，定会有部分律师和金融业的从业人员尽可能地去设法规避标准。尽管如此，设立标准还是会起到很大的积极正面的作用。

约翰·C. 科菲将律师事务所在市场当中充当“看门人”应尽的义务区分为公法上的义务和民事上的义务两方面。这种划分依据值得我国业内从业人员和法官借鉴。

总的来说，希望“东易律师事务所诉证监会案”能促进我国《证券法》和相关部门规章、行政法规等可操作性规则的完善。

四、资本市场具体操作性监管规则的合法性审查

2016 年后，我国资本市场当中充满了各种各样的行政法规和部门规章的穿透式监管，这一穿透式监管全面覆盖资本市场的各个领域。但是，穿透式监管的规章制度在应然和实然上的合法性还有待进一步研究。对于这一问题，当行政监管规则存在合法性质疑时，司法就应当保持其独立、专业、权威的立场。

这里有两个美国相关领域的案例值得借鉴。

2004年，美国SEC试图通过一个“对冲基金透视规则”。在后续“格尔斯坦诉证券交易委员会案”中，美国法院明确指出，SEC的“对冲基金透视规则”违背了国会的原有意图。该案中，SEC将1940年《投资顾问法》中投资顾问所接受的“委托人”解释为“股东、合伙人、私募基金的投资者或最终受益人”，而“委托人”在法律上的概念为法律上的实体或法律上的机构，SEC将其穿透到了最终的受益人这一层面。最终，法院认定“对冲基金规则是对《投资顾问法》清晰明确的语言的违背”，且SEC只是一个法律执行机构，并不是立法机关，SEC行为是越权行为。同样，“2009对冲基金透明化法案”也未通过。

五、结语

法律适用与规则合法性审查本是两个独立的法律学术问题，但基于今天会议的主题，我认为司法在资本市场上虽然具有被动性，但是更要体现出其独立性、专业性与权威性。另外，从市场中法律职业共同体的综合素质差异来看，市场中介机构人员素质普遍越来越高，尤其是服务于资本市场的中介机构，他们对法律理解和运用的能力不低于行政监管机构。因此，作为司法机关更应当审慎对待，法官和市场监管者更需要在司法处罚和司法裁判中彰显出所应有的素质和水平。

关于进一步提升资本市场监管效能的几点建议

韩开创*

现行金融监管的法律、法规、规章以及行业自律规则已经初步形成了体系，必然有其合理之处，但也有需要改进完善的地方。就证券业而言，主要有四大法律关系，其中，资产管理法律关系、投资者保护法律关系这两方面的法律关系与银行业、保险业的法律关系都一样，但是，发行与上市法律关系、二级市场交易法律关系是证券行业特有的法律关系。另外，还有七个参与主体（交易双方当事人、市场中介、自律组织、行政监管部门、司法机关中民事、刑事、行政部门）。资本市场有这么多的法律关系和参与主体，又是利益的博弈场，各种行为复杂多变，要管理到位实属不易。

既然关系错综复杂、行为复杂多变，监管中就应找出共性和本质的东西。资本市场作为直接融资系统，资金的供给方与需求方直接交易，资本市场金融机构的身份不是资金中介，而是资金供需双方的代理或服务机构，提供保荐、承销、撮合、代理买卖、资产管理等专业服务，资金风险仍然由资金供给方承

* 九州证券股份有限公司副总裁。

担，金融机构仅需对其各项代理服务承担较高的信义义务，因此资本市场的监管逻辑主要有两点：一是建立真实、准确、完整、及时的信息披露制度，防范资金供给方面临的资金风险；二是通过完备的行为监管体系，防止金融机构违反信义义务，损害客户利益。为进一步提升资本市场监管效能，结合学习有关政策、课题和专家演讲的体会，提出如下建议。

一、理顺行政监管与市场的关系，让市场对资源配置发挥决定性作用

改变重审批轻监管的行政管理方式，把更多行政资源从事前审批转到加强事中、事后监管上来。进一步明确行政监管底线，坚持原则监管、底线监管，监管规则要立足于改变市场各方主体依赖政府信用、与监管部门博弈的惯性，形成市场化博弈和信用约束机制，给市场留足自主调整和发展空间。持续推进注册制公开发行制度，实现资源的市场化配置。注册制下，上市企业数量将增加，壳资源价值将降低，过度投机炒作的行为将得到遏制。加快完善上市公司信息披露制度和投资者保护制度，为投资者甄别风险和事后维权做好制度保障。大力发展多层次股权交易市场，丰富资本形成机制，使得股权融资服务能够覆盖从技术、产品、企业到产业的整个链条。目前，新三板和区域股权交易市场都面临股权融资能力不强、流动性不高、挂牌和交易不活跃的问题。为夯实多层次资本市场的基础层，扩大对小微创新型企业的覆盖面，建议支持地方股权市场按产业集群优势申报专业特色板块，深耕本地优势资源，深化全产业链专业化金融服务。在地方股权市场的专业特色板块服务得到市场认可、达到一定成熟条件后，可允许其服务对象扩大至全国范围，形成某一领域的全国性股权交易市场。同时，坚持以做市商制度为主的挂牌制度，允许各类专业机构申请做市。随着做市商类型的丰富和数量的增加，好的标的容易形成更加密集的报价，报价密集到一定程度，将形成市场化的连续性收益曲线，如果适当降低参与者门槛，股权交易市场的活力和流动性自然提升，融资功能不断增强。产品供给方面，建议进一步丰富金融期货产品体系，完善避险工具。市场功能方面，建议在严格控制风险的前提下，逐步放宽股指期货交易限制，实现股指期货市场常态化管理，降低投资者交易、持仓成本，恢复股指期货市场基本功能；同时，积极推动银行、保险等大型机构投资者参与国债期货交易，健全反映市场供求的国债收益率曲线，提高国债期货市场深度，促进国债期货功能的有效发挥。

二、推动以董事会为中心的上市公司治理体系，完善上市公司治理机制

从形式上看，我国上市公司已形成了“三会四权”的制衡机制，即股东大会、董事会、监事会和经理层分别行使最终控制权、经营决策权、监督权和经营管理权。但实际上，“一股独大”和“内部人控制”并存，难以形成独立健全的经营决策机制。应在《公司法》层面对股东的最终控制权进行必要的限制，扩大董事会的经营决策权，强化监事会对董事会的监督权，将公司治理的重心由股东大会为中心转向以董事会为中心，提高董事会运作的独立性。在董事会内部治理上，改善独立董事聘任规则，强化独立董事职责，赋予独立董事特别职权，形成可以制约内部董事的力量，减轻大股东操纵和内部人控制带来的问题。

三、推动机构监管和功能监管协同，建设现代行业治理体系

国际金融危机爆发以来，西方发达国家掀起新一轮金融结构变革，防范道德风险，促进公平竞争，强化市场约束，但从全球范围来看，金融机构混业经营的大趋势并未发生改变，在防范金融风险交叉传染和利益冲突的同时，规模经济和业务协同效应仍然是金融机构混业经营的持久动力。在这种形势下要按照加强功能监管和“一件事情由一个部门负责”的机构改革精神，完善资本市场治理框架。推动“一行两会多协会”监管制度框架，落实机构监管和功能监管。其中，多协会即多个具有法律授权的行业协会作为行业自律组织，如银行业协会、证券业协会、基金业协会、期货业协会、保险业协会等，根据行业分工实施分业自律管理，履行功能监管职能，统一业务标准，减少监管套利空间，维护市场效率和公平竞争。当前，我国资本市场监管面临更加国际化、专业化的复杂形势，在我国机构改革、简政放权和社团改革的关键时期，政府可以加强宏观审慎监管、底线监管，重点防范系统性风险，保持行政监管威慑性，充分发挥行业自律组织的一线自律管理作用。

四、提升立法站位，全面构建资本市场基础性法律规范

完善法律法规，立足于金融服务全貌和业务特征，在金融机构层面构建统

一的信义义务规范，将信义义务落实到每一项金融服务活动中，通过卖者尽责、买者自负，实现金融资产公平、合理定价，彻底摆脱金融活动中对股东信用、原始权益人信用的过度依赖。根据相关金融改革方案，完善法律规定，明确机构监管和功能监管的相关法律授权和职责划分。

一是提升立法站位。提升《银行法》《证券法》《基金法》《信托法》《保险法》的立法站位，在建设资本市场强国的更高站位，由脱离部门利益的更高层级组建立法小组，从统一金融市场、规范金融活动、明确监管职能、提升监管效能的要求出发，全面构建我国资本市场基础性法律规范，对相关基本法律作出系统修订，构建与现代金融体系、现代资本市场相适应的银证保基本法体系。

二是统一立法逻辑。从金融业务本质属性出发，科学界定信贷、证券、基金、信托、保险的内涵，加强立法统合和概念衔接。《银行法》的基本目标是规范储蓄信贷服务，建立以资本充足率为核心的监管原则，防范储贷类金融机构的系统性风险。《证券法》的基本目标是规范证券发行与交易，建立以信息披露为核心的监管原则，防范证券类投融资机构的系统性风险。《基金法》的基本目标是规范募集、投顾行为，建立以受托人责任为核心的监管原则，防范资产管理机构的系统性风险。保险法的基本目标是规范保险产品与服务，建立以风险保障和偿付能力为核心的监管原则，防范保险类金融机构的系统性风险。

三是规范监管关系。厘清金融机构监管和金融业务监管的基本原则、职责归属及其相互关系，明确机构监管和功能监管的相关法律授权和职责划分。一方面，要通过机构监管对金融机构实行全程纵向监管，提高金融机构稳健经营水平，防范金融风险；另一方面，要通过功能监管实现对同类金融业务的统一监管，减少监管套利空间，维护市场效率与公平竞争秩序。

智能投顾专题

智能投顾与资产管理

邢会强*

人工智能投资顾问，简称智能投顾，在境外也被称为“机器人顾问”（Robot Adviser）、“自动化顾问”（Automated Adviser）、“在线顾问”（Online Adviser）、“数字化顾问”（Digital Adviser）等，是人工智能的组成部分，是指没有或较少有自然人投资顾问的直接参与，而是以大数据为基础，通过算法自动化地提供金融投资建议与执行的服务。

在美国，智能投顾具有 7 大功能：客户档案创建与客户分析、资产配置、投资组合选择、交易执行、投资组合再平衡、税收损失收割和投资组合分析。在英国，FCA 的《投资公司审慎资源手册》（the Prudential Sourcebook for Investment Firms，简称 IFPRU）将投资公司分为三类：第一类是“豁免资本充足率要求公司”（Exempt CAD Firm），经许可仅提供以下服务：①接受与传送客户有关金融商品之订单；②提供投资顾问服务，而未提供任何其他金融服务，该金融机构非集合型投资组织者公司（Collective Portfolio Management Investment Firms），且未持有客户资产。第二类是 BIPRU 公司（BIPRU Firms），此类金融机构系指

* 中央财经大学法学院龙马学者特聘教授。

经许可提供以下服务：①接受与传送客户有关金融商品之订单；②接受客户委托执行交易；③从事全权委托业务；④提供投资顾问服务。第三类是 IFPRU 公司（IFPRU Firms），该类公司又分为：（1）自有资本应达 5 万欧元或 12.5 万欧元的公司。此类机构指经许可提供：①接受与传送与客户有关金融商品之订单；②接受客户委托执行交易；③管理个人有关金融商品之投资组合。（2）自有资本应达 73 万欧元的公司，此类金融机构指运营多边交易设施（operating a multilateral trading facility），或非属集合投资组织者公司之其他 IFPRU。总而言之，英美的投资顾问可以代客理财，接受客户的全权委托。

在我国，《证券法》第 169 条规定："投资咨询机构、财务顾问机构、资信评级机构、资产评估机构、会计师事务所从事证券服务业务，必须经国务院证券监督管理机构和有关主管部门批准。投资咨询机构、财务顾问机构、资信评级机构、资产评估机构、会计师事务所从事证券服务业务的审批管理办法，由国务院证券监督管理机构和有关主管部门制定。"《证券、期货投资咨询管理暂行办法》（经国务院批准证券委发布　证委发〔1997〕96 号）第 2 条规定："本办法所称证券、期货投资咨询，是指从事证券、期货投资咨询业务的机构及其投资咨询人员以下列形式为证券、期货投资人或者客户提供证券、期货投资分析、预测或者建议等直接或者间接有偿咨询服务的活动：（一）接受投资人或者客户委托，提供证券、期货投资咨询服务；（二）举办有关证券、期货投资咨询的讲座、报告会、分析会等；（三）在报刊上发表证券、期货投资咨询的文章、评论、报告，以及通过电台、电视台等公众传播媒体提供证券、期货投资咨询服务；（四）通过电话、传真、电脑网络等电信设备系统，提供证券、期货投资咨询服务；（五）中国证券监督管理委员会（以下简称中国证监会）认定的其他形式。"第 3 条规定："从事证券、期货投资咨询业务，必须依照本办法的规定，取得中国证监会的业务许可。未经中国证监会许可，任何机构和个人均不得从事本办法第二条所列各种形式证券、期货投资咨询业务。"

境外通行的智能投顾全权委托业务模式也在我国面临着被禁止的法律障碍。我国《证券法》第 171 条规定："投资咨询机构及其从业人员从事证券服务业务不得有下列行为：（一）代理委托人从事证券投资；（二）与委托人约定分享证券投资收益或者分担证券投资损失；（三）买卖本咨询机构提供服务的上市公司股票；（四）利用传播媒介或者通过其他方式提供、传播虚假或者误导投资者的信息；（五）法律、行政法规禁止的其他行为。有前款所列行为之一，给投资者造成损失的，依法承担赔偿责任。”《证券、期货投资咨询管理暂行办法》第24条也规定：“证券、期货投资咨询机构及其投资咨询人员，不得从事下列活动：（一）代理投资人从事证券、期货买卖；（二）向投资人承诺证券、期货投资收益；（三）与投资人约定分享投资收益或者分担投资损失；（四）为自己买卖股票及具有股票性质、功能的证券以及期货；（五）利用咨询服务与他人合谋操纵市场或者进行内幕交易；（六）法律、法规、规章所禁止的其他证券、期货欺诈行为。”也就是说证券投资咨询机构只能向客户提供咨询意见，下单交易必须由客户亲自进行，投资咨询机构不能从事资产管理业务。

我国《证券法》不但禁止投资咨询机构及其从业人员代理委托人从事证券投资——无论是全权委托还是意思表示明确、内容具体的委托，还禁止证券公司在经纪业务中接受客户的全权委托。① 《中国证券监督管理委员会江苏监管局回函》（2015年5月14日）② 中对此解释说：“全权委托是指客户出于投资获利的愿望，在委托证券公司代其买卖证券时，对证券的买进或者卖出，或者买卖证券的种类、数量、价格不加任何限制，完全由证券公司代为决定。客户为了减少投资风险，希望全权委托具有丰富投资经验的证券公司代其买卖证券。但是由于证券市场受社会政治、经济等各个方面因素的影响很大，即使证券公司也难免失误，况且不是所有的证券公司及其从业人员都能忠实地履行诚信义务，有些甚至利用客户的授权为自己谋取私利，如利用客户的账户和资金翻炒证券，或者为证券公司牟利而损害客户利益等。全权委托后若客户没有获利，就会使客户与证券公司之间产生纠纷；证券公司借全权委托的名义去进行证券的投机和炒作，就可能严重损害投资者的利益。同时，证券公司利用全权委托来集中资金买卖证券，还会造成证券市场的价格波动。为了防止过度投机和保护中小投资者的利益，目前，法律禁止全权委托买卖证券。”这道出了我国禁止全权委托的根本原因——受托人的信义义务及相关制度没有建立，允许全权委托容易导致权利被滥用从而损害投资者（委托人）的利益。

接受投资者全权委托，代投资者进行投资、理财，理应是智能投资顾问服

---

① 《证券法》第143条规定：“证券公司办理经纪业务，不得接受客户的全权委托而决定证券买卖、选择证券种类、决定买卖数量或者买卖价格。”

② 资料来源：江苏省南京市中级人民法院民事判决书（2015）宁商终字第1193号。

务的核心功能之一。接受投资者全权委托，代投资者进行投资、理财，属于资产管理业务。从学理上讲，资产管理，是指资产管理人根据约定的方式、条件、要求或限制，对客户资产进行投资运作，使资产保值增值并收取费用的行为。从原理上讲，资产管理可以是金融机构以自有资金、利用自身的专业能力和手段进行债券投资、股票投资、风险投资、实物资产投资及企业投资的行为，也可以是委托人将自己的资产交给受托人，由受托人根据委托人的意愿为委托人提供理财服务的行为。[①] 2018 年 4 月 27 日，中国人民银行、中国银行保险监督管理委员会、中国证券监督管理委员会和国家外汇管理局联合发布的《关于规范金融机构资产管理业务的指导意见》（银发〔2018〕106 号）（以下简称“资管新规”）将“资产管理业务”定义为“指银行、信托、证券、基金、期货、保险资产管理机构、金融资产投资公司等金融机构接受投资者委托，对受托的投资者财产进行投资和管理的金融服务”。该“资管新规”同时将资产管理业务定位于“金融业务”，强调其“属于特许经营行业，必须纳入金融监管。非金融机构不得发行、销售资产管理产品，国家另有规定的除外”。该“资管新规”还规定“运用人工智能技术开展投资顾问业务应当取得投资顾问资质”，强调“非金融机构不得借助智能投资顾问超范围经营或者变相开展资产管理业务”。“资管新规”的上述规定暗含着以下两层含义。其一，金融机构可以借助智能投资顾问开展资产管理业务。因为金融机构可以获得资产管理业务牌照，其借助人工智能技术开展投资顾问服务，如果该金融机构同时具有投资顾问或理财顾问牌照，并无不可与不当之处。其二，资产管理业务是智能投资顾问服务的（核心）功能之一。如果资产管理业务不属于智能投资顾问服务的功能，则不必在该“资管新规”中作出上述规定。

资产管理业务牌照主要分为银行理财业务牌照、保险资管业务牌照、证券资管业务牌照、基金资管业务牌照、期货资管牌照、信托资管业务牌照等，主体也分别是商业银行、保险公司（保险资产管理公司）、证券公司（证券资产管理公司）、基金管理公司、期货公司和信托公司。这几类主体的资产管理业务各自遵守各自领域内的规定。例如《商业银行个人理财业务管理暂行办法》《保险

① 杨征宇、卜祥瑞、郭香龙、王晓明编著：《金融机构资管业务法律纠纷解析》，法律出版社 2017 年版，第 9 页。

资产管理公司管理暂行规定》《证券公司客户资产管理业务管理办法》《基金管理公司特定客户资产管理业务试点办法》《信托公司管理办法》等各类规范性文件等。各领域内规则在牌照申请资格、业务范围、行业规范、监管要求等方面规定的都不一样。在这些业务中，金融机构（包括证券公司）都是可以接受全权委托的。

证券公司可以开展资管业务，与《证券法》第143条的规定存在一定矛盾。当然，也许有人解释说，《证券法》第143条禁止的是证券公司在经纪业务中接受客户的全权委托，而未禁止证券公司在资管业务中接受客户的全权委托；经纪业务和资管业务是两种不同类型的业务。但问题是，如果允许证券公司在经纪业务中接受客户的全权委托，经纪业务也就转变成了资管业务。这将使《证券法》第143条的规定形同虚设。但从另外一个方面，也可以解释为：证券公司不可以接受客户的全权委托，但如果获得资产管理业务资格的，则可以接受客户的全权委托。

更为重要的是，上述牌照是为商业银行、保险公司（保险资产管理公司）、证券公司（证券资产管理公司）、基金管理公司、期货公司和信托公司等金融机构专门开设的，作为非金融机构的金融科技公司根本无法申请到这些牌照。如果作为非金融机构的金融科技公司接受人数不多的投资者的全权委托，或许不需要资管牌照，但一旦作为非金融机构的金融科技公司具有了投资咨询顾问资格，其接受客户的委托代理投资，也需要资管牌照。此外，即使不考虑投资咨询顾问资格，作为经营范围的一部分，持续地接受不特定的社会公众的委托代理投资，也需要资管牌照。但遗憾的是，在我国现行的法律框架下，还没有这样的牌照可以申请。

2015年3月16日，中国证券业协会发布《账户管理业务规则》（征求意见稿）。其中第二条规定："本规则所称账户管理业务，是指取得证券投资咨询业务资格并符合本规则条件的机构（以下简称持牌机构）接受客户委托，就证券、基金、期货及相关金融产品的投资或交易作出价值分析或投资判断，代理客户执行账户投资或交易管理。法律法规另有禁止性规定的，从其规定。"如果该规则得以通过，证券投资咨询机构也就可以获得代理客户进行投资的权利。但或许是由于该规则与《证券法》第171条相冲突的缘故，3年过去了。该征求意见稿依然没有正式定稿和出台。值得注意的是，《证券法》（修订草案2015年4月

20 日审议稿）已经删除了现行《证券法》第 171 条的规定。但遗憾的是，本次《证券法》修改何时完成，现在无法预测。

证券投资顾问单纯地依靠提供投资建议来赢利，这在商业上不是一种可以持续的赢利模式。可行的商业模式一是要为该客户量身定制个性化的投资策略和资产组合，这样的投资建议只适用于该客户。二是在客户委托授权投资的基础上，咨询机构代客户做资产管理和财富管理（“账户管理”），这就是全权委托账户管理的投资咨询。所以，投资咨询行业的可持续发展必须由单纯地提供投资建议（“动口”）向全权委托账户管理或财富管理（“动手”）升级。即实施投资咨询的两阶牌照：投资建议牌照和全权委托账户管理牌照。第一类是初级的投资咨询牌照，也就是维持目前的投资建议模式和对应的监管规则。第二类是升级后的新牌照——全权委托的账户管理牌照。咨询机构接受客户的全权委托，代客户操作账户。它主要面向那些没有时间、精力和专业能力进行证券投资的个体投资者。①

为了落实“资管新规”，我们建议金融监管部门制定相应的规则，引导智能投顾的发展；通过智能投顾牌照管理，规范智能投顾行业。当然，更重要的是，通过本次《证券法》的修改，删除现行《证券法》第 171 条的规定，允许证券投资咨询公司接受客户委托，全权代客理财。

如果我国的证券投资顾问具有资产管理资格，则对其的自律管理有必要与私募投资基金管理人、公募投资基金管理人的自律管理统筹规划，中国证券投资基金业协会将在其中发挥一定的作用。

具有资产管理资格的智能投顾与公募/私募基金运用人工智能进行投资的“智能投资”的区别在于：智能投顾是个性化的，它对每一个投资者的识别和相应的资产配置是独特的，每一个投资者的投资组合也是独特的，只适合该投资者；而智能投资则是共同性的，本基金（无论是公募还是私募）的所有投资者的资金共同组成一个资金池，该资金池里的资金共同投资于相应的投资组合。简言之，智能投顾是一个投资者对应一个投资组合，没有资金池；智能投资是所有投资者对应一个资金池，资金池里的所有资金对应于一个投资组合。

---

① 沈朝晖：《证券投资咨询行业升级、两阶牌照与法制改革》，载《证券市场导报》2017 年第 12 期。

我国智能投顾中的法律监管问题研究

李　玫[*]　刘雅婷[**]

【内容提要】智能投顾作为金融科技的代表，以其交易成本低、用户体验佳、市场反应快等业务优势在我国迅速发展，但是也存在着缺陷和市场风险、信用风险和技术风险，并且智能投顾在我国现有的法律监管框架下处于“违规”的困境。本文通过借鉴国外智能投顾中的先进经验，从明确智能投顾法律地位、厘清业务边界、创新监管方式、加强投资者适当性建设等方面提出了完善我国智能投顾监管的相关建议。

【关键词】智能投顾；法律困境；“资管新规”；投资者适当性

智能投顾（Robot Advisor）是在技术驱动的潮流下 Fin Tech 的一个热门领域，它结合了哈里·马科维茨的现代资产组合理论与人工智能和云计算方法，通过大数据，在云端低成本、快速、批量化地解决各种数据运算，根据客户的需求和风险偏好，提供量身定制的专属投资组合策略，并在跟踪市场的过程中

* 对外经济贸易大学法学院经济法学教授，博士生导师。
** 对外经济贸易大学法学院经济法学博士生。

随时进行策略调整。[①] 智能投顾从技术和理念上全面进入投资管理业务，催生金融新产品和新模式。全球知名的智能投顾平台绝大部分是美国的平台，如Wealthfront、Betterment、Personal Capital 等。2016 年是我国智能投顾元年，以招商银行、广发证券为代表的银行和券商等金融机构开始入局智能投顾。比如，长江证券推出“i Vatar GO”，光大证券上线“智投魔方”，随后拿铁智投、贝塔牛、AI 投等智能投顾平台相继上线，市场竞争日趋激烈。2017 年，中国智能投顾管理的资产超过 288 亿美元；预计到 2022 年，智能投顾管理的资产总额将超过 6600 亿美元。[②]

2017 年 3 月“人工智能”首次出现在我国政府工作报告中，智能投顾正是人工智能技术与金融业深度融合的产物。《中国金融科技与小微金融竞争力报告(2018)》指出，智能投顾是金融科技率先落地的典范。2017 年 11 月，中国人民银行会同银监会、证监会、保监会、外汇局等五部门起草的《关于规范金融机构资产管理业务的指导意见（征求意见稿)》（以下简称“资管新规”）对智能投顾进行了初步定义与规制。智能投顾在我国应用过程中存在着诸多缺陷与风险，也对我国传统的金融监管模式形成冲击与挑战。对智能投顾实行有效的监管，既是推进普惠金融、促进金融科技创新的必然要求，也是金融科技背景下推进整体金融监管改革的重要举措。

一、智能投顾业务特点与优势

1. 交易成本低，服务对象广

相较于传统的人工投顾，智能投顾节约了雇用人力以及组织协调与资产管理的成本，传统投资顾问的管理费普遍高于 1%，客户只需要支付 0.25%—0.5% 的管理费就可以享受高质量的理财服务，改变了传统投资顾问根据交易佣金来获利的规则，降低了交易成本。[③] 智能投顾的应用将大量问题标准化处理，充分连接了金融产品供应端多渠道、低成本的愿望和个人理财需求端低价高质的要求，并且随着技术的革新升级与应用的推广，客户享受智能投顾的服

① 周正：《境内外智能投顾业务模式对比》，载《全球视线》2017 年第 2 期。

② 陈彦蓉：《智能投顾合规发展可期》，载《金融时报》2018 年 2 月 12 日。

③ 许炀：《为抢占智能投顾风口，券商移动端成新成就》，网址：http://if.cri.cn/20170427/2642743b-e425-83cb-8953-538a634cd2a9-2.html. 最后访问时间：2017 年 4 月 27 日。

务会更加多样化和低价化。随着我国居民收入的不断增长，投资理财的需求也越发旺盛，但是缺乏专业知识与投资经验。智能投顾使得被传统财富管理排除在外的中低收入者也能够享受金融科技的利好，弥补了理财市场对中小投资者覆盖不足的缺陷，重塑了理财市场结构，为实现普惠金融提供了广阔的前景。

2. 授权范围大，用户体验佳

智能投顾是金融科技生态系统最新的产物，用以提供财富管理的建议，甚至代替传统的财富管理经理直接管理私人财产。它是一种自动化投资方案，涉及客户画像、资产配置、投资组合选择、交易执行、组合再平衡等诸多环节。不同于传统的投资顾问，智能投顾得到的是用户的“全权委托”，涉及投资咨询、顾问与资产管理、配置业务，满足了投资者对理财服务一体化的需求。简化和效率是智能投顾的主要特征。智能投顾在开展业务的过程中，只需要用户完成调查问卷，并提交自己的经济状况、投资预期与期限、投资经历等信息便可以迅速地识别出客户的个人偏好和确定投资目标。这种数字化的资产配置过程能够让用户体验到个性化与定制化的服务，并且智能投顾在新人上手方面非常高效，不仅减少了在自我评估过程中的时间耗损，而且还尽可能地减少了投资者因为厌恶烦琐的手续而退出的比例。①

3. 投资组合优，市场反应快

智能投顾根据风险特征、收益率等特征将市场上不同的金融产品类型化与再组合，能够准确地匹配出风险与收益相匹配的投资组合策略，并且通过自动化再平衡策略对产品进行追踪和分散投资，能够有效避免市场波动的风险。在本质上，账户的再平衡是一项风险管理技巧，使得资产配置回归到长期均衡上，而市场常常将投资脱离轨道。每次对账户进行再平衡时不一定都需要数字优化模式的介入，但是当市场与它的最初状态发生严重偏离时，智能投顾的数字优化模式的优势就凸显出来了。② 随着我国投资品种的增多和理财市场刚性兑付的突破，智能投顾对市场变动的敏锐度提高了资产管理与执行的安全性和灵活性，得到更多包括高净值群体在内的投资者的青睐。

---

① ［美］保罗·西罗尼：《金融科技创新》，马睿、汪吕杰译，中信出版社 2017 年版，第 52 页。

② 同上注，第 70 页。

二、智能投顾业务的缺陷与风险

1. 投资者适当性受挑战，智能投顾存在信用风险

投资者适当性制度最早是由美国全国证券交易协会（NASD）提出的，国际证监会组织《关于销售复杂金融产品的适当性要求》中也有对该制度的规定，总体来说，投资者适当性管理是指金融机构根据投资者的财务状况、投资需求、风险承受能力、投资经验等为投资者提供合适的产品与服务。[①] 关键的环节就是中介机构应当“了解投资者”。

智能投顾依靠调查问卷和大数据，对投资者的风险偏好与投资目标进行定位存在着诸多瑕疵，并不能全面、精确地对投资者作出刻画。首先，调查问卷多数为十个左右的问题，而且设计内容过于简单。很多在考虑财务状况时并未考虑到“资产负债”与“现金流”等信息，加剧了投资资产的不稳定性，并且现实情况中投资者进行投资还会考虑家庭、工作等情况，投资者做好投资准备前仍会有时间的延迟。其次，投资者提供信息的真实性、完整性尤待考证，误导性、虚假性的信息会导致产品推荐与客户预期的错位，也影响资产管理的顺利开展。即使大数据的推广可以从投资者的社交网络和应用媒体获取到诸如投资经历、消费支出等信息，但是并不能忽视市场波动情形下投资者心理变化对投资行为造成的影响。另外，投资者适当性还要求产品推介、建议的适当性，因金融机构违反投资者适当性规定，故意或者过失造成投资者损失的，投资者应当得到赔偿。智能投顾的责任主体的界定一直不够明晰，并且随着理财市场刚性兑付的突破，实现投资者利益最大化和投资者风险自担的平衡，是减少智能投顾中的信用风险的关键。

2. 我国投资市场不成熟，智能投顾存在市场风险

我国投资者以散户为主，多为了追求短期利益，在投机目的驱动下进行投资理财。而智能投顾是试图通过其最典型的以长期和自动再平衡为特征的投资策略帮助用户战胜市场周期。智能投顾在我国理财市场发展虽为中小投资者降低了门槛，但是它的功能与效益并不能更好地体现在该群体的使用体验中，阻

---

① 中国社科院金融所课题组：《互联网金融投资者适当性管理》，金融监管与风险观察微信公众号，2017年2月20日。

滞了智能投顾的长远发展。并且智能投顾采取的是被动投资模式，即通过追踪基准指数，或者完成某一规范的子集，采取买入或买空获取高于市场平均水平的利润。智能投顾在国外主要投资于 ETF 基金，这种随时可以在公开市场交易的指数基金能更好地发挥智能投顾自动化再平衡的作用。而我国 ETF 基金市场发展不足，同国外相比，国内的 ETF 处于弱势。截至 2017 年 1 月，美国市场有近 1800 只 ETF，产品种类繁多。而沪深两市上市 ETF 合计 124 只左右，月交易额不足 100 亿美元，且大多属于传统股票指数型 ETF，而债券型 ETF、商品型 ETF 等合计尚不足 10 只。投资品种有限，不能有效分散风险，也使得智能投顾后劲不足。①

3. 智能系统不完善，智能投顾稳定发展仍有技术风险

智能投顾依托于互联网技术，存在着黑客攻击、病毒入侵以及用户信息泄露等操作风险，并且就智能投顾开展理财业务依据的算法与模型仍存在瑕疵。首先，智能投顾的模型并非量身定做，而是以一模型适应全部，随着投资品种的增加、投资者需求的改变，智能投顾并不能满足客户多目标的需求。并且，投资组合的算法与模型并不透明，投资者对于投资决策的生成并不能充分享有知情权，对监管者来说，算法与模型的专业性和技术性是新的难题，不仅算法与模型本身会有技术缺陷，而且可能会被具有信息优势的金融机构和个人恶意利用，威胁着投资者的利益，是影响智能投顾稳定发展的重大隐患。智能投顾依靠大数据，从中长期的大数据里面找一种规律，通过挖掘、筛选、清洗再总结其规律，如果“黑天鹅”事件出现，一般人工智能、智能投顾是找不出它的规律的，不能预判到“黑天鹅”事件，这就对智能投顾带来了很大的不确定性。并且因为机器学习通常擅长发现数据间的相关关系而非因果关系，由于自学习的机器无法区分虚假的相关性也会导致一些风险。②

---

① 蔡杨：《中美智能投顾生存土壤调查：拿来主义水土不服》，载《21 世纪经济报道》2017 年 3 月 20 日第 13 版。

② 伍旭川：《迎接金融科技的新风口——智能投顾》，载《清华金融评论》2017 年第 10 期。

三、智能投顾在我国监管中的法律困境

1. 智能投顾法律属性

（1）与金融机构

投资顾问已经经历了人工顾问—半智能辅助—智能投顾的发展，如今的智能投顾不仅是简单的“线上辅助工具”，而是可以自动生成投资理财方案，并通过链接客户资产管理账户进行财富管理。从保护投资者权益的角度出发，智能投顾对利用其提供理财服务的金融机构来说，应当认定为“雇员”或是“荐股软件”？

“资管新规”明确指出打破刚性兑付。金融机构开展资产管理业务中不得承诺保本保收益，在出现兑付困难时，金融机构不得以自筹资金或其他方式垫付资金，并且金融机构对资管产品实行净值化管理，即除管理费之外的投资收益应全部给予投资者。意见稿加强了“卖者尽责，买者自负”的理念，强调投资者自担风险，突破了将理财与储蓄混淆的局面。

若将智能投顾定义为金融机构的“雇员”，则不仅要求在开展投资咨询业务时智能投顾需要具备相应的资质，而且根据我国《侵权责任法》，“雇工”在执行工作任务时对他人造成的损害，雇主承担“无过错”责任，纵使存在“非执行工作任务期间”或者是“与雇主意愿相悖”这样的抗辩事由，也会因为难以界定而最终由金融机构承担不利后果。金融机构承担如此严苛的责任，与“资管新规”中的规定不符，也与试图加强投资者风险教育的初衷相悖。

若将智能投顾认定为“荐股软件”，则是完全否定其人格化特征。2013 年 1 月 1 日施行的《关于加强对利用“荐股软件”从事证券投资咨询业务监管的暂行规定》中的“荐股软件”，是指提供证券投资品种的分析、预测和建议的软件，而智能投顾无论从投资品种、业务范围、自动化程度来说都是“荐股软件”无法覆盖的。而且该规定并未要求“荐股软件”需要具备一定的业务资质，而意见稿对智能投顾却增加了该规定。只承认智能投顾的工具价值，则会因为刚性兑付的突破加重投资者的风险负担。不合理之处就在于：智能投顾正是为弥补投资者专业知识与经验不足的缺陷，辅助其进行风险识别和定制投资组合策略。在接受全权委托之后，若按照理财方案执行资产配置的过程中发生了损失，却只能由投资者自负，会引发金融机构恶意利用智能投

顾的隐患。

（2）与投资者

智能投顾与投资者之间具有“代理”关系的特征：投资者全权委托智能投顾进行资产配置并获取收益，若发生损失则由投资者自行承担。这看似符合智能投顾的运营模式，可是存在以下的问题：首先，作为代理人的智能投顾，一旦出现“不履行或者不完全履行职责”的技术风险给投资者造成损失，该责任该如何承担？其次，智能投顾具有投资顾问与财富管家的双重身份，不同于分业模式下投资者有更多的自主选择权和决策时间。智能投顾在进行资产配置的过程中，若出现违背投资者意愿的情形，是否构成“无权代理”？若投资者不予追认，该损失该由谁承担？笔者认为智能投顾与投资者之间更类似于“信托”，根据智能投顾的运作特征不可忽视其本身存在的责任，对智能投顾的算法与模型加强监管是关键。

2. 智能投顾的业务模糊

在“资管新规”出台之前，智能投顾存在违规经营的乱象。从业务范围上，我国《证券、期货投资咨询管理暂行办法》第二十四条规定：“证券、期货投资咨询机构及其投资咨询人员，不得从事下列活动：代理投资人从事证券、期货买卖。”《证券投资顾问业务暂行规定》及《证券法》都明确规定投资顾问仅能提供投资建议，不得进行全权委托管理，这使得智能投顾混业运作的模式落入“非法”境地。并且从业务主体上，以上法律、法规以及《关于加强对利用“荐股软件”从事证券投资咨业务监管的暂行规定》均要求从业人员具备投资咨询的资质，而对于智能投顾从事投资咨询业务应具备何种资质并如何考核尚无规定。虽然“资管新规”对开展业务的机构及从业人员有业务资格规定，但是对于智能投顾本身尚未有配套规定与实施细则。

3. 监管模式和方式滞后

尽管我国金融机构不断向着混业监管的方向改革，但是资产管理业务仍然是分业经营、分业监管，各类业务均在各自领域内适用不同的法律法规。智能投顾涉及的投资品种包括股票、债券、大宗商品等，业务边界的模糊，加大了监管范围的认定难度，出现监管空白和监管交叉的现象，也容易导致金融机构利用智能投顾设立资金池等非法经营的现象。传统的“机构监管”的监管模式与措施并不能有效地作用于智能投顾的应用推广中。在国内分业监管的模式下，国内智能投顾平台是无法进行多账户归集管理的，个人单个投资账户的跨平台操作难以实现。①

四、智能投顾监管的域外借鉴

1. 美国

从智能投顾的定位上来讲，美国 SEC 的指南更新中将智能投顾界定为一种基于在线算法程序，使用创新技术为客户提供个性化资产管理服务的已注册的特殊投资顾问。金融监管局（The Financial Industry Regulatory Authority）于 2016 年颁布的《数字化投资建议报告》（Report on Digital Investment Advice）中将智能投顾定义为一种“数字化投资工具”（Digital Investment Tool），指出了智能投顾在运营过程中可以涉及投资咨询、提供投资组合策略、执行资产配置并回馈客户等业务，并且从业务主体和范围上来讲，特别强调提供智能投顾的平台需按照 1940 年《投资顾问法》进行注册并取得执照 RIA（Registered Innvestment Advisor），这不仅更好地体现了智能投顾“智能化”与“人格化”的特征，也由于美国投资顾问行业允许同时开展资产管理业务，为智能投顾避免了涉嫌违规的雷区，减少了监管中的困境。另外，SEC 发布的《机器人投资顾问指导文件》强调事前监管与事后监管并重，注重投资者风险教育，要求智能投顾平台对涉及投资者利益的重要信息不仅要在用户注册前进行详尽披露，并且应在运营过程中向投资者及时提示风险。

2. 澳大利亚

澳大利亚证券和投资委员会 ASIC（Australian Securities and Investment Commission）于 2016 年《向零售客户提供金融产品数字化建议的指导文件》中将智能投顾定义为“数字化建议”（Digital Advice），即通过使用算法和技术向零售客户提供的数字化金融产品建议，数字建议既包括具体投资组合的设计，也包括综合性财务管理规划。② 包括范围比较小的一般建议以及根据个性化投资需求和特点得出的个人建议。③

① 刘雅琨：《金融科技视阈下我国智能投顾监管制度的构建》，载《资本观察》2017 年第 12 期。

② 巴洁如：《“智能投顾”监管的国际实践》，载《金融电子化》2017 年第 9 期。

③ 李晴：《互联网证券智能化方向：智能投顾的法律关系、风险与监管》，载《上海金融》2016 年第 11 期。

为鼓励金融科技的发展，ASIC 还成立了数字金融咨询委员会，对智能投顾的监管框架、智能投顾的 AFS（Australian financial Services，金融服务）牌照许可制度、智能投顾的一般义务和特殊义务、智能投顾为客户提供最佳资产配置比例这四方面进行了规定。并且密切关注监管政策在科技金融实务运作中的适当性和适度性，并采取相应的措施帮助科技金融企业实现对新政策的适应与过渡。

3. 英国

英国金融市场行为监管局（FCA）（Financial Conduct Authority）并没有针对智能投顾制定专门的规定，而是针对包括智能投顾、区块链、大数据等金融科技企业采取了“沙盒监管”（RegulatorySandbox），即专为扩大金融项目创新而设，即企业可以在“一个安全的空间”内测试其创新的产品、服务、商业模式和交付机制，并且不会因该创新立即招致不利的监管后果。也就是说，通过提供一个缩小版的真实市场和宽松版的监管环境，在保障金融消费者权益的前提下，允许金融科技初创企业对创新的产品、服务、商业模式和交付机制进行大胆试验。[①] 从机构设置上，成立了“创新中心”支持金融新产品与服务。

从监管措施上，FCA 首次针对金融科技提出了 Regtech（科技监管），监管科技不仅降低了金融机构的合规成本，也可使监管部门的技术系统直接连到每个金融机构的后台，实时获取监管数据，并通过运用大数据分析、数据可视化等技术手段完成监管报告、建模与合规等工作。[②] Regtech 创造了新的调控机制，在英国目前已出现许多为智能投顾监管提供 Regtech 的服务公司。

五、完善智能投顾监管的相关建议

1. 明确智能投顾法律地位，完善资质认定配套规则

智能投顾的法律地位的认定，既关系到工具价值和其独立的技术价值的统一，也与智能投顾业务的各方利益主体在防范风险、衡平损失中的职权划分和责任承担密不可分。我国证监会于 2016 年指出，智能投顾的本质是投资顾问服务，属于证券投资咨询业务的一种形式，从业者和机构开展智能投顾业务，必

① 伍旭川、刘学：《金融科技的监管方向》，载《中国金融》2017 年第 5 期。

② 李文莉、杨玥捷：《智能投顾的法律风险及监管建议》，载《法学》2017 年第 8 期。

须具备相应的资质和牌照。“资管新规”中也对智能投顾领域进行了专项规定，并将其定义为“利用人工智能技术的机器人投资顾问”，同时也要求开展智能投顾业务的机构以及从业人员应当取得投资顾问从业资格。

笔者认为，在智能投顾业务的开展中，赋予其人格化法律地位的同时，应当对“智能”水平加以严格的规定。智能投顾是不同于人工投资顾问和半智能投资顾问的自动化投资顾问，应当针对其本身制定特定的行业准入规则。第一，应当设计能够包含对智能投顾网络系统安全性、投资理财策略生成的科学性、市场反馈的灵活性、法律法规运用的敏感性等作出全面而系统的测试认定，并且设置既不突破法律与市场风险底线也能有足够创新空间的认定标准。第二，设置专门的从业资格认定机构，根据金融科技中不同的金融服务产品的特性和业务属性，组织对人工智能的应用有针对性和侧重点的考核项目。第三，在对智能投顾授予相关资质之后，还需要对其实际投放市场的范围与情形加以限制。通过设置一定的“实习期”考察其业务熟练水平和风险控制能力，实习达标则可由金融机构面向更多的投资者推广应用。

2. 厘清智能投顾业务边界，合理配置各方法律责任

我国投资顾问与资产管理的分业模式，是为了避免混业经营中出现的利益勾结从而损害投资者利益。但是随着国际上混业经营的实践发展与投资者理财愿望的增长，智能投顾以其一体化的便捷模式得到了越来越多的投资者青睐。2015 年 3 月中国证券业协会《账户管理业务规则（征求意见稿）》指出账户管理业务是指取得证券投资咨询业务资格并符合本规则条件的机构接受客户委托，就证券、基金、期货及相关金融产品的投资或交易作出价值分析或投资判断，代理客户执行投资或交易管理。该规定反映了投资顾问与资产管理业务融合的趋势，并且新的资产管理的意见征求稿允许并鼓励智能投顾开展资产管理业务，然而更高位阶的法律并没有相应的规定。笔者建议应当在我国《证券法》中突破二者分业的局面，我国可以借鉴《美国投资顾问法》中将投资顾问与资产管理业务资质一体授予的方式，突破智能投顾的违规困境，而从责任分配方式上规制和防范利益勾结与冲突的风险。

首先，智能投顾中的投资顾问与经纪商业务的融合程度和牌照种类的覆盖范围决定其对客户账户拥有了或绝对或相对、较高程度的自由裁量权，因此智

能投顾应当被施加信义义务以保护客户利益。①，智能投顾的算法规制中必须恪守不得为公司及其关联方的利益损害客户利益；不得为证券投资顾问人员及其利益相关者的利益损害客户利益等规则。

其次，智能投顾在我国的布局包括传统金融机构、互联网金融公司和独立的金融科技公司。在开发商与运营商并不一致的情况下，并不能够保证算法和模型的公平性和合理性。为避免开发商与经纪—交易商串通，恶意开发和使用智能产品，开发机构应当诚实尽责、合理研发智能投顾算法，保证客户和投资者的数据安全，不得使用恶意代码损害投资者利益，如存在过错，金融机构有权向开发机构进行损失追偿或者要求承担相应的责任。

最后，提供智能投顾的机构本身也可能会存在与第三方勾结或者自我交易的情形，从而利用智能投顾违规开展业务夸大宣传资产管理产品或者误导投资者。在突破刚性兑付的背景下，运营机构仍应当切实履行对智能投顾资产管理业务的管理职责，因违法违规或者管理不当造成投资者损失的，应当承担相应的损害赔偿责任。

3. 创新金融科技监管方案，逐步推广科技监管措施

金融科技在金融领域不断推广和应用，传统的金融监管体制与监管方式与科技发展不协调，不但不能有效解决当中问题，还可能会加剧其中的风险。从监管机构的设置上，为应对金融科技的发展，2017 年中国人民银行成立了金融科技（Fin Tech）委员会，旨在加强对金融科技工作的研究规划和统筹协调，并强调将强化监管科技（Reg Tech）应用于实践，提升跨行业、跨市场交叉性金融风险的甄别、防范和化解能力。从监管对象上，特别应当对人工智能技术在金融领域应用中的算法和工具加以持续监控和预警，澳大利亚证券与投资委员会（ASIC）指出，由于算法模型和网站架构的复杂性较高，监管机构全面掌握智能投顾平台的经营行为和业务流程，客观上存在着较大的难度。② 我国应针对算法和模型设置风控机构，并配置专业的技术人员进行定期测试，对智能投顾应用中的网络系统的稳定性、投资组合设计的合理性、市场表现和风险特征等方面进行评估和监测，并制订预警措施与应急方案。建立智能投顾注册备

---

① 李文莉、杨玥捷：《智能投顾的法律风险及监管建议》，载《法学》2017 年第 8 期。

② 巴洁如：《“智能投顾”监管的国际实践》，载《金融电子化》2017 年第 9 期。

案制度，对于在实际使用中完全不需要人工干预的智能投顾，其设计开发者和使用者都需要注册备案。① 从监管理念上，我国对智能投顾在内的金融科技的监管应当摒除旧有的“行为监管”框架，可以借鉴“沙盒监管”中对科技创新与应用的试行和观测。我国在对互联网金融监管中的“穿透监管”正是突出“行为监管”和“功能监管”并重，针对互联网金融中的特有产品和服务实施“过程监管”。“穿透式”监管方式，就是要透过表面现象看清业务实质，把资金来源、中间环节与最终投向穿透连接起来，综合全流程信息来判断业务性质，并执行相应的监管规定②。从监管措施来看，引导监管科技（Reg Tech）的发展，为金融机构的合规运营和监管机构的有效调控开拓了新的渠道和途径。

4. 严格智能投顾信息披露，强化投资者适当性制度

为保护投资者利益，降低智能投顾中的信用风险，需要不断强化投资者适当性制度：一方面，智能投顾运营企业应当全面、真实、完整、及时地披露与投资者密切相关的技术信息和经营信息，充分提示智能投顾中的固有缺陷和使用风险，不得对投资者进行虚假宣传和误导性陈述。首先，智能投顾运营机构不仅要对公司治理情况、营业情况、智能投顾开发主体等情况加以公开。其次，对于算法和模型的运作原理与操作风险加以说明，保证算法的透明度和公平性。另外，智能投顾的运营机构应到全面履行信义义务，恪守职业道德和行业准则，保证将风险与投资者相匹配的最优化产品推荐给投资者。另一方面，应加强投资者保护教育，引导投资者树立正确的投资理念。并且为使得全面智能投顾全面掌握投资者投资背景，在优化问卷调查内容的同时，投资者也需要详尽提供自身的财务状况、投资经历等信息。

六、结束语

以智能投顾为代表的金融科技，因独特的技术优势和普惠特征在我国拥有广阔的前景。由于科技不断更新迭代，金融产品和服务也日新月异，对金融

① 李文莉、杨玥捷：《智能投顾的法律风险及监管建议》，载《法学》2017 年第 8 期。

② 胡群：《智能投顾或实施牌照化管理　互联网金融转型再遇困境》，网址：http：//www. eeo. com. cn/2016/1205/294798. shtml，最后访问时间：2018 年 12 月 30 日。

科技实现全面、有效、合理的监管并不能一蹴而就，对于国外的先进经验也不能盲目照搬，应当结合我国国情和智能投顾在我国金融市场运行中的缺陷与风险，以及监管中的相关问题，不断探索和改进，不断促进金融进步与创新。

我国智能投顾的发展、挑战及其监管回应*

薛智胜**　王婷***

【内容提要】智能投顾是金融科技发展的产物，是人工智能技术在金融领域应用的典范。随着我国智能投顾业快速发展，对我国现行监管制度提出挑战，主要表现为智能投顾把投资建议变为投资行为存在合法性障碍、业务边界不明与牌照制度的冲突、算法专业性与传统监管手段不相匹配和投资者保护面临的新问题等，需要创新监管理念，完善监管规则和监管手段，强化对投资者的保护，防范创新风险，从而促进智能投顾业务健康发展。

【关键词】智能投顾　风险挑战　法律监管　监管科技

以人工智能为代表的新的产业革命正在全面而深刻地影响着我们社会经济生活的各个层面。智能投顾作为人工智能的代表和金融与科技融合的产物，以

---

* 本文系天津市哲学社会科学规划基金项目《场外期货市场风险控制的法律机制研究》（项目编号：TJFX16－007）和2017年度天津工业大学学位与研究生教育改革项目《法律硕士的金融法学实践能力培养与提高》阶段性研究成果。

** 天津工业大学人文与法学院教授，法学博士，主要从事金融法学和商法研究。

*** 天津工业大学人文与法学院2016级经济法学硕士研究生，主要从事经济法学研究。

其低成本、专业化、定制化和便捷化的特点受到了智能金融服务企业、传统金融机构以及互联网金融企业的青睐。2008年智能投顾从美国发端，其后很快传播至世界各国。我国智能投顾虽然起步较晚，但发展迅猛。据权威在线统计数据门户Statista统计，2017年中国智能投顾管理的资产超过288亿美元，其中年增长率高达87.3%，预计到2022年，智能投顾管理的资产总额将超过6600亿美元。[①] 2018年政府工作报告中指出要发展智能产业，拓展智能生活，为数字中国建设加油助力，这为我国智能投顾发展开辟了更广阔的前景。智能投顾作为一项金融科技，从一定意义上说是金融投资（理财）领域的一次革命，不仅正在改变金融投资模式和金融消费模式，而且冲击着既有的传统金融监管体制和制度。同时在缺乏相关制度规范背景下，我国智能投顾行业呈现鱼龙混杂，损害投资者权益事件屡有发生，危害了国家金融秩序，“光大证券816事件”曾震惊寰宇。因此，有必要梳理我国智能投顾的现状和问题，提出针对性的监管建议。

一、智能投顾概述

（一）智能投顾的含义

智能投顾最早起源于美国，是人工智能在金融领域的一种典型应用。它是“人造劳动者”，是一种由算法、网络和大数据组成的合成智能。目前对于智能投顾的定义，国内外理论界和实务界尚未达成统一意见。根据美国证监会（SEC）2017年2月发布的《智能投顾监管指南》中的有关规定，认为智能投顾是指通过基于网络算法的程序、利用创新技术为用户提供全权委托的账户管理服务的注册投资顾问。[②] 而澳大利亚并非用“注册投资顾问”一词定义智能投顾，而是采用了“数字建议”指代智能投顾所提供的服务。智能投顾运用算法和技术为投资者提供金融产品投资建议，且全过程并无人类投资顾问的参与。

目前学界对智能投顾本质的认识主要有工具说、服务说、平台说等，其中认为智能投顾类似于我国的“荐股软件”的观点不在少数。其依据为我国于

① 陈彦蓉：《智能投顾合规发展可期》，载《金融时报》2018年2月12日。

② 李文莉、杨玥捷：《智能投顾的法律风险及监管建议》，载《法学》2017年第8期。

2013 年 1 月 1 日起施行的《关于加强对利用“荐股软件”从事证券投资咨询业务监管的暂行规定》第二条的规定：“向投资者销售或者提供‘荐股软件’，并直接或者间接获取经济利益的，属于从事证券投资咨询业务，应当经中国证监会许可，取得证券投资咨询业务资格。未取得证券投资咨询业务资格，任何机构和个人不得利用‘荐股软件’从事证券投资咨询业务。”① 但该观点不够全面，因为我国目前的智能投顾盈利模式不定，多数采取免费营销策略，免收佣金，故不符合直接或间接获取经济利益一说，而且仅仅是证券投资咨询业务并不足以包含智能投顾全部的业务范围。

从智能投顾的发展史看，智能投顾是由传统投资顾问演变而来。哈利·马科维茨的现代资产组合理论是智能投顾的理论基础，智能投顾根据客户需求和风险偏好，利用大数据、人工智能和云计算方法搭建数据模型，为投资者提供专属的投资组合策略。2016 年 8 月中国证监会在一次新闻发布会上，进一步明确智能投顾本质仍属于投资顾问服务，是证券投资咨询业务的一种基本形式，从业者和机构开展智能投顾业务须具备资质和牌照。2017 年 11 月 17 日，一行三会一局发布《关于规范金融机构资产管理业务的指导意见（征求意见稿）》，将智能投顾界定为投资顾问业务。总之，对智能投顾的含义可以分为两部分理解：第一，智能投顾的业务范围涉及多方面，核心业务是投资顾问业务和资产管理业务；第二，智能投顾之所以与传统投资顾问存在较大区别，便是基于其智能化，运用了大数据和算法技术，使得其服务更专业化、理性化和便捷化。

（二）智能投顾的特点

1. 智能投顾的存在基础是算法和大数据分析

智能投顾主要是利用大数据、人工智能和云计算方法搭建数据模型，提供专属的投资组合策略。算法和大数据的运用使智能投顾不仅能够进行量化投资，还可以主动投资，使客户可以根据自己的需求选择其适合的投资风格。

2. 智能投顾追求“最优组合”而非高收益

但凡涉及投资，与“收益”相伴随的永远是“风险”。智能投顾通过大数据

① 于文菊：《我国智能投顾的发展现状及其法律监管》，载《海南金融》2017 年第 6 期。

获得用户个性化的风险偏好及规律，结合算法模型制订资产配置方案，追求资产配置的最优解，即在用户可承受的风险范围内实现收益最大化，而不是追求风险的高收益。智能投顾的资产配置随着经济数据的调整变化而改变，并非静态不变的。这种改变不仅体现在智能投顾会发起调整资产配置请求的建议，随时自动再平衡，还体现在用户可以根据自己的实际情况调整自己的资产配置需求，这种调整是双向的。

3. 智能投顾可有效地规避系统性风险

智能投顾提供的资产配置方案是基于经典的资产配置理论和用户实际需求得来的，专业性强，借助组合投资分散风险。单一的投资产品，风险是不言而喻的，如著名的耶鲁基金早期将绝大部分资产押注在雄鹰银行，最后雄鹰银行破产，致使耶鲁基金严重缩水。基于大数据分析，智能投顾能够在相关度较低的大类资产中，为客户选择优质的投资标的，再根据客户的风险承受能力，为不同的客户提供适合的股票或基金。这种处理模式不仅使风险得以分散，还有效地避免了金融市场的系统性风险。

（三）智能投顾的优势

传统意义上的投资顾问是指专门从事提供投资建议而获得薪酬的人士，例如去证券公司开户，证券公司会为你配置一个投资顾问，去银行购买理财产品，理财经理就是投资顾问。而智能投顾也叫机器人投顾，就是投资人把投资资金交给专业的机器人来打理。由传统投资顾问发展到智能投顾，共经历了三个阶段，即传统投资顾问阶段、在线理财阶段、智能投资理财阶段。智能投顾与传统投资顾问相比，有着其无法比拟的优势。

1. 投资门槛降低，服务人群广泛

智能投顾面对的目标客户是所有投资者，包括普通工薪阶层。与之相比，传统投资顾问的服务对象为超高净值人群，投资门槛高。此外，传统资产管理机构新推出的智能投顾业务，其投资门槛也远远高于新兴的智能投顾公司。具体见表1。智能投顾通过降低门槛，复制优质服务，扩大服务人群，有利于实现普惠金融。

表1　智能投顾与传统投顾的投资门槛对比

智能投顾投资门槛（美元）		传统投顾投资门槛（美元）	
Betterment	0	美林集团	100万
VPAS（先锋智投）	50000	花旗银行	300万
Wealth Front	500	摩根大通	500万
Sigfig	0	高盛集团	500万

2. 服务成本低

无论是美国还是中国的智能投顾，相较于传统的投资顾问来说，服务费用都要低很多。美国传统投顾的管理费一般在1%以上，而智能投顾的管理费仅为0.15%～0.5%。[①] 目前国内大多数智能投顾采取免费营销策略，一改传统投资顾问靠交易佣金来获利的规则，低廉的投顾费用可以惠及80%的长尾客户，从而扩大智能投顾的受众范围，推动投资顾问在中国的快速普及。服务成本低，一是“低成本，广覆盖”，占有理财市场；二是可以规避未取得牌照的合规风险，因为并未直接或间接获取经济利益；三是通过低价营销方式，获得一定的订阅量和点击量，获得众多潜在客户，获得规模效应。

3. 效率高，投资理性，专业性强

传统投资顾问的薪资与佣金挂钩，有些投资顾问不考虑客户的实际风险承受能力，而是考虑自己能得到的佣金，为客户提供投资建议。而智能投顾的核心思想是在理论指导下总结实践经验，运用恰当的量化投资模型，提供个性化的投资建议。相较于传统投资顾问，智能投顾更加理性，专业化，其摒除了人性和情绪对投资的影响，有效地规避了道德风险。

（四）智能投顾的服务流程

智能投顾一般通过六个步骤来完成对用户的服务。第一步，获取用户画像。智能投顾系统通过问卷形式调查客户风险承受能力和客户的投资目标，完成用户画像。第二步，投资组合建议。依据用户画像，智能投顾推荐个性化投资组合。第三步，资金托管。在交易过程中，交易资金交由第三方托管。第四步，

① 李劲松、刘勇：《智能投顾　开启财富管理新时代》，机械工业出版社2018年版，第78页。

交易执行。智能投顾系统根据用户需要，进行资产买卖。第五步，组合再平衡。智能投顾系统实时监测市场需求及用户需求变化平衡投资组合，如摩羯智投提供持仓调整建议及组合跟踪报告。第六步，平台收取管理费。目前国内智能投顾盈利模式有待探索，各平台收取费用不一。

二、我国智能投顾发展现状及其面临的监管挑战

（一）我国智能投顾发展现状

国内智能投顾市场虽然起步较晚，但是在科技革命的推动下，发展态势异常迅猛。根据 HCR 慧辰资讯发布的《中国智能投顾市场发展趋势研究报告》预测，2020 年中国资管规模约 174 万亿元，按照 3% 的渗透率计算，2020 年中国智能投顾管理资产规模或超 5 万亿元，智能投顾发展前景广阔。[①] 目前国内智能投顾服务的提供主体已经形成三足鼎立之态，分别为智能金融服务企业、传统金融机构和互联网金融公司。

目前我国智能投顾市场较为复杂，模式多样。根据智能投顾的推出时间，并结合其智能投顾的深入程度和实现方式，可以将其划分为全智能投顾模式、内智能投顾模式和半智能投顾模式。[②] 全智能投顾模式以弥财、蓝海财富、璇玑智投、理财魔方为代表，多为初创公司，即智能金融服务企业；内智能投顾模式以蚂蚁财富、京东智投、聚爱财等为代表，多为互联网金融公司，即由早已经存在的互联网理财、社交投资等互联网金融平台演进而来；半智能投顾模式以摩羯智投、贝塔牛、平安一账通等为代表，多为传统金融机构，即银行、保险、券商、基金公司所运用。

智能投顾是 21 世纪伟大的金融创新，涉及了金融学、投资学、信息技术等多学科的专业知识。它融合了金融科技和互联网的双重优势，借助人工智能和大数据技术降低了决策成本，提高了决策质量。但是也因为其科技化、专业化存在着监管劣势。高专业壁垒，监管人才的稀缺，无法深入了解智能投顾业务，使得监管机构很难制定合理科学的监管规定。在相关专业人才缺乏、监管空白

① 吴晓霞：《智能投顾洗钱风险分析与防范对策探析》，载《黑龙江金融》2017 年第 12 期。

② 李劲松、刘勇：《智能投顾　开启财富管理新时代》，机械工业出版社 2018 年版，第 38～39 页。

的情况下，智能投顾行业鱼龙混杂，有的甚至以“智能投顾”为噱头，游走于监管的灰色地带。甚至很多P2P企业“挂羊头卖狗肉”，乔装成智能投顾公司规避严苛监管。

（二）我国智能投顾发展面临的监管挑战

智能投顾作为金融科技的典型应用，它不仅对传统金融机构有着替代和冲击作用，还可能会颠覆传统金融的法律规制方式和监管体系。智能投顾的金融混业化，对当下传统分业的机构监管体制提出了挑战，智能投顾的技术化使得目前监管方式无法跟上时代的步伐。

1. 智能投顾发展的合法性障碍

智能投顾作为舶来品和科技金融创新产物，按照我国现行监管制度规定的要求，存在许多法律风险，具体表现如下：

（1）智能投顾把投资建议变为投资行动存在合法性障碍

智能投顾的设计初衷，便是买家投顾，采用全权委托的方式，为投资人提供投资顾问业务和资产管理业务。虽然《证券投资顾问业务暂行规定》规定了证券公司、证券投资咨询机构可以接受客户委托，按照约定，向客户提供涉及证券及证券相关产品的投资建议服务。但是依据我国《证券法》、《证券、期货投资咨询管理暂行办法》以及证监会印发的《证券投资顾问业务暂行规定》，证券投资顾问不得“代客决策”。因此在现行法律环境下，智能投顾只能够为客户提供投资建议，无法代替客户进行交易，提供全流程的资产管理服务。

（2）智能投顾业务边界不明与我国牌照制度的冲突

由于智能投顾在我国处于发展初期，业务边界不明，导致的最大法律障碍便是“牌照问题”。依据我国现行监管制度要求，投资顾问与资产管理业务不能同时开展，成为智能投顾发展的又一瓶颈。智能投顾为客户提供投资建议和投资组合管理服务，以及在为客户提供投资咨询的过程中均涉及投资产品的销售，因此提供智能投顾服务的机构需要取得券商牌照、证券投资咨询牌照、基金销售牌照。相关数据显示，近年来证监会已基本停止发放证券投资咨询新牌照，全行业牌照数量从2004年的108张下降2016年84张，10年间减少了24张。①

① 李莹：《智能投顾的制度建设》，载《中国金融》2017年第16期。

牌照停发趋势与智能投顾获取牌照的需求相悖，这使得智能投顾服务提供主体开展业务面临着非法经营的法律风险。在目前监管制度环境下，智能投顾业始终面临被定义并调整业务的问题，其合法存在需要取得下列牌照，如表2。

表2　智能投顾需要的牌照

类别	方向一：投资顾问	方向二：投资顾问	方向三：销售辅助	方向四：资产管理
主要服务	提供完整的投资规划建议，资产管理等完整投顾服务	为客户提供投资规划，资产配置建议	为客户推荐投资产品，完成销售	完成投资组合管理、交易执行，为客户管理资产
目前需要牌照	券商牌照	证券投资咨询牌照	基金代销牌照	资产管理牌照

（3）智能投顾属地监管的困难

智能投顾具有明显的跨界特征：第一，智能投顾的用户群体具有超地方性特征。互联网科技的发展，使智能投顾已经不再拘泥于国内，可以向全球用户提供相应服务。第二，智能投顾管理的资产具有跨市场特征。智能投顾管理的资产包含了股票、债券、黄金、外汇等，跨市场资产配置明显。第三，智能投顾的提供主体具有跨界性。随着银行、证券、保险等传统金融机构的加入，智能投顾的提供主体已经涵盖金融科技公司、互联网金融企业和传统金融机构。在现行监管体制下，机构监管、属地监管已经不能够有效规范智能投顾的行为，容易产生重复监管或者监管空白问题。

2. 智能投顾的算法之殇

智能投顾作为科技与金融结合的产物，它依托互联网、大数据、人工智能而存在。它不仅面临着互联网金融的技术风险，如病毒入侵、网络异常、交易延迟等技术风险，同时还面临着智能投顾特有的风险，如算法透明度不高、算法歧视、数据风险等。从美国“5·6闪电崩盘”、“骑士资本覆灭”和我国“8·16光大证券事件”等诸多风险事件来看，依靠互联网技术交易的智能投顾的技术风险不可小觑；2015年“股灾”中，伊世顿公司利用研发一套高频程序化交易软件，远程操控、管理伊世顿账户组的交易，操纵我国股指期货市场，获利颇丰，[①] 智能

① 王昊魁：《上海公安机关破获特大操纵期货市场犯罪案件》，载《光明日报》2015年1月2日。

投顾成为其违法犯罪的工具，因此，迫切需要监管方式和手段的创新，以应对金融科技升级的挑战。

（1）算法专业性对传统监管手段和监管人才的挑战

算法是智能投顾的核心，它决定着智能投顾的行为。算法的专业性和大数据分析为监管部门对智能投顾的监管设置了较高的技术壁垒，容易造成暗箱操作。高技术壁垒使得智能投顾的风险更具有隐蔽性、突发性，增加了监管难度和监管套利的空间。算法歧视、算法错误均会给投资者带来巨大损失。而算法一般深深打下设计者与执行者的利益和价值取向的烙印，如何对智能投顾从研发到应用各个环节进行监管，无疑是对监管水平的一次挑战。

（2）决策集中性造成的“一致行动人”风险

按照我国《上市公司收购管理办法》第83条规定，投资者通过协议、其他安排与其他投资者共同扩大其所能够支配的一个上市公司股份表决权数量的行为或事实，在证券监管中被定义为“一致行动”，相关投资者彼此之间构成一致行动人。① 智能投顾造成市场投资的“羊群效应”，其原因有三：第一，优秀的智能投顾应用可能同时受雇于多家机构，从而使得独立、无关联的账户具备了统一的操作逻辑，易形成交易风险。第二，智能投顾的最终目标是赢利，不同智能投顾算法模型虽然在实现上有所差异，但也极有可能出现投资标的相同，投资领域重合的情况。② 若发生智能投顾集体撤资状况，无疑会造成严重的系统性风险。第三，由于用户个性化信息采集过程的局限性和信息量的限制，智能投顾采集的信息可能具有一定程度上的趋同性。因而智能投顾的信息输出也有可能存在一致性。

（3）算法的非透明性与监管信息披露的冲突

大数据时代，算法可以代替人类思考并作出决策。算法本身是由设计者设计得出，其中是否掺入设计者个人情感不得而知。因此如何监控智能投顾决策过程，成为非常棘手的问题。一方面，算法被认为是提供智能投顾服务的核心机密，涉及知识产权保护；另一方面，我国相关监管法规要求信息公开透明。智能投顾提供的投资建议的合理性高度依赖于算法的科学性和稳健性。如果算

① 李文莉、杨玥捷：《智能投顾的法律风险及监管建议》，载《法学》2017年第8期。

② 胡章灿、傅佳伟：《智能投顾行业发展现状及监管》，载《金融纵横》2017年第12期。

法的理论假设与现实情况偏差较大，或者算法本身存在内在缺陷，其提出的投资建议将给客户带来许多风险隐患，甚至导致客户遭受巨大损失。[①] 智能投顾算法的专业性、虚拟性、复杂性与投资者之间产生的信息不对称，也使得智能投顾平台极易产生利益输送的风险。

3. 投资者或金融消费者保护面临的新问题

智能投顾一方面为普通投资者或金融消费者进入金融市场，获取高质量的金融服务提供了便利，另一方面也为投资者保护带来了新的课题，主要表现在以下几个方面：

（1）相关主体的责任承担问题

我国《证券投资顾问业务暂行规定》第七条规定，投资顾问应当具有证券投资咨询执业资格，并在中国证券业协会注册登记。智能投顾是大数据分析和算法科技等合成的人工智能，属于“机器人”范畴，其职能是自动向客户提供证券投资顾问和资产管理服务，因而按照法律规定应当具有证券投资咨询的执业资格。但是是否赋予机器人主体资格，目前学界上存在较大争议。就目前中国智能投顾的发展现状而言，智能投顾还未发展到完全智能的阶段，多数还是“人工 + 智能”的半人工智能阶段。但智能投顾主体资格是否合法是智能投顾发展过程中必须要解决的问题。智能投顾的引入，使得证券投资账户的实际控制人发生改变。智能投顾服务的提供商，智能投顾的生产商、销售商以及智能投顾本身，每个主体环节都可能出现无法预知的风险，加上相关信息不透明，一旦出现问题，容易造成权责不明，相关主体互相推卸责任。

（2）智能投顾的适当性义务履行问题

投资顾问中的适当性义务是指投资顾问在为投资者进行投资咨询和资产配置时需要符合投资者的投资意愿，并且符合投资者的风险承受能力。智能投顾通常通过投资者风险承受能力评估问卷获取投资者画像。虽然这种方式可以对投资者的财务状况、投资知识、投资经验等信息进行一定的了解，但是由于途径单一，千篇一律，无法进行深入的尽职调查，无法完全履行监管制度所要求的投资者适当性义务，容易产生其推荐产品及其投资建议与投资者自身状况和愿望发生偏离，不相匹配，从而给投资者造成损失、发生争议的风险。

---

① 李苗苗、王亮：《智能投顾：优势、障碍与破解对策》，载《南方金融》2017 年第 12 期。

(3) 知情权与隐私权保护问题

信息数据的采集和处理是金融的核心，是金融资源配置的基础。智能投顾服务依托互联网、人工智能和大数据，进行信息的处理，数据模型的构建。智能投顾收集的信息保存和处理涉及投资者隐私保护，如果管理不善造成数据泄露或是黑客攻击造成数据泄露，会极大损害投资者权益。同时，算法的模糊性和专业性，影响了投资者的知情权保护。《网络安全法》明确规定“谁收集，谁负责”“不得非法出售公民个人信息”。目前智能投顾主要基于系统内部数据，尚未涉及外部数据。但是随着发展的需要，拓展外部数据将成为必要之举。[①] 因此数据的精准性、安全性，避免相关数据信息不当使用，不仅关乎投资者隐私权的保护，还关乎金融风险的防控。

造成上述问题，既有体制的原因，也有法律和技术滞后的原因。第一，智能投顾作为一种新型金融科技产物，是对传统金融模式的重塑，依据现有法律，对其定位模糊，相关主体权利与义务不清。第二，对智能投顾的监管缺失明确的法律依据。一般来说，人工智能法律系统的发展依赖于两种动力源：一是“法律事件自身的要求”，二是“人工智能发展的需要”。[②] 法律是人的有限理性的产物，因而法律本身具有局限性。法律一般总是滞后于科技的发展步伐。智能投顾冲击了既有的商业模式、交易方式和权益关系，深刻地改变和塑造着人们投资理财的方式和价值观，这无疑会给既往的规则体系带来严峻的考验。第三，传统的监管手段与方式与智能投顾的科技化、专业化不相匹配，金融监管科技水平有待提高。第四，我国现有金融机构监管体制与智能投顾跨区域、跨市场交易特征不相匹配，容易形成监管漏洞。

三、完善我国智能投顾监管制度的建议

针对上述问题，要创新监管理念，制定监管规则，完善监管手段，强化对投资者的保护，具体从以下几个方面入手：

---

① 何飞、唐建伟：《商业银行智能投顾的发展现状与对策建议》，载《银行家》2017年第11期。

② 张保生：《人工智能法律系统的法理学思考》，载《法学评论》2001年第5期。

（一）创新监管理念

1. 树立协同监管理念

根据国务院机构改革方案，银监会与保监会合并，组建中国银行保险监督管理委员会，形成我国“一委（金融稳定发展委员会）一行（中国人民银行）两会（银保监会和证监会）”监管格局，但我国金融业分业经营、分业管理的整体格局仍没有彻底改变。《关于规范金融机构资产管理业务的指导意见》审议通过，意味着大资管时代拉开帷幕。智能投顾作为资产管理的重要工具，应适应这种时代要求，建立统一监管标准，要求各个监管机构之间建立监管的协同机制。针对智能投顾跨领域、跨地域交易的特征，应当发挥监管协调机制，建立统一监管信息交流平台，实行统一监管政策。同时，智能投顾发展也需要国际合作与协调。人工智能时代的社会风险具有全球性。2016 年 3 月 16 日，金融稳定理事会在日本召开第 16 届全会，首次正式讨论了金融科技的系统性风险与全球监管问题，使得金融科技的监管正式迈入全球协调协作的新阶段。① 因而，智能投顾的监管不仅需要国内监管协同机制，也需要国际监管的协调机制，应对其全球化的风险。

2. 树立穿透式监管理念

随着金融业综合经营和金融创新的快速发展，跨行业、跨市场的交叉性产品不断涌现，资产管理业务资金来源不清晰，底层资产不透明，导致实际风险不断聚集，实行穿透式监管对于统一监管标准、消除监管套利和防范系统性风险尤为重要。“穿透式”监管要求不仅要“穿透”资产管理的资金来源，也应“穿透”覆盖在底层资产上的各种“影子”，从而最大限度防范资产管理业务运行风险，促进金融市场稳健运行。因此，建议将智能投顾业务尽快纳入资产监管体系，根据其业务实质，把资金来源、中间环节与最终投向穿透连接起来，综合全流程信息来判断其业务性质，对智能投顾业务各个环节予以规制，实现监管全覆盖。

3. 确立相对安全理念②

对智能投顾业监管应以防范风险、安全第一作为基本原则，但是并非安全

① 杨松、张永亮：《金融科技监管的路径转换与中国选择》，载《法学》2017 年第 8 期。
② 邢会强：《相对安全理念下规范互联网金融的法律模式与路径》，载《法学》2017 年第 12 期。

唯一原则。通过控制进程型路径来规避风险的做法在我国很常见。当一种新兴业态出现时，无论是政府还是社会各界都对它保持乐观并寄予厚望。因而缺乏对风险的必要判断和预防，疏于制度建设。一旦该行业出现较有影响力的个案时，往往会刮一场监管风暴，按下整个行业的暂停键，给整个行业进行“体检”。[①] 控制进程型路径的发展逻辑是先发展后规范，再集中整治。这样不仅浪费了社会资源，损失了大众财富，也使金融风险逐渐累积。智能投顾作为新生事物，社会对其发展应有一定容忍度，对风险要有全面的认识，守住不发生系统性金融风险的底线。在此前提下，采取包容审慎监管态度，适当允许试错探索，在安全和效率之间取得平衡，才能促进智能投顾业健康稳定发展。

（二）制定监管规则

1. 明确市场准入条件

虽然智能投资顾问服务属于金融创新模式，但就业务实质而言仍旧属于投资顾问服务，与传统的投资顾问服务有一定重合部分。[②] 提供智能投资顾问服务的平台应当按照《证券投资顾问业务暂行规定》等相关监管文件的要求，在人员准入资格、平台基础设施等内容上符合现行法律之规定。但智能投顾毕竟不同于传统投顾，对开展投顾业务的人员素质和技术条件有更高的要求。2017 年 11 月，央行等五部门下发了《关于规范金融机构资产管理业务的指导意见（征求意见稿）》，要求开展智能投顾业务需要获得金融监管部门许可。因此，建议恢复牌照核发同时，明确智能投顾服务提供主体的适格条件，向适格主体颁发牌照，清理整顿一批不合资质的投顾机构及其平台，维护投顾市场秩序。同时适当鼓励智能投顾平台与持牌金融机构开展合作。[③] 推动具有技术优势的平台与持有券商、证券投资咨询、基金销售公司的金融机构开展业务合作。对设立智能投顾平台市场准入实行内资、外资统一监管标准，扩大智能投顾业务对外开放的力度，提升我国智能投顾业务的水平和竞争力。

2. 实现对智能投顾业务类型化监管

从智能投顾业务内容及其目的功能来看，其本质是资产管理的一种工具，

---

① 邢会强：《相对安全理念下规范互联网金融的法律模式与路径》，载《法学》2017 年第 12 期。

② 吴磊：《智能投资顾问的运行风险与监管对策》，载《时代金融》2016 年第 30 期。

③ 李苗苗、王亮：《智能投顾：优势、障碍与破解对策》，载《南方金融》2017 年第 12 期。

与资产管理密不可分。按照我国有关规定，投顾业务与资产管理业务是分割的，分别进行管理，投顾业务只能提供投资建议，不能接受客户的全权委托。因此，目前法律环境下，建议将智能投顾业务机构分为专业智能投顾机构和兼业智能投顾机构。专业智能投顾机构应专守提供投顾服务的底线，不得染指资产管理业务范围，通过为有资产管理资质的金融机构提供服务产品生存发展，不能独立开展理财业务。对一些开展理财业务的大型金融业务可以允许申请智能投顾业务资质，但限制在本机构内开展相应的业务，不得对外开展相关业务。考虑在未来在相关法律（如《证券法》）修订的情况下，确认全权委托业务的合法性，因为机器将代替人工完成整条投资顾问价值链，而采用全权委托方式是绕不开的关键一环。如若不然，所谓智能投顾将被局限在荐股的初级形态，成为“伪智能”。①借鉴美国、韩国和我国台湾地区等国家和地区均不同程度地允许投资顾问和券商为客户提供全权资产管理服务的经验，可以允许适格的智能投顾机构取得资产管理业务资质，开展理财服务。

3. 强化对智能投顾算法的审查和管理

智能投顾作为人工智能的一种，其核心是算法（即软件），算法服务于设计者植入其中的目的，算法决定着智能投顾的行为和效果。因此，应将智能投顾的研发、销售和使用纳入法治的轨道，制定相关规则来约束算法设计者的行为，在发生可疑后果的时候，要求程序员用自然语言来解释算法的设计原理，并追究其相关责任。②同时要建立设计者、销售者和使用者对相关损失的责任承担机制。按照国务院在《新一代人工智能发展规划》中提出“建立人工智能法律法规、伦理规范和政策体系，形成人工智能安全评估和管控能力”的要求，强化对智能投顾的算法管理，对算法的系统设计、开发、运用建立必要的行业标准；对智能投顾的算法可靠性、安全性进行评估，同时也要加强对智能投顾算法的知识产权保护力度。

（三）完善监管手段

1. 提高对智能投顾的监管科技水平

监管科技是指信息科技在监管领域的应用。国际金融协会将监管科技定位

① 李文莉、杨玥捷：《智能投顾的法律风险及监管建议》，载《法学》2017 年第 8 期。

② 郑戈：《人工智能与法律的未来》，载《探索与争鸣》2017 年第 10 期。

为“有助于高效达成监管、合规要求”的一类技术创新。[①] 第一，加强监管科技方面的能力建设，引进科技人才，不仅应鼓励国内金融科技的技术合作，而且要加强监管科技的国际合作和交流，提高监管科技的研发能力。第二，达成数字化监管协议。金融监管体制改革的方向是量化和数字化，本质上是以数据驱动的，而监管科技也必须依赖高质量的数据和强大的计算能力才能进行解释、建模分析与预测。建立数字化监管协议，让政策、规定和要求能够实现“机器可读”，才能大大减少人工工作量，扩大云计算、大数据和AI工具的应用领域，这对监管来说是个挑战。[②] 第三，引入第三方独立评级机构，对智能投顾服务水平进行风险评级，运用科技手段，加强风险监测预警工作，防患于未然。

2. 对“一致行动人”实行穿透式监管

针对智能投顾行为容易造成“一致行动人”风险的现象，建议监管机构制定特定信息披露机制，通过细化相关监管规则和纵深审查，实现穿透监管。同时要求智能投顾机构对同一家上市公司股票投资建议达到举牌预警线（5%）时，要对监管机构履行备案手续。

（四）强化对投资者的监管

1. 履行对投资者适当性保护义务

根据监管机构对不同资管产品的要求，结合智能投顾特点，要求其履行投资者适当性义务，完善尽职调查程序，将合适产品推荐给合适的投资者，保证其投资建议与投资者的风险承受能力和投资意愿相匹配。要制定符合智能投顾特点的投资者适当性的行业标准和规则，科学合理地设计调查问卷，丰富相关内容。不仅要了解投资者的年龄、投资者的经验等，还要了解投资者的投资周期、流动性需求，增加相关知识测验，尽可能准确评估投资者的风险容忍度，并根据投资者情况的变化，实时调整其风险容忍度。智能投顾平台不能单纯依靠线上了解客户，必要时采取线上与线下相结合的方式，深入调查投资者资信，客观判断投资者的风险承受能力，为投资者提供合适的金融商品。

---

① 伍旭川、刘学：《金融科技的监管方向》，载《中国金融》2017第5期。

② 杨宇焰：《金融监管科技的实践探索、未来展望与政策建议》，载《西南金融》2017年第11期。

2. 完善投资者的信息保护机制

为保护投资者个人隐私和相关信息，监管机构要督促智能投顾服务的提供机构建立严格的投资者信息保密制度，并采用相应的技术保障措施，防止投资者信息泄露或者不当使用，侵犯投资者的权益。同时，对因智能投顾行为造成投资者信息泄露的相关责任人员予以严惩。

总之，智能投顾的出现对我国现有的金融监管制度提出了挑战，需要从人工智能与法律互动关系的角度，审视我国现存监管制度存在的问题，与时俱进，不断完善我国相关监管制度，不断提高监管科技水平，才能保证金融发展与金融安全得到有机统一。

金融科技背景下智能投顾投资者保护机制研究*

侯凌霄**

【内容提要】智能投顾是金融科技的代表性产物，其出现打破了现有投资顾问行业的生态平衡。投资者保护视域下，智能投顾与传统人工投资顾问具有显著差异。其目标客户为普通个人投资者，业务模式下人工智能直接向投资者提供服务，投资建议的适当性程度有限。现行法律确立的智能投顾投资者保护制度未充分厘清智能投顾的特殊性，缺乏完善的投资者适当性安排，忽视对智能投顾的算法监管，加重了智能投顾平台投资者保护义务。建议通过对投资者进行分级并设置投资限额完善投资者适当性制度，加强对智能投顾算法的监管，减轻智能投顾平台投资者保护的一般性义务，并根据其特点设计投资者保护的特殊义务。

【关键词】智能投顾　投资者保护　金融科技　投资顾问

---

* 【基金项目】：国家社科基金重点项目“互联网融资法律制度创新构建研究”（15AFX020），浙江省哲学社会科学规划优势学科重大项目“民间金融市场治理的法律制度构建及完善研究”（14YSXK01ZD）。

** 浙江大学光华法学院金融法博士生。

一、引言

随着云计算、大数据、区块链与人工智能等信息技术广泛运用于金融领域，金融科技的概念迅速兴起。智能投顾（Robot - Adviser）是金融科技最具代表性的产物之一，自 2008 年诞生至今，① 已经对金融投资顾问领域产生了广泛而深刻的影响。根据 2017 年 2 月美国证监会（U. S. Securities and Exchange Commission，以下简称 SEC）投资管理部门针对智能投顾发布的指引，智能投顾是指使用创新技术，基于线上算法基础程序，向客户提供可自由支配的资产管理服务的注册投资顾问。客户将个人信息等数据输入交互数据平台，智能投顾基于这些信息生成客户资产管理组合方案，并对客户账户进行管理。②

我国智能投顾起步于2014 年，发展至今已经有二十多家平台。相较于传统投资顾问，智能投顾价格低廉，操作简单，服务目标群体为收入水平较低、风险承担能力较弱，没有能力支付高昂人工投顾服务费的个人投资者。部分智能投顾平台除了进行投资建议，还提供后续资产管理服务，投资顾问业务与资产管理业务混同。③ 智能投顾的复杂程度高，投资风险大，平台与投资者地位不对等。在缺乏具体完善的法律规制情况下，智能投顾平台良莠不齐，无序化经营

---

① ［美］保罗·西罗尼：《金融科技创新》，马睿、汪吕杰译，中信出版社 2017 年版，第 35 页。

② SEC Division of Investment Management: Guidance Update, February 2017. https: //www. sec. gov/files/2017 - 03/im - guidance - 2017 - 02. pdf，最后访问时间：2018 年 4 月 11 日。

③ 在我国分业监管体制下，证券投资顾问业务与资产管理业务分离，前者由证监会监管，后者根据资产管理的具体类型由相应主管部门监管，二者适用不同业务规则。中国人民银行、银监会、证监会、保监会、外汇局 2017 年 11 月发布，2018 年 3 月 28 日通过的《关于规范金融机构资产管理业务的指导意见（征求意见稿）》（以下简称《资管意见》）明确金融机构可以运用智能投顾开展资产管理业务，从事资产管理业务须经批准，并取得相应投资顾问资质。这一规定实质上打破了《中华人民共和国证券法》（以下简称《证券法》）第一百七十一条确立的投资咨询机构及其人员从事证券服务不得代理委托人从事证券投资的规定。现行《证券法》基本框架于 2005 年确立，其中部分规定已经难以适应现实发展的需求。2015 年 4 月 20 日版的《中华人民共和国证券法（修订草案）》将证券投资咨询作为证券经营业务，取消了“不得代理委托人从事证券投资”的禁止性规定。因此，本文不再讨论智能投顾平台同时从事投资顾问业务和资产管理业务的合法性问题，仅对该模式下的投资者保护问题进行研究。

现象严重，[①] 投资者合法权利难以得到保障。市场失灵需要公权力进行干预矫正，投资者保护始终是证券法的核心之一。研究分析智能投顾投资者保护机制对于维护投资者信心，促进智能投顾行业发展，稳定资本市场十分关键。

二、投资者保护视域下智能投顾与传统投顾的实质区别

在投资顾问业务中，投资者基于对投资顾问信息获取能力、专业知识和投资技能的信赖，选择与其缔结合约，自行承担投资风险。在履约过程中，投资顾问有能力利用自身信息、知识等方面的优势控制投资者，获取不正当利益。受损的投资者谈判能力弱，自我救济成本高，双方地位实质不平等。因此，投资者保护是证券投资顾问法律制度的重点，现行法对于投资者保护也已有较为系统、明确的规定。如果智能投顾仅作为人工投顾的辅助工具，以传统投顾为业务模板的现行规则足以解决智能投顾投资者保护问题。然而，智能投顾与传统证券投资顾问具有实质性区别，二者在投资者群体、投资建议适当性程度以及对投资者的影响力等方面具有显著不同。只有通过比较分析智能投顾与传统投顾的实质性不同，明确智能投顾的特殊性，才能评估现有投资者保护机制的不足，并针对性地予以完善。

（一）投资者群体发生显著变化

智能投顾转变了传统投顾以净资产、年收入较高的客户为目标群体的运营模式，低廉的价格与简便的手续大幅降低了交易成本。投资者综合实力降低，数量增多，证券投顾领域的投资者构成发生了质的转变。智能投顾剔除了传统投顾中人的因素，成本显著下降，服务费率和最低投资额也相应下降，投资者准入门槛降低。以美国投资顾问行业为例，传统投顾的管理费用普遍大于投资资产的1%，投资门槛在100万～1000万美元；而智能投顾管理费仅为0%～

---

① 有学者对于国内上线的二十多家智能投顾平台进行了测评，认为真正符合智能投顾理念且正常运行的平台寥寥无几。如广发证券贝塔牛只能提供投资建议服务，范围限于广发证券客户；弥财和投米RA只涉及国外证券开户和海外基金交易。胜算在握提供智能投顾组合信息，实质上属于信息中介平台。钱景作为基金销售公司，没有投资顾问和资产管理牌照，具有合规风险。金贝塔提供人工跟投投资组合建议，与智能投顾原理无关。还有部分平台打着智能投顾旗号推销自己的理财产品。参见李晴：《互联网证券智能化方向：智能投顾的法律关系、风险与监管》，载《上海金融》2016年第11期。

5%；投资门槛为0～10万美元不等。[①] 智能投顾没有传统投顾的一系列烦琐前置交易程序，通过手机App提供服务，页面设计简明，操作方便，即使从未有过投资经验的客户也可以快速完成账号注册、协议签订等一系列交易前置程序。

投资门槛的降低以及操作的便利化，使得投资顾问行业内的投资者群体发生了两方面变化。第一，投资者综合实力变低。费用的降低打破了传统投顾自然形成的投资者门槛，原先无能力聘请人工投资顾问的普通投资者也成了智能投顾的客户。在资金实力、风险承受能力、专业知识与技能、与投顾平台实力不对等性等方面，这些普通投资者都处于更加弱势的地位。第二，投资者数量增多。投资者门槛的降低使得可使用智能投顾的投资者数量显著增加。并且，由于单个投资者服务费用低廉，智能投顾平台只有向尽可能多的投资者提供服务才能赢利。因此，平台会通过广告宣传、提供优惠等一系列手段吸引更多投资者。

（二）人工智能直接向投资者提供服务

在智能投顾服务中，投资者不再与人工投顾进行面对面的交流，而是由以算法为核心的人工智能软件对数据进行处理，输出投资建议。智能投顾服务模式下的人类投资顾问被人工智能替代，对投资者带来以下三方面影响。第一，投资者可以得到更加理性的投资建议。前提是智能投顾经妥善设计，将投资者利益放在首位，克服非理性化、偏见性等人为因素。第二，投资者难以判断智能投顾的“适格性”。传统投资顾问业务中，从业人员可以向投资者出具资质证书证明自己提供投资顾问服务的适格性。然而对于从业人员的资质考察难以适用于人工智能，运营机构与开发机构的资质也不能保证智能投顾本身具备相应能力。必须对人工智能背后的算法进行分析，考量计算机能否拥有证券咨询师职能背后的资质要求。[②] 第三，对于投资者最终投资决策的影响下降。相比于机器人，投资者更愿意与人类建立信任关系。人工投资顾问可以通过沟通交流，干预投资者的最终决策。而智能投顾更多的时候仅仅执行投资者的指令，缺乏

① 周伟、张健、梁国忠：《金融科技：重构未来金融生态》，中信出版社2017年版，第201～203页。

② 陈熔：《金融科技的金融法适应性研究——以智能理财的理财资质探讨为例》，载《西部金融》2017年第9期。

循序引导和说服投资者的过程。投资者处于最终投资决定的支配地位显著，回归了证券投资顾问业务辅助投资者进行投资决策的本质。

（三）投资建议适当性程度降低

技术的局限性以及服务定位使得智能投顾难以提供与人工证券投顾同等水平的适当性投资建议。秉承忠实客户利益原则，证券投资顾问应根据客户实际情况提供适当的投资建议。这种适当性投资建议存在的基础，是投资顾问与投资者的反复沟通与商讨。因此传统投资顾问投资者保护制度，重点关注投资建议的适当性监管，并对投资顾问个人的业务水平与职业道德有较高要求。然而，一方面，智能投顾的运行原理完全不同于人工投顾，智能投顾技术具有局限性。第一，智能投顾仅通过客户在系统中填写的问卷完成了解客户环节，对于投资者实际的投资能力与投资偏好缺乏进一步的核实。基于大数据与单一算法模型的智能投顾，仅能依托其有限的数据库向投资者提供投资建议，这种建议无法充分考虑投资者的个人特殊诉求，难以达到足够的个性化程度。第二，投资者与智能投顾缺乏沟通渠道，智能投顾难以及时跟进投资者的实时诉求，继而无法根据客户动态变化提供相应的适当投资建议。另一方面，智能投顾的定位为普惠金融产品，以低成本服务大量的投资者。在这种定位下，智能投顾需要尽可能地减少对每个客户识别分类、提供建议的时间，低廉的收费也使得平台没有动力充分调查用户信息的真实性、准确性。

三、智能投顾投资者保护现有制度不足

现行法对于投资顾问投资者保护的规定主要包括《证券法》、《证券、期货投资咨询管理暂行办法》（以下简称《证券期货咨询办法》）、《证券投资顾问业务暂行规定》（以下简称《投顾规定》）、《关于加强对利用“荐股软件”从事证券投资咨询业务监管的暂行规定》（以下简称《荐股软件规定》）等。其中，《投顾规定》和《荐股软件规定》涉及了具备证券投资咨询服务功能的软件工具等类智能投顾。此外，《资管意见》对智能投顾开展资产管理业务进行了特别规定。依据现行规定，开展智能投顾业务除了遵循证券投资顾问投资者保护的一般性规定外，还需披露软件工作原理与信息来源，提示软件缺陷与风险，并客观说明软件工具、终端设备的功能。总体而言，我国现有智能投顾投资者保护

制度的特点如下：（1）在原有投资顾问和资产管理投资者保护制度基础上增加特殊义务；（2）强调从业主体须取得相应资质；（3）重视信息披露以及风险提示。由于并未充分厘清智能投顾与人工证券投资顾问的本质差别，我国智能投顾投资者保护现行制度存在投资者适当性制度不够完善、算法监管规则不足以及智能投顾投资者保护义务过重等问题。

（一）投资者适当性制度不够完善

投资者适当性制度是投资者权益保护的基石，[①] 在以信赖为基础的证券投资顾问业务中尤为重要。智能投顾投资者群体的变化，使得现有投资者适当性制度难以实现投资者保护目的。《投顾规定》和《荐股软件规定》要求服务提供者根据投资者自身情况提供适当的投资建议，《荐股软件规定》进一步要求对荐股软件进行分级，[②] 但这些规定过于原则化。《资管意见》根据是否可投资私募产品，将投资者分级为合格投资者和普通投资者。这种分类标准以投资标的为依据，不能解决智能投顾投资者保护问题。在缺乏强制性规定的情况下，智能投顾运营者无动力据此为使用智能投顾的普通投资者进行特别保护。

第一，缺乏投资者分级机制。对投资者进行分类，是开展投资者适当性管理的前提。[③] 智能投顾的出现使得证券投资顾问领域的投资者分化为有能力聘请人工投资顾问的投资者和无能力聘请人工投资顾问但有能力支付智能投顾费用的普通投资者，二者具有显著差异。在人工投资顾问时代，高昂的咨询收费标准过滤掉大批普通投资者，投资最低标准无形中设置了投资者准入门槛。智能投顾的出现打破了原有的门槛限制，大批普通投资者涌入。此时，原有的市场化投资者分类标准失灵，需要法律介入对投资者进行分级管理，以保障使用智能投顾的投资者承担与自身能力相适应的风险。

---

① 徐阳、尹苑生、张艳峰：《法律视角下投资者适当性研究——国外经验及借鉴》，载《金融理论与实践》2018 年第 2 期。

② 《投顾规定》第十五条规定："证券投资顾问应当根据了解的客户情况，在评估客户风险承受能力和服务需求的基础上，向客户提供适当的投资建议服务"。《荐股软件规定》第四条第三款规定："遵循客户适当性原则，制定了解客户的制度和流程，对'荐股软件'产品进行分类分级，并向客户揭示产品的特点及风险，将合适的产品销售给适当的客户。"

③ 丁鲁、王露爽、冯东阳：《监管改革视野下投资者适当性制度浅析——兼论金融投资者保护》，载《西南金融》2017 年第 11 期。

第二，缺乏其他途径弥补投资建议适当性程度的不足。人工证券投资顾问在费率较高的激励作用下，可以针对每个客户进行周密调查并提供持续建议。智能投顾的特殊性使得其所提供的建议适当性程度远低于人工证券投资顾问。投资建议适当性程度降低直接导致投资者使用智能投顾的风险提高，对于智能投顾的客户主体——缺乏风险承担能力、投资经验与专业知识的普通投资者而言，仅依据现行法进行信息披露、风险警示等并不能充分保障其权利。应在投资者分级的基础上，探寻其他途径完善投资者适当性制度。

（二）智能投顾算法监管规则不足

在证券投资顾问服务关系中，投资顾问利用在交易中的优势地位侵害投资者利益行为隐秘，成本较低，从克服人性弱点的角度考虑，证券投资顾问投资者保护机制重点关注投资顾问行为的规制，要求投顾机构与从业人员诚信、勤勉、审慎。然而智能投顾将传统投顾业务中人的因素剔除，投资顾问服务提供方式发生了质的改变。理论上来说，一个设计良好的智能投顾是适格的、诚信的，且仅会向投资者提供适当的产品建议。然而智能投顾的核心算法由智能投顾平台或软件销售机构设计，在研发过程中这些机构更倾向于设计有利于自身利益的算法，而非投资者利益。[①] 在此情况下，单纯强调对人的监管，对算法仅通过信息披露和风险提示来保护投资者是不够的。

智能投顾算法监管规则的不足主要体现在以下三方面。第一，智能投顾软件缺乏统一上线标准。现行法要求经营证券投资顾问业务的机构需要具备相应从业条件并经证监会许可，[②] 向客户提供证券投资顾问服务的人员，应当具有证券投资咨询执业资格，并在中国证券业协会注册登记为证券投资顾问。[③] 智能投

① See Tom Baker & Benedict Dellaert: "Regulating Robo Advice Across the Financial Services Industry", 103 Iowa Law Review, 712－750（2018）.

②《证券期货咨询办法》第六条规定了申请证券资讯从业资格的机构应当具备的条件："（一）分别从事证券或者期货投资咨询业务的机构，有五名以上取得证券、期货投资咨询从业资格的专职人员；同时从事证券和期货投资咨询业务的机构，有十名以上取得证券、期货投资咨询从业资格的专职人员；其高级管理人员中，至少有一名取得证券或者期货投资咨询从业资格；（二）有100万元人民币以上的注册资本；（三）有固定的业务场所和与业务相适应的通讯及其他信息传递设施；（四）有公司章程；（五）有健全的内部管理制度；（六）具备中国证监会要求的其他条件。"

③《投顾规定》第七条："向客户提供证券投资顾问服务的人员，应当具有证券投资咨询执业资格，并在中国证券业协会注册登记为证券投资顾问。证券投资顾问不得同时注册为证券分析师。"

顾服务中并没有向客户提供证券投资顾问的“人员”，人工作业被计算机算法替代。现行法去除了对于投顾人员资质的要求，仅保留对于从业机构须取得证券投资咨询业务资格的规定。然而证券投资顾问机构的准入规则主要包括是否具备合格从业人员、是否具有足够资金实力、是否具备完备基础设置以及公司章程和内部管理制度等，这些条件即使全部满足，也未必能保障从业机构设计以客户利益优先的软件。第二，智能投顾缺乏持续性算法监管规则。人工智能利用机器学习等技术，可以实现自我学习与升级。智能投顾平台也会根据发展与战略需要，对智能投顾进行维护与更新。缺乏持续性算法监管，可能会导致软件脱离监管，侵害投资者利益。第三，监管部门未充分利用监管科技对智能投顾进行监管与引导。监管科技是金融科技最适当的监管手段，既给予智能投顾等金融科技以充分发展空间，又能控制系统性风险。世界范围内均在积极探索监管科技，形成了如“监管沙盒”等的诸多成果。然而我国在监管科技领域并未取得瞩目成就，需要加快建设步伐。

忽视对算法的监管，纵容了软件开发人员通过算法设计侵害投资者利益并为自己牟取不法利益的行为。在劣币驱逐良币的原理下，本就良莠不齐的智能投顾行业将仅留存技术水平不高、依靠侵害投资者利益获利的伪智能投顾机构，进一步加剧了投资者使用智能投顾进行投资的风险。

（三）智能投顾投资者保护义务过重

我国现行法对类智能投顾设置了双重投资者保护义务，一是开展人工投资顾问业务需要履行的由《证券法》《证券期货咨询办法》《投顾规定》等规定的一般性投资者保护义务，二是《投顾规定》《荐股软件规定》等设置的特殊义务。智能投顾的业务本质与人工证券投顾相同，根据原有制度框架进行规制并无不妥。然而智能投顾在提供适当性投资建议能力以及对投资者最终决策的影响力等方面远低于人工投顾，要求智能投顾履行与人工投顾相当程度的投资者保护义务，过分加重了智能投顾的负担。

首先，智能投顾难以提供与人工证券投顾质量相当的投资咨询，并且对投资者的投资决策影响程度低于人工投顾，对其设置与人工投顾相当甚至更高的投资者保护义务不符合法律公平原则。法律不强人所难，科技发展状况与服务对象定位使得智能投顾提供投资建议的水平低于人工投顾，也难以承担人工投顾对于投资者所能承担的义务。智能投顾对于投资者的影响有限，智能投顾没有义务为投资者的自我决策行为设置保护措施。智能投顾平台应承担何种程度的投资者保护义务，在智能投顾发展较早的发达国家也存在较大争议。如 SEC 将智能投顾认定为从事咨询顾问业务，适用1940 年《投资顾问法案》（1940 Investment Advisers Act）。而美国金融业监管局（Financial Industry Regulatory Authority，FINRA）则认为，智能投顾没有能力像人类咨询师一样完成关键任务，因此对投资者不承担信义义务（Fiduciary Duty）。①

其次，设置过高程度的投资者保护义务不利于智能投顾的创新发展，最终损害投资者利益。高于智能投顾承受能力的投资者保护义务，会提高智能投顾平台的运营成本，带来负面效果如下：第一，经营成本的提高最终将通过服务费用与投资门槛的提高转嫁至投资者，智能投顾所起到的实现投资咨询与资产管理普惠化的作用将大打折扣。第二，部分难以承担这种成本的智能投顾平台，将被迫退出智能投顾行业，智能投顾行业整体竞争性下降。最终，投资者只能被迫接受市场上仅有的几家平台提供的不尽如人意的服务。

四、智能投顾投资者保护机制的构建完善建议

智能投顾与传统人工投顾相比，在目标客户群体、提供服务主体、投资建议适当性水平方面具有显著差异，现行投资顾问投资者保护法律制度欠缺完善的投资者适当性制度，算法监管规则不足，对智能投顾平台投资者保护义务过重。应当完善投资者适当性制度，对投资者进行分级并根据投资者实力设置投资限额。加强算法监管，设置智能投顾统一上线标准，对算法进行持续性监管，充分运用并发展监管科技。同时，降低智能投顾投资者保护一般性义务，并根据智能投顾特性设置投资者保护特殊机制。

（一）完善投资者适当性制度

首先，应当明确智能投顾投资者分类标准，按照是否有能力聘请人工投顾将投资者进行划分。监管机构可根据传统投顾业务中客户的最低净资产和年收

① See Bret E. Strzelczyk: "Rise of the Machines: The Legal Implications for Investor Protection with the Rise of Robot Advisors", 16 DePaul Business & Commercial Law Journal, pp. 50 – 58 (2017).

入为划分依据，设置弹性分类标准。智能投顾运营方根据投资者提供的资产状况、年收入、投资年限等信息，结合监管部门订立的标准对投资者予以划分。有能力聘请人工投顾的投资者为A类投资者，反之则为B类投资者。为了防止投资者提供与自身情况不相符合的信息，智能投顾在刻画投资者画像之前，应当充分告知投资者智能投顾提供的投资建议以投资者基本信息为基础，与投资者利益直接相关。此外，智能投顾运营方还应尽到基本的信息核查义务，对投资者的真实财务情况以及投资经验进行核实，比如通过要求投资者提供具体职业信息，对投资者进行基础投资知识测试等。如果客户对被归为B类投资者的结果有异议，可以向智能投顾运营机构提供证据证明自身资金实力与风险承担能力，运营机构经基本核查后可以将其列为A类投资者。

其次，对B类投资者设置投资限额。证券法强调通过信息披露保护投资者，然而仅仅依靠信息披露不足以保护使用智能投顾的B类投资者。一方面，智能投顾的定位决定不宜对其设置过重的信息披露义务；另一方面，B类投资者能力更弱，人工智能的引入使得智能投顾更加复杂，智能投顾平台与投资者的信息不对称性加剧。因此，需要通过其他途径弥补信息披露的不足。美国证券监管"滑动尺度"理论（Sliding Scale）提出，如果用一个替代措施能够保护投资者，那么就可以放宽披露要求。① 限额制度是弥补信息披露不足以保护投资者的重要替代手段，在给予普通投资者接受智能投顾服务机会的同时，又保证他们可能面对的损失在可承受的范围之内。一方面，智能投顾提供的投资建议适当性程度相对较低，普通投资者完全遵循智能投顾的输出结果投入大笔资金将面临较大风险。另一方面，依据投资者投资额度进行收费的智能投顾运营机构，为了获利可能会诱导客户投资超出其能力范围的金额。因此，监管机构应当按照B类投资者的净资产或年收入情况，统一规定科学合理的限额计算方式。如按照投资者净资产或年收入的比例设置限额标准，智能投顾仅能在该限额内提供投资建议或进行资产管理。

（二）完善智能投顾算法监管规则

科技在金融领域越发广泛而深入的运用使得监管者不得不从控制人类行为

① 徐鹏：《从JOBS法案中的众筹投资限额看投资者保护》，载《中南大学学报（社会科学版）》2016年第5期。

到监管自动化过程，[①] 对于以算法为核心的智能投顾，只有对算法进行充分监管与披露才能切实保障投资者利益。FINRA 在《数字化投资建议报告》（Report on Digital Investment Advice）中建立了算法监管的基本框架，具有借鉴价值。FINRA 将算法监管分为初期审查以及持续性审查。初期审查内容包括算法工具对于任务的实现是否适当，输入数据的理解，输出结果是否符合公司预期。持续性审查内容包括评估算法模型是否能够根据市场变化保持适当性，定期检测输出结果是否符合目的以及确定管理智能投顾的主体。此外，FINRA 还提出，算法测试应当由独立的第三方完成，公司应当向监管者说明智能投顾如何符合监管要求等。[②] 基于该报告与我国实际，提出智能投顾算法监管规则如下：

第一，由监管机构设置智能投顾统一上线标准。我国证券投资顾问资质的考察重点在于专业技能以及职业道德，对软件算法的监管也可从这两个角度出发，要求智能投顾算法有能力输出足够专业的投资建议，并且以客户利益为先。专业性方面，智能投顾运营机构需要向监管者说明算法的理论基础、数据处理方式与效果、风险防范机制等，证明智能投顾的适格性。忠实性方面，运营者需要提供其投资者画像刻画方法、利益冲突处理规则等，证明其具有最低标准的投资者保护措施安排。监管机构对申请上线主体的证明文件经初步核查，符合标准的予以备案。

第二，对于智能投顾算法进行持续性监管。审查内容主要包括算法模型根据特殊情景的应对能力、输出结果对于客户的适当性程度等。运营机构应每季度向监管者提供运营数据，说明算法在适格性、忠实性方面符合监管要求。如果对软件进行更新升级，应当在合理期限内将升级变动情况以及对投资者可能的影响向监管机构报备。此外，要求智能投顾平台明确内部负责人。该负责人应当具备金融与计算机知识背景，充分理解智能投顾算法运行原理，并能够向监管机构解释说明。

第三，金融监管部门也应考虑利用监管科技加强对智能投顾的算法监管。仅仅依靠智能投顾运营人提供算法合规证明，难以保证其真实性。一个不能全

---

① See Dirk A. Zetzsche & Ross P. Buckley & Janos N. Barberis, & Douglas W. Arner: Regulating a Revolution: 23 From Regulatory Sandboexes to Smart Regulation, Fordham Journal of Corporate and Financial Law, 31 –103 (2017).

② FINRA: Report on Digital Investment Advice, March 2016.

面了解智能投顾运行原理的监管者，也难以制定符合实际的监管措施。一方面，可以设立金融科技创新中心，由非营利性机构运营，负责测试智能投顾算法的运行状况并出具合规分析报告。另一方面，监管机构应当通过加强与金融科技公司的交流，加深对智能投顾算法的理解，继而更好地实现监管目标，保护投资者利益。

（三）降低智能投顾投资者保护一般性义务并补充特殊义务

基于智能投顾与人工投顾的显著差异，应当适度降低其投资者保护一般性义务，并针对智能投顾的特点，设计投资者保护特殊性义务。

首先，智能投顾平台仍须履行从事证券投资顾问业务所需履行的投资者保护义务，但仅承担不高于传统证券投顾的保护义务。智能投顾主要在适当性方面难以达到与人工投顾相当的水平，因此应适当降低对其投资建议适当性的要求。第一，在了解客户的环节，应降低智能投顾运营者对客户基本情况的审查义务。如果客户提供虚假个人信息，智能投顾未能识别并输出与客户实际不相匹配的投资建议，投资者按照该建议投资并遭受损失。在这种情况下，只要运营机构能够证明智能投顾具备基本严密的客户画像刻画算法，就不对投资者承担赔偿责任。第二，在持续性建议方面，降低智能投顾提供适当性投资建议的要求。当智能投顾未能根据客户自身状况与投资需求的变化及时转变投资策略，导致投资者损失时，如果运营人设计了定期回访机制，提示了投资者在发生情况变更时应及时告知平台，而投资者怠于提供相关信息，则应由投资者承担投资失败的风险。在市场情况发生变动，但智能投顾未能及时反映导致投资者受损时，运营人可通过证明其软件达到了智能投顾一般技术水平，当前技术水平条件下智能投顾不能根据市场情势作出及时、准确地反映，从而免除或减轻责任。

其次，应根据智能投顾的特点，设置特殊性投资者保护义务。第一，加强对智能投顾算法的披露。智能投顾运营者应当在其官方网站醒目位置设置信息披露专栏，除了履行现行法规定的一般性信息披露义务外，还应对其算法用通俗易懂的语言进行披露。披露内容包括：（1）理论模型；（2）算法基本原理；（3）算法数据来源；（4）算法缺陷与可能引起的风险等。第二，平台应当对投资者进行充分风险警示。智能投顾要确保投资者知晓根据投资者提供的个人信息输出的投资建议，投资者应当对此充分注意，发生变更及时向平台进行反馈。此外，平台还应充分提示智能投顾技术发展现状和局限，投资者应谨慎参考智能投顾建议。第三，与保险机构开展合作。为了防范软件系统崩溃带来的不可控风险，平台应当与保险机构合作为投资者办理保险。一旦出现大规模集体性损失，保险机构能够及时介入对投资者进行赔偿。

新加坡智能投顾监管和借鉴

李　晴*

【内容提要】新加坡监管者从智能投顾服务流程和商业模式出发，通过重新解读法律规范及时将其纳入现有监管框架；考虑智能投顾算法驱动、投资组合产品构成、投资组合再平衡、初创企业轻资产等特殊性，审查智能投顾适用于原有监管框架的“规制漏洞”和“合规障碍”，并以风险管控为逻辑主线，运用保障性个案豁免、义务合理扩张和提出修改法律规范的方式应对智能投顾带来的监管问题，有效指引了智能投顾营运者的准入路径和经营行为，有利于平衡金融创新和市场信心，对各国智能投顾的适度监管和有序发展具有重要借鉴意义。

【关键词】智能投顾　商业模式　风险治理　算法的治理和监督　监管科技

一、新加坡智能投顾监管

（一）新加坡智能投顾监管概况

新加坡智能投顾监管机构主要是新加坡金融管理局（Monetary Authority of

* 北方微电子股份有限公司法律部员工。

Singapore，MAS)，MAS 主要承担四方面角色：一是作为新加坡的中央银行，MAS 负责宏观经济监督。二是作为综合金融监管机构，MAS 负责监督新加坡包括银行、保险、资本市场中介机构、财务顾问和证券交易所在内的所有金融机构。三是作为零售投资者的教育者，MAS 负责对弱势零售投资者进行教育，保障投资者对金融市场的信任和信心。四是作为新加坡资本市场发展推动者，MAS 通过与其他政府机构和金融机构密切合作，确保新加坡金融业保持活力和竞争力，推动新加坡成为区域和国际金融中心。①

新加坡智能投顾监管框架由原有法律及规范性文件和 MAS 专门的咨询指引两个层次构成。

1. 原有法律及规范性文件

MAS 监管文件框架主要有两个层次。

第一层次是具有法律效力的法律及附属条例、指令（Directives）和公告（Notices)② 等。第一，智能投顾提供投资产品建议功能，适用于2018 年6 月5 日最新修订的《财务顾问法》（Financial Advisers Act，FAA）以及与 FAA 配套的2018 年7 月9 日最新修订的《财务顾问法实施条例》（Financial Advisers Regulation，以下简称 FAR)；2018 年最新修订的《关于投资产品的建议公告》（Notice On Recommendation On Investment Products，以下简称 FAA－N16）和《关于客户信息和产品信息披露的通知》(Notice on Information to Clients and Product Information Disclosure，以下简称 FAA－N03)③。FAA 及系列附属规范主要适用于财务顾问及其代表、豁免财务顾问和客户等相关主体的业务活动。第二，智能投顾的投资组合管理（基金管理）和投资交易执行功能，适用于资本市场类下的基金管理和证券交易相关规定，主要有2018 年6 月5 日最新修订的《证券和期货法案》(Securities and Futures Act，SFA）及2018 年7 月9 日最新修订的《证券和期货（许可和商业行为）条例》(Securities and Futures（Licensing and Conduct of Business）Regulations，以下简称 SFR（LCB)）和2018 年6 月9 日最新修订的《关于出售投资产

① http：//www. mas. gov. sg/About－MAS. aspx（last visited on Aug. 24，2018）.

② 公告主要是对特定类别的金融机构或个人施加具有法律约束力的要求。

③ http：//www. mas. gov. sg/Regulations－and－Financial－Stability/Regulations－Guidance－and－Licensing/Financial－Advisers/Notices/2013/Notice－on－Information－to－Clients－and－Product－Information－Disclosure. aspx（last visited on Aug. 24，2018）.

品的公告》（Notice on the Sale of Investment Products，以下简称 SFA 04－N12）等，SFA 及系列附属规范，适用于资本市场证券和期货交易、基金管理、证券交易执行、企业融资和提供信用评级服务等活动。①

第二层次是辅助适用文件，包括准则（Guidelines）②、守则（Codes）、实务说明（Practice Notes）和通函（Circulars）等。与智能投顾有关的辅助文件主要有 2018 年 7 月 9 日最新修订的《财务顾问执照授权准则》（Guideline on Criteria for the Grant of a Financial Adviser's License，以下简称《授权指南》）和 2013 年 2 月 20 日最新修订的《公平交易准则》（Guidelines on fair dealing）等。

2. 智能投顾的专门指引性文件

2017 年 6 月 7 日 MAS 发布《关于促进在新加坡提供数字咨询建议服务的咨询文件》（以下简称《咨询文件》），该文件旨在使在新加坡提供智能投顾服务的营运者在较为宽松的监管环境中运营，以完善其许可要求和商业行为要求。《咨询文件》主要从不同商业模式智能投顾的许可准入、日常运营中的算法监督和治理、董事会等高管层内控责任和建议的适当性等方面提出监管要求与期望，尽管该文件只是征求意见稿，但是其发布在一定程度上指引了新加坡智能投顾从业者的商业行为。

（二）新加坡智能投顾定义、流程和商业模式

《咨询文件》第 1.1 条定义数字咨询服务（Digital Advisory Services）是指通过算法自动提供投资产品③建议的服务。④ MAS 将数字咨询服务工具分为两类：第一类是财务专业人员为客户提供服务的辅助工具（“专业工具”）；第二类是客

---

① 以下是受本法规范的活动：（a）证券交易；（b）买卖期货合约；（c）杠杆式外汇交易；（d）为企业融资提供建议；（e）基金管理；（ea）房地产投资信托管理；（f）证券融资；（fa）提供信用评级服务；（g）为证券提供保管服务。

② 准则规定了管理特定机构或个人行为的原则或“最佳实践标准”。违反准则并非刑事犯罪，也不会引起民事处罚，但 MAS 鼓励特定机构或个人遵守准则。机构或个人遵守准则的程度可能会影响 MAS 对该机构或个人的整体风险评估。

③ 所谓“投资产品”是根据 SFA 第 2 条（1）界定的任何资本市场产品，包括任何证券、期货合约、为进行外汇交易而达成的合约或安排、以杠杆式外汇交易为目的的合约或安排，以及其他资本市场的产品；还包括任何人寿保险单和可能的其他产品。

④ Digital advisory services refers to the provision of advice on investment products using automated, algorithm－based tools.

户可以直接获得数字咨询服务的工具（“面向客户的工具”）。数字顾问即为第二种工具（以下称为“智能投顾”）①。

根据《咨询文件》第2.1条梳理智能投顾的服务流程，提炼智能投顾提供数字建议、投资组合管理和证券交易执行三大业务流程（如图1），第2.3条总结智能投顾三类业务或单独或组合的商业模式（如图1），根据具体运营模式将其分别纳入财务顾问、基金管理、执行证券交易领域的监管框架。

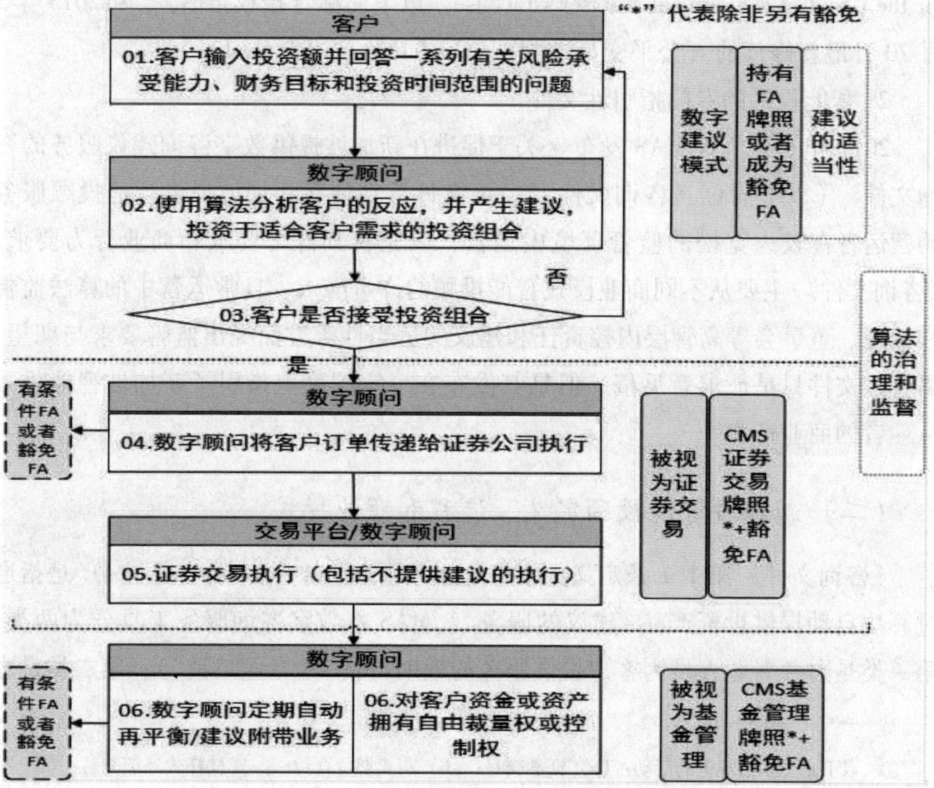

图1　《咨询文件》基于智能投顾流程分解出的许可准入及重点义务框架

（三）数字建议模式智能投顾准入、基本义务和特殊提案

1. 提供数字建议服务的准入——FA牌照或者豁免FA

提供产品投资建议的智能投顾营运者需要持有财务顾问（Financial Advisor）

① 以下如无指明，智能投顾均指第二种“面向客户的工具”。

牌照（以下简称 FA 牌照）或者成为豁免 FA。

第一，根据数字顾问定义，其提供的建议服务对象是投资产品，属于传统财务顾问业务范畴，[①] 根据 FAA6（1）规定，任何人不得在新加坡就任何财务咨询服务担任财务顾问[②]，除非他已获 FA 牌照或者根据 FAA23（1）（d）的规定，申请成为豁免财务顾问（以下简称"豁免 FA"）。如果违反前述规定则要承担罚款或者监禁的刑事责任，[③] 申请 FA 牌照的公司，需要符合最低组织能力要求、[④] 根据服务内容和产品不同需符合最低财务要求[⑤]以及不少于 50 万美元的专业赔偿保险要求（Professional Indemnity Insurance，PII）。[⑥]

第二，根据 FAA23（1）规定七类主体及其代表从事 FAA 下的财务顾问业务可被豁免为 FA 持牌的主体：①根据《银行法》（第 19 章）持牌的银行；②依据《新加坡金融管理局法》（第 186 章）被批准为金融机构的商业银行，并被批准经营财务顾问服务业务；③根据《保险法》（第 142 章）持牌的公司或商业合作社；④根据 SFA（第 289 章）持有资本市场服务牌照（Capital Markets Services License，以下简称 CMS）的主体；⑤根据《金融公司法》（第 108 章）第

① 所谓"财务顾问"是指提供财务咨询服务的人，所谓"财务咨询服务"有以下几类：①以电子、印刷或其他形式直接或者通过出版物、文字就任何投资产品向其他人提供咨询的服务，但不包括依据 SFA 为企业融资提供的建议。②以电子、印刷品或其他形式通过出版或发布研究分析报告或研究报告就任何投资产品向他人提供咨询的服务。③任何集体投资计划的销售服务。④除再保险契约外的人寿保险的合同安排服务。所谓"投资产品"是根据 SFA 第 2 条（1）界定的任何资本市场产品，包括任何证券、期货合约、为进行外汇交易而达成的合约或安排、以杠杆式外汇交易为目的的合约或安排，以及其他资本市场的产品；还包括任何人寿保险单和可能的其他产品。

② "财务顾问"是指提供财务咨询服务的人，所谓"财务咨询服务"有以下几类：①以电子、印刷或其他形式直接或者通过出版物、文字就任何投资产品向其他人提供咨询的服务，但不包括依据 SFA 为企业融资提供的建议。②以电子、印刷品或其他形式通过出版或发布研究分析报告或研究报告就任何投资产品向他人提供咨询的服务。③任何集体投资计划的销售服务。④除再保险契约外的人寿保险的合同安排服务。

③ FAA6（4）规定"任何人违反 FAA6（1）的规定，即属犯罪，一经定罪，可单处或并处罚款不超过 75,000 美元或不超过 3 年期限的监禁，如果仍不改，则每日或部分罚款不得超过 7,500 美元，直至改正为止。"

④ 《授权指南》第 7 条。

⑤ 《授权指南》8.1 根据建议的服务内容和提供产品不同分为三类，最低财务要求分别为实缴资本 15 万美元、30 万美元和 30 万美元。

⑥ FAR17 和《授权指南》8.2 专业赔偿保险：申请人必须拥有独立的非混合专业赔偿保险单，赔偿限额应不少于 50 万美元且允许的扣除额不超过申请人上一财政年度结束时资产净值的 20%。

25（2）条规定豁免从事财务顾问业务的金融公司；⑥证券交易所、期货交易所、认可的市场经营者或核准设立的控股公司，提供财务顾问服务纯粹是与其从事证券市场、期货市场或其作为核准控股公司经营业务而产生的附带行为（视情况而定）；⑦其他可能的主体。

2. 提供数字建议服务营运者基本义务

智能投顾作为财务顾问、豁免 FA 及其任命和委托代表的则需要遵守《财务顾问法》规定的基本义务和禁止行为。

（1）信息披露义务

FAA25（1）规定义务主体须向每名客户及潜在客户披露向该人推荐的与特定的投资产品有关的所有重要资料，主要为产品基本信息、费用信息、义务人在特定的投资产品中获得或者可能获得的利益以及该产品可能产生的风险等，[①] 持牌 FA 如果违反前述规定的即属犯罪，一经定罪可单处或并处不超过 2.5 万美元的罚款或不超过 12 个月的监禁。[②]

（2）不得做虚假或诱导性陈述

根据 FAA26 财务顾问不得作出虚假或者误导性陈述，[③] 如果违反，即使合约并未成立也属犯罪，一经定罪可单处或并处不超过 5 万美元的罚款或者不超过 12 个月的监禁。

（3）披露利益冲突

首先，FAA36 义务主体应使用清晰、简洁和可理解的语言向客户发出书面通知说明义务主体及关联人员在该证券中拥有的购买或者出售该证券的权益，包括因处置该证券而获得的任何直接或者间接的经济利益。其次，义务主体披露利益冲突信息的留痕文档需保存 5 年。任何持牌财务顾问违反前述规定即属犯罪，一经定罪，可处单处或并处不超过 2.5 美元的罚款或不超过 12 个月的监禁。

---

① 具体包括：①指定的投资产品的条款和条件；②指定的投资产品中获得或者可能获得的利益以及特定投资产品可能产生的风险；③指定的投资产品可能收取的额外费用、成本、开支、费用或其他收费；④指定的投资产品是集体投资计划部分的，需披露计划管理人的名称以及持牌 FA 与该管理人之间的关系；⑤指定的投资产品是人寿保险单，持牌 FA 需披露人寿保险单下的姓名，以及持牌财务顾问与保险人之间的关系；⑥MAS 可能规定的其他资料。

② FAA25（5）（a）

③ FAA26（1）

（4）提供合理建议的义务

FAA27（1）要求财务顾问[①]无论明示或者暗示，向客户提供的建议应有合理依据，并在第（2）款规定了该义务的“安全港”，即财务顾问提供的投资产品建议合理的调查和考虑了客户的相关投资目标、财务状况和特殊信息等情况，确保基于前述考虑和调查所产生的建议在所有情况下都是合理的。[②] 如果财务顾问违反为客户提供合理建议的义务，客户合理相信并依赖该建议采取或不采取特定行为而遭受损失或者财务顾问对此不作为会侵害客户可获得的其他任何补救措施的情况下，持牌财务顾问就有责任就该损失向客户支付损害赔偿金。[③]《咨询文件》4.1强调FAA第27条中适用于FA的提供合理建议的义务要求也同样适用于持有CMS牌照以及银行、商业银行、金融公司和保险公司等提供投资产品建议服务的豁免FA。

2018年7月6日最新修订的FAA－N16对该义务规定了更加具体的细节。财务顾问提供投资产品建议应当遵守知悉客户[④]（Know Your Client，KYC）、需求分析以及文件和记录保存这三大类要求。[⑤]

首先，KYC义务主要有三点要求：第一，合理了解客户基本信息。为了让财务顾问根据客户的目标、财务状况和特殊需要提出建议，财务顾问应采取合理措施收集并记录客户的以下信息：①客户的财务目标；②客户的风险承受能力；③客户的雇佣状况；④客户的财务状况，包括资产、负债、现金流量和收入；⑤客户的正常收入的来源和金额；⑥客户的财务承诺；⑦客户当前的投资组合，包括任何人寿保单；⑧投资金额是不是客户资产的重要部分；⑨任何关于人寿保险的建议，均需要考虑客户的家属人数以及每位受养人所需的经济援助的范围和持续时间。[⑥] 第二，动态了解客户信息。为了适应客户个人信息的动态性变化，财务顾问需要在交易时确认客户信息没有重大变化才可使用基于先前收集的信息而作出的建议，[⑦] 且至少每年或者在客户信息发生任何变化

① 根据FAA23（4）规定，FAA27也适用于豁免财务顾问、任命和临时委托的代表。

② FAA27（1）和（2）

③ FAA27（3）

④ 此部分要求所对应的客户仅包括自然人客户，FAA－N16第27A条。

⑤ FAA－N16第11条

⑥ FAA－N16第11条

⑦ FAA－N16第12条

时，更新客户的前述9类相关信息。[①] 为了确保客户理解所提供信息与建议之间的关系，财务顾问应以书面形式向客户强调客户提供的资料将成为建议的依据，且其提供的任何不准确或不完整的信息可能会影响该建议的适用性。[②] 第三，评估客户的投资经验和非上市投资产品等相关知识。财务顾问在评估中应以书面形式向客户强调，客户提供的任何不准确或不完整的信息可能会影响客户知识评估的结果。评估标准[③]应包括客户的学历[④]、相关资质（如CFA、ACCA）[⑤]、投资经验[⑥]和工作经验[⑦]，以前客户交易的投资产品类别和其在客户进行交易时的上市情况。[⑧] 如果客户没有上市投资经验，财务顾问应告知客户评估结果。[⑨]

其次，需求分析则要求为客户提供合适的产品，[⑩] 主要有三点：第一，体系和流程要求。财务顾问应建立客户个人信息分析和为其合理匹配适合投资产品的流程体系。在客户端需要考虑KYC要求并对其进行分析，产品端则需要考虑产品的性质、主要风险、投资期限、费用、流动性和其他特征。[⑪] 第二，匹配依据的披露要求。财务顾问在确定适合投资产品后，应向客户解释和披露其合理的匹配依据，并形成文件。[⑫] 第三，通知要求。如果财务顾问无法为客户确定合适的产品，应当通知客户。[⑬]

最后，文件和记录保存要求，主要有以下几点。第一，记录KYC流程和需

---

① FAA－N16第13条

② FAA－N16第14条

③ FAA－N16第17条

④ 客户是否拥有会计、精算、企业管理、商业管理、商业研究、资本市场、商业、经济、金融、金融工程、财务规划、计算金融和保险等方面的文凭或学历。

⑤ 例如通过美国CFA协会的特许金融分析师考试或者获得英国特许公认会计师公会（ACCA）资格。

⑥ ①客户在过去3年内，在集体投资计划（简称“CIS”）和投资相关保单（简称“ILP”）中至少交易3次；②客户在过去3年内，对于非上市（不包括CIS和ILP）的特定投资产品的交易至少6次；

⑦ ①过去10年内，客户在投资产品的开发、结构设计、管理、销售、交易、研究和分析或提供培训方面至少有3年的工作经验（包括相关领域的法律专业经验）。②会计、精算学、财务或财务风险管理活动方面的工作经验也被视为相关经验。

⑧ FAA－N16第17A条

⑨ FAA－N16第22条

⑩ FAA－N16第28条

⑪ FAA－N16第29条

⑫ FAA－N16第31条

⑬ FAA－N16第30条

求分析流程文档。包括客户对其个人投资目标等情况的陈述，财务顾问需求分析的合理基础；[①] 记录客户知识评估流程。第二，向客户提供 KYC 和需求分析文件。包括所搜集客户 9 类信息的资料摘要、[②] 集体投资计划或债券的招股章程或产品简介等[③]。第三，向客户提供的方式可以是文件、磁带、电话交谈记录等形式。[④]

3. “全自动智能投顾”特殊性——“个案豁免”适用部分 KYC 条款

“全自动型（无人类顾问干预）智能投顾”仅对传统 ETF 产品提供投资产品建议，具有风险较低的特点，MAS 准备在过渡期批准此类智能投顾营运者豁免适用在 FAA – N16 中 KYC 流程的部分条款，为其提供个案豁免（grant case – by – case exemptions）援助，但是需要有必要的保障措施。

第一，“全自动型”智能投顾营运者可申请豁免遵守 FAA – N16 第 11 条的 KYC 部分义务条款。MAS 指出智能投顾仅依靠客户提供的信息，基于客户回答有关其财务目标、投资时间范围和风险承受能力等一组不同的问题来提出投资建议，这可能不符合 FAA – N16 第 11 条的所有要求，特别是前述 KYC 流程中的第③—⑨项。[⑤] 但是一些智能投顾会通过“筛选”和阈值问题来识别和过滤不适合智能投顾的客户，进而缓释提供不适当建议的风险，并且传统 ETF 多是多元化分散风险且低成本的产品，所以③—⑨项的信息可能不重要。[⑥] 基于前述考虑，MAS 准备对全自动智能投顾提供对 FAA – N16 第 11 条要求的个案豁免，但申请人须采取具体的保障措施，以确保对财务状况信息不完整的客户提出适合的建议。随着智能投顾业务模式的不断发展，MAS 将继续对智能投顾进行观察与监督，并考虑在适当的时候修改 FAA – N16 中的监管要求。[⑦]

第二，对准备申请豁免适用 FAA – N16 部分条款的全自动型智能投顾申请人

---

① FAA – N16 第 35 条

② FAA – N16 第 36 条

③ FAA – N16 第 37 条

④ FAA – N16 第 41 条

⑤ ①客户的财务目标；②客户的风险承受能力；③客户的雇佣状况；④客户的财务状况，包括资产、负债、现金流量和收入；⑤客户的正常收入的来源和金额；⑥客户的财务承诺；⑦客户当前的投资组合，包括任何人寿保单；⑧投资金额是否是客户资产的重要部分；⑨任何关于人寿保险的建议，均需要考虑客户的家属人数以及每位受养人所需的经济援助的范围和持续时间。

⑥ 《咨询文件》第 4.5 条

⑦ 《咨询文件》第 4.6 条

须符合以下几点保障措施。①考虑智能投顾在线流程或者算法对客户投资金额产生的影响。②营运者要证明自己的“筛选”或者阈值问题可以有效过滤“不适合”的客户。③向客户提供《风险披露声明》，提醒客户注意数字建议实际上没有适当地考虑他们财务状况、现有投资组合或投资负担能力等，以确保客户充分了解全自动型智能投顾的局限性。④智能投顾平台应制定相应控制措施，以应对客户的不一致响应。例如，弹出窗口询问并由客户主动选择确认不一致响应；通过后端数据分析流程，自动标记客户提供的不一致信息并持续跟踪等方式。

<table>
<tr><th colspan="5">全自动型智能投顾适用FAA-N16的个案豁免方案</th></tr>
<tr><th>风险</th><th>特殊风险描述</th><th>MAS提出的缓释方案</th><th colspan="2">MAS评估申请会考虑的要素（建议保障措施）</th></tr>
<tr><td rowspan="5">未能向客户提供合理建议而违反FAA27条，可能会承担民事损害赔偿责任</td><td rowspan="5">智能投顾仅依靠客户提供的信息，基于客户回答有关其财务目标，投资时间范围和风险承受能力的等一组不同的问题来提出投资建议，这可能不符合FAA-N16第11条的所有要求，特别是第③-⑨项。</td><td rowspan="5">向MAS申请FAA-N16个案豁免</td><td colspan="2">考虑智能投顾在线流程或者算法对客户投资金额产生的影响</td></tr>
<tr><td colspan="2">平台要证明自己的筛选或者总阈值问题可以有效过滤“不适合”的客户</td></tr>
<tr><td colspan="2">向客户提供《风险披露声明》，提醒客户注意建议实际上没有适合的考虑他们财务状况、现有投资组合或投资负担能力等，以确保客户充分了解全自动型智能投顾的局限性。</td></tr>
<tr><td rowspan="2">智能投顾平台应制定相应控制措施，以确定客户的不一致响应。</td><td>弹出窗口询问，由客户主动选择确认不一致响应；</td></tr>
<tr><td>通过后端数据分析流程，自动标记客户提供的不一致信息，并持续跟踪</td></tr>
<tr><td>豁免条件</td><td colspan="4">仅限于就传统ETF提供建议的全自动智能投顾，且需要满足建议保障措施</td></tr>
</table>

图2　全自动型智能投顾“合规障碍”解决方案

（四）“投资组合管理”型智能投顾

1. 提供“投资组合管理”服务的准入——CMS基金管理牌照或豁免主体

根据《咨询文件》第2.2条指引，“对客户资金或资产账户拥有自由裁量控制权”的智能投顾，被视为SFA中的“基金管理”①（Fund Management）业务，除非获得其他豁免，否则必须持有资本市场服务许可证（Capital Market Service

① SFA附表2：在SFA中“基金管理”是指基于客户授予的自由裁量权或者其他方式代表客户：①管理证券组合或期货合约组合；②为管理客户基金而进行外汇交易或杠杆外汇交易事务；③基金管理含义不包括房地产投资信托管理。

"CMS" license)。根据SFA许可的基金管理型智能投顾还必须根据FAA23(1)(d)规定申请成为豁免FA，并遵守FAA的商业行为规则。

(1) CMS基金管理牌照或豁免主体

第一，智能投顾营运者从事基金管理业务必须持有CMS基金管理牌照，除非另有豁免。首先，根据SFA第82条第(1)款规定，除本条第(2)款及第99条另有规定外，任何人从事本法所规范的活动，除非他是受本法规范的CMS牌照的持有人，否则不得从事该业务。受SFA规范的活动有：①证券交易；②买卖期货合约；③杠杆式外汇交易；④为企业提供融资建议；⑤基金管理；⑥房地产投资信托管理；⑦证券融资；⑧提供信用评级服务；⑨为证券提供托管服务。[①] 智能投顾主要涉及其中的①类、⑤类和⑨类。

第二，根据SFR(LCB)第4条的规定，在证券权益登记册中的CMS牌照持有人和代表有以下几类：①证券交易CMS牌照持有人；②给企业融资提供意见的CMS牌照持有人；③基金管理CMS牌照持有人；④房地产投资信托管理的CMS牌照持有人；⑤提供资信评级服务的CMS牌照持有人；⑥前述①—⑤自由组合的CMS牌照持有人和代表。基金管理型智能投顾的营运者属于第③类主体(以下简称CMS基金持牌人)，执行证券交易型的智能投顾属于第①类主体(以下简称CMS证券交易持牌人)。

第三，CMS牌照的"另有豁免"主要是指根据SFA第99条可以豁免持有CMS牌照提供基金管理或者证券交易的情形，是否豁免以及豁免条件由MAS根据条例视情况而定，[②] 豁免的主体包括持牌的银行、被批准为金融机构的商业银行、金融公司、证券交易所、期货交易所、认可的市场经营者或核准设立的控股公司等。[③]

---

① SFA附表1。

② SFA第82条(4)。

③ SFA第99条规定了从事上述业务但可以豁免持有CMS牌照的情形，是否豁免以及豁免条件由MAS根据条例视情况而定，豁免的主体包括：①根据《银行法》(第19章)持牌的银行；②依据《新加坡金融管理局法》(第186章)被批准为金融机构的商业银行，并被批准经营SFA所规范的业务；③根据《金融公司法》(第108章)第25(2)条规定豁免从事SFA所规范业务的金融公司；④为开展保险业务，且根据《保险法》(第142章)持牌的基金管理公司或商业合作社；⑤证券交易所、期货交易所、认可的市场经营者或核准设立的控股公司，提供SFA所规范的业务纯粹是与其从事证券市场、期货市场或其作为核准控股公司经营业务而产生的伴随行为(视情况而定)；⑥任何已获核准的结算或经认可的结算所涉及SFA规范业务，纯粹是其运作的结算设施的附带业务；⑦其他可能被豁免的主体。

第四，FA持牌人可豁免持有CMS基金管理牌照提供其建议附带的基金管理服务，但有条件限制。SFR（LCB）附件2第5条（1）（g）规定，根据FAA获得FA牌照的许可人提供三类财务咨询服务和其他条件，则可豁免CMS牌照从事有限的基金管理服务，总的来说有以下几点。①提供的财务咨询服务范围限定在FAA附表2所定义的财务咨询服务的特定种类；[①] ②产品范围仅限定在未在证券交易所上市的集体投资计划（Collective Investment Scheme，CIS）组合；[②] ③豁免主体仅限持牌FA（不包括豁免FA）；④豁免的条件是为客户提供与非上市CIS建议有关的附带基金管理服务；⑤持牌FA为客户提供该类基金管理业务时，应就每项交易取得客户的事先批准后，就客户批准的资金或财产提供附带的基金服务；⑥如果FA持牌人收取客户款项和财产，则应在收到当日或者当日之后的营业日，在获取客户书面同意的情况下将款项和财产移交给有资质的托管主体。[③]

（2）面向零售客户提供“投资组合管理”服务的准入——零售LFMC

向零售客户提供“投资组合”服务的智能投顾，需要持有CMS零售基金管理公司牌照。在SFA资本市场监管框架下的基金管理公司（Fund Management Company，FMC）有持牌FMC和豁免FMC两大类。第一类是持有CMS牌照的基金管理公司（CMS Licence holders for fund management，LFMC），该类基金公司又分为零售LFMC和A/I LFMC两小类；（1）零售LFMC（Retail LFMC）基金管理牌照可以面向包括零售投资者在内的各类投资者开展基金管理业务；MAS对零售LFMC及其相关公司有业务年限和管理资产总额等要求：①必须证明自己或其相关公司有在与新加坡相当的司法管辖区内管理零售投资者资金至少有5年的业务记录；②管理资产总额至少有10亿新元；③要有足够的PII保险；（2）A/I LFMC基金管理牌照只允许与合格投资者开展基金管理业务（无人数限制），且管理的总资产不超过2.5亿新元。第二类是根据SFR（LCB）附表2第5

---

① SFR（LCB）附件2第5条（2）（i）：①以电子、印刷或其他形式直接或者通过出版物、文字就任何投资产品向其他人提供咨询的服务，但不包括依据SFA为企业融资提供的建议。②以电子、印刷品或其他形式通过出版或发布研究分析报告或研究报告就任何投资产品向他人提供咨询的服务。③任何集体投资计划的销售服务；不包括人寿保单合同安排和企业融资的财务咨询服务。

② SFR（LCB）附件2第5条（2）（ii）（A）

③ SFR（LCB）附件2第5条（2）（ii）（C）如集体投资计划的管理人或受托人；客户授权可接收客户资金或财产的提供证券托管服务的CMS持牌人或者豁免人。

(1)(i)条获豁免持有 CMS 牌照的注册基金管理公司(Registered Fund Management Company, RFMC)。管理不超过 30 名的合格投资者(其中基金或有限合伙基金结构不得超过 15 名),[①] 并且管理的总资产不超过 2.5 亿新元。

FMC的分类		
类别		允许的活动
LFMCs	零售LFMCs	与各类投资者开展基金管理业务
	A/ILFMCs	只与合格投资者进行基金管理业务，不限制合格投资者的数量
RFMCs		与不超过30名合格投资者（其中不超过15名可能是基金或有限合伙基金结构）从事基金管理业务，管理资产总值不超过2.5亿新元

图 3　新加坡基金公司类别

2. “投资组合管理”型智能投顾——基本义务

(1) CMS 持牌人的基本义务

CMS 牌照根据类型的不同，持牌人职责也不同。但是无论是基金管理 CMS 牌照还是后文讨论的证券交易 CMS 牌照，CMS 持牌人均应遵守其共性管理义务，主要包括以下几点：第一，遵守与所持牌照业务相关的法律和规范。第二，与持牌人业务的性质、规模和复杂程度相当的管理方案，包括内部政策、[②] 制定合规职责职能和方案、[③] 业务风险管理、[④] 确保持牌人[⑤]及其控股公司(如有)[⑥]

① 合格投资者意味着其是经 SFA 认可的投资者(Accredited Investor)，有资格投资任何 CIS 和封闭式基金，经认可的投资者需符合以下条件之一：(1) 个人净资产超过 200 万新元或过去 12 个月收入不低于 30 万新元的个人；(2) 经审计或经核证的资产负债表显示其过去 12 个月内净资产超过 1000 万新元(或等值外币)的公司；(3) 受托人信托财产超过 1000 万新元的信托受托人；(4) 合伙中的每一个合伙人(不包括有限合伙)都是被认可的投资者；(5) 全部股本由认可投资者拥有的独资经营投资公司。

② SFR(LCB)第 13 条(b)(i)：确保持牌人所有业务实施和确保合规的有效明文政策，包括财务、内部控制和内部审计政策等。

③ SFR(LCB)第 13 条(b)(ii)：包括明确持牌人的高管和员工的岗位和职责，以确保其遵守所有适用的法律、规范和良好的行为标准，以保护投资者并减少持有人可能会遭受管理局或任何其他公共机构可能施加的法律或监管制裁的风险、财务损失和声誉损害。

④ SFR(LCB)第 13 条(b)(iii)：识别、应对和监控与持牌人业务活动有关的风险。

⑤ SFR(LCB)第 13 条(b)(iv)

⑥ SFR(LCB)第 13 条(b)(v)

的业务活动都受到适当的内部审计、管理层授权、[①] 遵守会计政策书面记录、[②] 确保向 MAS 提交报告等文件的真实性[③]以及确保有效的控制和职责分离，以减轻持牌人业务中可能产生的潜在利益冲突。

（2）CMS 基金管理持牌人的义务

除了遵守 CMS 共性管理义务，基金管理持牌人和豁免主体在提供服务过程中还应遵守以下主要义务：第一，风险管理。FMC 应建立与资产性质、规模和复杂性相当的风险管理体系体系，识别、应对和监督与其管理资产业务相关的风险（包括信贷、市场、技术、运营、交易对手和流动性风险等）。[④] ①独立核算、报告以及第三方存管。对其管理的客户资产进行独立估值以确定各自的资产净值，并向客户报告；客户资产与持牌人资产分离，由在新加坡境内或者获新加坡许可的境外金融机构存管客户资产；②建立内部“隔离墙”。确保投资组合管理与风险管理等不相容职务进行分离，以缓解其运营可能产生的潜在利益冲突；③客户交易优先于持牌人及其相关代表、高管和雇员等关联人士交易；④向客户披露有利益冲突的关联交易，并采取相应措施缓释管理任何潜在的利益冲突，特别是在将客户款项投向与 FMC 及其相关控股公司、代表和雇员等关联主体已投资的基金或相关证券的情况下。[⑤] 第二，审计要求。MAS 希望 FMC 的业务活动能够接受适当的内部审计，包括 FMC 内部审计部门、FMC 总部的内部审计团队或外包给第三方审计服务供应商进行的审计。所有 LFMC 和 RFMC 必须进行年度审计，并且必须在每一会计年度结束后的 5 个月内将审计报告提交给客户。[⑥] 审计报告内容主要包括 FMC 是否遵守以下规定：服务客户和管理资产的限制（“AUM”）；最低基本资本要求；重要的商业行为规则，如独立托管、客户资产评估和客户报告；实施的风险管理框架等内容。

---

① SFR（LCB）第 13 条（b）（vi）持牌人应以书面形式明确授权高管、委员会、小组委员会或其他组织参与任何金融活动的自由裁量权范围和承诺的业务风险。

② SFR（LCB）第 13 条（b）（vii））保留持牌人为监督其政策遵守情况而采取的会计和操作程序以及自由裁量权限制措施的书面记录。

③ 持牌人向其总部（如有）或 MAS 提交的任何报告、手册或声明的准确性、真实性和完整性。

④ SFR（LCB）第 13B 条（a）

⑤ SFR（LCB）第 13B 条（e）

⑥ SFR（LCB）第 13B 条（4）

3. “投资管理型”智能投顾特殊性——放宽许可条件

（1）投资建议附带的投资组合管理业务放宽豁免条件

如资质部分所述，对客户资金或资产账户拥有自由裁量控制权的智能投顾，包括其提供的投资组合再平衡服务，必须持有CMS基金许可证或者FA根据SFR（LCB）附件2第5条（2）（g）有限制条件豁免持有CMS提供建议附带基金管理服务，且豁免交易对象仅限于非上市CIS。但是智能投顾的投资对象往往是上市CIS（如ETF），使得很多FA和豁免FA无法从事该业务，MAS根据智能投顾的产品和功能性特征提出了以下两点解决方案。①针对智能投顾所提供的建议附带基金管理业务，将豁免持CMS牌照从事该业务的主体扩大到豁免FA，管理对象扩大到上市CIS。②“投资组合再平衡业务”，重新分配目的只是为了原始目标建议，且未改变成分股，所以风险较低，故MAS提出在①所述的主体和管理对象豁免的基础上，还建议取消在“投资组合再平衡”业务中对每一比交易都要获取客户同意的豁免限制条件，但是取消该限制条件需要有必要的保障措施，即获得客户的一次性事先确认书（one-time prior acknowledgement）、以书面形式披露投资组合重新平衡的频率、范围和方法等内容，并且在每次平衡交易前需要通知客户，以便客户有机会反对该次操作。

<table>
<tr><td rowspan="7">FA有条件豁免持有CMS牌照提供附带投资管理服务</td><td>豁免限制</td><td>原有监管</td><td colspan="2">MAS提议修改SFR（LCB）附件第5（g）条</td></tr>
<tr><td>豁免主体</td><td>仅限于FA持牌人</td><td colspan="2">主体扩大至豁免FA</td></tr>
<tr><td rowspan="5">豁免条件</td><td>投资组合管理是提供建议的附带行为</td><td colspan="2">不变</td></tr>
<tr><td>仅限于非上市CIS产品</td><td colspan="2">扩大到包含ETF基金的上市CIS产品</td></tr>
<tr><td rowspan="3">必须获得客户对每笔交易的批准</td><td rowspan="3">“投资组合再平衡”活动无须就每笔交易获得批准，但有条件限制</td><td>①必须以书面形式披露包括投资组合重新平衡的频率、范围和方法等内容</td></tr>
<tr><td>②获得其客户的一次性事先确认书（one-time prior acknowledgement）</td></tr>
<tr><td>③每次重新平衡交易之前通知客户，以便客户有机会反对重新平衡交易</td></tr>
</table>

图4　基金管理型智能投顾“合规障碍”解决方案

MAS对基金型智能投顾提出个案豁免的同时，还希望通过修改SFR（LCB）

附件2第5条（2）（g）以便持牌FA和豁免FA普遍适用，可以更加便利的提供包含ETF上市CIS和非上市CIS的投资组合建议+附带基金管理服务，并且有条件的豁免客户对每一笔交易同意义务，方便提供投资组合再平衡服务。不过，截至2018年7月9日版本的SFR（LCB），该条并未改变。

（2）豁免零售基金管理公司的业务记录和管理资产要求

如资质部分所述，已持CMS牌照的零售LFMC需要符合5年的基金管理业务记录和10亿新元的管理资产规模要求，而智能投顾多为零售客户提供服务，因此该规定阻碍了部分管理资产规模较小、年轻化的初创企业或者Fintech公司的准入，所以MAS建议豁免不符合前述业务记录年限和资产规模要求的基金管理公司为零售客户提供智能投顾服务，但被豁免营运者必须有相应的风险管理措施：①关键人员需要在基金管理和技术方面拥有相关的综合经验；②所建议的投资组合应以传统ETF为主（至少80%），对上市股票、上市债券和用于对冲的外汇合约投资总共不得超过20%；③智能投顾在第一年运营结束后，关键风险领域必须接受有资质的独立第三方的审计，内容应当包括防止洗钱、打击资助恐怖主义，处理客户资金和资产、技术风险和建议的适合性等方面。

（五）“证券交易型”智能投顾

1. 提供“证券交易”服务准入——CMS证券交易牌照和豁免主体

第一，智能投顾营运者提供证券交易执行服务应当持有CMS证券交易牌照，除非另有豁免。首先，根据《咨询文件》第2.2条和第6.1条的指引，为证券交易执行提供平台的智能投顾（包括不提供建议仅提供交易的平台）[①] 和将客户的交易指令传递给经纪公司来协助客户执行投资组合建议的智能投顾，[②] 被视为SFA所调整的证券交易活动，从事此类业务的主体除非获得其他豁免，否则必须持有CMS证券交易许牌照。其次，SFA第99条规定了从事CMS牌照下的业务但可以豁免持有CMS牌照的情形，是否豁免以及豁免条件由MAS根据条例视

① 《咨询文件》第2.2条

② 《咨询文件》第6.1条

情况而定,[①] SFR（LCB）附件2第2条也明确了该条在符合规定的条件和限制的情况下，可豁免持有CMS牌照进行证券交易业务。

第二，FA持牌人和豁免FA可豁免持有CMS证券交易牌照提供其经营业务附带的证券交易服务。SFR（LCB）附件2第2条（j）的规定，FA持牌人和豁免FA被豁免就任何建议CIS的附带辅助交易（包括上市CIS和非上市CIS）豁免持有CMS交易牌照。也即将客户的交易指令传递给经纪公司来协助客户执行投资组合建议的智能投顾营运者可适用该豁免。

第三，根据SFA许可的证券交易型智能投顾营运者还必须根据FAA23（1）(d）的规定申请成为豁免FA，并遵守FAA的商业行为规则。

2. "证券交易型"智能投顾——基本义务

智能投顾营运者在提供证券交易服务时，除了需要遵守CMS持牌人的基本义务，还需要注意遵守SFA和SFR（LCB）与其业务相关的行为规范，包括客户订单优先义务、[②] 依规发布产品广告、[③] 禁止MAS相关资质陈述、[④] 按照交易标准交易[⑤]和在某些情况下禁止接收客户的资金或财产等义务。[⑥]

3. "证券交易型"智能投顾——MAS特殊指引

现有智能投顾投资组合产品多为ETF基金（上市CIS)、债券和股票等，甚至还包含境外上市和非上市产品。MAS结合智能投顾建议及所建议产品的特殊风险和证券交易相关的法律规范考虑，提出了以下几点指引。

第一，基于证券交易CIS以外的（如股票和债权）执行风险同样较低的考

---

① SFA第82条（4）规定豁免的主体包括：①根据《银行法》（第19章）持牌的银行；②依据《新加坡金融管理局法》（第186章）被批准为金融机构的商业银行，并被批准经营SFA所规范的业务；③根据《金融公司法》（第108章）第25（2）条规定豁免从事SFA所规范业务的金融公司；④为开展保险业务，且根据《保险法》（第142章）持牌的基金管理公司或商业合作社；⑤证券交易所、期货交易所、认可的市场经营者或核准设立的控股公司，提供SFA所规范的业务纯粹是与其从事证券市场、期货市场或其作为核准控股公司经营业务而产生的伴随行为（视情况而定）；⑥任何已获核准的结算或经认可结算所涉及SFA规范业务，纯粹是其运作的结算设施的附带业务；⑦其他可能被豁免的主体。

② SFR（LCB）第44条，任何人违反第（1）款的规定，即属犯罪，一经定罪，可单处或并处不超过$ 100，000罚款或不超过12个月。

③ SFR（LCB）第46条

④ SFR（LCB）第46A条

⑤ SFR（LCB）第47条

⑥ FAR第19条

虑，建议修改 SFR（LCB）附件 2 第 2 条（j）的规定，将对 FA 持牌人或豁免 FA 豁免 CMS 交易牌照提供附带的证券交易服务的产品对象由任何 CIS 扩大到 SFA 界定的任何证券范围，并且在修订的法例生效之前，MAS 打算允许持牌机构和豁免机构实行个案豁免。

第二，SFA 中评估客户的上市特定投资产品的知识和经验义务的合理扩张。根据 2018 年 7 月 6 日发布的《关于出售投资产品的通知》（以下简称 SFA04 - N12）要求 CMS 证券交易持牌主体应当评估客户的上市和非上市产品投资经验。但是在规范 FA 持牌人和豁免 FA 的 FAA - 16 中仅规定了义务主体仅需评估客户非上市特定投资产品知识和经验，由于 FA 或者豁免 FA 提供附带证券交易执行功能的智能投顾产品中含有上市投资产品，产生了规制漏洞，故而 MAS 希望对 SFA04 - N12 客户上市产品投资经验和知识评估义务合理扩张到 FAA - 16 的规定之中。但 2018 年 7 月 6 日最新发布的 FAA - 16，MAS 并未按照预期对其进行修改。[①]

第三，向客户提供“风险警告声明”的义务应当纳入 FAA - N16。根据 SFA04 - N12 的规定，持牌人或获豁免金融机构首次允许客户在任何海外上市投资产品交易前，应当向客户提供风险警告声明，按照 SFA04 - N12 附件 4 模板向投资者提醒海外投资产品的相关风险。由于 FA 和豁免 FA 可就上市和非上市 CIS（包括海外 CIS）提供附带交易服务，所建议的产品包括海外 ETF 基金（上市 CIS），所以 MAS 建议将提供“风险警告声明”义务纳入 FAA - N16，要求豁免主体在开户时向客户提供类似的风险警告声明。

（六）算法的治理和监督

MAS 以智能投顾的算法驱动特征和识别出的由于疏忽或者设计不良导致的算法错误和偏差，会对智能投顾服务客户产生不良影响的风险为导向，从“算法开发设计阶段、面向客户运行前、必要的人力资源、算法运行以及董事会和高级管理层的责任”五个方面，提出了算法风险管理应对方案。

---

① http：//www. mas. gov. sg/ ~/media/MAS/Regulations% 20and% 20Financial% 20Stability/Regulations% 20Guidance% 20and% 20Licensing/Financial% 20Advisers/Notices/2018 _ 07 _ 06% 20FAAN16% 20Amendment%20Notice. pdf（last visited on Aug. 24，2018）.

1. 算法开发设计阶段风险控制措施

算法开发运行前，应当考虑以下几方面的控制措施。第一，算法开发设计输出适合性建议的控制。（1）应当设计可搜集、分析客户信息并提出合适建议功能的算法；（2）算法可以通过询问其他问题或通过其他方式解决客户的矛盾或不一致的答案，例如通过联系客户以获得对其的答复的进一步确认；（3）即使建议对象是传统的 ETF 等产品，智能投顾还必须确保算法能够识别和过滤掉不适合投资的客户。

2. 算法面向客户运行前风险控制措施

（1）充分的反向测试。在面向客户的工具推出之前，智能投顾应该进行充分的反向测试，以确保该方法可靠地产生与预期投资建议一致的输出。（2）进行差距分析。应根据 MAS《技术风险管理通知和指南》[①] 中规定的要求进行差距分析，并确保在允许其面向客户的工具上线之前，充分降低所有已识别的差距。（3）算法更改测试和分析。对算法工具进行更改时，还应该动态执行回溯测试和差距分析。

3. 算法人力资源和外包监督

（1）智能投顾营运者应确保有足够的具备开发能力的技术人员和审查算法的专业人员。（2）如果智能投顾营运者选择将该工具的开发工作外包给第三方服务提供商，那么智能投顾营运者应当对第三方进行适当的尽职调查和风险管理，还要在服务过程中对其进行持续监督。

4. 算法运行风险控制

第一，算法运行期间内部控制管理。智能投顾营运者应制定政策、程序和控制措施来监督和测试其算法，以确保它们按预期执行。该内部控制至少应当具备以下几点流程：（1）设定访问控制，管理算法更改权限。（2）如果测试算法发现缺陷或偏差，则应中止提供数字建议。（3）提供给客户的建议应进行质量控制和合规性检查。检查应定期进行，且在算法发生变化时也应重新检查。（4）应由合格的人力顾问审查交易后的样本测试，以确保符合 FAA 的要求。

---

① http：//www. mas. gov. sg/ ~ /media/MAS/Regulations% 20and% 20Financial% 20Stability/Regulatory% 20and% 20Supervisory% 20Framework/Risk% 20Management/TRM% 20Guidelines% 20% 2021% 20June% 202013. pdf（last visited on Aug. 24，2018）。

第二，算法利益冲突管理。(1) 书面披露利益冲突。智能投顾必须以书面形式向客户披露与任何产品供应商的关联关系以及这种关联所产生的任何实际或潜在的利益冲突，包括任何可能影响其客观性或独立性的重要信息或事实。[①] (2) 披露算法限制和建议选择原因。MAS 期望智能投顾可向客户披露算法的限制性因素和所提供的建议选择或者不选择特定投资产品的原因，包括向客户披露其他类似未考虑的投资产品与建议产品之间的特征和优劣对比。

第三，算法信息公开边界征求公众意见。MAS 指出每种算法都会有不同的假设、基本规则和限制。此外，一些智能投顾可能会超越自动算法或在极端的市场条件下暂时停止咨询服务，MAS 希望就披露算法的信息范围边界征求公众意见。

5. 董事会和高级管理层在算法风险管理中的责任

智能投顾董事会和高级管理层有责任维护对面向客户工具的有效监督和治理，包括建立系统的内部控制政策和程序，以确保良好的风险管理文化和控制环境，监督员工遵守内部控制规则，具体来说董事会和高级管理层有以下几点职责：一是批准智能投顾的设计、开发并确保其被正确维护；二是制定并批准管理智能投顾的全套政策和程序：包括算法相关岗位职责设置、算法修改审批权限的设置、监督算法雇员和算法设计人员不相容职务分离的设置等；三是重视网络技术和安全标准，确保智能投顾相关的业务行为遵守 MAS《技术风险管理通知和指南》的要求。

二、新加坡智能投顾监管借鉴

（一）新加坡智能投顾监管问题解决方案及效果

1. 明晰准入门槛，审查监管障碍和漏洞

根据《咨询文件》相关条款的梳理，MSA 对于智能投顾监管问题的解决方案，整体遵循“风险评估→风险应对→风险平衡”流程。第一步，梳理本国智能投顾的基本服务流程，[②] 根据功能分解行为，总结并分析现有智能投顾的多样

① FAA－03 第23条

② 《咨询文件》第2.1条

化运营模式，即提供建议型智能投顾、为证券交易执行提供平台的智能投顾（包括转达交易指令）、管理客户资金和资产的智能投顾或者前三者的组合模式。第二步，明晰准入门槛。MAS将不同运营模式的智能投顾纳入现有监管框架，指引不同商业模式的智能投顾营运者符合现有监管框架中的许可和义务要求；也即前述商业模式分别对应原有监管框架的财务顾问服务、基金管理服务和证券交易服务，营运者应当遵守相关准入规则和义务。第三步，从产品、功能和主体方面考虑智能投顾自动化、算法驱动、投资组合产品构成、投资组合再平衡、初创企业轻资产等特殊性和风险，识别现有监管框架下对于智能投顾发展产生的合规障碍和规制漏洞。例如，算法错误、偏差或涉及不良，会对智能投顾客户产生不良影响的风险，在原有监管框架没有任何规范，算法设计、开发和运行的风险管理处于空白状态。第四步，以能否为客户提供更好的服务和风险是否可控为主要指标，提出具体的有保障措施的豁免、义务合理扩张或者修改法律规定的方案，以解决第三步识别的规制漏洞和合规障碍问题。（详见图5）

第一步：梳理流程，功能拆解，商业模式分类	第二步：纳入现有监管框架（有效指引行为）		第三步：识别特殊情形、风险		第四步：合规障碍和规制漏洞解决方案	
流程/商业模式	原有许可准入	原有义务	特殊风险/情形		解决方案	风险平衡考虑
数字咨询服务	FA+豁免FA	信息披露和适当性建议等	可能不符合FAA16第11条KYC流程的部分规定	合规障碍	个案豁免	风险较低+保障措施
订单传递给证券公司执行	CMS证券交易牌照*	客户上市和非上市特定投资产品知识和经验评估	智投执行对象多为上市CIS，FAA中缺乏对客户上市投资对象知识和经验的评估要求	规制漏洞	SFA对应义务合理扩张至FAA-N16	义务扩张，不需要保障措施
	FA+豁免FA：限于附带业务+CIS	证券交易执行（如股票或债券）风险同CIS一样很低	证券交易执行（如股票或债券）风险同CIS一样很低	合规障碍	修订法令前，接受扩张至证券的豁免申请	风险较低
证券交易执行	CMS证券交易牌照*+豁免FA	海外投资产品风险警告说明	FA+豁免FA执行对象包含海外CIS	规制漏洞	提供风险警告声明义务纳入FAA-N16	义务扩张，不需要保障措施
投资组合管理	CMS基金牌照*+FA	附带/非上市CIS/交易事先批准	投资组合再平衡风险较低	合规障碍	增加豁免FA/扩大至CIS/取消事先批准	风险较低+保障措施
	零售LFMC	5年业务+10亿AUM	初创型技术企业年轻化、轻资产，难以进入市场	合规障碍	个案豁免	技术、产品限制和第三方审计保障措施
贯穿全程的算法	无	无	算法驱动：算法错误、偏差或涉及不良等	规制漏洞	算法的治理和监督	非强制性行为指引
注：“*”代表除非另有豁免						

图5　新加坡智能投顾监管路径

2.《咨询文件》产生的行为指引效果

《咨询文件》尽管是非强制性文件且 MAS 考虑修改相关法案的提议并未完全落实，但是内涵的风险管控逻辑和针对不同智能投顾带有一些“背书”色彩的风险缓释措施已被部分智能投顾营运者作为合规“安全港”，根据新加坡智能投顾营运者实际运营情况，该文件也产生了一定的行为指引效果。

第一，MAS 已经接纳了包括 StashAway[①] 在内的三家不符合资产规模和业务年限要求的金融科技公司。[②] 例如，成立于 2016 年 9 月 9 日的 Stash Away 并不符合五年业绩和 10 亿新元管理资产要求，其已经获得资本市场服务许可证（CMS100604 - 1）下的零售 LFMC 资格和申请成为豁免 FA。[③]

第二，StashAway 满足《咨询文件》豁免准入的保障措施。根据《咨询文件》第 5.6 条，不符合零售 LFMC 业务年限和管理资产规模要求被豁免向零售客户提供智能投顾的公司，需关键人员拥有技术和基金管理经验、投资标的要求 ETF 不得低于 80% 和第三方审计要求。从 StashAway 团队构成看来包括创始人在内的八位核心成员集合了摩根士丹利、美林证券、雷曼兄弟公司和麦肯锡等知名金融机构和咨询机构的工作经验；计量经济学和数量经济学相关人才，电子商务分析软件开发等技术人才。从投资标的看来，笔者分别设定买方和一般投资目标，且成长保守型比例不同，得出的投资组合结果 ETF 基金均占 90% 以上。从审计要求看来，第三方定期审核 StashAway 的数据保护、网络安全措施和流程，包括定期安全代码审查和渗透测试等。

① company name, Asia Wealth Platform Pte. Ltd, registration message, at https://www.sgpbusiness.com/company/Asia-Wealth-Platform-Pte-Ltd（last visited on Aug. 24, 2018）.

② MAS relaxes some rules on provision of robo advisory services（Jun. 7, 2017）https://www.straitstimes.com/business/banking/mas-relaxing-some-rules-on-provision-of-robo-advisory-services（last visited on Aug. 24, 2018）.

③ 有资质从事的业务有：（1）面对零售投资者的基金管理业务（LFMC 业务）；（2）作为豁免 FA 可从事财务咨询业务，包括 CIS、CIS 以外的证券的投资产品咨询；发布或颁布 CIS、CIS 以外的证券的投资产品分析报告；（3）CIS 销售业务。

类别	特定投资产品	投资组合占比（%）	类型
美国股票	非必需消费品行业SPDR基金（XLY）	14.8	ETF
	消费必需品行业SPDR基金（XLP）	4.0	非ETF
固定收益型	iShares TIPS债券ETF	14.8	ETF
	iShares 10-20年国债债券ETF（TLH）	4.0	ETF
	先锋中期政府债券ETF（VGIT）	12.9	ETF
	iShares 20+年债券ETF（TLT）	11.9	ETF
欧洲股票	SPDR欧元STOXX 50 ETF（FEZ）	3.2	ETF
亚洲股票（日本除外）	iShares MSCI亚洲及ETF（AAXJ）（日本除外）	9.2	ETF
混合型	SPDR彭博巴克莱可转换证券ETF（CWB）	14.8	ETF
商品市场	SPDR Gold Trust（GLD）	9.4	ETF
现金	现金（新元）	1.0	非ETF

图6　StashAway 测评样本

第三，根据《咨询文件》第6.5条的指引，因智能投顾产品多为上市投资产品，MAS希望将SFA04－N12中经纪公司评估客户上市特定投资产品经验纳入FNN－N16的第16条中，以期FA和豁免FA在提供附属证券交易服务时遵守该义务，但最新修订的FNN－N16并未更改。实际执行中，StashAway是豁免FA，其客户信息搜集流程中专门加入了客户自主选择评估上市投资产品知识和经验的子流程，包括客户回答有没有金融或者商业学位、有没有任何金融机构的工作经验和有没有投资过ETF和股票等相关问题。

第四，根据SFA04－N12第29D条的规定，经纪公司必须向首次投资海外产品的客户提供《风险警告》声明，然后才允许客户对海外上市投资产品进行首次交易，并在附件4中提供了详细的模板，《咨询文件》第6.6条建议这一规定纳入FNN－N16，希望FA和豁免FA在提供附属证券交易服务遵守该义务，但最新修订的FNN－N16并未更改。但是StashAway在实际执行中在《账户协议》的附件3中使用了MAS的官方模板，向客户揭示了海外投资产品的风险，作为豁免FA，实质上遵守了该义务。

（二）综合金融服务监管，以风险为导向的管控逻辑

1. 综合金融服务监管，分牌裁量准入

MAS综合金融服务监管框架下准入结构呈“分牌准入，差异化裁量”的特点。第一，分牌准入，差异化裁量。MAS根据金融服务类别，将金融市场分为

五大类，共45类许可（包含豁免许可准入），CMS牌照下又将牌照分为证券交易、基金管理等牌照，根据服务和产品差异化设定准入标准。例如申请FA执照只能是公司且需要符合最低组织能力要求[①]、根据服务内容和产品不同将最低财务要求分为实缴资本15万美元、30万美元和30万美元三个等级。第二，MAS保留准入的自由裁量权。例如，申请人按规定形式向MAS申请CMS牌照，[②] MAS向其认为合适的条件或限制的申请人发放牌照，[③] 且MAS有权随时书面通知是否更改对持牌人的进一步条件要求或者限制。[④]

新加坡金融牌照分类				
一级分类	二级分类及数量			
银行（11类）	本地银行（4）	合格全业务银行（10）	全业务银行（19）	批发银行（19）
	离岸银行（1）	商业银行（29）	财务公司（3）	货币经纪人（13）
	代表处（银行）（40）	金融控股公司（银行）（1）	SGS一级自营商	/
资本市场（14类）	资本市场服务牌照持有人（704）	经批准集体投资计划信托公司（15）	注册基金管理公司（267）	豁免资本市场服务实体（120）
	提供企业融资顾问服务豁免人（91）	持牌信托公司（58）	豁免依托公司（28）	提供信托服务豁免人（4）
	经批准的交易所（4）	经批准的控股公司（5）	经批准的清算所（5）	经认可的市场运营商（36）
	经认可的清算所（3）	交易库许可（1）	/	/
服务顾问	持牌财务顾问（64）	提供财务咨询服务豁免人员（54）	豁免财务顾问（547）	/
保险	15类			
货币兑换商&汇款	倾向兑换商（1）		汇款（1）	

图7　新加坡金融服务许可分类

2. 以风险为导向的阶梯式准入和义务豁免结构

公司化的管理方式和风险治理文化是MAS主要的监管特色。同“制造商品”一样，MAS也以风险为导向，站在更高层次设计科学合理的结构（流程），并在此基础上对客户与金融服务、投资产品进行风险动态适合性匹配工作。

截至2018年8月，MAS监管的金融公司中，许可的持牌FA和豁免FA共

① 《指南》第7条

② SFA第84条

③ SFA第88条（1）

④ SFA第88条（2）

665 家，豁免提供财务顾问服务机构共 54 家[①]（向不超过 30 名合格投资者提供建议[②]）、豁免财务顾问 547 家，相较于 4 月数据增加了 10 家。具备豁免资格的公司和机构总和 593 家，占财务顾问行业许可总数 90.37%。[③] 资本市场牌照包括豁免许可在内共 1341 家，相较于 4 月数据 CMS 持牌人增加 30 家，豁免 CMS 持牌人增加 1 家；依据豁免 SFR（LCB）附件 2 和 SFA 第 99 条等豁免的注册基金公司、银行等主体共 510 家，占资本市场许可总数比 38.03%。以上数据结合前文，新加坡豁免规则呈“遵循风险匹配适合性逻辑的阶梯式豁免结构”特点。

<table>
<tr><td rowspan="11">新加坡金融牌照概况</td><th>行业</th><th>类别</th><th>已许可</th><th>包括的豁免类别</th><th>豁免数量</th><th>豁免率</th></tr>
<tr><td>银行</td><td>11类</td><td>227家</td><td>/</td><td>/</td><td>/</td></tr>
<tr><td rowspan="5">资本市场</td><td rowspan="5">14类</td><td rowspan="5">1341家</td><td>注册基金管理公司</td><td>267</td><td rowspan="5">38.03%</td></tr>
<tr><td>豁免CMS实体</td><td>120</td></tr>
<tr><td>提供企业顾问融资服务豁免</td><td>91</td></tr>
<tr><td>豁免依托公司</td><td>28</td></tr>
<tr><td>提供依托服务的豁免主体</td><td>4</td></tr>
<tr><td rowspan="2">财务顾问</td><td rowspan="2">3类</td><td rowspan="2">665家</td><td>提供财务咨询服务的豁免主体①</td><td>54</td><td rowspan="2">90.37%</td></tr>
<tr><td>豁免财务顾问</td><td>547</td></tr>
<tr><td>保险</td><td>15类</td><td>323家</td><td colspan="3" rowspan="2">/</td></tr>
<tr><td>货币兑换和汇款</td><td>2类</td><td>497家</td></tr>
<tr><td colspan="7">①只可向不超过30名经认可的投资者提供有关投资产品的建议、分析或报告。(截止日期2018年8月　日。</td></tr>
</table>

图 8　新加坡金融牌照豁免率

第一，风险相关的层级性。MAS 的豁免结构呈银行、保险和证券交易所等→CMS 持牌→FA 持牌的阶梯式特征。这种阶梯经营风险由高→低，准入门槛由高→低，风险管控能力由高→低。例如，银行作为审慎经营的涉众较广的金融机构，风险较高，不允许以下层级的豁免，准入严格，对经营风险的管控能力更高。上一层级（CMS）豁免下一层级（FA）条件比下一层级（CFA）豁免上

① 提供财务咨询服务的豁免人员只能向不得超过 30 名合格的投资者就投资产品（不包括人寿保单）提供建议或报告。由于其业务范围有限，根据“财务顾问法”和相关法规，其可免除许可和商业行为要求。

② 净资产不少于 200 新元或过去 12 个月收入为 3 万加元。

③ https：//eservices. mas. gov. sg/fid.

一层级（CMS）条件更为严格；与对上一层级审慎经营金融机构（银行、证券交易所和保险等）豁免条件相比，基金管理 CMS 对下一层级 FA 的豁免有管理对象范围、主体范围和附随行为等更为严格的条件。

第二，资质和义务的层级性。上一层级包括组织能力、人力资源要求、风险管理能力、基本资金和 PII 保险等要求比下一层级更加严格，下一层级的业务相关基本要求同样适用于豁免的上一层级。《咨询文件》第 4.1 也明确指出，FAA 第 27 条提供合理建议义务，同样适用于新加坡的 CMS 持牌人、银行、商业银行、金融公司、保险公司和保险经纪人等豁免主体。基金管理 CMS 成为豁免 FA 除了需要遵守与 FA 共同遵守的适合性义务、利益冲突披露义务，其还有更为严格的风险管理、基本资金、业务能力和内外部审计要求。

第三，阶梯式结构还体现在各层级内部，例如，FMC 中的零售 LFMC→A/I LFMC→RFMC（豁免 CMS）机构中根据服务对象主体的类别，对各类 FMC 也有不同的业绩年限、管理总资产规模和 PII 保险阶梯式要求等。

3. 分牌准入和豁免机制在智能投顾中的适用

首先，传统监管结构以风险为导向的阶梯式豁免逻辑，贯穿智能投顾监管指引文件。《咨询文件》每对智能投顾营运者遇到的合规障碍提出豁免方案，均从产品、服务等方面分析其风险高低，并就更低层级主体豁免持有高层级主体牌照提供服务提出风险保障措施。例如，要求基金管理豁免 CMS 扩大到豁免 FA，是因为上市 CIS 风险更低，在评估智能投顾投资组合平衡功能风险基础上，提出以一次性同意书、交易前通知等合理的风险管理措施来“平衡”豁免交易中每笔交易事先同意带来的风险，提高效率的同时为 FA 和豁免 FA 提供“投资再平衡”服务规划合规路径，确保智能投顾业务价值链的持续性和完整性，发挥自动化和算法的技术优势。其次，灵活的豁免机制，有利于智能投顾营运者避免重复持牌，降低提供“综合金融服务”的准入牌照成本。例如，豁免 FA 在总财务顾问许可中占比高达 90.37%，大量已持有银行、信托、保险或者 CMS 牌照主体根据 FAA 第 23（1）条申请的豁免 FA，在一定程度上降低重复持牌的比率和营运者的牌照成本，有利于提高市场效率。再次，MAS 统一管理金融服务牌照，有利于 MAS 根据营运者服务内容和产品性质、规模和复杂程度，统一设计准入和义务差异化标准。将金融服务主体“适合”风险的服务与产品，匹配给“适合”的客户。

MAS 应对智能投顾监管问题不足之处的以“牌照”定“服务”的准入机

制，与澳大利亚统一牌照以产品、服务和客户三维度授权准入机制相比，并未完全穿透产品和服务本身。以豁免作为将“适合”服务和“产品”匹配客户为主要的动态调整方法，在分牌准入机制下衍生出大量避免重复持牌的豁免条款，而这类豁免至少有三点受限：一是受制于豁免的产品范围和各种附属条件；二是豁免准入的再次调整直接涉及具体法条的修改，截至《咨询文件》发布 MAS 为了应对新智能投顾商业模式所提出的多项法条修改提案并未实现；三是 MAS 自由裁量的豁免准入和义务条款仅为个例，对所有营运者并无一般适用效力，可能影响市场公平竞争目标的实现。整体框架应对技术给服务和产品商业模式变革所带来的风险的灵活性稍弱，以至智能投顾所带来的规制漏洞和合规障碍等问题并未在原生监管框架下较为彻底地解决。

（三）财务顾问的监督与考核——实施平衡记分框架

MAS 以客户为中心，依靠各类监督工具，采取审查审计报告、消费者投诉和对财务顾问公司进行现场检查、随机测试等方法，评估 FA 销售和咨询流程的充分性、合规性、有效性和代表的管理，对财务顾问的市场行为进行监督。平衡记分框架是 MAS 最为核心的 FA 及其代表行为的审查工具。2015 年 12 月 31 日，MAS 发布《关于代表和监督者薪酬框架（又称“平衡记分框架”）和独立销售审计部门的要求的公告》规定了独立销售审计单位（Independent Sales Audit unit，以下简称 ISA 部门）的要求以及平衡计分卡框架（Balanced Scorecard Framework，以下简称 BSF）的设计和运作。ISA 部门一般为 FA 公司的内审或者风险管理部门，且可以将 ISA 外包给第三方符合资质的单位。该业务部门有资格审查和评估财务顾问代表提供的财务咨询服务的质量，非销售关键绩效指标，并确定代表是否有违规行为。审查和评估主要分为关键绩效指标（质量控制）和非关键绩效指标。关键绩效指标考核，是指 ISA 部门以季度为期间，对代表提供给客户建议交易按标准进行至少三轮抽样后，基于 MAS 设计的以三类违规行为和特定可变收入为定性和定量标准的 BSC 框架，对代表进行 A－E 评级（E 最差）。非销售关键绩效指标是指“了解客户的需求”“建议产品的适当性”“信息披露的充分性”和与提供建议服务有关的专业性和道德行为标准四个方面共约四十多条细化的考核指标。虽然 BSF 是对 FA 自然人代表的考核，但以客户交易为样本，以薪酬与违规行为等为指标的考核框架，结合《公平交易准则》五个公平交易结果评估指标，[①] 为智能投顾算法所提供建议质量测试的定性和定量标准设计打下了良好的基础。

（四）借鉴国外经验，鼓励创新监管

1. 借鉴国外经验，改进政策和流程

在新加坡智能投顾发布指引前，美国、加拿大、澳大利亚、我国香港地区的监管机构和国际证监会组织（International Organization of Securities Commissions，以下简称 IOSCO）、FSB 等已经针对智能投顾相继发布官方指引文件或者报告，不难看出，新加坡指引文件主要借鉴了澳大利亚的《RG255：向零售客户提供数字金融产品建议（即“机器人建议”）》逻辑框架（见图 9）和算法治理部分内容，并结合本国监管规范，进一步优化指引文件。以算法的监督和治理为例，RG255 和《咨询文件》均对算法的人力资源、技术资源、第三方外包、算法开发和定期测试、访问控制、算法提供建议的质量合规性检查和政策程序文档等方面提出治理措施。新加坡在澳大利亚基础之上有两点改善之处。一是完善澳大利亚算法内部治理“签核流程”，明确算法内部风险管理责任主体为智能投顾营运公司董事会和高级管理层；二是注意到算法设计缺陷和操作不当等情况可能带来的系统性风险，并就算法信息公开边界征求公众意见。除此之外，MAS 提出对算法产生的顺周期性风险，应采用重要性或比例性测试的方法，以确保监管的权重与算法所构成的风险成比例。也即只有当算法技术带来的风险成为实质风险或超过某个阈值时，监管才会启动。而并非在处理金融科技的不确定性时，采取过于先发制人的态度，过早引入监管扼杀创新，不利于有用技术的应用。[②] 算法风险管理框架的优势在于其作为新事物，与智能投顾准入和义务问题相比，较少依赖原有监管框架，具有较高的可借鉴性和通用性。

---

① 《公平交易准则》明确了金融机构董事会及高级管理层向客户交付公平交易结果的责任，共五个评估指标，一是将公平交易作为企业文化的核心，确保客户有信心与金融机构接触；二是金融机构须提供适合其目标客户群的产品和服务；三是金融机构应拥有称职的代表，为客户提供高质量的建议和适当的建议；四是客户可获得清晰、相关和及时的信息，以便作出明智的财务决策；五是金融机构以独立、有效和迅速的方式处理客户投诉。

② Keynote Address by Mr Ravi Menon，“Financial Regulation-The Forward Agenda”（March. 20，2017）at http：//www. mas. gov. sg/News-and-Publications/Speeches-and-Monetary-Policy-Statements/Speeches/2017/Financial – Regulation. aspx（last visited on Aug . 24，2018）.

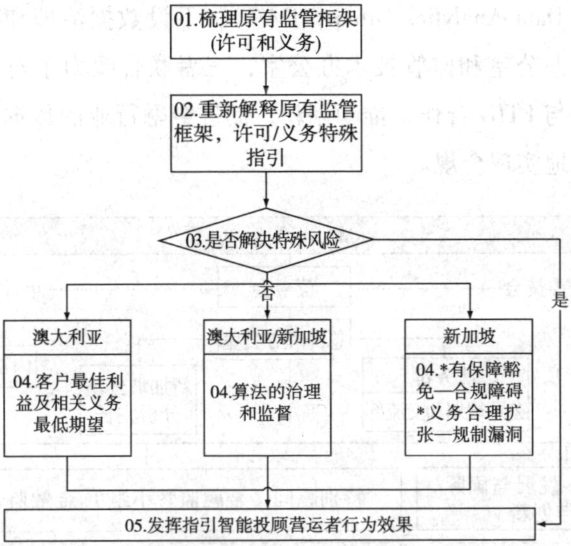

图9 澳大利亚 RG255 和《咨询文件》文件基本框架

2. 成立智能金融中心，鼓励监管技术应用

（1）构建良好创新生态，组织架构技术调整

新加坡 MAS 在国际 FinTech 和国内智能国家政策的大背景下，设立智能金融中心，致力于使用技术来提高监管效率和效果、培养信任和风险治理文化。智能金融中心主要有以下几个举措：第一，强调信息沟通。MAS 将智能中心打造成包括金融科技公司、金融机构、高校、政府机构投资者等相关主体沟通合作的良性金融科技生态系统，实现各方信息的有效沟通。第二，通过应用程序编程接口（API）开放银行平台并整合行业内新旧 IT 系统以加快创新。第三，执行“沙箱”测试计划对新的商业模式进行豁免测试，执行金融部门技术与创新（Financial Sector Technology and Innovation，以下简称 FSTI）计划，对创新金融技术进行概念验证（Proof of Concepts）。第四，建立研究、创新和专家人才库，不断为金融科技的发展提供“能源”。

从组织机构角度来说，MAS 专门针对 FinTech 领域成立了新部门。例如，2015 年 8 月 MSA 组建了金融技术与创新组（Financial Technology & Innovation Group，FTIG），下设支付与技术解决方案办公室、技术基础设施办公室和技术创新实验室负责参与 FinTech 各项工作，利用技术和创新更好的管理智能投顾这类 FinTech 的风险，提高新加坡金融行业效率和竞争力；2017 年 2 月 13 日成立的数据分析组（Data Analytics Group，DAG），下设数据治理和架构办公室、专业分析与可视化办公室和监管技术办公室，三者联合致力于对金融机构数据的收集、分析，并与 FTIG 合作，推动创新，促进金融行业的数据分析能力，使金融机构更加高效地实现合规。

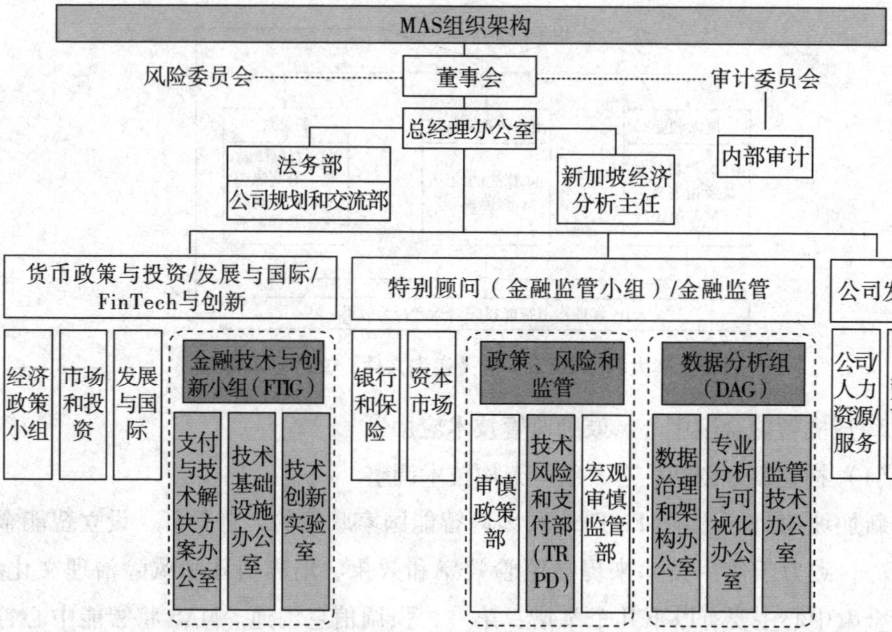

图 10　MAS 组织架构简图

注：虚线内灰色部分为近年调整的与金融科技相关的新设机构，截至 2018 年 8 月①

（2）监管技术（Supervisory technology，SupTech）在智能投顾中的应用

第一，利用数据收集和分析工具，监督智能投顾算法运行和 FA 及其代表行为。首先，基于数据的风险识别。可根据数据确定智能投顾平台建议产品的销售趋势和集中度风险，用于识别某些智能投顾平台是否推荐销售支付更高佣金的产品或者具有更高比例的弱势客户等信息，识别潜在的市场不端行为和滥用行为。通过数据预测模型确定可能需要更加密切监督的智能投顾提供的服务或产品，如通过分析智能投顾提供建议最终销售交易中的变量（如客户档案、购

① MAS 组织架构原图：http：//www.mas.gov.sg/~/media/MAS/About%20MAS/Structure%20of%20MAS/Organisation%20Chart/2018/MAS%20Org%20Chart%201%20Aug%202018.pdf（last visited on Aug. 24，2018）.

买的产品和投资金额）来预先识别具有较高不良行为概率的投资组合。其次，基于数据的风险应对。通过数据分析深入了解算法输出建议质量，及早了解潜在的不当流程，使管理者有机会在问题升级之前进行干预，① 以打击市场操纵和内幕交易等不端行为。②

第二，开发 SupTech 工具。首先，开发算法工具。MAS 正在开发扫描可疑交易报告（Suspicious Transaction Reports，STR）的算法，开发能够检测和识别涉嫌关联交易活动账户的算法，集中识别高风险交易。③ 其次，开发身份验证工具。通过数字身份证和生物识别技术，探索指纹、虹膜、面部和语音识别，甚至手掌静脉和心跳识别系统以进行认证，有效应对密码篡改、洗钱和恐怖融资等风险。④ 最后，动态风险管理工具。通过机器学习算法分析历史数据，预测价格变动和交易决策，根据新的数据和市场反应不断升级和调整算法监管策略。使用通用数据标准和自动化降低持续报告成本，向行业分析师和学者传播匿名信息，以便更深入地分析金融体系及其风险。⑤

第三，部署技术能力，进行概念验证，确保数据和 SupTech 工具应用的可行性。发挥 DAG 和 FTIG 在机器学习、自然语言处理和网络分析算法方面的技术专业知识优势，与 MAS 中的各个部门合作，同已受 MAS 监管的金融机构合作以对监管技术进行概念验证，并向被合作金融机构提供最高 20 万新元的补助金。⑥

---

① Keynote Address by Ms Merlyn Ee, "Putting Customers at the Centre", (July. 6 , 2017) at http: //www. mas. gov. sg/News-and-Publications/Speeches-and-Monetary-Policy-Statements/Speeches/2017/Putting-Customers-at-the-Centre. aspx (last visited on Aug. 24, 2018).

② Keynote Address by Mr. Ong Chong Tee, "Regulatory Landscape for 2016: Positioning for a Dynamic, Trusted and Vibrant Market", (28 January 2016), at http: //www. mas. gov. sg/News-and-Publications/Speeches-and-Monetary-Policy-Statements/Speeches/2016/Regulatory-Landscape-for-2016. aspx (last visited on Aug. 24, 2018).

③ Keynote Address by Mr Ravi Menon, "Financial Regulation-The Forward Agenda" (March. 20, 2017) at http: //www. mas. gov. sg/News-and-Publications/Speeches-and-Monetary-Policy-Statements/Speeches/2017/Financial-Regulation. aspx (last visited on Aug. 24, 2018).

④ Keynote Address by Mr Ravi Menon, "Financial Regulation-The Forward Agenda" (March. 20, 2017) at http: //www. mas. gov. sg/News-and-Publications/Speeches-and-Monetary-Policy-Statements/Speeches/2017/Financial – Regulation. aspx (last visited on Aug. 24, 2018).

⑤ Keynote Address by Mr Ravi Menon, "A Smart Financial Centre", (29 Jun 2015), at http: //www. mas. gov. sg/News-and-Publications/Speeches-and-Monetary-Policy-Statements/Speeches/2015/A-Smart-Financial-Centre. aspx (last visited on Aug . 24, 2018)

⑥ FSTI Proof Of Concept Scheme, http: //www. mas. gov. sg/Singapore-Financial-Centre/Smart-Financial-Centre/FSTI-Proof-Of-Concept-Scheme. aspx (last visited on Aug . 24, 2018)

第四，建立必要的基础设施，以促进前述数据、技术工具和技术能力组合运用。包括数据收集和提交的统一平台；云技术运行数据分析和可重复使用的工具以及代码库，以便数据分析；允许可扩展性的 API 用于数据传播和应用。①

第五，重视网络安全，促进信息共享。在金融部门相互联系的同时，在金融机构之间共享及时和可操作的网络信息是在金融生态系统内建立有弹性的网络防御的关键。MAS 与金融服务信息共享和分析中心（FS－ISAC）合作建立了亚太地区区域情报和分析中心，② 在金融机构之间共享及时和可操作的网络信息，有利于加强金融业的网络安全，使其更安全地使用新技术并增强对消费者的信心。

三、结论

对智能投顾服务流程进行功能分解、总结商业模式并结合本国现行监管框架，识别规制漏洞和合规障碍，基于风险治理方式，及时发布非强制性指引文件，可有效规范营运者行为，引导智能投顾有序发展。MAS 原生的监管模式、贯穿于从业主体许可、义务和豁免规则设计的风险管控逻辑，在应对智能投顾的特殊监管问题中所发挥的作用，也具有一定的参考价值。除此之外，根据技术变革调整监管框架，鼓励监管创新，为其提供财政支持，开展技术监管基础设施建设、专业人才培养、各方沟通交流、数据搜集、数据分析和监管技术合作概念验证等举措，在利用技术促进市场发展和机遇的同时，能够全方位应对智能投顾这类数字革命所带来的新风险。

---

① Keynote Speech by Dr David Hardoon，“Data Science and Machine Learning in Practice”，（26 May 2017），http：//www. mas. gov. sg/News-and-Publications/Speeches-and-Monetary-Policy-Statements/Speeches/2017/Data-Science-and-Machine-Learning-in-Practice. aspx（last visited on Aug. 24，2018）.

② Keynote Address by Mr Ravi Menon，“Financial Regulation-The Forward Agenda”（March. 20，2017）at http：//www. mas. gov. sg/News-and-Publications/Speeches-and-Monetary-Policy-Statements/Speeches/2017/Financial-Regulation. aspx（last visited on Aug. 24，2018）.

改革开放四十年与中国证券法学研究

改革开放四十年与“证券”定义研究

朱文浩　孙全富*

【内容提要】 我国当前证券法体系下的“证券”从类型上包括股票、公司债券、政府债券、证券投资基金份额和国务院依法认定的其他证券。“证券”定义过窄导致实践中出现了诸多不利于市场发展的现实问题，扩张我国《证券法》上“证券”定义的范围势在必行。当前，学界主要通过诸如“金融投资商品”、“集合投资计划”及“投资合同”等概括性一般概念作为调整“证券”定义的主要进路。然而，“证券”定义的调整并非随心所欲，而应在借鉴国际已有经验，并结合我国现实条件及实践基础之上，以保护投资者合法权益为核心目的，明晰“证券”的判断标准及其定义的扩张界限，实现“证券”定义的理性扩张。

【关键词】“证券”的定义；金融投资商品；集合投资计划；投资合同

“证券”作为证券法领域的一项最为基本的概念，其内涵及外延的确定直接关系到我国《证券法》的适用范围和调整对象。因此，对“证券”概念的界定是构建证券法的起点和基础。近年来，随着我国资本市场的飞速发展，新型的

* 两作者均为中央财经大学法学院硕士研究生。

金融产品层出不穷，一方面，这些新产品活跃了市场、增加了投资渠道；另一方面，由于这些新型金融产品不在我国《证券法》规定的证券类型之内的同时却一定程度上呈现出证券的特征，这又对我国证券法体系形成了挑战。①

在对《证券法》的传统研究上，我国学者的主要关注点一般集中在证券交易规则的构建及投资者合法权益保护等具体内容上，对于“证券”定义本身这个抽象意味极强的概念却并未倾注过多的关注。然而，随着社会生活现实对《证券法》调整范围的不断叩问，学者们逐步意识到，虽然“实际控制人操纵”“证券欺诈”“披露信息遗漏”“内幕交易”“大股东侵占小股东利益”等可诉性问题应该受到《证券法》的重点关注，但证券适用范围问题才是《证券法》全部制度的出发点和落脚点，因为前者只会影响某一上市公司的股东利益，而后者则会影响资本市场整体的发展与繁荣。②

自《证券法》颁行以来，二十年的实践经验显示，特定历史背景下，原有的证券定义达到了规范证券发行和交易，保护投资者合法权益，维护社会经济直系和社会公共利益的目的。然而，随着我国经济结构的调整，越来越多的衍生产品出现在交易活动当中，如何识别新的证券产品，将证券发行和交易的固有风险引入现行法的规制框架之下，维护投资者合法权益日渐成为证券法的适用难题。

当前，我国处于《证券法》进一步修改的关键时期，如何确定我国《证券法》上“证券”的定义，从而划定我国《证券法》的调整范围，对我国未来资本市场的发展有着重要意义。③ 因此，有必要对我国学者历年来对证券定义的研究状况进行梳理，从而形成对证券定义的全景式认识，为《证券法》的修改提供借鉴。

---

① 参见陈甦、陈洁：《证券法的功效分析与重构思路》，载《环球法律评论》2012 年第 5 期。

② 参见吴志攀：《〈证券法〉适用范围的反思与展望》，载《法商研究》2003 年第 6 期。

③ 十八届三中全会明确提出“健全多层次资本市场体系，推进股票发行注册制改革，多渠道推动股权融资，发展并规范债券市场，提高直接融资比重”的要求，《全国人大常委会 2014 年立法工作计划》将《证券法》修订列为 2014 年工作计划，并计划于 2014 年 12 月启动初次审议程序，这是落实十八大决定的重大举措。目前，我国已就证券法修草案进行了二次审议。从已有消息来看，本次修订的内容包括但不限于股票发行注册制度改革、完善证券交易规则、强化信息披露要求、加强证券市场监管、加大对证券违法行为的处罚力度、投资者权益的保护等。参见新华社：《十二届全国人大常委会第二十七次会议分组审议证券法修订草案二次审议稿》，网址：http：//www. npc. gov. cn/npc/lfzt/rlyw/2017—04/27/content_ 2020758. htm. 最后访问时间：2018 年 1 月 10 日。

一、证券的定义

（一）《证券法》颁行之前对证券的研究

在我国《证券法》颁行之前，证券作为“舶来品”，对概念的界定尚存在需要明确的空间，这一时期，学者们的研究主要集中于什么是有价证券上。

以中国社会科学院法学研究所组织编辑的《法学词典》为例，其对有价证券作了如下解释：有价证券指表示一定财产权的证券……其特征为：（1）表示财产权，证券上记载就是权利人或执票人的财产权的内容；（2）证券券面所表示的权利与证券不可分离，权利的行使和转移，以提示或交付证券为条件。基于对该定义的理解，学者王三义认为，邮票作为邮资凭证在国家邮政通信中是为缴纳邮资而用，本身承担财产内容，购买邮票，实际是购买者支付给邮政部门需要付出的劳务，而邮票面值取决于邮政部门即将付出劳务的多寡。①

与王三义将邮票界定为有价证券的观点相比，高映轸认为，不能把凡有票面金额的证券都认为是有价证券，事实上，唯有能流通买卖的证券才是有价证券。② 通过研究，潘跃新发现，现实生活中，人们广泛使用着各种文书、票证、书据，这些文书、票证、书据都具有一定的法律效力，有的并与一定的财产权利和财产法上的行为结合在一起，习惯上把这类的文书、票证、书据叫作证券。③ 万国华等认为，在证券法语境下，证券一词的外延在理论研究和法律实践中有一个被逐渐缩小的过程，仅仅指代资本证券。④

（二）我国《证券法》上证券的定义

我国的《证券法》于1998年颁布，迄今为止已经历经三次修正和一次修订。⑤ 自证券法颁布以来，虽屡经调整，但关于证券定义范围的调整却仅有一次。

---

① 王三义：《论我国现行邮票属于有价证券》，载《法学杂志》1984年第6期。

② 高映轸：《怎样理解“有价证券”》，载《经济问题探索》1984年第9期。

③ 潘跃新：《论证券的法律效力及社会作用》，载《浙江金融》1986年第12期。

④ 万国华、张崇胜：《互联网时代证券权利结构的嬗变与反思》，载《财经法学》2018年第4期。

⑤ 证券法自1998年12月制定以来，2004年8月、2013年6月、2014年8月分别进行了个别条款的修改，2005年10月进行了较大修订。

1998 年《证券法》采取较为狭隘的证券定义，是基于当时的市场经济环境和特定的立法思路。《证券法》实行 7 年之后的大修订，尽管立法思路已经有所改变，有诸多学者提出“证券”定义宜宽不宜窄的修改建议，2005 年修订的《证券法》仍然保持了证券的狭窄定义不变。对证券的狭窄定义限制了市场的证券品种和市场层次，也限制了交易的多样性和相关性。更为重要的是限制了《证券法》的适用范围，不利于对投资者的保护。

从 1998 年《证券法》第 2 条[①]的规定可以看出其对“证券”的定义是极其狭窄的，仅包括“股票”、“公司债券”和“国务院依法认定的其他证券”。这是因为 1998 年的证券立法遵循着这样一种立法指导思想，即我国制定《证券法》，其调整不能从“证券法”的名称概念和“证券”的学术名词概念出发，而应当从我国证券市场的实践基础和现实条件出发，对目前适合我国需要的、有条件规定的证券种类加以规定，[②] 不能照抄照搬外国的做法。[③] 而此后的实践表明，除“股票”和“公司债券”之外，国务院亦始终没有依法认定过任何证券，因此“国务院依法认定的其他证券”只是作为一个备用的授权条款，而不具有可操作性。

2005 年《证券法》修订时，根据市场发展的实践情况，立法机关对证券法上“证券”的范围做了重新界定与扩大。[④] 与 1998 年的《证券法》相比较，修订后的《证券法》规范包括：第一，继续规定股票、公司债券和国务院依法认定的其他债券的发行和交易适用《证券法》。《证券法》未作规定的，适用《公司法》和其他法律、行政法规的规定。第二，改变了 1998 年《证券法》将政府债券的交易排除在《证券法》适用范围外的做法，明确政府债券的上市交易也要适用《证券法》的规定。之所以仅规定政府债券的上市交易，是因为政府债

---

① 1998 年《证券法》第 2 条规定：“在中国境内，股票、公司债券和国务院依法认定的其他证券的发行和交易，适用本法。本法未规定的，适用公司法和其他法律、行政法规的规定。政府债券的发行和交易，由法律、行政法规另行规定。”

② 冯恺、段威：《证券法教程》，中国人民大学出版社 2008 年版，第 68 页。

③ 李飞：《关于如何确定证券法的调整范围问题》，载《中国法学》1999 年第 2 期。

④ 2005 年《证券法》第 2 条规定：“在中华人民共和国境内，股票、公司债券和国务院依法认定的其他证券的发行和交易，适用本法；本法未规定的，适用《中华人民共和国公司法》和其他法律、行政法规的规定。政府债券、证券投资基金份额的上市交易，适用本法；其他法律、行政法规有特别规定的，适用其规定。证券衍生品种发行、交易的管理办法，由国务院依照本法的原则规定。”

券的发行有特别法如《国库券条例》等专门进行规定。第三，由于《证券投资基金法》对证券投资基金份额的发行做了系统规定，因此2005年《证券法》仅规定了证券投资基金份额的发行。第四，对于证券衍生品种的发行交易，2005年《证券法》规定由国务院依照《证券法》的原则规定相应的管理办法。但在实践中，仅有中国银监会在部门规章的层面上于2004年《金融机构衍生产品交易业务管理暂行办法》第3条中规定“衍生产品”是一种以“远期、期货、掉期（互换）和期权”为基本种类的金融合约，或者是包含上述一种或多种特征的结构化金融工具。[①] 随后，虽然在2013年和2014年《证券法》又历经两次修法，但这两次修法均未对“证券”的定义再作出进一步的规定和修改。因此，我国现行《证券法》调整下的“证券”是指股票、公司债券、政府债券、证券投资基金份额和国务院依法认定的其他证券。

（三）我国《证券法》调整范围

对我国《证券法》的调整范围，主要有下述两种典型意见。一种意见主张，证券法应当成为统辖公司法和其他证券法律、法规的基本法，各类证券活动首先以证券法为准，将其他法律、法规中对证券发行、交易的规范都纳入证券法中，其调整范围应当包括所有证券（也含其衍生品种），既规定其发行活动，又规定其交易活动以及其他相关活动，用这部法律对证券市场实施全方位、全过程的管理。

另一种意见认为我国制定的证券法应当从我国证券市场的实践基础和现实条件出发，对目前适合我国需要的、有条件规定的证券种类加以规定，并与现行的公司法、有关证券管理的行政法规相衔接，还要考虑与今后需要制定的其他法律相协调。调整证券市场关系的立法应当由多项法律组成，各有分工，又相互协调配合，不能仅靠一部证券法来规定全部证券市场法律关系。现行的《证券法》采取了这一观点，即调整股票和公司债券。

李飞从立法指导思想、基本法理和立法惯例入手，认为各种证券的发行活动，由于发行主体、发行条件、审批程序、审批机关以及管理措施各不相同，从实体和程序两方面考虑，应当将证券法和证券交易法分别立法，既符合历史

---

① 姚海放：《论证券概念的扩大及对金融监管的意义》，载《政治与法律》2012年第8期。

传统，也适应实际发展需要。[①]

1998年《证券法》对调整范围采纳了“过渡期”的观点，除股票和公司债券两种证券外，没有将更多的证券种类列入其调整范围。[②]

罗培新持有类似观点，认为《证券法》修改时，对证券品种应采取“宽口径”立法，不抑制交易所、券商等市场主体创新证券品种的空间，同时增强市场适应性。[③]

（四）美国对证券定义的范围

美国证券法对证券范围的界定是由一系列判例建立判断规则的。对证券定义的确定主要采取列举方式，共计三十多种，几乎所有能包括的证券都被包含在内。以1933年《证券法》第2节（a）（1）为例，证券市值各种票据、股票、国库券、债券、无抵押债券、债务证明，证明参与任何利润共享协议或在其中有利益的证书，担保信托证、筹建经济组织证或认购证、可转让股权、投资合同，委托投票证书，证券存托证明，油矿、气矿或其他矿藏开采权为分配部分的权益；任何证券、存款证明或者组合证券和指数证券（包括根据价格而计算出来的利益）的卖空期权、买空期权，买空卖空期权选择权或者特权；或者总的来说，任何被普遍认为是“证券”的利益或工具，或者是对上述项目的任何利益的参与证明、临时性证明、收据、担保或认购权。[④]《证券交易法》第3（10）条作了几乎完全相同的规定。其中一项为投资合同，“投资合同”在美国证券法上属于兜底性条款。[⑤] 按照Howey测试，投资合同应具有四大特征：第一，金钱投入；第二，共同事业；第三，获利期望；第四，依赖别人的努力。

二、我国当前证券法上“证券”定义的不足

在我国现行的证券法律制度框架下，“证券”是指股票、公司债券、政府债

---

① 李飞：《关于如何确定证券法的调整范围问题》，载《中国法学》1999年第2期。

② 吴志攀：《〈证券法〉适用范围的反思与展望》，载《法商研究》2003年第6期。

③ 罗培新：《关于〈证券法〉修改的若干建议》，载《证券市场导报》2003年10月。

④ 15 U.S.C. 77b（a）（1）. 转引自董华春：《美国证券法“投资合同”的法律辨析》，载《证券市场导报》2003年4月。

⑤ 王翊：《走走停停的多方委托贷款计划——证券定义的本土化分析》，载《金融法苑》2003年第6期。

券、证券投资基金份额和国务院依法认定的其他证券。然而，随着社会经济的发展，大多数学者认为，我国当前《证券法》上“证券”的定义难以满足社会需求，存在诸多问题。从现有的文献来看，各学者的表述虽有不同，但基本涵盖以下四个问题。

（一）我国资本市场的功能性监管难以实现

近年来，我国资本市场的发展亟须构建以“功能监管”为代表的新型监管体系。而由于大量的新型金融产品不在《证券法》规定的证券种类范围之内，因此我国现行证券法无法对其进行有效监管。金融衍生品和混业经营的发展对以金融组织机构性质为标准而形成的传统金融监管模式提出挑战。为有效解决金融业混业经营格局下金融创新产品的监管归属问题，避免监管“真空”和多重监管，功能型监管规则的确立实在必行。我国《证券法》对“证券”范围界定的前提是我国分业经营的市场机制和分业监管的监管机制。在当前混业经营日趋加剧的情形下，我国现行《证券法》对“证券”概念的局限性规定会妨碍我国资本市场由传统的机构型监管向功能型监管的转变，最终不利于证券市场的发展。①

（二）资本市场的投融资需求受限

我国经济的发展推动了民间融资的需求，但目前国内对投融资渠道管制相当严格。这不仅阻碍了资本市场的深层次发展，还迫使众多经营者铤而走险，走上了非法集资的道路。申言之，在此立法模式下，企业利用实质性证券融资的合法性边界模糊，国家无法真正提供合法与违法边界的界定标准，只能以非法集资和非法证券活动的大口袋对企业融资行为进行管制。② 在此背景下，不少学者对通过证券法对非法集资等行为进行规制的合理性进行了研究，李有星即认为，我国的非法集资呈现出与广义证券投资相关的证券化趋势，即以预售、合作经营、投资入股或加盟等方式向投资者承诺回报，并以定金、股权款、加盟费等名义收取民间资本。我国现有的调整非法集资的方式存在缺陷，往往是

① 陈洁：《金融投资商品统一立法趋势下“证券”的界定》，载《证券法苑》2011 年第 2 期。

② 李有星、杨俊：《论我国证券法定范围引发的问题及其解决方案》，载《时代法学》2012 年第 4 期。

通过非法吸收公众存款罪与集资诈骗罪对企业集资行为及相关参与人员进行刑事处罚。然而，融资对企业的重要性不言而喻，过多地将企业融资行为界定为非法集资不利于我国实体经济的发展。因此，有必要重构我国《证券法》上证券的定义，将公司企业经营性、证券性的投融资行为纳入《证券法》的调整范畴，将民间集资关系转化为证券融资关系。[①] 这不仅拓宽了中小企业合法融资渠道，使大量的中小企业获发展的资金支持，更可以使投资者的投资行为受到《证券法》下信息披露等特有制度的保护，实现投资者合法权益的保护要求。陈洁持有类似观点，我国多年持续的经济快速增长，形成了大量的资金需求；经济的快速发展，积累充足的民间资本。信息不对称导致投、融资之间难以形成对接。大多数具有合法融资需求的民间融资方难以获得有效途径以满足融资需要，迫使许多经营者走上非法集资道路。因此，要理顺市场投、融资需求，规范我国非法集资活动的关键就在于扩大"证券"的适用范围。

（三）资本市场中的投资者利益受损

在我国当下金融投资产品急剧增长的背景下，过窄的证券定义并不利于对投资者合法权益的保护。一方面，当投资者因投资而发生争议时，投资者很难甚至无法依据《证券法》来主张自己的权利，而只能从其他部门法，如《合同法》和《侵权责任法》或行政规章中寻求解决方案。但由于《合同法》《侵权责任法》这些民事基本法律对证券市场的监管而言都属于普通类而非专门类的法律，其对证券交易区别于一般商品交易的特殊性没有作出专门规定或规定得不够具体，而且金融监管机关制定的行政规章等规范性文件效力较低，因此会致使投资者获得救济的成本增加。[②] 另一方面，由于我国《证券法》对于"证券"的定义狭窄，这也直接导致了新金融产品的发行者、承销商以及其他相关的中介组织游离于《证券法》的监管之外。因此，《证券法》的相关制度诸如"信息披露"、"禁止操纵市场"、"禁止内幕交易"和"禁止虚假陈述"等都发挥不了相应的作用，这使得很多金融机构在推出相关金融产品时都处于监管失位的状态，直接影响到了投资者权益的保护。

---

① 李有星：《论非法集资的证券化趋势与新调整方案》，载《政法论丛》2011 年第 2 期。

② 陈洁：《金融投资商品统一立法趋势下"证券"的界定》，载《证券法苑》2011 年第 2 期。

（四）资本市场证券品种过少，不利于多层次资本市场的形成

我国《证券法》的适用范围和调整对象限制了资本市场证券的品种和市场层次，也就相应地限制了交易的多样性和相关性。实践中出现的大量实质性证券融资活动难以用《证券法》调整，诸如果园投资合同、产权式酒店投资、地产投资券等具有“实质性证券”形式的融资并非当下证券法明确列举的证券属种。[①] 以证券衍生品种为例，我国当前市场中证券品种单一，证券衍生品中几乎处在空白状态，而诸如权证、股票期权、指数期货、国债期货等证券衍生品种，具有套期保值、价格发现、管理风险、活跃交易等功能，这些产品的长期不足，加剧了股票、公司债券等基础证券市场的风险和困境，严重制约了我国证券市场的发展，从而影响我国证券市场的竞争力。进一步讲，若我国证券市场中交易的证券种类足够丰富，市场层次多样、交易形式互补，我国资本市场的发展空间就会比当前广阔得多，市场活跃度亦会高于当下，在此基础上，市场投资者的积极性也会更大。故而，我们要积极推进证券市场的发展，包括债券市场、股票市场、金融衍生品市场，构建主板、创业板、店头市场、股权转让市场在内存的多层次资本市场发展模式。[②] 这也离不开“证券”定义的进一步扩大与内涵的丰富。

三、我国证券法上“证券定义”调整的路径

从我国学者当前的研究状况来看，绝大多数学者认为，我国证券法上“证券”的定义应当进行扩张。[③] 自 2005 年《证券法》修订以来，随着资本市场的不断发展，金融产品的日益增多，对证券定义扩大的呼声也日益高涨。梳理我国学者的研究脉络，可以清晰地看到一条由抽象到具体的研究路径。早期的学

---

① 李有星、杨俊：《论我国证券法定范围引发的问题及其解决方案》，载《时代法学》2012 年第 4 期。

② 陈洁：《金融投资商品统一立法趋势下“证券”的界定》，载《证券法苑》2011 年第 2 期。

③ 如吴志攀教授认为：修订《证券法》的适用范围“宜宽不宜窄”。只有《证券法》的适用范围放宽了，证券市场经营产品的种类才会丰富，多层次的证券市场才会拉开，各层次市场上的多种证券买卖活动才会活跃，市场活动才会有活力，证券市场才会有较大发展。参见吴志攀：《〈证券法〉适用范围的反思与展望》，载《法商研究》2003 年第 6 期。

者研究较为宏观，分别从非法集资的规制、我国多层次资本市场的形成等角度论证了扩大证券定义的必要性。随着研究的不断深入，学者们逐步从“有必要扩大”的抽象研究进入“如何进行扩大”的具体问题的研究，并进行了多种立法模式的探讨。到目前为止，对证券定义扩张的研究已经进入精耕细作的阶段，学者们在探讨我国应当确立的“证券”定义概念的同时，也逐渐将研究视角转向“证券”定义扩张的边界，以期科学、合理地界定我国资本市场所需的证券概念。

（一）证券定义扩张的主要路径

在证券定义应当如何进行扩张这一问题上，我国学者的基本思路具有一致性。即寻找一个“实质证券”的概念，① 在证券法上构建一则一般性的条款，对我国证券法上证券的定义进行兜底性的概括，在立法模式上采取一种“列举+概括”的方式，将各种表现形式下的金融产品纳入证券的范畴。然而，应当采取何种概念作为我国证券法上“证券”定义的兜底性条款，学术界尚存争议。

1. “金融投资商品”概念下的“证券”定义路径

此观点的代表学者为郭锋，其认为，在本次修改证券法时应当坚持“大证券法”观点，扩大调整范围，采用列举加弹性兜底条款的方式，引入“金融投资商品”概念。在所有的证券金融商品之中凡是能够满足“投资性证券”特征的全部纳入证券的调整范围之中。② 简言之，就是在我国的混业经营现状之下，证券、银行、保险、信托各行业以及交叉领域产生的金融投资商品以及非金融机构销售或发行的具有金融功能的投资性证券均纳入调整范围。此观点的理由在于世界上各大国都相继实现了从“证券”到“金融商品”的转化，充分的横向扩大，避免监管盲区，保护投资者利益。这种观点是最具有跨越性的，将全部符合金融投资商品概念的产品纳入规制，对现行相对分散的法律体系是一个很大的冲击，需要总体上的改革重构。同时，监管体制也需要改革来适应这种观点。

邢会强教授认为，证券是投资者为了获取利润而取得的代表投资性权利的

---

① 陈甦、陈洁：《证券法的功效分析与重构思路》，载《环球法律评论》2012 年第 5 期。

② 郭锋：《大金融视野下的证券监管理念和〈证券法〉修改路径》，载《金融服务法律评论》2013 年第 1 期。

凭证或合同，投资者之间共同进行了投资或者它允许投资者对外拆分转让该证券，它具有损失本金的风险且该风险未受其他专门法律的有效规制。换言之，证券具有投资性、横向共同性和风险未受规制性（或风险裸露性）三大本质特征。简言之，证券的特征可以概括为“共同投资，风险裸露”八个字。凡是符合该定义的凭证、产品或合同都是证券，都应该纳入《证券法》的调整范围。①

2.“集合投资计划”概念下的证券定义

受英国、日本及韩国的启发，我国部分学者认为应当以“集合投资计划”作为“证券”的概括性定义。“集合投资计划”以英国、日本、韩国等为代表，通过金融商品、金融服务的统合立法，明确导入了抽象化概括性的“集合投资计划”概念。英国在1986年《金融服务法》和2000年《金融服务与市场法》中率先导入集合投资计划定义，日韩两国则分别在2006年《金融商品交易法》、2007年《资本市场法》中引入英国法上的集合投资计划的概念，并以此为基础全面导入了抽象化概括性的金融投资商品和金融商品的定义。英国的集合投资计划模式可以称为“最宽泛统合规制型”，日本的集合投资计划的模式可以称为“兜底性统合规制型”，韩国更为大胆全面，构建了集合投资计划机构的规制体系，称其为“体系化统合规制型”。② 具体而言，英国的“投资计划”概念非常广泛，对出资形式、种类等都没有特别的限制，以期最大限度地保护投资者。日本的集合投资计划的定义主要由三个要件构成：（1）金钱的投入；（2）对用出资的金钱进行共同的事业；（3）将该事业所获得的利润在开始或者结束时以金钱或者资产分配的方式向投资者提供利润。上述条件都具备的金融商品，无论采取何种法律形式和进行何种事业，均属于集合投资计划份额，并成为《金融商品交易法》的规制对象。韩国在导入“集合投资计划”概念上比日本更为彻底。其实现了将原本的“列举主义”向“抽象概括主义”完全性的转变，以概括性概念加排除的方式使用了“金融投资商品”的概念将具有“投资性”内涵的金融商品全部纳入规制对象。韩国颁布的《资本市场法》是迄今为止大陆法系国家最为深刻、系统的集合计划规制法典。

我国应当借鉴日韩两国导入“集合投资计划”概念的经验。结合我国的司

---

① 邢会强：《我国〈证券法〉上证券概念的扩大及其边界》，载《中国法学》2019年第1期。

② 杨东：《市场型间接金融：集合投资计划统合规制论》，载《中国法学》2013年第2期。

法实践的现状，我国“集合投资计划”的概念应当采取概括主义和列举主义相结合的模式，将集合投资计划的定义界定为“由该计划的参与人以金钱出资形成集合性资产，由资产管理人将其开展事业，并将由此产生的收益分配给参与人，包括但不限于以公司、信托、合伙等组织形态的各类公、私募基金等金融产品，具体由金融监管部门列举指定”。[①] 这一概念既具有统领性，也具有兜底性。它成为法规、规章等对具体类型的集合投资计划进行详细列举时的依据，当法规、规章等未列举而又符合这一定义要件的金融创新产品出现时，该兜底性条款可以成为金融监管者进行有效监管的依据，最大限度地把几乎所有具有投资性的金融商品和投资服务纳入适用对象。

华东政法大学课题组吸收并借鉴了杨东的观点，在其课题报告中，《证券法》的修订应采用“列举+概括”的立法模式。具言之，现阶段，股票、债券、证券投资基金份额都发展得比较成熟，自然应明确列举出来。在对证券的一般性条款选择上则可以引入“集合投资计划份额”的概念。[②]

3.“投资合同”概念下的证券定义

投资合同来源于美国证券法，其具体内涵已如前文所述。在此基础上，我国部分学者主张借鉴美国经验，以投资合同作为我国“证券”定义的一般概念。姚海放认为，应当在我国证券法上引入“投资合同”作为我国实质证券的判断方法，这对我国金融监管具有重要意义。首先，引入“投资合同”作为我国实质证券的判断方法可有效地对我国交易所交易对象进行定性，明晰其适用规则方面的问题；其次，“投资合同”的概念也可运用于对企业通过系列合同安排向公众进行融资行为的定性及法律规制方面，避免非法集资、集资诈骗等罪名的过度滥用。此外，扩大证券概念、引入“投资合同”对我国包括场内交易市场和规范的场外交易市场在内的多层次市场体系的形成大有裨益。[③]

除此之外，李有星更进一步对投资合同下的配套制度进行了研究。除明确“投资合同”这一基本标准外，我国还应借鉴美国证券法，建立包括豁免证券、小额融资豁免以及证券私募豁免在内的证券注册豁免制度，解决企业利用证券

---

① 杨东：《发展多层次资本市场亟需扩大证券概念》，载《法制日报》2014年4月9日第12版。

② 华东政法大学课题组、顾功耘：《证券法的调整范围与立法体例研究》，载《证券法苑》2014年第01期。

③ 姚海放：《论证券概念的扩大及对金融监管的意义》，载《政治与法律》2012年第8期。

融资与监管有效的矛盾。在此基础上，由于相当多的金融投资工具可以依据投资合同的判定标准进行判断以确认是否属于证券，若对投资合同发生争议，其认定权可以归属证券监管机构和司法审判机关。①

（二）“证券”定义扩张范围的反思

虽然证券定义的扩张成为当前学界研究的趋势，但仍有学者从证券的内涵、法律移植的可行性及我国实践现状等角度，对我国“证券”定义扩张的范围进行了冷静反思。以期科学、合理地界定我国证券法上的“证券”定义。

周晓松从证券内涵的角度出发对我国证券定义的立法模式进行了评价与研究。其认为，目前我国证券法上“列举式”的定义已不适应市场发展和金融监管的需要，必须对证券内涵进行规定。而我国需要以“投资者保护”为核心确定证券法律内涵，科学处理投资者权力、监管权力和司法权力的关系。在此基础上将证券的对象进行扩大，确定为“权利或其他利益”，具言之，此“权利或其他利益”涵盖人身权利、份额权利等内容，以“能够在金融市场转让”为判断的实质标准。而金融市场应做广义的理解，不仅包括场内市场，还应包括场外市场和柜台市场。②

与前述扩大证券定义的主张相反，吕成龙就我国证券法上证券的定义扩张范围进行了冷静反思，认为在我国《证券法》的修改过程中，需冷静地思考证券定义扩大的节奏与具体内容的把握。因为通过对我国证券市场的历史性观察可以发现，我国法律上的证券定义的作用主要在于为社会提供合法、明确、可得的证券投融资渠道，避免非法集资者，这与美国法上的证券定义演绎过程有很大的区别。鉴于各国法律上的证券定义与各自监管立场、目标和社会制度密切相关，法律移植是我国法律体系建设的后发优势之一，但中美两国社会语境与法律体系的不同，会导致制度的排异性，这就需要形成中国式的替代机制。③在我国当今语境下，我国《证券法》对证券定义的扩展仍然在于为社会提供创新的融资手段，而非为种类繁多、自由创新的任何证券产品提供兜底性的监管。

---

① 李有星、杨俊：《论我国证券法定范围引发的问题及其解决方案》，载《时代法学》2012 年第 4 期。

② 周晓松：《定义“证券”：内涵加外延的立法模式》，载《证券法苑》2014 年第 2 期。

③ 吕成龙：《中美证券市场治理的关键变量比较与法律移植》，载《证券法律评论》2015 年第　期。

因此，我国《证券法》上的证券定义不宜过宽，更不能扩展至“投资合同”，而应循序渐进地处理好具体的股权类和债务类证券产品范围，审慎把握证券定义扩大进程。①

（三）“证券”定义扩大过程中的其他问题

1. 证券认定的“权力”安排

在监管机关“认定交易关系的证券属性”的权力安排问题上，姚海放认为我国向来具有以政府主导经济社会发展的传统，行政中心主义的特点十分明显。而我国司法机关往往保持谦抑性，因此，认定交易关系证券属性的权力还应归于行政机关。具体而言，最为妥当的办法是通过立法直接将证券认定的权力赋予中国证监会，由证监会对纳入证券范围的资本运作活动行使监管权。同时，证监会也应该承担与其权力相适应的职责与责任。② 华东政法大学课题组亦对此种权力安排进行了肯认。③

2. 证券定义扩张下债券市场的安排

当前，我国债券市场的二元分割格及破碎化的债权法制严重制约我国债权市场的发展。《证券法》的适用范围过窄导致金融债权、企业债券和非金融企业债务工具无法得到应有的规范。因此，应当确认各类债券品种的证券属性并将其全部纳入《证券法》的调整范围，确立《证券法》作为调整债券法律关系的基本法地位，在《证券法》的框架下规范债券市场的运行。一种比较合理的解决方案是淡化企业债券、金融债券、中期票据、公司债券等称谓，直接回归其作为法人所发行的有价证券的本质，通过列举加概括的方式明确其为接受《证券法》统一调整的证券类型，并且在此基础上对各类债券品种进行统一的原则性的规定，以此作为债券市场的基础性制度和监管部门出台部门规章和自律性规则的依据。④

---

① 吕成龙：《我国〈证券法〉需要什么样的证券定义》，载《政治与法律》2017 年第 2 期。

② 姚海放：《论证券概念的扩大及对金融监管的意义》，载《政治与法律》2012 年第 8 期。

③ 华东政法大学课题组、顾功耘：《证券法的调整范围与立法体例研究》，载《证券法苑》2014 年第 1 期。

④ 冯果：《债券的证券本质与债券市场法制化——〈证券法〉修订背景下的债券法律体系重构与完善》，载《证券法苑》2016 年第 1 期。

四、总结

前述研究虽涉及内容较多，但至少有三点经验对我国《证券法》上证券的定义是有指导意义的。其一，“证券”定义往往是基于证券法保护投资者的目标，所有与投资有关的融资安排都应当被纳入证券的定义，否则，证券法对投资者保护的目标就无法实现。[①] 因此，构建“证券”定义，应将保护投资者合法权益作为首要之义。其二，随着资本市场的不断活跃、金融创新的发展都使得完全列举式的证券定义方式不再适应现在的金融市场，使用概括性判断标准成为必然趋势与选择。我国应当选择一个概括性一般概念作为我国证券法上“证券”的定义。其三，证券法调整范围需要与各自资本市场的现实情况相适应，我国证券市场近年来的长足发展，使得证券法的调整范围也应当有一个变化以适应现行的金融发展。然而是否如韩国、英国那样采取完全的抽象概念判断标准则又是一个值得探讨的问题，我国的资本市场发展时间是远不如这些国家的，成熟度、配套设施的完善与否也是有差距的。因此，应结合我国实践确定我国证券定义的具体内容。

① 彭冰：《非法集资活动规制研究》，载《中国法学》2008 年第 4 期。

改革开放四十年与虚假陈述研究

马君慧　凌然*

【内容提要】通过梳理改革开放四十年来学者们对虚假陈述行为的相关学术成果发现：首先，学者们对于虚假陈述民事责任的性质进行了广泛的探讨，有的从侵权责任与违约责任的维度进行比较分析，有的以证券发行、交易等不同情形加以界定。其次，学者们对虚假陈述行为的认定、责任主体、因果关系及举证责任、归责原则和损害赔偿五个方面的核心问题进行了详细论证。随后，在虚假陈述的诉讼机制方面，诉讼前置程序常常被诟病，学者们对此提出了不同的建议；在诉讼制度方面，美国集团诉讼制度和“声明退出”规则也被不少学者认为是我国证券诉讼的发展方向。最后，学者们对虚假陈述的其他相关问题进行了探讨，如股东、独立董事对于公司虚假陈述行为的责任等。

【关键词】责任主体　因果关系　举证责任　损害赔偿　诉讼机制

虚假陈述作为证券市场中典型的违法行为，一直屡见不鲜。虚假陈述行为不仅给广大投资者造成了巨大的损失，更扰乱了证券市场正常的交易和运行秩

---

* 两作者均为中央财经大学硕士研究生。

序。当前，我国法律法规中对于虚假陈述这一行为的规定主要集中于《证券法》和《最高人民法院关于审理证券市场因虚假陈述引发的民事赔偿案件的若干规定》（以下简称《规定》）之中。早在20世纪90年代，就有关于虚假陈述方面的研究，但当时多集中在虚假陈述的定义、分类等方面，随着研究层次和研究技术的逐步推进，开始出现对虚假陈述的责任性质、责任主体、损失计算等方面的深入探讨，目前对于证券市场虚假陈述的相关制度研究已日趋完善。

在早期的研究中，研究者大多会先对虚假陈述的定义加以说明。如季秀平的文章中，对于虚假陈述如此定义：虚假陈述是指负有信息公开义务的单位和个人，违反证券市场中的信息公开制度，在有关文件中，对有关证券发行与交易的重要信息作虚伪不实的披露或者故意遗漏、隐瞒的行为。并且作者按照不同的标准对虚假陈述进行了分类：按阶段的不同，可分为发行市场中的虚假陈述和交易市场中的虚假陈述；按信息公开对象的不同，可分为针对公众的虚假陈述和针对证券监管机构的虚假陈述；按行为人的行为方式，可分为作为的虚假陈述和不作为的虚假陈述；此外，还可以按照行为主体、陈述内容和陈述载体等标准加以分类。①

虚假陈述行为与信息披露制度紧密相连，虚假陈述行为是对信息披露制度的违反。信息披露存在于证券发行与交易的各个阶段，包括发行披露、上市披露和持续披露。李国安认为，无论在哪个证券阶段，都要求发行人诚实地履行完整、真实、准确和及时的信息披露义务。② 郭锋具体提出虚假陈述行为违反了信息披露的真实性、完整性、准确性、新颖性、公平性等实质性标准，虚假陈述行为对资本市场有着严重的危害，虚假陈述会引发风险和逆向选择，同时也会降低或破坏资本市场的有效性，③ 有必要对虚假陈述行为进行法律规制。证券市场民事侵权赔偿案件具有下列特征：广泛性、敏感性、复杂性、不确定性、新颖性。④

---

① 季秀平：《证券市场中的虚假陈述行为及其法律规制》，载《淮阴师范学院学报》1999年第3期。

② 李国安：《虚假陈述的监管与信息披露担保——基于虚假陈述民事赔偿责任的若干思考》，载《河北法学》2005年第3期。

③ 郭锋：《证券市场虚假陈述及其民事赔偿责任——兼评最高法院关于虚假陈述民事赔偿的司法解释》，载《法学家》2003年第2期。

④ 贾纬：《〈关于受理证券市场因虚假陈述引发的民事侵权纠纷案件有关问题的通知〉的理解和适用》，载《人民司法》2002年第2期。

一、虚假陈述民事责任的性质探讨

虚假陈述的民事责任性质在学界主要有侵权责任说和契约责任说两种。季秀平的文章中仅对两种学说进行了介绍，张宇润也对两种观点进行了梳理，认为二者皆有一定的道理，并未明确表示赞同哪一方的观点。[①] 饶爱民的文章中除了上述两种学说外，还提到了独立责任说，但这一观点因缺乏法理的支撑，支持者寥寥。法律规定中直到2002年的《最高人民法院关于受理证券市场因虚假陈述引发的民事侵权纠纷案件有关问题的通知》才将虚假陈述的民事责任界定为侵权责任，但在2003年的《规定》中却采用了“民事赔偿责任”的表述。这一性质不明确的表述，引起了学界的很多讨论。饶爱民认为此种责任界定的不明确会导致实践中出现各种问题，比如说诉讼管辖的不明确、因果关系认定不合理等。故而饶爱民依据投资者利益最大化的理念和投资者与虚假陈述主体之间关系的性质，提出我国《证券法》应明确规定虚假陈述民事责任的性质，采取侵权责任和合同责任并行的立法方式，在存在侵权责任和违约责任竞合的情况下，赋予投资者选择权，以实现最大限度地保护投资者利益的宗旨。[②] 梁爽认为，《规定》中规定的虚假陈述的性质究竟是证券责任还是侵权责任值得讨论。首先，证券虚假陈述责任应打开侵权责任法的救济之门，而适用侵权责任时必须合理区分虚假陈述和损害之间的事实因果关系和损害因果关系，防止“一刀切”。而在保护投资者救济选择权，也应同时在证券法中规定虚假陈述损害的具体推算办法。其次，必须明确虚假陈述损害推定的计算期间和揭露主体应为公司财产和业务上具有法定权限的人。最后，必须同时在民法和民诉法中配套规定，在审理证券虚假陈述案的过程中，给予法院一定的自由裁量权。[③]

不少学者认为虚假陈述的民事责任不能一概而论，而是应当划分不同的情形承担不同的民事责任，但在划分标准上略有不同。王丹区分发行市场和交易市场对虚假陈述民事责任进行认定。在发行市场上，发行失败时，虚假陈述行为人承担的是缔约过失责任。发行成功时，采用代销或余额包销方式下，发行

① 张宇润：《证券虚假陈述及民事责任确定之我见》，载《政法论坛》2002年第6期。

② 饶爱民：《证券虚假陈述民事责任性质之界定》，载《法治研究》2010年第4期。

③ 梁爽：《日本证券虚假陈述责任法律适用对我国的启示》，载《法学》2011年第1期。

公司与投资人间形成契约关系，故承担的是合同责任；采用全额包销的方式下，投资人与承销商形成合同关系，发行公司是第三人，虚假陈述构成第三人诈欺。证券承销商独立承担合同责任或者与发行公司一同承担侵权责任，投资人享有选择权。在交易市场上，面对面交易时，合同责任与侵权责任的请求权竞合，受害人可自行选择；公开交易市场则主要依靠交易所的撮合系统，此时虚假陈述行为人承担的就是侵权责任。[①]

除了违约责任和侵权责任之外，赖武还提出了担保责任的分类，他将虚假陈述的民事责任分为缔约过失责任、侵权责任和担保责任三种。证券虚假陈述缔约过失责任是指在证券合同的订立过程中，发行人由于自己的过错致使合同关系无效或被撤销而给证券持有人造成损失所应承担的赔偿责任。这一点上与王丹的认定一致。证券虚假陈述的侵权责任是指证券发行人和发起人在其应当依法公告的有关文件中违反法定义务作出虚假陈述，使投资者因此在证券交易中遭受损失所应承担的赔偿责任。证券虚假陈述担保责任是指信息披露参与主体在其为证券的发行、上市或证券交易活动出具的公开文件中含有虚假记载、误导性陈述或重大遗漏时，就其应负责部分所承担的法律责任。故，赖武认定的侵权责任仅存在于发行阶段，此后的信息披露责任则均为担保责任。但此种担保与民法上的担保不同：（1）信息公开担保是一种法定担保。（2）民法上债的担保是为了确保债权实现或债务履行的确定性，前提是所担保的债权或债务已具有合法性，否则，债的担保可因主债务的无效而无效，担保人因此不承担担保责任。信息公开担保是对信息公开文件内容的合法性所作的担保，实质上是对信息公开行为可能的违法后果承担责任而为的担保。（3）信息公开担保的权利主体、责任范围、担保期限具有不明确性。此外，赖武还对不同责任下的免责事由进行了区分。[②]

除了民事责任之外，虚假陈述行为还会引发行政责任和刑事责任。刘俊海认为，立法者应当扭转重行（刑）轻民的思维定式，对于证券民事责任、证券行政责任与证券刑事责任予以同等关注。司法执法机关对证券民事案件、证券行政案件与证券刑事责任应予同等关注。其认为，投资者有权起诉面临退市甚

① 王丹：《证券虚假陈述损害赔偿计算方法论》，载《法学》2003年第6期。

② 赖武：《证券虚假陈述民事责任的认定》，载《法制与社会发展》2003年第2期。

至破产境地的虚假陈述公司。反对一些持有困难公司股份的投资者反对其他受害投资者对上市公司及其高管人员提起损害赔偿之诉的观点。同时还主张建立快速落实证券民事责任的争讼解决机制，并建议成立投资者协会，发挥其在落实证券民事责任方面的重要作用。投资者协会既有利于保护投资者权利，强化上市公司、公司经营者、中介机构和监管部门的责任感，也有利于从根本上营造保护投资者的法律环境和社会环境，促进投资活动的持续繁荣，从而使所有证券市场参与者受益。①

二、虚假陈述民事责任的具体方面

（一）虚假陈述行为的认定

1. 虚假陈述的对象和认定标准

虚假陈述行为与信息披露制度息息相关。张宇润指出，虚假陈述的对象是信息，虚假陈述的客体内容就是信息，主要是生产经营和财务方面的信息。但虚假陈述客体对象的范围更广泛，因为能影响证券价值的信息，并不必然是经营财务方面的信息，如股权结构的重大变动、收购事件和重大诉讼事件。②

信息披露的标准是虚假陈述行为的前提性问题。一般认为信息披露当以“重大性”为标准，郭锋认为，证券市场虚假陈述行为人承担侵权民事责任，需符合特定的标准：行为人是否具有过错，应当分析其是否符合理性人标准；虚假陈述的内容是否构成侵权，关键在于该内容是否重大；行为人是否需要承担民事责任，取决于虚假陈述是否导致投资者的经济损失。③ 刘兴华指出“重大性”包括三个层次：（1）重大事实，指既存的可以影响证券价格的客观事实；（2）重大变化，指既存事实、状况所发生的可以影响证券价格的重大改变；（3）重大信息，这是包括重大事实、重大变化在内的可以影响证券价格的重要情况。④季秀平也在文章中提到，信息披露包括初次披露和持续披露，上市公司需要披露的信息有：招股说明书、上市公告书、定期报告、重大事件临时报告、公司

---

① 刘俊海：《论证券市场法律责任的立法和司法协调》，载《现代法学》2003 年第 1 期。

② 张宇润：《证券虚假陈述及民事责任确定之我见》，载《政法论坛》2002 年第 6 期。

③ 郭锋：《虚假陈述侵权的认定及赔偿》，载《中国法学》2003 年第 2 期。

④ 刘兴华：《证券虚假陈述的界定》，载《经济问题》2004 第 9 期。

收购报告等。并有学者通过公式来认定重要信息：重大事情 = 事件影响 × 事件发生的可能性。[①]

在判断“重大性”的问题上，李国安认为，美国引入“理性投资者”判断标准的做法更加科学合理，我国可以加以借鉴，同时应兼采概括式和列举式的长处，实现客观性和严密性相结合。[②] 廖升认为，在虚假陈述行为的认定上，应采纳分层、分点的认定方法。首先，在统合性标准方面，即虚假陈述行为的几个共性要件上，应将“理性投资者理论”作为重大性的判断标准，并借鉴“有效市场”理论作为公开性之认定标准。其次，在类型化标准方面，根据虚假陈述行为的具体类型规定相应的认定标准。虚假记载，强调的是真实性标准和合理性标准，真实性标准从客观性、一致性、规范性三个方面来判断；误导性陈述，针对的是准确性标准；重大遗漏，则针对完整性标准；不正当披露，强调及时性和法定形式性要求。此外，场外资本市场的虚假陈述行为认定应与场内市场保持一致，无须特别规定，予以区别对待。[③]

2. 虚假陈述的形态

早期对于虚假陈述形态的分类较为简单，如季秀平认为，实践中常见的虚假陈述形态包括谎报（在有关文件中虚构公司状况的行为）、遗漏或隐瞒（行为人应当公开而没有公开过去或现在已经存在的有关公司状况的行为）、误测或虚假允诺（在没有合理预测的情况下，就未来事实作出的陈述）。[④]

刘兴华将虚假陈述分为五种形态：

A. 虚假记载：在证券发行、交易和相关其他活动中捏造事实或错误认定事实而加以公开的虚假陈述。财务报表不实是虚假记载的重点。

B. 遗漏：行为人公开文件中将与证券发行、交易及相关活动有关的关键性信息予以隐瞒或疏漏的虚假陈述。消极的、不作为的虚假陈述。全部遗漏、部分遗漏。违反了信息披露的及时性原则。

---

① 季秀平：《证券市场中的虚假陈述行为及其法律规制》，载《淮阴师范学院学报（哲学社会科学版）》1999 年第 3 期。

② 李国安：《虚假陈述的监管与信息披露担保——基于虚假陈述民事赔偿责任的若干思考》，载《河北法学》2005 年第 3 期。

③ 廖升：《虚假陈述侵权责任之侵权行为认定》，载《法学家》2017 年第 1 期。

④ 季秀平：《证券市场中的虚假陈述行为及其法律规制》，载《淮阴师范学院学报（哲学社会科学版）》1999 年第 3 期。

C. 误导性陈述：虚假记载和遗漏以外的误导性信息的意思表示。表述模糊、语句歧义、投资者误认、影响投资者决策。

D. 错误预测：指在缺乏事实基础和合理依据的情况下，对未来将要发生的情形和事实所作出的与事实情况不相吻合的陈述。预测并不必然构成虚假陈述，只有缺乏事实基础和合理依据时才构成。

E. 不当披露：行为人未按照法律、行政法规和监管部门的规章规定的时间和方式披露信息，或对可能导致证券价格变化并影响投资决策的重大信息未适时按法定方式披露。沉默在特定情形下是意义表示，构成不作为的虚假陈述。[①]

其他学者对于虚假陈述形态的分类基本也未跳出上述分类的框架。例如，赖武将虚假陈述分为四种形态：不实型虚假陈述、遗漏型虚假陈述、误导型虚假陈述和错误预测，[②] 与刘兴华的分类相比，少了不当披露这一分类。郭锋则分为：虚假记载、误导性陈述、遗漏和不当披露四种类型，与刘兴华和赖武都不同的是，郭锋将预测失实纳入误导性陈述的范畴中，而未单独作为一种分类存在。[③] 张宇润也是分为虚假记载、重大遗漏和误导性陈述三类。[④] 李国安分为不实陈述、遗漏、误导性陈述和迟延披露。[⑤]

目前，根据《证券法》第六十三条的规定，发行人、上市公司依法披露的信息，必须真实、准确、完整，不得有虚假记载、误导性陈述或者重大遗漏。盖因虚假陈述形态的问题已经由法律加以规定，基本不存在相关问题，也跳脱不出该框架，故而对于虚假陈述形态的讨论在学界已无较大的必要。

（二）虚假陈述的责任主体

《规定》就证券市场虚假陈述行为的民事赔偿责任人作了列举性的规定，包括发行人、上市公司、证券承销商、证券上市推荐人、专业中介服务机构以及发行人、上市公司、证券承销商、证券上市推荐人负有责任的董事、监事和经

---

① 刘兴华：《证券虚假陈述的界定》，载《经济问题》2004 第 9 期。

② 赖武：《证券虚假陈述民事责任的认定》，载《法制与社会发展》2003 年第 2 期。

③ 郭锋：《证券市场虚假陈述及其民事赔偿责任——兼评最高法院关于虚假陈述民事赔偿的司法解释》，载《法学家》2003 年第 2 期。

④ 张宇润：《证券虚假陈述及民事责任确定之我见》，载《政法论坛》2002 年第 6 期。

⑤ 李国安：《虚假陈述的监管与信息披露担保——基于虚假陈述民事赔偿责任的若干思考》，载《河北法学》2005 年第 3 期。

理等高级管理人员。不少学者认为此规定不够完善，对该问题提出了相关补充或进行了体系梳理。

有学者认为《规定》中缺少两类主体：A. 专业中介服务机构的直接责任人。直接责任人的责任多为行政或刑事责任，笔者认为有必要追究其民事责任，原因有二：一是行政和刑事责任代替不了民事责任的功能，弥补受害者的损失；二是《刑事诉讼法》关于附带民事诉讼的规定是追究专业中介服务机构直接责任人的民事责任的现行法律依据。B. 证券监管机构及其直接责任人。如果证券监管机构的工作人员的行为构成犯罪的，投资人应有权通过提起附带民事诉讼的方式追究犯罪分子相关的侵权民事责任。[①]

也有学者将主体按照分类进行划分，张宇润和刘兴华将可能性主体划分为三个方面：（1）市场行为主体。可分为发行市场的主体（主要包括：发行人、发起人、董事、重要职员、财务主管及其他直接相关人员；配售主体；承销商；中介服务机构及专家，如律师事务所、会计师事务所、资产评估机构、证券登记结算机构、投资咨询机构等）和在证券交易市场中的主体（主要包括：发行人、董事、重要职员、财务主管及其他直接相关人员；证券经纪商；中介服务机构及其相关专家；持股达一定比例的大股东；公司收购人；内幕人员等）。（2）监管机构和自律组织及相关人员（主要包括：证券交易所、证券业协会、证券监督管理机构及其工作人员）。（3）其他主体（其范围因具体行为而确定，如新闻传播媒介、一般国家工作人员、投资者等）。[②]

更有学者将主体进行了系统性的梳理，例如赖武将主体分为四类：

A. 发行人和发起人。（直接主体）

B. 对发行人负有责任的董事、监事和经理。（参与主体）董监高的善良管理人或勤勉义务，但并非所有的董监高都要负责，投反对票。只有对证券虚假陈述负有责任的发行人的董事、监事和经理才是承担责任人员。

C. 证券承销商及其负有责任的董事、监事和经理。（参与主体）理由：承销商处于可对发行公司的品质给予担保认可的地位；对有关发行公司事项之调查与确认，处于特别有利之地位；可以自主选择是否承销发行的证券。

---

① 殷洁：《证券虚假陈述民事责任制度论》，载《法学》2003 年第 6 期。

② 张宇润：《证券虚假陈述及民事责任确定之我见》，载《政法论坛》2002 年第 6 期；刘兴华：《证券虚假陈述的界定》，载《经济问题》2004 第 9 期。

D. 专业证券服务人员及机构。(参与主体)

虚假陈述的责任主体可分为直接主体和参与主体。发行人和发起人因在证券市场中居于主导地位，承担信息披露的直接义务，并对信息披露的全面性、真实性、准确性以及合法性负完全责任，是直接责任主体；而发行人与发起人之外的中介机构及相关人员是参与主体，在信息披露中处于辅助地位，他们所承担的是尽职调查和信息真实保证义务。①

李国安认为信息披露担保人包括证券发行人的发起人、董事、监事、经理、证券承销商、专业性中介机构及其人员等直接参与信息披露文件制作、审计、评估和认证的当事人。并且此种担保责任是法定担保责任，但仅对其所担保的特定信息承担责任。②

还有学者将承担责任的主体范围进一步扩大。耿利航认为，隐藏在公司虚假陈述背后协助"教唆造假的中介机构以及其他市场利益关联人"虽然不是显名的虚假陈述人，但却是虚假材料的共谋者，应当承担相应的民事责任。然而，如果一概简单判定任何参与协助造假者与公司或公司内部人一起承担连带赔偿责任，将带来行为人不当行为与责任大小极不匹配的"严苛"和不公平责任问题。在我国将来可能的证券市场民事欺诈诉讼中，司法机关应当充分借鉴美国的司法经验，谨慎地扩展共同侵权的责任范围。因此，第一，正视证券集团诉讼程序限制放松后可能带来的责任严苛问题。我国实践中的问题不是滥诉而是民事赔偿和威慑不足。然而，我国法院目前为保护投资者，取消诉讼前置程序、逐渐放松对集团诉讼的程序控制（如采纳人数不确定的代表诉讼）、降低民事诉讼法院收费标准等已经是一个确定的、进行中的总体趋势。第二，应将重心放在被告具体责任认定标准上，更重要的是要注意将责任认定标准与法院所拟采纳的集团诉讼机制相结合。第三，对于责任认定标准，美国法院的经验是将被告限定在对公司虚假信息披露有着最主要影响的与公司内部人"勾结"、"合谋"、恶意非常明显的中介机构，排除过失或一般性参与虚假陈述的中介机构以及其他市场交易主体的协助、教唆责任。参照我国的执法实践，我们还可以设计另外一条路径：欺诈参与人都应承担赔偿责任，但按照参与程度、过错大小

① 赖武：《证券虚假陈述民事责任的认定》，载《法制与社会发展》2003 年第 2 期。

② 李国安：《虚假陈述的监管与信息披露担保——基于虚假陈述民事赔偿责任的若干思考》，载《河北法学》2005 年第 3 期。

承担相应比例的赔偿责任。[①]

也有学者探讨了主体责任承担的内在标准。郑朝晖认为，虚假陈述的实质是审计失败，而勤勉尽责的核心是应有的职业关注。超前的审计准则不能作为认定职业关注的标准，机械执行审计准则不能认定已尽了职业关注。作者认为应有的职业关注的标准应从两方面把握：一是对“人”的标准，要求注册会计师要符合“谨慎执业者”的标准；二是对“事”的标准，要求注册会计师在提供服务时要具体情况具体分析，运用职业判断收集到充分的审计证据。[②]

部分学者对主体之一的董事责任进行了详细的探讨。胡滨、全先银探讨了虚假陈述中董事的责任问题。首先，董事对上市公司虚假陈述行为承担责任的法理基础包括过错是董事对上市公司虚假陈述行为承担责任的主观基础；上市公司中小股东需特殊保护是董事对上市公司虚假陈述行为承担责任的客观依据；建立公开、公平、公正证券市场是董事对上市公司虚假陈述行为承担责任的现实需要。而我国上市公司董事虚假陈述法律责任制度存在的问题：刑事责任相对过轻；过于依赖行政处罚；民事责任难以追究；前置程序人为地提高了受害投资者向法院寻求救济的门槛；因果关系的认定法律过于简单，机械地简化了因果关系的认定程序，可能影响审判结果的公正性；诉讼方式不利于保护中小投资者利益。最后，作者提出了相关完善的建议：完善信息披露机制，缩小董事实施违法、违规行为的空间；切实执行民事赔偿责任优先原则，加强刑事、行政与民事法律责任的协调；完善虚假陈述民事赔偿诉讼机制；在加强董事诚信教育，强化董事责任意识的同时，救济推广董事责任保险，实现董事责任与利益的平衡。[③]

杨城认为，如果将虚假陈述民事责任制度的目标仅限定于补偿投资者的损失，而不顾及谁应当为损失负责，恐怕与侵权责任法的基本功能不符。发行人、上市公司不应成为承担民事责任的唯一主体。作者认为，我国《证券法》虽然规定了虚假陈述的多层次责任主体，但司法实践却出现责任主体单一化的结果，由此带来民事责任与行政责任不匹配、中介机构责任不凸显、控股股东、实际

---

① 耿利航：《美国证券虚假陈述的“协助、教唆”民事责任及其借鉴——以美国联邦最高法院的判例为分析对象》，载《法商研究》2011 年第 5 期。

② 郑朝晖：《会计师虚假陈述与勤勉尽责的认定》，载《审计与经济研究》2001 年第 4 期。

③ 胡滨、全先银：《论我国上市公司虚假陈述的董事责任》，载《经济经纬》2009 年第 3 期。

控制人责任虚化等问题。对此，作者提出保荐机构先行赔付是解决责任主体单一的有益探索。证券监管部门为强化中介机构的主体责任，利用行政权力主导推进保荐机构、主要股东对受损害的投资者先行赔付，并最终通过股票发行制度改革予以固化。作者认为，保荐机构基于自身的单方承诺承担先行赔付义务，这解决了先行赔付制度的法理基础问题。先行赔付虽然绕过司法裁判程序，但由于赔偿对象和赔偿数额均是客观化的状态，赔付结果不会影响其他责任主体的实体权利。而选择保荐机构作为先行赔付的主体，也是督促其履行"第一看门人"职责的现实要求。因此，在现行监管模式和司法环境下，在虚假陈述民事赔偿案件的司法态度比较消极保守的情况下，通过行政权力的干预，采用先行赔付制度解决虚假陈述民事赔偿程序冗长、责任主体单一的问题，是较为现实的选择。① 巩海滨等认为，以专项基金为模式的先行赔付机制是一种有效有益的投资者利益保护相关纠纷的非讼解决机制，特别是对推动构建完善资本市场投资者损失赔偿制度、积极主动保护投资者合法权益具有现实意义。②

（三）虚假陈述的因果关系及举证责任

在因果关系判断方面，学说很多，白彦、伏军的文章中认为虚假陈述宜采用"相当因果关系说为主，目的说为辅"的原则。在举证责任方面，则可借鉴美国的做法，采纳"推定信赖"的原则，减轻原告的举证责任，即是否存在因果关系由被告承担举证责任，在无法证明投资人损失不是出于虚假陈述所致时，推定投资人基于对虚假陈述的"信赖"而作出投资决策。实质上，就是当因果关系无法认定时，由虚假陈述责任人承担败诉的后果。③ 赖武、李国安也赞同上述观点。

在区分交易上的因果关系和损失上的因果关系的基础上，郭锋认为，交易上的因果关系采用"推定信赖"的原则，损失上的因果关系核心是强调原告的损失与被告的虚假陈述存在直接关联性。并指出我国在认定因果关系上的创新之处：其一，省略了交易因果关系和损失因果关系的区分，直接将虚假陈述与投资者的损失相关联。其二，将限定损失范围的因果关系举证交由被告行使，

---

① 杨城：《论我国虚假陈述民事责任主体的困境与创新》，载《证券市场导报》2017 年 7 月 10 日。

② 巩海滨、王旭：《证券市场先行赔付制度研究》，载《财经法学》2018 年第 6 期。

③ 白彦、伏军：《虚假陈述侵权的赔偿责任》，载《中国法学》2003 年第 2 期。

即由被告举证“损失或者部分损失是由证券市场系统风险等其他因素所导致”，如举证成功，法院可认定原告的全部或部分损失与被告虚假陈述行为之间不存在因果关系。这种规定更为公平和合理，有利于保护处于弱势地位的投资者，并通过加重虚假陈述行为的举证成本而遏制、阻吓证券欺诈。[①] 盛焕炜、朱川的文章也将因果关系区分为交易上的因果关系和损失上的因果关系两种，并且提出行为的抗辩理由：非实质性作用标准（交易时间与真实信息披露时间节点上的不一致；虚假陈述自身内容的重要与否也将决定对投资者是否存在影响以及影响的大小）。[②]

也有学者从另一个方面论述了虚假陈述中的因果关系，于莹、潘林认为，因果关系的认定大多依赖于欺诈市场理论，但欺诈市场理论和解释力存在着局限性。文章从“相关性”出发，先论述了“信赖”相关性的本质，不依赖于个别信赖，“信赖推定”获得证成。再通过将证券市场交易者分为知情交易者和非知情交易者，并对二者之间类似于契约安排的关系加以分析，用“相关性”理论回应欺诈市场理论的局限性。[③]

还有学者对 A 股市场和新三板市场进行了区分。樊健认为，A 股市场应当采用欺诈市场理论，在股权分置改革之后，A 股市场已经进入半强式有效的新阶段，推定交易上因果关系成立具有坚实的市场基础。新三板不应当适用欺诈市场理论，主要是由于单只股票的做市商数量有限、流动性差、研究人员的数量也非常有限。对于“价格影响理论”，樊健建议法院应当允许被告举证在虚假陈述之后股价没有发生波动来推翻交易上因果关系成立的推定。由于影响股价的因素众多，因此如何判断某个虚假陈述行为是否影响了股价，可以通过金融实务和理论领域广为采用的“事件分析法”来进行确定。另外，樊健认为应对机构投资者提出更高的要求，是因为其具备相应的“技能、知识、经验及专业分析研究能力，也有着严格的投资决策程序”，因此缺乏该特征的机构投资者与普通投资者无异，应当能直接适用《规定》对于交易上因果关系成立的推定。

---

① 郭锋：《证券市场虚假陈述及其民事赔偿责任——兼评最高法院关于虚假陈述民事赔偿的司法解释》，载《法学家》2003 年第 2 期。

② 盛焕炜、朱川：《证券虚假陈述民事赔偿因果关系论》，载《法学》2003 年第 6 期。

③ 于莹、潘林：《证券虚假陈述侵权责任中信赖推定之证成——欺诈市场理论局限性的克服》，载《法制与社会发展》2011 年第 2 期。

机构投资者只需要证明其履行了适当的研究分析义务和决策程序，即表明其履行了机构投资者应有的注意义务，从而完成举证责任。并且，只要机构投资者在投资决策时没有故意或重大过失，其依旧适用交易上因果关系成立的推定。①

《规定》在因果关系认定上的一大缺陷就是只规定了诱多型虚假陈述，而没有考虑到诱空型虚假陈述，该观点在殷洁和廖升的文章中都有提及。② 廖升认为，我国有关证券虚假陈述民事责任法律规范只规定了诱多虚假陈述因果关系的认定规则，对诱空虚假陈述的因果关系却未提及。鉴于“必然因果关系说”和“相当因果关系说”存在的缺陷，用我国现行因果关系理论解决诱空虚假陈述因果关系的认定问题是行不通的。在诱空虚假陈述案件中，应当认定以下两个因果关系：投资者因信任虚假陈述而在虚假陈述揭露日或更正日前卖出该证券，此为事实因果关系；投资者因信任该虚假陈述而遭受损失，此为法律因果关系。事实因果关系的认定可分两种情况：隐瞒型诱空虚假陈述可以采用重大性标准予以认定，其他型诱空虚假陈述则以欺诈市场理论为基础的信赖推定原则予以认定；法律因果关系则适用“直接后果说”和“合理预见说”进行认定。总之，诱空虚假陈述作为一种侵权行为，其因果关系之认定对虚假陈述侵权责任的确定意义重大。笔者认为，对于诱空虚假陈述之因果关系，应当摒弃我国传统因果关系理论，而以“两分法”认定之，并通过考察有关虚假陈述因果关系的基本理论来确定其认定规则。具体如下：1. 诱空虚假陈述事实因果关系之认定。（1）隐瞒型虚假陈述，采用重大性标准认定事实因果关系，而重大性标准采用“投资者决策”标准。被告可以就该信息不具有重大性进行抗辩。（2）在涉及对重大事实的错误陈述或者误导性陈述中，采用“欺诈市场理论”认定事实因果关系。被告可以以原告明知为由减轻责任或者免责。2. 诱空虚假陈述法律因果关系之认定。根据主观过错的不同，可作如下处理：（1）故意侵权的诱空虚假陈述，采用“直接后果说”认定法律因果关系；（2）过失侵权的诱空虚假陈述，采用“合理预见说”认定法律因果关系。在举证责任分配上，投资者只要证明被告的虚假陈述行为造成了原告以不公平的价格买卖系争证券的结果即可。③

---

① 樊健：《我国证券市场虚假陈述交易上因果关系的新问题》，载《中外法学》2016 年第 6 期。

② 殷洁：《证券虚假陈述民事责任制度论》，载《法学》2003 年第 6 期。

③ 廖升：《诱空虚假陈述侵权责任之因果关系》，载《法商研究》2016 年第 6 期。

因果关系的举证责任方面，李明辉、谢军认为，对于证券市场的虚假陈述而言，原告很难证明其对虚假陈述的信赖及虚假陈述与其所受损失之间具有因果关系。对此，美国采用了目标认定法和市场欺诈理论，来简化因果关系的证明。为了保护投资者利益，遏制虚假陈述行为，我国有必要借鉴美国的因果关系推定，以减轻投资者的举证责任。作者认为，实行因果关系推定原则，只要信息披露义务人存在虚假陈述行为，包括所披露的信息存在虚假记载、误导性陈述或者有重大遗漏，投资者在信息披露以后进行证券交易且遭受损失的，就可以认定虚假陈述与损害事实之间具有因果关系，除非信息披露义务人能举出反证，证明投资者遭受的损失不是由虚假陈述引起的，即实行举证倒置。①

（四）虚假陈述的归责原则

归责原则的适用因虚假陈述行为主体的不同而有所差异。通常，对发行人来说，要求其承担无过错责任，美国、日本、中国台湾地区和大陆皆是如此。白彦、伏军、赖武均赞同此观点。

有学者认为发行人之外的主体承担过错推定责任不尽合理。我国证券法中对发行人之外其他责任主体归责原则的规定不尽合理。首先，我国《证券法》第六十三条未将承销商作为专业机构来处理。即承销商地位类似于发行人，其董事、经理、监事的职责也类似于发行人的相关人员的职责，要求他们有较严格的注意义务，承担无过错责任。其次，我国《证券法》第六十三条规定，发行人的董事、监事和经理承担无过错责任亦有过于苛刻之嫌。这些人只要举证证明其已尽了尽职调查的义务，就应该可以要求免责。最后，我国《证券法》第二百零二条规定，会计师事务所、律师事务所、评估事务所及其从业人员承担的是过错责任，而且过错当属故意形态。笔者认为，在投资者遭受损害时，难以举证中介机构在信息披露时主观上有“故意”存在，这不利于保护投资者。同时，也不利于引导中介机构勤勉工作，恪守职责。②

---

① 李明辉、谢军：《论虚假陈述民事诉讼中因果关系的认定》，载《国际贸易问题》2003 年第 9 期。

② 赖武：《证券虚假陈述民事责任的认定》，载《法制与社会发展》2003 年第 2 期。

还有学者借鉴美国、日本、中国台湾地区皆认为承销商尽到应尽的注意义务即可免责，而认为我国现阶段采用无过错原则也有其合理性。①

另有学者则把归责原则分为严格责任和客观过错。客观过错包括过错责任和过错推定责任。一般对发行人以外的主体适用该项归责。我国：（1）发行人或上市公司负有责任的董事、监事和经理等高级管理人员；证券承销商，上市推荐人及负有责任的董事、监事和经理等高级管理人员；专业中介服务机构及其直接责任人员。这类主体承担过错推定责任。（2）其他作出虚假陈述的机构或自然人（如证券分析师、媒体及记者）。这类主体承担过错责任。一般要求发行人承担严格责任。②

李明辉对上市公司法人、董事、监事、经理以及注册会计师的虚假陈述民事责任的归责原则进行理论分析，认为对于上市公司应当采用无过错原则，而对其他主体则应当采用过错推定原则，以充分保护投资者利益。发行人（上市公司法人）的归责原则，一般认为应采用无过错原则，即不考虑其主观上是否故意，只要财务报告有虚假或重大遗漏事项，发行人就必须对公开文件内容承担绝对责任，除非能够证明原告取得证券时已知悉其有虚假陈述。董事和管理当局对财务报告法律责任的归责，应采用过错推定原则。如果对董事和高级职员采用无过错原则，则失之过严。董事和经理的义务不是绝对的，如果其采取了合理的措施，但未获成功，则不应当承担责任。只有在董事和高级职员未尽注意和忠实义务，导致财务报告存在重大错报漏报时，才应当承担责任，也就是说，董事和高级职员应当主观上有过错。考虑到董事和高级职员相对于外部信息使用者而言，处于信息优势，为了保护投资者利益，可以采用过错推定原则，即如果董事和高级职员不能证明自己履行了注意义务，在财务报告编制和监督上没有过错，就应当承担责任。对于注册会计师，不应当采用结果归责原则或无过错原则。换而言之，注册会计师只应当对故意、重大过失行为承担责任，对于一般过失，除因信赖虚假报告而使受益第三者遭受损失外，注册会计师可以免责。因此，注册会计师民事责任的归责原则应当采用过错原则或过错推定原则，而不宜采用无过错原则。对于注册会计师，采用过错推定责任原则

---

① 白彦、伏军：《虚假陈述侵权的赔偿责任》，载《中国法学》2003 年第 2 期。

② 郭锋：《证券市场虚假陈述及其民事赔偿责任——兼评最高法院关于虚假陈述民事赔偿的司法解释》，载《法学家》2003 年第 2 期。

较为适合。对于其他义务人，如证券商、证券分析师等，笔者认为也应当采用过错推定原则。①

（五）虚假陈述的损害赔偿

虚假陈述损害赔偿采填平原则，主要是为了补偿投资者遭受的损失。《规定》中明确规定了虚假陈述损害赔偿以实际损失为限：包括投资差额损失和投资差额损失部分的印花税，以及上述部分的利息。我国的这一做法实际上借鉴了美国和日本的规定。

《规定》第二十九条：投资人有权要求返还和赔偿所缴股款及银行同期活期存款利率的利息。殷洁认为范围略窄，建议赔偿范围应扩及投资人在认购证券过程中所缴纳的其他费用。当然，如果投资人明知是发行人非法擅自发行的证券而认购的，责任人的范围应以认购本金为限。②

除此之外，损失包括直接利益损失和间接利益损失，不少学者对是否要将间接损失纳入虚假陈述损害赔偿的范围进行了讨论。白彦认为，法院应当支持投资人关于间接利益损失的请求，原因：一是符合填平原则的要求，更能体现公平；二是通过提高行为人的违法成本减少造假行为的发生，维护经济秩序。江伟也认为对于间接损失赔偿的请求应当支持。③ 不过，也有学者持反对的观点，如赖武认为赔偿范围只能是直接损失而不能包括间接损失。④

在讨论完赔偿范围的问题后，下一步面对的是具体的损失计算的问题。王丹则具体说明了损害赔偿的计算方法：价差法、系统风险法、事件研究法。并在区分虚假陈述民事责任性质的同时对损害赔偿的范围和具体计算方法进行了说明。并根据《规定》的内容，对损失赔偿的计算方法进行了阐明，基准日前卖出的损失赔偿额 =（买入平均价 - 卖出平均价）× 证券数量。基准日后的损失赔偿额 =（买入平均价 - 作用消除期间平均价）× 证券数量。⑤ 江伟、王铁玲认为我国损失计算方面的缺陷：（1）在揭露日前卖出证券；（2）买卖证券的评价

① 李明辉：《论虚假陈述民事责任的归责原则》，载《审计与经济研究》2004 年第 5 期。

② 殷洁：《证券虚假陈述民事责任制度论》，载《法学》2003 年第 6 期。

③ 白彦、伏军：《虚假陈述侵权的赔偿责任》，载《中国法学》2003 年第 2 期。

④ 赖武：《证券虚假陈述民事责任的认定》，载《法制与社会发展》2003 年第 2 期。

⑤ 王丹：《证券虚假陈述损害赔偿计算方法论》，载《法学》2003 年第 6 期。

价格；（3）按证券累计成交量达到100%之日作为基准日。[①]

另有学者区分一级市场的缔约过失责任和二级市场的侵权责任对损害赔偿的计算进行说明。一级市场：按发行价加算银行同期存款利息予以返还，同时原告可主张为认购股票所支付的费用成本即信赖利益损失。二级市场：在侵权行为开始影响市场的时间到侵权行为被披露前的买入价即为投资者计算损失差额的初始价格。能正常交易起的十个交易日的平均交易价格作为计算损失额的终极价格。两个价格之差，即为投资者的损失。被告可主张如宏观政策、市场、大盘等因素来减轻赔偿责任，具体计算可用指数法。[②]

美国采取的计算方法为证券真实价值（Value）与实际交易价值（Prices）相减的差额。郭锋认为不宜借鉴美国的做法：第一，真实价值很难确定；第二，股价受多种因素影响，断言虚假陈述被揭露或纠正后股价的走势能够准确地恢复到或反映出不存在欺诈时的水平，未免武断；第三，这一公式显然是建立在能将欺诈对股价的影响和其他因素对股价的影响可以有效区分的基础之上的，但无法对两者进行严格区分。我国采用交易价差额计算法，反映了买入卖出两个时点的证券交易价格之差额。郭锋认为我国的做法：第一，大陆法系民法关于财产损失具有"确定性"特征，交易价差额计算法正是准确反映了投资者的实际损失。第二，美国的做法带有惩罚性的色彩，我国已有行政处罚较为到位。第三，我国如果采用交易价差额计算法，就无须考虑股票的真实价值，甚至无须考虑市场因素对股价有无影响。第四，交易价计算损失，这种计算方式本身已经排除了市场风险对股价的影响。最高人民法院司法解释全面采用了交易价差计算法。[③] 郭锋认为，关于计算虚假陈述侵权的赔偿额，以美国为代表，采取了真实价值计算法，其核心在于确定证券的真实价值；我国在借鉴国外有关做法的基础上，采用了交易价差额计算法。这种计算方法，符合实际损失赔偿原则，克服了美式计算法的弊端，并适当排除了侵权行为人对市场因素承担责任。[④]

---

① 江伟、王铁玲：《虚假陈述证券民事责任诉讼机制研究》，载《金陵法律评论》2004年第2期。

② 赖武：《证券虚假陈述民事责任的认定》，载《法制与社会发展》2003年第2期。

③ 郭锋：《证券市场虚假陈述及其民事赔偿责任——兼评最高法院关于虚假陈述民事赔偿的司法解释》，载《法学家》2003年第2期。

④ 郭锋：《虚假陈述侵权的认定及赔偿》，载《中国法学》2003年第2期。

《规定》中的计算方法采取的是“事后观点”，樊健认为存在着缺陷，故提出了“事前观点”的计算方法。“事后观点”存在的问题：揭示日之前卖出股票遭受损失不获赔偿；诱发信息披露中的“道德风险”；投资者获得的赔偿过多或过少：以系统风险为例。而根据“事前观点”，投资者在虚假陈述之后买入股票时，即已经遭受损失，其损失的计算方法是用平均买入价减去股票真实价格乘以购买数量。计算出的是投资者交易的同时多付出的价款，该价款即为投资者的损失，不受交易之后其他因数的影响。计算步骤为：

A. 确定所需分析的事件和实施日。事件通常是公司所披露的重大信息。

B. 建立事件影响证券价格的窗口期。

C. 控制其他因数对股价的影响。采用大盘指数和行业指数去除大盘和行业因数的影响，也应当除去公司自身的波动性。

D. 计算超额收益。超额收益就是投资者每股所多支出的价款，该价款乘以投资者的购买数量即为损失。

所需注意的问题是，对于行为人消极地隐瞒一个真实的好消息或者坏消息，“事件分析法”用武之地不大。事前观点虽然解决了事后观点的不少问题，但该方法操作起来较为复杂，证明成本较高，增加了法院审理案件的难度。虽然事前观点不能完全代替事后观点，但至少是对事后观点的有益补充。①

还有学者对案例进行研究，汤欣、杨祥通过分析万福生科和海联讯两个案例，提出了在存在多个虚假陈述行为时，各项虚假陈述行为与其各自对应的揭露日或更正日，都构成一种应予赔偿的情形，投资者只要符合其中任一情形，均应得到赔偿，作者将其称之为“一一对应”原则。随后，作者运用“一一对应”原则对万福生科和海联讯两个案例进行了仔细分析论述。然后，作者延伸性地探讨了当虚假陈述行为被逐渐揭露的情形（挤牙膏）下，应当将每一次部分揭示之日均视为独立的揭示日，再按“一一对应”原则进行赔偿。②

除此之外，樊健还针对我国未规定的诱空型虚假陈述的民事责任进行了研究，从诱空型虚假陈述的概念、分类，到因果关系的认定、损害赔偿的计算方法等方面都作了系统性的阐述。樊健认为，只有在虚假陈述行为实施日前即持

---

① 樊健：《论证券虚假陈述投资者损失计算的“事前观点”》，载《清华法学》2017 年第 3 期。

② 汤欣、杨祥：《虚假陈述损害赔偿的最新实践及法理检视——以万福生科与海联讯补偿方案为例》，载《证券市场导报》2015 年 3 月 10 日。

有，并在虚假陈述行为实施日后、揭示日前卖出股票而发生亏损的投资者。其没有享受到本应享有的信息红利而受到利益损害，故该部分投资者的前述损失与虚假陈述行为有因果关系，可以要求行为人赔偿。而损失上的因果关系，被告则可以举证由于系统性风险导致股价变动，以减轻自己的责任。同时，作者在比较了事前观点和事后观点之后，建议采纳事后观点，因为其计算简单，操作性强。①

我国目前以《最高人民法院关于审理证券市场因虚假陈述引发的民事赔偿案件的若干规定》为依据计算虚假陈述损害额，柴珂楠认为，存在如“系统风险”无法囊括非虚假陈述因素、诱多模型无法适应证券市场新变化、退市公司损害额认定不合理等问题。作者结合日本实践的可取之处和我国国情，试图探讨虚假陈述损害额认定制度的改革思路。第一，以“非虚假陈述因素”替换“系统风险”并建立损害额认定制度。第二，创新因果关系机制以保护实施日前采取投资策略且因虚假陈述而受损的投资人。第三，退市公司虚假陈述的损害额计算基准日以退市后可计算股价为依据。②

甘培忠、彭运朋认为，认定系统风险的存在及其可以以交易所在的交易所公布的板块数据为基础，但法官可以主动或者在原告举证证明有修正的必要时对根据指数估量出来的初步结论进行修正。系统风险所致损失在总损失中的比重不能直接等于系统风险的大小，应该由法官在综合考虑各方面因素的基础上认定一个合适的扣除比例。③

三、虚假陈述的诉讼机制

我国法律要求投资者提起虚假陈述民事损害赔偿之前必须有行政处罚或刑事裁判的前置性程序。但此种要求被很多学者加以诟病。

有学者认为此种做法不妥：第一，其违反了《民事诉讼法》的规定，变相

---

① 樊健：《我国证券市场“诱空型”虚假陈述民事责任研究》，载《证券法律评论（2017 年卷）》，中国法制出版社 2017 年版。

② 柴珂楠：《日本“西武铁道”虚假陈述案对我国证券法改革的启示——以虚假陈述损害额认定为视角》，载《武汉金融》2015 年第 9 期。

③ 甘培忠、彭运朋：《论证券虚假陈述民事赔偿中系统风险所致损失数额的认定》，载《甘肃社会科学》2014 年第 1 期。

限制甚至剥夺了投资人的诉权；第二，前置程序纵容了虚假陈述等犯罪行为；第三，助长腐败，妨碍执法、司法公正；第四，不利于提高法官素质。[①] 江伟则认为前置程序是为了防止"爆炸诉讼"而设，但也会使司法效率大打折扣。且前置程序的证据效力不明确，在实践中会引发问题。[②]

通过系统收集和整理近三年虚假陈述证券民事赔偿案件的判决，徐文鸣考察了证券民事诉讼制度的实施情况。总体来说，受侵害投资者提起民事诉讼的比例较低，违法行为人支付的损害赔偿数额有限。证券法的私人执行机制既无法对违法行为产生足够的威慑，又未能有效赔偿投资者遭受的损失。此外，由于原告很难满足因果关系的证明条件，在满足前置程序的条件下也仅有30%的投资者胜诉。最后，证券律师与投资者之间的代理成本进一步降低了投资者可获得的预期收益。解决该问题可以尝试通过建立集中代理人赔偿投资者的机制，它可以利用规模经济最小化投资者获得赔偿的平均成本，提高他们的预期净收益。[③]

在多数人诉讼制度上，美国采用集团诉讼制度，我国奉行代表人诉讼制度，二者有很大的不同。在完善我国虚假陈述诉讼机制时，美国的集团诉讼模式成为主要的研究和借鉴的方向。郭雳认为，美国集团诉讼通过"声明退出"规则和胜诉酬金制度，来克服大规模侵权中原告的集体行动困境。证券集团诉讼既具有其一般特征，也呈现出独特问题，尤其是美国现行和解与保险机制放大了其弊端，给予集团律师过度的激励，纵容了被告公司管理者的恶行，委托代理矛盾再度凸现。于是，填补投资者损害和惩戒阻却违法者两大目标双双落空，股东承受着因叠加效应而放大的损失，而在其间的分担，既无效率，又欠公平。反思迄今成效有限的改革举措，本文从不同层面提出了整体解决思路，其核心在于使集团诉讼重新"对抗"起来，并积极谋求私人诉讼与公共执法的配合。国情差异表明，上述一些主要问题在我国现阶段并不突出或有可能得到控制，"做小做实"的集团诉讼，有理由成为竞争性多元证券纠纷解决的选项之一。这

① 殷洁：《证券虚假陈述民事责任制度论》，载《法学》2003年第6期。

② 江伟、王铁玲：《虚假陈述证券民事责任诉讼机制研究》，载《金陵法律评论》2004年第2期。

③ 徐文鸣：《证券民事诉讼制度实施效果的实证研究——以虚假陈述案件为例》，载《证券市场导报》2017年第4期。

意味着投资者利益保护须以分散风险为前提，监管须与诉讼相济。①

徐文鸣在其另一篇文章中先论述了证券民事诉讼市场的制度性约束，以及“声明加入”模式引发的高昂的参与成本，并通过实证分析得出，投资者的胜诉比例偏低，胜诉案件支付的受理费用较高。最终主张建立公共机构主导的集团诉讼制度。由于美式集团诉讼的缺陷：集团诉讼面临的主要制度成本是证券律师与投资者之间的代理成本。律师以最大化其代理费为目标，与最大化投资者获得赔偿并不一致。此外，集团诉讼对潜在违法违规行为的威慑效果也不明确。所以我国的集团诉讼制度由公共机构进行主导。第一，公共机构作为原告可以提高诉讼的对抗性。第二，公共机构还可以增加民事赔偿金的威慑力，避免循环赔偿问题。公共机构作为中央代理人也会存在缺陷，但可以通过相关配套措施来弥补。②

郭雳认为，目前虚假陈述司法解释的制度设计、责任层次基本合理，应在总结近几年实施经验的基础上将受案范围尽早扩展到内幕交易、操纵市场等其他欺诈行为，以落实《证券法》规定的民事责任。和美国情况不同，目前我国的私人民事诉讼应该得到鼓励，其可以为公共执法提供更多的补充和配合。各国其实都在探索两者之间的协调，尽管开始于几近相反的起点，但“公私协同”的证券执法新思维理应得到类似的重视，中美两国在今后料将呈现越来越多的趋同。③

郭锋认为，我国只能在诉讼担当的基础上，采取以代表人诉讼为特征的共同诉讼制度。但美国式集团诉讼应是我国证券民事群体性诉讼的发展方向。④ 江伟、王铁玲采用“主体——客体”的二元对称结构分析法，对虚假陈述进行分析。对我国虚假陈述诉讼完善提出了方向：A. 代表人诉讼的适用范围有待扩大；B. 权利登记的程序应当修改；C. 引进团体诉讼与诉讼担当制度。⑤

---

① 郭雳：《美国证券集团诉讼的制度反思》，载《北大法律评论》2009 年第 2 期。

② 徐文鸣：《证券民事诉讼与投资者赔偿——基于虚假陈述案件的实证分析》，载《山东大学学报（哲学社会科学版）》2017 年第 3 期。

③ 郭雳：《证券欺诈法律责任的边界——新近美国最高法院虚假陈述判例研究》，载《中外法学》2010 年第 4 期。

④ 郭锋：《证券市场虚假陈述及其民事赔偿责任——兼评最高法院关于虚假陈述民事赔偿的司法解释》，载《法学家》2003 年第 2 期。

⑤ 江伟、王铁玲：《虚假陈述证券民事责任诉讼机制研究》，载《金陵法律评论》2004 年第 2 期。

在立案登记制下，法院对虚假陈述民事纠纷的立案应当取消证监会的行政处罚或法院刑事判决书作为立案前置程序的规定，取消前置程序是大势所趋。曲天明、邢艺认为，虚假陈述证券侵权纠纷的诉讼模式应选择诉讼代表人和共同诉讼模式，但必须对其进行优化和改造；进一步完善代表人诉讼制度，优化现有的普通共同诉讼的合并审理功能；法院应进一步完善法院系统内部考核机制，增加对共同诉讼或代表人诉讼的特殊考核标准；法院应当设立独立证券投资审判庭，实现三审合一。①

四、与虚假陈述相关的其他问题

通过上文的论述和梳理，证券虚假陈述的民事责任、因果关系、损害赔偿及诉讼机制均有了详细的探讨，但也有学者对虚假陈述的其他方面进行了研究。崔振南、马明生则具体针对虚假陈述中董事对于股东的责任这一具体的责任进行了系统性的研究。首先，梳理了英美法系和大陆法系下董事对股东责任的基础，英美法系遵循着从完全个人责任向公司与董事连带责任的发展脉络，大陆法系遵循着从完全公司责任向公司与董事连带责任的发展脉络。笔者认为在当时条件下，我国公司法律实践刚刚起步，对于董事在执行职务中对包括股东在内的第三人造成的侵害尚无法清楚认识，既然两大法系的董事责任理论目前皆有所突破，承认董事在一定条件下对第三人承担民事责任，那么承认董事对股东的责任也就理所当然。董事对股东责任的构成要件：公司存在虚假陈述行为；董事存在故意或者重大过失。此外，董事对连带责任人的追偿权。公司虚假陈述，公司和董事应当为此向股东承担连带赔偿责任。股东有权要求某一董事承担全部赔偿责任，该董事有义务予以全部赔偿。该董事全部赔偿后，有权利要求公司和其他有责任的董事对超出自己应当承担的部分进行清偿。赔偿责任的合理分担。②

有学者从虚假陈述责任的具体分配方面进行了探讨。孙光焰认为，我国现行董事证券虚假陈述侵权责任制度的安排一般都止于责任的认定，忽视或漠视

---

① 曲天明、邢艺：《立案登记制改革对虚假陈述证券侵权纠纷的影响及司法应对》，载《青岛科技大学学报（社会科学版）》2017 年第 4 期。

② 崔振南、马明生：《虚假陈述中董事对股东责任研究》，载《中国法学》2003 年第 2 期。

责任的具体分配，因此，必须对其进行重构。从公司治理角度出发，这种重构可以从以下几个方面着手：（1）重新分配和排定董事、提名人股东及公司之间的赔偿责任及顺位；（2）明确规定各董事之间、各提名人股东之间的连带责任及各自应承担的赔偿份额；（3）创设公权处罚执行回补私权救济的制度；（4）注重与股东派生诉讼制度的协调。①

还有学者另辟蹊径，对独立董事的责任进行研究。辛清泉、黄曼丽、易浩然着眼于独立董事个体视角，对上市公司虚假陈述案件中独立董事遭受监管处罚进行研究。研究发现，在中国证券市场现阶段的背景下，由于市场机制和司法机制还相当薄弱，来自证监会和交易所的监管处罚机制在约束独立董事行为方面可能扮演着更为重要的作用。然而，需要指出的是，尽管证券监管部门的公共执法有着自身的相对优势如相较于法院更具专业性，但仅仅依靠监管机制可能并非证券市场健康持续发展的根本解决之道。尤其需要引起注意的是，由于独立董事的决策在很大程度上需要依赖公司内部人或审计师提供信息，其对上市公司违规行为可能完全不知情，如果独立董事为此需要承担严重的监管责任或民事诉讼责任，则可以合理预期，高质量的独立董事有强烈的动机离开违规风险高或代理成本严重的上市公司。然而，这些公司的投资者可能更需要独立董事在公司治理中发挥监督和咨询功能。为此，我们建议监管部门在上市公司虚假陈述案件中需要充分把握针对独立董事的处罚力度。同时，有必要进一步加强投资者法律保护，让市场机制在证券市场秩序维护方面发挥更重要的作用，通过市场、监管和司法机制的多层次治理，以确保证券市场持续稳定发展。②

还有学者对银广夏虚假陈述证券民事赔偿案进行了大量的研究。章武生认为，银广夏虚假陈述证券民事赔偿案共有三起判决，但结果迥异。主要存在以下问题：法院对投资者起诉权的限制与其他压力所导致的原告群体规模的缩小；法院先刑后民的暂缓立案理由不甚妥当；由于巨大诉讼风险的压力、对法院地方保护主义的担心、当事人举证责任要求过高、诉讼形式不利于群体当事人主张权利等原因，大部分权利受侵害者最终选择了放弃诉讼。本系列案在程序法

① 孙光焰：《董事证券虚假陈述职务侵权责任制度的重构——以公司治理为视角》，载《法商研究》2010 年第 4 期。

② 辛清泉、黄曼丽、易浩然：《上市公司虚假陈述与独立董事监管处罚——基于独立董事个体视角的分析》，载《管理世界》2013 年第 5 期。

和实体法的适用上均存有不少瑕疵或者说有非常大的随意性，法院如此判决不仅缺乏法律依据，且未考虑既判力的起码要求。银广夏通过虚假陈述，获得了巨额利润，造成了大量投资者损失惨重，但其仅付出了很小的代价。非法所得资金的去向并未成为有关单位审查的重点，会计师事务所和许多高管基本上没有承担经济责任。侵权方并未吐出自己的非法所得，因而也难以起到警戒其他上市公司特别是其高管的作用。不少上市公司的虚假陈述仍在继续，我国证券市场法制建设尤其是投资者维权之路仍然任重而道远。①

更有学者对目前我国证券市场的投资者法律保护进行了研讨。陈信元、李莫愁、芮萌、夏立军认为，内生于政治和司法制度因素的司法独立性也是影响转型经济国家投资者法律保护的重要因素。加强投资者法律保护，不仅需要关注立法层面，更需要关注司法层面，尤其是地方政府对当地法院的影响。从中国股票市场来看，未来需要应对的挑战是如何实现从行政治理向法律治理的转型，解决“全国性股票市场却地方化司法”的问题。在司法体制短期内难以作出重大改革的情况下，有关决策部门或可考虑在全国范围内设立一些独立于地方政府的证券特别法庭以专门受理、审判和执行证券民事诉讼案件。②

除了民事责任外，不少学者也对虚假陈述的刑事责任和行政责任进行了分析。毛玲玲对《刑法》第一百八十一条第（一）款虚假陈述罪进行了阐述：

A. 客体：国家对证券市场的管理活动和证券市场投资者的知情权。

B. 客观方面：虚假陈述行为。具体表现为一般主体编造并且传播影响证券交易的虚假信息，扰乱证券交易市场的行为和特殊主体故意提供虚假信息或者伪造、变造、销毁交易记录，诱骗投资者买卖证券的行为。本罪以行为造成严重后果为必要要件。

C. 主体：单位和自然人。自然人主体包括一般主体和特殊主体。特殊主体指证券交易所、证券公司的从业人员，证券业协会或者证券管理部门的从业人员。③

---

① 章武生：《类似案件的迥异判决——银广夏虚假陈述证券民事赔偿案评析》，载《华东政法大学学报》2010年第2期。

② 陈信元、李莫愁、芮萌、夏立军：《司法独立性与投资者保护法律实施——最高人民法院“1/15通知”的市场反应》，载《经济学（季刊）》2010年第01期。

③ 毛玲玲：《证券犯罪及其立法浅述》，载《政法学刊》1997年第4期。

还有学者是通过对2016年的虚假陈述的行政处罚案件进行的梳理，从证监会处罚和地方监管局的处罚两个层级，分析虚假陈述行为的认定方式和表现形式，处罚的力度和责任承担，以及免责事由。①

五、结语

我国已建立起虚假陈述制度的基本框架，但在构造机理上还存在一些缺陷，如责任主体的缺失、因果关系的证明等。不少学者提出要借鉴美国的制度，但也应当立足于本国国情，结合具体实践进行吸收学习。

虽然我国证券法的发展、虚假陈述制度的发展与美国等发达国家仍然存在着不少的差距，如损失计算、诉讼机制等的不完善，然而经过改革开放四十年来的发展，随着市场经济和资本市场的不断完善，我国理论界和实务界不遗余力地为推进我国虚假陈述制度发展、证券法改革作出了极大的努力，我国虚假陈述制度也在一步一步至臻成熟。在此，也期待着证券法的发展能达到一个新的高度。

① 魏颀瑶：《2016年发行人上市公司虚假陈述行政处罚案例综述》，载《北京大学金融法研究中心》2017年6月。

改革开放四十年与内幕交易研究

张雯雯　马　畅*

【内容提要】 内幕交易研究从内幕交易的立法、证券内幕交易民事责任制度、证券内幕交易侵权责任的因果关系以及我国内幕交易的行政执法四个方面展开。在内幕交易监管全球化背景下，各国对此均采用立法形式，众学者在对美国、韩国、日本、中国台湾地区、德国以及欧盟等国家、地区、组织等的立法进行研究，并分析我国的立法现状，以期促进我国相关立法。对证券内幕交易民事责任制度，从其功能与价值的各种关系研究入手，深入研究其性质，对其归责原则作出分析，并表示惩罚性赔偿制度的构建的怀疑。证券内幕交易民事责任之因果关系因其涉及金融证券、计算机网络技术、公开集中的交易模式等，异常复杂，对之学界存在因果关系肯定说与因果关系否定说两种观点。而关于内幕交易行政执法，近年来越来越多学者对之进行量化分析，并试图从中寻找一些共性问题予以探究，本文将以学者对证监会行政处罚的分析为基点，从我国内幕交易行政处罚执法现状、我国内幕交易行政处罚执法窘境与反思两个角度，对我国内幕交易行政处罚执法中存在的问题展开综述。

* 两作者均为中央财经大学硕士研究生。

【关键词】内幕交易；民事责任；侵权责任；因果关系；行政执法

内幕交易作为证券欺诈的主要形式之一，学者们对此的关注度一直都很高。在全球化的背景下，各国的基本趋势是加强对内幕交易的监管。梳理改革开放四十年来我国对证券市场内幕交易的研究，对我国进一步完善内幕交易立法具有重要意义。

一、证券内幕交易立法综述

（一）国外内幕交易立法评述

傅穹和曹理认为当代世界各国规制内幕交易的立法体系可以归纳为信义进路和市场进路。信义进路的发展历史就是不断扩宽信义义务人范围边界和判断其主观状态的历史，以美国证券判例法为代表，追随者还有成文法体系的东亚地区，包括日本、我国台湾地区等。而市场进路的发展历史则是不断限缩或废除内幕交易认定的主体和主观要件及完善内幕交易客观构成要件的历史，以欧盟成员国、澳大利亚、新加坡等国为代表。①

内幕交易监管愈加全球化，各国对此都有所发展，此处对以上具有代表性的国家的内幕交易立法进行评述。

美国是世界上最早禁止内幕交易的国家，其制定法依据为《证券交易法》第10（b）条及证券交易委员会根据该条授权制定的10b－5规则。为具体解释“未披露内幕信息而买卖证券即构成欺诈”的理由，美国判例法发展出了以传统信义义务理论为基础，及作为其拓展的信息传递责任理论与盗用理论，三者共同构成信义义务理论的整体框架。②

韩国通过制定、实施《资本市场法》，进一步完善了对内幕交易行为的规制力度。该法扩大了内幕人员和内幕信息的范围，强化和完善了对公开收购、大量取得或处分股份过程中的内幕交易行为的规制，完善和强化对内幕交易行为

① 傅穹、曹理：《内幕交易规制的立法体系进路：域外比较与中国选择》，载《环球法律评论》2011年第5期。

② 傅穹、曹理：《内幕交易规制的立法体系进路：域外比较与中国选择》，载《环球法律评论》2011年第5期。

的民事、行政和刑事责任等。①

段磊以2013年日本《金融商品交易法》的修改为背景对日本的内幕交易立法进行了介绍，首先日本证券市场内幕交易规制始于1988年，经过六次修改形成金商法的第166条到第167条。2005年针对性地出台了课征金制度，2008年以前内幕交易人主要是公司关系人和要约收购关系人，对泄露内幕交易和建议他人买卖证券未进行规制，2013年修正案涉及内幕交易规制的部分有四点：对于信息传递和交易推荐进行规制；修改内幕交易违法所得的计算方法；扩大要约收购关系人的范围；增加内幕交易的豁免情形。②

起初我国台湾地区在《证券交易法》中除了内幕交易人员短线买卖股票利益归入公司外，没有其他规定，后来借鉴美国立法，增加了禁止内幕交易的条款对内幕交易人员范围的界定采用广泛立法体例，明确将公司董事、监察人、经理人和大股东之亲属及为其持股人作为内幕人员之一，对内幕人员范围的规范弹性较大；并明确了内幕信息以及制裁手段。③

德国在证券市场上的法律法规主要是1896年制定并于1975年进行修改的《证券交易法》，此外，还散见于许多单行法规中的有关证券管理的规定。德国在内幕交易规制上一开始是形成自律体系，但是并不严密，之后经过了自律体制的改革，对内幕交易的各个方面加以规制。④

欧盟立法对于内幕交易行为的规制主要经历了两个阶段，分别以《禁止内幕交易指令》和《禁止内幕交易和市场操纵指令》的出台为标志。主要是对内幕交易主体要件的废除和主观要件的淡化。⑤

在1991年之前，澳大利亚反内幕交易立法奉行的是信义进路，然而，此种立法进路在实践中却备受批评，立法机构指出内幕交易行为认定的基础在于对内幕信息的利用，而非行为人与发行人之间的关联，基于此，立法机构正式废

---

① 董新义：《韩国资本市场法上内幕交易规制研究》，载《河北法学》2012年第2期。

② 段磊：《日本证券市场内幕交易规制的最新动态及借鉴——以2013年〈金融商品交易法〉修订为线索》，载《证券市场导报》2014年第6期。

③ 彭莉：《台湾证券内幕交易“立法”评析》，载《亚太经济》1998年第11、12期。

④ 陈岚：《德国内幕交易立法评述》，载《外国法学》1999年第2期。

⑤ 主力军：《欧盟禁止内幕交易制度的立法实践及启示》，载《政治与法律》2009年第5期。

除信义进路而改采市场进路。[①]

井涛在文章中对英国的内幕交易立法发展进行了介绍。英国在1980年以前以自律性措施为主来规制内幕交易行为，查处内幕交易时，英国的主导性法律是成文法，有效的相关法律主要是1993年《刑事审判法》第5章、1994年《内幕交易指令》、2000年《金融服务和市场法》，依据该法成立了金融服务监管局（FSA），并取代了之前制定的一系列用于监管金融的法律法规。负责调查内幕交易的机构是FSA，其具有明显的行政色彩。一般认为，FSA具有准侦查权，可以在不同的调查阶段中询问有关人员，责令其提交资料，还可以进行搜查等。有权对内幕交易行为作出处罚的是刚提到的FSA决议委员会和FSA法庭。[②]

我国的现行立法中理论进路立场模糊但有明显的信义进路特征的问题目前不存在移植信义进路的土壤，市场进路更加契合本土实际。[③] 在我国完善证券法、期货交易法律、刑法等立法过程中，各国的许多规定和做法均值得我国借鉴。

（二）我国内幕交易立法研究进展

证券市场的产生是随着以集资为目的的公司股票和债券的发行的开展为背景，对证券内幕交易的管理和监管正式纳入法制化轨道是以美国的1933年《证券法》和1934年《证券交易法》为开端。规范内幕交易行为的法理基础主要是：公平、公正、公开原则；诚实信用原则；意思自治原则；效益和效率原则。[④]

我国证券立法起步较晚，但是可以借鉴的成熟经验众多。[⑤] 集中在《证券法》第73到第76条，但是其过于简略，证监会《证券市场内幕交易行为认定指引（试行）》，对内幕交易行为的认定作出更为详尽的规定。傅穹、曹理从指

① 傅穹、曹理：《内幕交易规制的立法体系进路：域外比较与中国选择》，载《环球法律评论》2011年第5期。

② 井涛：《英国规制内幕交易的新发展》，载《环球法律评论》2007年第1期。

③ 傅穹、曹理：《内幕交易规制的立法体系进路：域外比较与中国选择》，载《环球法律评论》2011年第5期。

④ 常铁威：《证券内幕交易立法比较研究》，载《中外法学》1995年第5期；王赫：《试论我国证券内幕交易立法的完善》，载《兰州大学学报（社会科学版）》1998年第26期。

⑤ 王静：《完善我国内幕交易行为的法律规制》，载《山西师大学报（社会科学版）》2013年第40卷。

引出发，从内幕交易主体要件、客体要件和客观要件上进行分析。从主体来说，包括内幕信息知情人与非法获取内幕信息的人，但是并不能穷尽；客体方面，采概括和列举相结合的方式对内幕信息进行界定，但是对其核心特征即未公开性和重大性的判断标准并未提供确切的指引；客观要件方面，对是否需要结果要件，规定模糊；主观要件方面，行为人是否应当具有主观过错，第 73 条中的“利用内幕信息”是否是对主观故意的要求，不甚明确，导致法律内部产生冲突。[①] 也有学者从宏观上指出内幕信息披露制度不够完善、内幕人士的法定范围过窄、持有高管离职后限售期限较短以及证券实名登记制度的监管不严。[②]

学者们对于我国内幕交易立法中存在的问题研究结果大同小异，都从现有法律出发看到各个方面的突出问题，但是研究中大都是从理论上提出问题以及借鉴国外经验的建议，少有从中国的案例出发，对中国的证券市场进行更深层次的探析。

（三）我国内幕交易的立法建议

从要件方面来说，有学者提出废除内幕交易的主体要件和主观要件，明确内幕交易的客观要件和豁免情形，引进“普遍获得”标准以及对增强价格敏感标准可操作性来完善内幕交易的客体要件。[③] 也有学者从宏观上提出强化信息披露制度，在立法中适当扩大内幕人员的范围，适当延长持股高管离职后的限售期限，提高内幕信息人员的综合素质、职业道德，切实落实证券交易实名制，建立完整的个人信用制度的具体建议。[④]

---

① 傅穹、曹理：《内幕交易规制的立法体系进路：域外比较与中国选择》，载《环球法律评论》2011 年第 5 期。

② 王赫：《试论我国证券内幕交易立法的完善》，载《兰州大学学报（社会科学版）》1998 年第 26 期；王静：《完善我国内幕交易行为的法律规制》，载《山西师大学报（社会科学版）》2013 年第 40 卷；谢非：《禁止证券内幕交易立法若干问题的探讨》，载《当代财经》1998 年第 7 期；赵征兵、杜刚、王荆平：《试论我国证券内幕交易法律约束机制及其完善》，载《法学评论》1995 年第 4 期。

③ 傅穹、曹理：《内幕交易规制的立法体系进路：域外比较与中国选择》，载《环球法律评论》2011 年第 5 期。

④ 王赫：《试论我国证券内幕交易立法的完善》，载《兰州大学学报（社会科学版）》1998 年第 26 期；王静：《完善我国内幕交易行为的法律规制》，载《山西师大学报（社会科学版）》2013 年第 40 卷；谢非：《禁止证券内幕交易立法若干问题的探讨》，载《当代财经》1998 年第 7 期；赵征兵、杜刚、王荆平：《试论我国证券内幕交易法律约束机制及其完善》，载《法学评论》1995 年第 4 期。

对于内幕交易的立法建议大都是口号化的，并没有从其核心制度利益的角度来确定立法理念，进而提出立法建议。对于立法的增订以及修改，需要有深层次的理念来支撑。

二、证券内幕交易民事责任制度

（一）证券内幕交易民事责任的功能与价值

关于内幕交易民事责任的价值存在着对立的观点。有学者认为，“在内幕交易中，内幕人的交易行为和公司内部信息不公开实际上有不同的受害者。内幕交易行为和投资者损失之间通常没有因果关系，投资者所遭受的损失主要来自市场信息风险。如果法律在技术上允许因果关系推定以便利民事诉讼，就应当限制内幕交易人的赔偿责任，没有理由将投资者的市场决策风险转嫁给事后被发现的内幕交易者。受调查能力等限制，民事诉讼在协助执法、威慑内幕交易方面的功能是极其有限的。通过不同方式加强公共尤其是行政执法是更有效率的政策选择”。① 但也有学者认为，应对“相互冲突的价值目标进行恰当的协调和平衡”，以更好地实现内幕交易民事责任制度的价值。②

（二）证券内幕交易民事责任的性质

民事责任通常可以分为违反合同的民事责任和侵权的民事责任。我国目前对内幕交易民事责任是何种性质的责任未有定论，但如何定性一种民事责任，对相关的具体法律条款的确立有着重要的意义。因此，准确判定证券内幕交易民事责任之性质，可以为接下来如何进一步完善相关法律规定明确方向。关于证券内幕交易的民事责任性质，我国法学界主要有区分说、侵权责任说、契约责任说、独立类型说几种。契约责任说认为，在一级市场中上市公司所发布的招股说明书、公告书属于要约行为，投资人交易股票即为承诺，双方所交易的是标准化合约；在二级市场中，在电子系统集中交易的市场买卖者或委托买卖

① 耿利航：《证券内幕交易民事责任功能质疑》，载《法学研究》2010 年第 6 期。

② 赵旭东：《内幕交易民事责任的价值平衡与规则互补》，载《比较法研究》2014 年第 2 期。

者之间也都是合同关系。[①] 侵权责任说认为，内幕交易行为损害了投资人之利益，因此投资人基于相关侵权损害赔偿的法律规定要求行为人赔偿其所受之损失合理合法。[②] 区分说认为由于证券发行市场和证券交易市场的责任主体、行为样态等均不相同，应该加以区分后再认定内幕交易行为所产生的民事责任之性质。[③] 持独立类型说（也有学者称为法定责任说）观点的学者认为，应以一种独立的民事责任定义内幕交易民事赔偿责任。即要通过修改现有法律或制定新的法律及配套的细则以适应内幕交易责任的特殊性，以此区别于合同责任制度和侵权责任制度。[④] 在我国目前的民事法律责任制度条件下，契约责任说、区分说、独立类型说都不适合应用在证券内幕交易民事责任上，将内幕交易民事责任作为侵权责任来处理可能更为科学、更符合现阶段的法律环境。

（三）证券内幕交易民事责任归责原则

确定证券内幕交易民事责任的性质是确定证券内幕交易民事责任归责原则的前提。内幕交易民事责任是一种侵权责任，因此应该以侵权责任的归责原则为内幕交易民事责任的归责原则。所谓归责原则，是指以何种根据确认和追究侵权行为人的民事责任，它所解决的是侵权的民事责任之基础问题。[⑤] 因此，侵权责任的归责原则是解决内幕交易民事责任承担的依据，在内幕交易民事诉讼中对内幕交易人和受害人之间举证责任的分配有着重要的影响。我国通说认为侵权行为的归责原则体系由过错责任原则、无过错责任原则和公平责任原则构成。目前，我国法律对无过错责任原则的适用是非常严格的，仅在高度危险致人损害侵权责任、环境污染侵权责任、饲养动物侵权责任等法定情况才可以适用。因此内幕交易侵权责任的归责适用无过错责任原则的可能性不大。而根据公平责任原则，行为双方应该都是没有过错的，其处理结果所考虑的既不是对任何一方的惩罚，也不是对对方损失的充分弥补，因此证券内幕交易行为不能适用公平责任原则。在证券内幕交易民事诉讼中适用过错推定原则，有利于受

---

① 赵万一：《证券交易中民事责任制度研究》，法律出版社 2008 年版，第 79 页。

② 刘新民：《中国证券法精要——原理与案例》，北京大学出版社 2013 年版，第 189 页。

③ 彭真明：《证券欺诈民事救济制度研究》，中国社会科学出版社 2008 年版，152 页。

④ 耿利航：《证券内幕交易民事责任功能质疑》，载《法学研究》2010 年第 6 期。

⑤ 张新宝：《中国侵权行为法（第二版）》，中国社会科学出版社 1998 年版，第 153 页。

害人维护自己的合法权益。受害人作为原告提起诉讼时，无须再证明被告的过错，而是实行举证责任倒置，由被告证明自己没有过错，如果被告无法证明则要承担责任。因此，客观的过错推定责任原则适合于作为内幕交易民事责任的归责原则。

（四）内幕交易惩罚性赔偿制度

惩罚性赔偿的数额高于一般损害赔偿的数额。该高出的数额赔偿的是侵权行为对受害人权益和社会整体利益造成的无法用金钱衡量的无形损害。因此损害填补功能是惩罚性赔偿制度的正当性基拙。有学者认为“内幕交易将内幕人的获益全部转嫁为一般投资者的损失，使证券市场失去公平与公正，使有意证券投资的人失去信心和投资的欲望，干扰证券的筹资功能、资本定价功能和资本合理配置功能，影响证券市场的健康发展。内幕交易造成的无法用金钱衡量的社会整体利益损害不仅给一般损害赔偿带来了理论难题和制度障碍，而且无法为一般损害赔偿所全部填补，须由惩罚性赔偿制度予以解决”。①

邢会强教授则在此基础上，进一步剖析了内幕交易惩罚性赔偿制度的构造原理：从法律经济学的视角看，惩罚性赔偿制度的构造是指得出惩罚性赔偿数额的基础变量——惩罚基准和惩罚倍数。惩罚性赔偿的数额为这两个变量的乘积。在计算赔偿数额时，有两个基准可供选择：加害人的收益与受害者的损失。二者有时相等，有时却不相等，甚至难以计量。如果是选择加害人的收益，则属于“收益消除法”，如果是选择受害者的损失则是“成本内化法”。惩罚倍数或称惩罚乘数。可以得出两个计算公式：（1）总的赔偿数额计算公式：$d = h \div p$。这里 d 代表总的赔偿数额，h 代表损害数额，p 代表被惩罚的概率（或称“抓捕概率”）。（2）惩罚性赔偿数额计算公式：$e = h(1 \div p - 1)$。这里 e 代表惩罚性赔偿数额。要做到百分之一百的“抓捕概率”是很难的，被告逃避惩罚是普遍存在的。如果没有惩罚性赔偿，加害人给社会造成的损害便逃脱了追究，也就没有足够的激励促使加害人采取相应的预防措施来减轻这种损害。因此，必须通过惩罚性赔偿来克服补偿性赔偿威慑不足的弊端。内幕交易法律规制的目的，是禁止、杜绝内幕交易。在证券市场内幕交易领域，在内幕交易获利的情况下，

① 马新彦：《内幕交易惩罚性赔偿制度的构建》，载《法学研究》2011 年第 6 期。

内幕交易行为人的获利（或避免的损失，下同）与受害者的损失有三种情形分布：（1）违法者获利；（b）大于受害者损失（l），即 b > l；（2）违法者获利等于受害者损失，即 b = l；（3）违法者获利小于受害者损失，即 b < l。在第（1）种情形下，为达到完全威慑的目的，应选择收益消除法，剥夺违法者的全部收益，即赔偿基准为违法者的获利（b）。在第（2）种情形下，无论是选择收益消除法，还是成本内化法，由于 b = l，二者的效果等同。在第（3）种情形下，由于 b < l，采用收益消除法反而会出现威慑不足，因此，退而求其次，只能选择成本内化法，即赔偿基准为受害人的损失（l）。对于内幕交易行为的隐蔽性的信息困境，邢会强认为，现实中的解决办法主要有二：一是根据“谁主张将举证”的原则，由原告来证明被告逃脱惩罚的概率，即“举证证明法”；二是由法律进行推定，即“法律推定法”。法律推定有两种方法：第一种是调查统计法，第二种是比较借鉴法。惩罚倍数确定的这两种方法是可以相互结合的，即法律首先假定一个逃脱概率和惩罚概率，并以倒数规则计算出惩罚倍数，并在法律中予以规定。如原告方无相反证据，则适用该惩罚倍数。如原告方能举证证明被告的逃脱概率高于假定的逃脱概率，则以举证证明出的实际逃脱概率和惩罚概率来计算惩罚倍数，而不再适用法律规定的惩罚倍数。换言之，法律推定和规定的惩罚倍数仅为“默认选项”，可以被当事人的举证所推翻。[①] 既有的惩罚性赔偿制度的研究，大多是传统的法学分析，没有运用法律经济学分析工具，没有对惩罚性赔偿制度的构造进行细致的解析。邢会强教授的文章以法律经济学为分析工具，详细解析惩罚性赔偿制度的构造原理，并提出我国建立与完善内幕交易惩罚性法律制度的相关建议，这一分析能使我们对内幕交易惩罚性赔偿制度的认识更深刻、更清醒。此外，以往关于惩罚性赔偿的研究，在选取惩罚基准时，简单地遵循“首先选择损害，无损害时选择获利”的原则，却没有深入论证为什么要这样选择。而本文的研究则表明，为了惩戒、威慑内幕交易行为，应该比较其造成的损害大还是获利大，并从中选择较大者作为惩罚基准。这是对以往的研究的突破。

但也有学者对惩罚性赔偿制度的存在进行质疑，认为“惩罚性赔偿制度作

---

① 邢会强：《内幕交易惩罚性赔偿制度的构造原理与现实选择》，载《中国社会科学》2018 年第 4 期。

为利用私法机制实现公法职能的一项制度，迥异于传统的补偿性赔偿制度。超额赔偿使平等的民事主体间处于不平等的地位，故应审慎考量其适用范围。内幕交易作为商事领域的一种不法行为，无论是在适用范围、责任构成还是价值功能上都难与惩罚性赔偿制度的要求相契合，因而建构内幕交易惩罚性赔偿制度的意义值得怀疑，相关立法尝试仍需从长计议”。①

总之，有的学者认为在内幕交易领域没有必要实施惩罚性赔偿，甚至主张内幕交易行为人的赔偿应以获利为限，不应超出获利进行赔偿。其理论依据是“反欺诈理论”，即其保护的核心利益是个别投资者的利益。而主张对内幕交易实施惩罚性赔偿的观点与此相反，主张内幕交易行为是一种性质恶劣的违法犯罪行为，其赔偿不应以获利为限，而应严惩，以维护公正的证券市场秩序。其理论依据是“市场诚信理论”，它要保护的核心利益是市场的诚信以及整体投资者对证券市场的信心，反对个别人不平等地获取公司信息。后一理论为内幕交易规制的国际发展最新趋势。

三、证券内幕交易侵权责任的因果关系

因果关系问题在世界各国都是一个难题，而证券内幕交易民事责任之因果关系，因其涉及金融证券、计算机网络技术、公开集中的交易模式等，更显得异常复杂。为此，很多学者进行了探讨并取得了丰富的研究成果。

（一）因果关系肯定说

杨峰（2006）② 对比分析了美国和日本两个国家对内幕交易民事责任因果关系的法律规定，认为在美国如果根据 10b－5 规则提起内幕交易的损害赔偿诉讼，则原告需证明因果关系，但大多数案件将因果关系的证明转移为证明被告有披露信息的义务和未公开信息的重要性；而如果根据《证券交易法》第 20 条提起民事诉讼，则原告无须证明因果关系，只要原告属于内幕交易的同时交易者，法律就确认其与内幕交易行为之间存在因果关系。在日本，对内幕交易因果关系的举证是非常困难的。要证明被告的交易行为和原告损害

① 朱开鑫：《内幕交易惩罚性赔偿制度之质疑》，载《河北法学》2017 年第 9 期。

② 杨峰：《美国、日本内幕交易民事责任因果关系比较研究》，载《环球法律评论》2006 年第 5 期。

之间有因果关系，就必须证明被告卖出的股票恰好由原告取得（买进），为此，原告就必须举证证明被告的卖出委托和原告的买进委托是对应结合起来的。可见，日本对内幕交易因果关系的举证采取的是对应交易举证方法而并非像美国那样的同时交易举证方法。这种举证方法成为内幕交易受害者获得保护的障碍。

作者探究了两国在内幕交易因果关系证明上大相径庭的原因，主要有以下几点：（1）两国证券民事责任的法律表现形式不同——美国在证券立法中直接规定民事责任的具体内容，日本在证券立法中不规定民事责任的具体内容，相关内容适用民法或商法的规定。（2）两大法系采纳的因果关系理论不同——英美法系因果关系理论具有类型化、实用性、灵活性、针对性强的特点，大陆法系因果关系理论受哲学的影响大，理论逻辑严密、条理清楚。（3）内幕交易赔偿请求权人的范围确定方法不同——日本采用狭义的方法，将赔偿请求权人的范围限定为与内幕交易人实际从事相反买卖之人。美国采用广义的方法，采用同时交易理论。（4）两大法系立法与司法的互动模式不同——英美法系国家法院处于主导地位，在判决中可以灵活运用已有规则，甚至创造新的原则或理论。大陆法系国家的法官习惯于在成文法的框架内寻找解决问题的方法，无权摆脱法律规则的约束。

最后作者从美国和日本内幕交易民事责任因果关系的经验和教训中提炼了对我国的借鉴：（1）借鉴美国法律明确规定的做法，在《证券法》及相关法律中直接规定内幕交易的因果关系问题；（2）采取因果关系推定理论；（3）结合我国的国情移植、借鉴国外的法律经验；（4）借鉴英美法系法院审理案件的主观能动性，法官应积极保护私人利益。

曾洋（2014）① 提出证券内幕交易侵权责任因果关系的研究，需要借助因果关系理论的发展并重新审视内幕交易的行为本质。投资者因内幕交易而致权益被侵害是完全被动的，“比较优势论”有助于实现对内幕交易行为及其侵权责任的整体认知。内幕交易侵害其交易对手——“善意同时反向交易者”之“以信息对称为核心的公平交易”，而非投资者的“知情法益”。内幕交易行为提升了投资者亏损发生的客观可能性，二者之间具有事实上的因果关系。依托以原因

① 曾洋：《内幕交易侵权责任的因果关系》，载《法学研究》2014 年第 6 期。

力、有责性、公平性等若干要素为中心的理论与价值判断体系，并贯彻侵权法之填补及预防损害的补偿性功能，经论证可知内幕交易侵权行为引致的损失限定为对手“交易损失的一半”，但应以相当于内幕交易人非法获利的投资者损失额为限。

王林清（2015）[①] 从不公平交易行为这一视角对内幕交易的性质进行了界定，并在此基础上详细介绍了因果关系在内幕交易侵权责任领域的认定困难，并具体分析了一般欺诈侵权和证券欺诈侵权相关规则难以适用的原因——内幕交易行为本身特质：内幕人既不对投资者承担信息披露义务，也没有通过不法手段影响证券市场价格。作者深入剖析既有因果关系肯定论未能提供有效解释的根源所在，并从不公平交易行为的视角论证内幕交易与投资者损失之间因果关系的存在，内幕交易侵权民事责任的确立具有坚实基础，我国司法实践亦应以此为依据来认定内幕交易侵权责任的因果关系，进而从根本上反驳了因果关系否定论。最后作者阐述内幕交易侵权责任因果关系的具体认定，提出了理论与实践并重，投资者与内幕人利益兼顾的内幕交易侵权诉讼适格原告界定规则——内幕交易开始至信息公开期间内与内幕人进行反向交易的投资者来替代实际受害者，同时对内幕人赔偿总额作出限制，能够兼顾补偿实际受害者损失与避免课以违法者过度责任双重价值目标。

刘敏（2017）[②] 认为，在证券交易的特殊性和多方利益需要平衡的要求下，因果关系的认定研究显得困难，理论界有代表性的各种学说都没有构建出一套有说服力的证明模型，论证过程不是给人以盖然性的认知就是对实质问题旁敲侧击，与内幕交易行为的本质结构擦肩而过。作者对目前理论界几种有代表性的理论学说进行了简要评析。

对于“因果关系推定说”，[③] 作者认为其并没有从根本上解决因果关系证成的理论问题，该学说最大的疑问在于将原告的证明困难推向被告的理由尚不充

---

① 王林清：《内幕交易侵权责任因果关系的司法观察》，载《中外法学》2015 年第 3 期。

② 刘敏：《论内幕交易侵权责任因果关系的认定》，载《法学评论》2017 年第 5 期。

③ 该学说认为，原告只要证明损害事实与内幕交易行为的客观存在即可推定两者之间的因果关系成立，进一步而言，法律既推定原告的损失与内幕交易之间的因果关系成立，那么也应当允许被告通过证明原告的损失是由其内幕交易行为所致，进而推翻掉推定成立的因果关系，即对因果关系的证明在原被告之间实行举证责任的倒置。

分。举证责任倒置的观点不仅无法在实体责任层面根本上解决因果关系的逻辑证成，至少目前还缺乏实行倒置的法理基础；对于“公平交易法益侵害论”，[①]她提出公平交易法益侵害论对内幕交易行为所侵之“权”的解读有可取之处，但最终引用可能性标准来对因果关系进行证明缺乏说服力。作者不赞同将可能性标准引入内幕交易民事责任因果关系的认定领域，在证券投资损失多因性的基本认知下，内幕交易行为往往并没有对证券价格产生实质性的影响，系统性风险、投资决策失误和内幕交易对损害的贡献孰轻孰重还无法给出清晰的评判，贸然运用可能性标准苛责于被告有失稳妥；对于“公平交易法益侵害论”，[②]作者认为“内幕交易必然影响投资者的交易决策”的结论是错误的，实质上该学说论证模型的产生也许是出于对内幕交易的厌恶或抵触情绪，打了感情判断的擦边球。因此她认为，研究方法的更新是有必要的。

刘敏的创新在于内幕交易侵权责任因果关系的认定可以借鉴数学上的变量分析思维，将整个内幕交易过程的利益分配及变动进行数量化描述，建立定量分析法模型，结合传统的因果证明规则解释因果关系的成立。责任范围因果关系则应采“同时反向交易者模型”，其“同时”限定于开始利用内幕信息下达交易指令实施交易时到内幕交易指令在系统中撮合成交结束时。侵权人的损害赔偿应当以滤除市场因素的科学公式计算出的纯粹内幕信息作用下的利益为限。

（二）因果关系否定说

耿利航（2010）[③]是坚持内幕交易因果关系否定说的代表人物，他认为内幕交易与投资者损失之间通常不存在因果关系。内幕人“交易行为”和“内幕信息不公开”的受害投资者群体不同。内幕“交易行为”的受害者是那些因为内

---

① 该学说首先从证券市场信息披露规则及信息披露的权利义务理论切入，认为内幕交易不是侵害投资者的知情法益，而是侵害交易对手的以信息对称为核心的公平交易法益，进而以此为权益侵害的依据寻找责任成立因果关系的分析进路，接着从内幕交易行为导致损害有高度合理的可能性和内幕交易行为介入提高了投资者亏损发生的客观可能性两个角度出发，得出事实因果关系成立的结论。

② 该学说认为，内幕交易是通过侵害与其进行反向交易投资者的公平交易权来获得非法收益，如果投资者知道反向交易人中存在内幕人，就必然不会作出导致其受损的交易决策。在因果关系认定问题上，从“内幕交易根本不属于正常市场风险”和“内幕交易必然影响投资者的交易决策”两个角度判定因果关系的成立。

③ 耿利航：《证券内幕交易民事责任功能质疑》，载《法学研究》2010 年第 6 期。

幕人的“交易行为”受损，或如果没有交易行为将不会遭受损失的投资者，而“公司信息不公开”的受害投资者是那些如果知道内幕信息就不会进行受损交易的投资者。理由在于，其一，侵权法上认定行为和损害后果是否存在因果关系的过程常是一种在假设基础上的“若无——则否”的反证过程。内幕交易行为与投资者损失之间的关系不符合这样的反证要求。公司内幕信息持有人承担“要么公开信息，要么戒绝交易”的义务，有权选择不进行内幕交易并不公开信息。如果内幕信息持有人不交易，投资者就没有理由要求信息持有人提前公开内幕信息，普通投资者还是不知道公司未披露的重大信息，那些原先决定卖出或买入股票的、与内幕信息如果公开股票价格变化方向进行“反向交易”的投资者们还会如此交易，并不会因内幕信息持有人“戒绝交易”而避免按照不利条件进行交易。而且，即使内幕信息持有人进行了交易，内幕交易行为一般也不会影响投资者的判断和交易决策。其二，虽然内幕交易行为是匿名的，但有些情况下如果内幕交易行为带来表现在外的股票价格和交易量的变动，对股价和交易量变动敏感的股东或许会受到影响。

四、我国内幕交易行政执法概述

近年来，越来越多的学者对内幕交易行政执法进行量化分析，并试图从中寻找一些共性问题予以探究。下面将以学者对证监会行政处罚的分析为基点，说明我国内幕交易行政处罚执法中存在的问题。

（一）我国内幕交易行政处罚执法现状

张舫、李响（2016）① 通过对2006年以来证监会查处的所有内幕交易案件的分析，从以下三个方面说明了证件会在执法强度中的不足。首先，从对不同内幕交易主体的执法强度观察，在文章选取的212个样本中，证监会对内幕交易的单位及其直接责任人员的执法强度较大，但对内幕交易的个人，执法强度非常弱。从内幕交易案件诱因中看，无法遏制个人从事内幕交易的冲动，从而也会导致证券市场内幕交易泛滥。其次，从对不同内幕交易案件的执法强度观察，作者指出光大证券案件的处罚强度远高于其他案件的强度。最后，对内幕

① 张舫、李响：《对证监会执法强度的实证分析》，载《现代法学》2016年第1期。

交易的执法强度是否在逐年提高角度看，尽管内幕交易处罚案件数量不断上升，但其对内幕交易的行政处罚强度却没有明显增大。

廖暾曦、陈秧秧（2013）认为①，证监会对内幕交易的行政处罚是打击内幕交易的主要力量。从1993年至2013年6月，证监会一共处罚了59起内幕交易。文章的研究结论可以概括如下：第一，内幕信息。（1）通过对证监会以往判罚的研究，内幕信息只要满足重要性与非公开性两个标准，即可被认定为内幕信息，不以《证券法》第七十五条为限制。（2）在我国，"老鼠仓"行为不被认定为内幕交易，原因在于"老鼠仓"涉及的信息并非内幕信息。（3）二级市场上的投资者判断不应被认定为内幕信息。这出于两点考虑，投资者判断本身就不具备重要性和非公开性两个标准，同时为培养理性的投资环境，应当鼓励投资者作出自己的判断，而不是人云亦云。（4）内幕信息的公开时点并不完全相同。一个内幕消息可能分为多个部分，如公司财务报告的不同部分公开时间不完全相同，因此在界定内幕交易的时候，要注意区分，以防错判漏判。第二，内幕交易的主体范围。（1）证监会处罚的内幕交易案例很少涉及券商等中介机构，中介结构是成熟的证券市场中必然的组成部分，证监会在关注上市公司监管的同时，也应当加强对券商、律师事务所以及会计事务所的监管与处罚。（2）《证券法》第七十四条，对内幕信息知情人的列举，范围过于狭窄，应当对于内幕交易的重灾区，如上市公司、关联公司以及容易发生内幕交易的中间机构券商等，作出更加明确的规定。作者认为，近年来，证监会对市场中内幕交易的监管越来越严厉，也作出了很多大胆尝试，在内幕交易的主体界定，内幕信息的界定方面，考虑得也越来越全面。这些都为我国证券市场的发展与完善作出了卓越贡献，我们不应抹杀。但由于我国证券立法的不完善，给执法机关在实践中仍然还是带来了很多问题。

张心向（2013）认为②，从对近些年内幕交易行政处罚案件的总体分析可以看出，行政处罚案件成快速上升态势，且内幕交易盈利或是亏损不影响行政处罚。

① 廖暾曦、陈秧秧：《证监会内幕交易处罚案例研究——以59个内幕交易处罚为例》，载《证券法苑》（第九卷），法律出版社2013年版，第401~427页。

② 张心向：《我国证券内幕交易行为之处罚现状分析》，载《当代法学》2013年第4期。

彭冰（2010）认为①，通过对近十年内幕交易行政处罚案例的研究，其研究结论可以概括如下：1. 内幕信息。（1）对于《证券法》第75条没有列举的信息，以重要性作为判断标准，只要满足重要性标准，并且尚未公开，就可能构成内幕信息。（2）目前计算内幕信息敏感期的起算点，实际上是对内幕信息重要性的判定。作者认为计算敏感期的起算点其实没有必要。因为基于每个人在市场中的位置不同，其对内幕信息确定性程度的了解不同。对每个人来说，内幕信息形成的时间可能也是不同的。（3）公开时点的认定并非那么简单。一个内幕信息可能由不同部分组成，而各部分公开的时点也可能不同。可以区分各部分在整个内幕信息中重要性的不同，而衡量未公开部分的信息是否具备重要性，是否仍然构成内幕信息。2. 内幕交易的主体范围。（1）我国《证券法》第七十四条对内幕信息知情人的列举，说明了我国立法并未采取市场信息必须完全平等的理论，将所有知悉内幕信息的人都纳入禁止内幕交易的主体范围。中国证监会也未就此进一步做扩大性解释。（2）中国证监会处罚的内幕交易案例中很少涉及券商等中介机构，不利于券商内部信息隔离机制的建立。（3）《证券法》第七十四条对内幕信息知情人的列举范围过于狭窄，中国证监会在案例中认定了多种第七十四条规定之外的主体也构成内幕交易。这种认定虽然在中国证监会授权范围内，但应当通过规章的方式明确规定。（4）在内部人亲属从事内幕交易的认定方面，难点是如何认定内幕信息在夫妻间发生了泄露。中国证监会通过案例确立了合理的推定方法。3. 内幕交易的客观方面。（1）对于内幕交易者知悉内幕信息的认定，在缺乏直接证据的情况下，也只能采用推定的方式。中国证监会也通过案例确定了推定的方法。（2）对于利用内幕信息的认定，目前中国证监会采用“知悉即利用”的推定，但可用相反的证据推翻该推定。（3）本文提出：如果在内幕信息公开之前买入并卖出股票的，应当作为认定当事人没有利用内幕信息的直接证据，承认该交易不构成内幕交易。4. 违法所得的计算。应当区分内幕信息对股价的影响（内幕交易的收益）和市场因素的影响（市场收益）。为了更好地打击内幕交易行为，可以将这两种收益中较高的一个作为违法所得的金额。

---

① 彭冰：《内幕交易行政处罚案例初步研究》，载《证券法苑（第三卷）》，法律出版社2010年版，第86～130页。

（二）我国内幕交易行政处罚执法窘境与反思

如上所述，很多学者对证监会近十年乃至更长时间内对内幕交易的行政处罚案例做了极为详细的梳理，并从中总结出受到处罚案件的共同之处。但值得深思的是，证监会这些处罚中是否符合行政法原则的精神，是否与《证券法》及其相关解释的立法意图所违背，又是否在执法过程中存在窘境与困难。对于这些问题，也有学者提出了自己的观点。

吕成龙（2017）较为系统而全面地分析了证监会在内幕交易中的窘境①。其认为，目前证监会行政执法所依据的规范范围与《证券法》所规定和授权的范围相冲突。首先，证券法第73条、第74条所列明的内幕交易查处对象范围显然具有身份特质，而反观证监会处罚范围，其明显是对内幕交易执法的自我扩展，不仅《证券市场内幕交易行为认定指引（试行）》（以下简称《指引》）创造了“内幕人”的新概念，证监会处罚实践中又形成了对非法获取内幕信息的人的认知，即既包括通过积极获取手段获得，又涵盖因泄露行为而间接获悉的人。由此，证监会将所有传递、利用内幕信息的人都纳入了监管的范围，从而改变了《证券法》第七十四条基于身份联系而进行监管的路径。细而审之，《指引》所确定的“基于信息传递、家族关系下私取等原因产生的不得交易义务”反而将《证券法》第七十四条“基于身份而列举的内幕信息处罚范围”涵盖在内，违背了法律逻辑进路。其次，我国行政法律法规规定，如果需要“进一步明确界限或者作出补充规定的问题”，或者“属于国务院办公厅有关贯彻实施法律、行政法规的规范性文件”相关的解释问题，应先经过证监会法律部统一处理，经领导同意后呈报全国人大法工委或国务院法制办。《指引》对于《证券法》第73条、第74条的解释属于上述范围，因而并非《指引》能够决定的。

值得关注的是，对于如何加强对内幕交易的监管，各位学者从不同层面给出了各自见解。

有学者从协调民事赔偿、行政责任、刑事责任三者之间的关系来谈。如张

① 吕成龙：《谁在偷偷地看牌？——中国证监会内幕交易执法的窘境与规范检讨》，载《清华法学》2017年第4期。

心向（2013）认为[①]，一是对于刑事责任、行政责任予以追究的案件，民事责任的追究却存在困难。在2007年到2011年的29件行政处罚案件和22件刑事处罚案件中，仅有3件因内幕交易行为而遭受损失的相关被害权利人提起了民事诉讼，但结果并不乐观。二是行政处罚及刑事处罚之间的关系。在中国大陆刑法的量化思维与犯罪构成既定性又定量的立法模式下，所有侵犯同时被行政法和刑法双重法律保护的法益的行为，其在司法过程中都有可能遭遇“游离于行政违法和行政犯罪之间”的困境，而造成本来是行政犯罪的行为有可能会被作为行政违法行为处理，或者相反。对此，作者认为可行的解决路径是：既然内幕交易行政犯罪行为=内幕交易行政违法行为+刑法的“情节严重”，那么，区别二者的关键应该是在“量”上做精准计算，而没有必要在“质”上做过多纠结。

有学者从行政监管层面给出了各自的主张。如郭锋（2011）认为，[②] 构建中国特色的反内幕交易制度，在行政监管层面要做到以下几点：一是从内幕人员登记制转变为内幕交易黑名单制。二是强制股价异动的上市公司进行股价异动的信息披露，向投资者揭示风险。三是严密监管收购兼并中的股价异动，暂停或者终止有嫌疑的上市公司的再融资资格。四是建立内幕交易举报者的奖励机制。五是在行政查处中实行和解制度，破解举证难的困境。

有学者从利益衡量视角下我国内幕交易行政处罚逻辑进路来谈。如吕成龙（2017）认为，[③] 我国内幕交易监管宜采取平等获得理论，并具体对内幕交易法律责任的追究给予了区别化对待的建议。作者建议将内幕交易处罚对象分为“核心内幕人”和“一般内幕人”，这是一种基于身份、相对位置和行为危害的综合性立场，即综合考虑内幕人在整个证券交易过程中的角色与作用，再科以不同类别的法律责任。首先，对于核心内幕人，法律应加重其行政处罚并设置更高的处罚金额，刑事责任追究也更需注意。其次，对于一般内幕人由于其所获得的信息优势并不是基于对工作职位身份对滥用，也不是基于违法手段而获

---

① 吕成龙：《谁在偷偷地看牌？——中国证监会内幕交易执法的窘境与规范检讨》，载《清华法学》2017年第4期。

② 郭锋：《构建中国特色的反内幕交易制度》，载《证券法苑（第四卷）》，法律出版社2011年版，第44~47页。

③ 吕成龙：《谁在偷偷地看牌？——中国证监会内幕交易执法的窘境与规范检讨》，载《清华法学》2017年第4期。

得，因而行为性质与危害程度是相对有限的，故理应区别对待，应以行政处罚为主，只有在涉及与核心内幕人的共谋责任时，才考虑刑事责任。

从上述各位学者对于内幕交易行政责任的分析来看，大部分学者对行政责任追责的立法基础存在质疑。《证券法》改革如何推进，直接影响到内幕交易行政处罚的根基与逻辑，进而涉及处罚主体范围的设定。

改革开放四十年与操纵市场研究

单寒琪　亓玉霞*

【内容提要】证券在证券市场上的买卖交易应当是按照交易规则自由进行的，但是随着证券市场的快速发展，操纵市场以获得巨额经济利益的行为屡禁不止。纵然我国学者很早就开始对操纵市场行为进行研究，但是至今尚未能对其作出一个准确的定义。学界主要从主观和客观两个方面对操纵市场行为的构成要件进行分析，从而对该行为进行规制。操纵市场行为主要包括交易型操纵、信息型操纵和行为型操纵三种类型，但是也随着互联网和证券市场的发展而变得更为多样性和隐蔽性。为遏制市场操纵行为，我国从行政、刑事和民事三个层面对操纵市场行为进行规制，对实施操纵市场行为的主体进行法律制裁，按照其实施行为的性质和危害程度，要求主体承担相应的行政责任、刑事责任和民事责任，并对因操行市场行为受损害的主体规定了相应救济措施。

【关键词】操纵市场；构成要件；操纵市场类型；法律责任

市场是自由交换商品的场所，证券交易场所是投资人按照交易规则进行证

---

* 两作者均为中央财经大学硕士研究生。

券买卖的特殊市场。证券市场的交易行为和交易价格应当随行就市、随机波动和自由交换，不得由某些人任意控制，也即不得操纵市场破坏证券市场交易秩序。但操纵市场扭曲了价格机制，破坏了证券市场的秩序，因此，对于这一行为，各国都秉持严厉打击态度。梳理改革开放四十年来我国对于操纵市场的研究，总结研究共识和得失，对于我们进一步推进证券法学研究具有重要意义。

一、"操纵市场"行为的历史沿革

从20世纪80年代，我国就有学者看到股票市场中"操纵"这一行为的存在，认为股票市场一般都有五个典型的发展阶段，"操纵阶段"就是其中一个阶段。[①] 之后随着证券市场的进一步发展，许多学者纷纷从比较法的视野下开始对证券市场的法律规制进行探究，研究域外国家的证券市场管理体制。随着我国证券市场的发展，为遏制我国出现的证券欺诈行为，1993年发布的《股票发行与交易管理暂行条例》以及同年发布的《禁止证券欺诈行为暂行办法》将操纵市场与内幕交易、欺诈客户、虚假陈述等行为一并认定为证券欺诈行为加以规制，并列举了七种操纵市场的具体行为，并比较详细地规定了相应的行政责任和民事责任，但并没有对刑事责任进行详细论述。此后，学界针对证券欺诈犯罪的刑事责任承担的问题进行了大量的探讨，也对证券犯罪罪名的体系建构提出了一定的构想。[②] 1996年证监会发布的《关于严禁操纵市场行为的通知》中规定了十种操纵市场的行为，其中大多涉及的是操纵证券交易价格的行为。1997年新刑法增加了大量的证券犯罪的规定，其中第182条明确规定了"操纵证券交易价格罪"，可见此时仅操纵证券交易价格且"情节严重"的行为依法才应承担的刑事责任。之后于1998年颁布的《证券法》第71条规定了四种操纵证券交易价格或证券交易量的手段以禁止"获取不正当利益或者转嫁风险"，其中该法规定的（二）、（三）两种具体行为中出现了操纵证券交易量的模式，不再仅是操纵证券交易价格。1999年刑法修正案（一）将刑法第182条修改为"操纵证券、期货交易价格罪"，扩大了该罪的适用范围。然而，刑法仍将操纵

---

① 段蜀：《股票市场的典型发展过程及其成功的条件》，载《世界经济》1987年第8期。

② 杨秋林、邹杨：《试论操纵证券市场行为的法律规制》，载《证券法律评论（2016年卷）》，中国法制出版社2016年版。

的对象限制在证券或者期货的交易价格上。随着证券市场的不断发展繁荣，操纵市场的具体行为也是愈来愈新颖和隐蔽，需要法律对其加以规制。2005 年修订的《证券法》明确规定禁止“操纵证券市场”，而改变了之前含糊的“禁止获取不正当利益或转嫁风险”的说法，条文中更为明显地体现出操纵市场的模式不仅有操纵交易价格，还有操纵交易量的模式；① 兜底条款也更为直接地表明是操纵市场而非仅仅是操纵交易价格的行为。2006 年的《刑法修正案（六）》也随即对第 182 条进行了修改，将“操纵证券、期货市场交易价格”修改为“操纵证券、期货市场”，在该条款中规定的操纵市场的四种具体行为模式与《证券法》的规定是一致的。在此之后，2007 年证监会发布《证券市场操纵行为认定指引（试行）》，详细介绍了《证券法》中第 77 条项下八种操纵市场行为及认定标准；2015 年的《证券法修订草案》更是进一步丰富、拓展了操纵市场行为的手段类型。

自 20 世纪 90 年代到 21 世纪初这 20 多年间，我国学界对操纵市场问题的讨论主要在于对其的罪刑体系建构以及法律责任承担方面，而近年来对各种具体操纵行为的性质认定以及监管规制引起了学界更多的思考与探讨。

二、操纵市场的概念及构成要件

（一）操纵市场的概念

有学者认为，操纵市场行为是指利用资金优势或者信息优势或滥用职权，影响证券市场价格，诱使投资者买卖证券，扰乱证券市场秩序的行为。② 这种观点具有一定的合理性，但是并不能全面概括操纵市场行为的全部内涵与外延，除了资金、信息、职权之外，行为人还可以利用持股、技术或者利用不同市场进行跨市操纵；除了操纵价格与成交量之外，行为人还可以通过交易参数或技术指标间接操纵价格或成交量。③

在证监会发布的《证券市场操纵行为认定指引（试行）》中，操纵市场

① 汤欣、高海涛：《操纵市场行政处罚案例全景观察》，载《证券法苑》2016 年第 18 卷。

② 叶林：《证券法（第四版）》，中国人民大学出版社 2013 年版，第 228 页。

③ 贾纬：《操纵市场行为的认定及其民事责任》，载《人民司法》2007 年第 17 期。

(证券市场操纵行为),是指行为人以不正当手段,影响证券交易价格或者证券交易量,扰乱证券市场秩序的行为。[①] 该定义太过模糊,难以准确概括操纵市场行为的核心内涵。《刑法》《证券法》中采取的列举模式对操纵市场行为的定义也是高度简练,其所列举的违法行为构成要件表述含糊,也未能对操纵行为的准确内涵加以揭示。[②]

由此可见,目前在法学理论上,尚对操纵市场的行为缺乏一个明确而统一的概念定义。

(二)操纵市场的构成要件

操纵市场行为的构成要件,主要是指构成操纵市场行为的客观与主观方面的要素。

1. 主观方面,要求行为人具有操纵市场的故意。尽管《证券法》第 77 条及《刑法》第 182 条未明确使用操纵证券市场的“故意”或“目的”等措辞,但是,根据对法条的解读、相关释义及行政处罚实践可以认为,操纵证券市场,行为人主观上应当有操纵的故意,并基于该故意在客观上实施了操纵市场、欺诈其他投资者的行为。[③] 并且根据 1998 年颁布的《证券法》中未明确使用操纵市场的文字而是使用“利用下列行为获取不正当利益或转嫁风险”的描述来看,对操纵市场的行为进行规制需要行为人主观上具有故意。

2. 客观方面,行为人实施了欺诈其他投资者的行为,该欺诈行为诱导或只是其他投资者改变了对某一证券的预期,投资者根据该改变后的预期实施了交易行为,从而改变了该证券交易价格或证券交易量。[④]

根据《证券法》第 77 条的规定,相关行为是否构成操纵证券市场的行为在客观上应当包括:行为人存在不正当的操纵手段;行为人的操纵证券市场行为影响其他投资者的决策,客观上已经影响证券交易价格或证券交易量。

---

① 《证券市场操纵行为认定指引(试行)》第二条。

② 汤欣、高海涛:《证券市场操纵行为认定研究——行政处罚案例的视角》,载《当代法学》2016 年第 4 期。

③ 张宝生、朱媛媛:《以操纵证券市场的构成要件解析操纵 ETF 是否成立——以青岛某公司涉嫌操纵 180ETF 案为例》,载《证券法律评论(2016 年卷)》,中国法制出版社 2016 年版。

④ 汤欣、高海涛:《证券市场操纵行为认定研究——行政处罚案例的视角》,载《当代法学》2016 年第 4 期。

三、操纵市场的具体类型研究

根据行为人借助的资源和使用的手段不同，操纵证券市场的行为大致可分为三种类型：交易型操纵；信息型操纵；行为型操纵。[①]

（一）交易型（trading – based）操纵

交易型操纵主要依赖异常的证券买卖行为，如连续交易、约定交易、洗售交易、虚假申报等。

1. 连续交易

连续交易即集中资金、持股优势或利用信息优势联合或者连续买卖，操纵证券交易价格或证券交易量。但对于资金、持股、信息等“优势”的类型及“集中”“利用”状态的认定，操纵作用下证券交易“价”和证券交易“量”二者之间关系的理解，以及操纵行为人是否必须具备某种主观意图及该种意图的认定问题，《刑法》《证券法》并未给以明确规定。

连续买卖与正常的交易行为的区别在于投资意图。合法的投资者应当以寻找价值低估的证券而获利，而操纵行为人则意图通过自己的买卖行为扭曲证券价格或成交量等以误导其他投资者，从而使其作出错误的投资决策而获利。但主观意图只能通过一些客观标准判断：一是看连续买卖次数。在美国，每个交易日连续三次单边交易某一证券即可能被证券交易委员会认定为操纵行为。二是看成交量或成交价格。只有对成交量或成交价格产生显著影响的连续买卖行为才可以被认定为操纵行为。[②]

2. 约定交易

约定交易，又称相对委托、串通买卖，是行为人与他人串通，以事先约定的时间、价格和方式相互进行证券、期货交易。[③] 约定交易以行为人串通为前提，并且在约定交易的情况下，证券的所有权真实地发生转移。

---

① 贾纬：《操纵市场行为的认定及其民事责任》，载《人民司法》2007 年第 17 期。

② 张保红：《论〈证券法〉操纵市场条款的修订》，载《证券法律评论（2017 年卷）》，中国法制出版社 2017 年版。

③ 刘宪权：《操纵证券、期货市场罪“兜底条款”解释规则的建构与应用》，载《中外法学》2013 年第 6 期。

3. 洗售交易

洗售交易是指以自己为交易对象，进行不转移所有权的自买自卖，影响证券交易价格或者证券交易量。[①] 洗售交易与约定交易之间存在一定的相似性，区别在于洗售交易中证券的所有权在事实上不发生转移；并且约定交易以与他人串通为前提，洗售交易由行为人独立完成。

但问题在于，洗售行为在“人工撮合”“有纸化交易”的背景下有可能导致相关证券的所有权“不发生转移”，但在我国交易所市场上“电脑撮合，集中竞价”“无纸化交易”的背景中难以辨别相关证券的所有权是否发生转移。[②]

4. 虚假申报

虚假申报是指行为人不以成交为目的的频繁申报和撤销申报，误导其他投资者，影响证券交易价格或交易量。频繁申报和撤销申报，是指行为人在同一交易日内，在同一证券的有效竞价范围内，按照同一买卖方向，连续、交替进行3次以上的申报和撤销申报。[③] 这种短时间内进行频繁的虚假买入申报，可以造成涉案股票申买委托量在短期内迅速放大、买盘汹涌的假象，从而影响其他投资者对该股票供求和价格走势的判断，诱导其跟进买入，逐步推高股价。[④]

（二）信息型（information－based）操纵

信息型操纵主要借助传播、散布与证券价格变动相关的各种信息，如抢帽子交易、蛊惑交易。信息型操纵模式在近几年中是学者热议的操纵模式，是当前的证券市场中越来越常见、越来越隐蔽的操纵手段。同时，由于信息型操纵被列举于“其他手段操纵市场”的“兜底条款”中，学者对其是否属于操纵市场的范畴也有较大的争议。[⑤]

信息型操纵中“信息”内涵，是认定该类市场操纵行为的首要问题。不少

① 汤欣：《操纵市场行为的界定与〈证券法〉的修改意见》，载《中国金融》2004年第19期。

② 张保红：《论〈证券法〉操纵市场条款的修订》，载《证券法律评论（2017年卷）》，中国法制出版社2017年版。

③ 《证券市场操纵行为认定指引（试行）》第39条。

④ 贾纬：《操纵市场行为的认定及其民事责任》，载《人民司法》2007年第17期。

⑤ 刘宪权：《操纵证券、期货市场罪“兜底条款”解释规则的建构与应用》，载《中外法学》2013年第6期。

学者在定义信息型操纵时，主要将其定义为散布传播虚假信息和不实陈述，但也有学者认为，操纵者亦可能利用真实信息实施操纵，即“信息”包含真实信息。①

1. 抢帽子交易

抢帽子交易通常是指，证券期货公司、证券期货咨询机构、专业中介机构以及相关投资咨询专业人员买卖或者持有相关证券、期货合约，并对相关证券、上市公司、期货合约及其标的资产等公开评价、预测或者提出投资建议、研究报告，通过期待的市场反应获取经济利益的行为。②

典型的抢帽子交易可以归结为“行为人交易→评价或推荐→影响市场→行为人反向交易”的模式，且行为人未公开其持股情况。③ 值得关注的是：一是主体身份限定。抢帽子交易操纵的主体限定为“证券公司、证券咨询机构、专业中介机构及其工作人员”；二是要将抢帽子交易与利用未公开信息交易行为之间进行区分，利用未公开信息交易要求行为人所利用的“信息”应具有与“内幕信息”相当的“重大性”，而抢帽子交易中的信息没有“重大性”的要求。

2. 蛊惑交易

蛊惑交易是指行为人利用不真实、不准确、不完整或不确定的重大信息，诱导投资者在不了解事实真相的情况下作出投资决定，影响证券交易价格或交易量，以便通过期待的市场波动，取得经济上的利益的行为。④

蛊惑交易典型的模式为：行为人交易→行为人编造或散布虚假信息→影响市场→行为人反向交易。其与《证券法》第78条的编造、传播虚假信息行为较为相似，但两者存在较大的差异：一是编造、传播虚假信息主要集中于国家工作人员、传播媒介从业人员等具有一定传播权力和职能的机构、个人，而蛊惑交易的主体为一般主体；二是就主观目的而言，编造、传播虚假信息行为并未规定行为人的主观故意，而蛊惑交易主体需要具有影响市场的主观目标；从客

① 陈晨：《证券市场信息型操纵认定难点及监管对策研究》，载《证券市场导报》2017年8月。

② 刘宪权：《操纵证券、期货市场罪“兜底条款”解释规则的建构与应用》，载《中外法学》2013年第6期。

③ 陈晨：《证券市场信息型操纵认定难点及监管对策研究》，载《证券市场导报》2017年8月。

④ 《证券市场操纵行为认定指引（试行）》第31条。

观行为上看，蛊惑交易的主体需要进行相应的证券交易，而编造、传播虚假信息则无须此构成要件。①

3. 利用信息优势连续交易

利用信息优势连续交易操纵是连续交易操纵行为当中的一种，指“单独或者通过合谋，利用信息优势联合或者连续买卖，操纵证券交易价格或证券交易量”的行为。② 该种操作手段需要对信息优势进行界定、厘清何为利用信息优势操纵以及界定利用信息优势的行为方式，其认定标准需要进一步的明确。

（三）行为型（actioned - based）操纵

行动型操纵是指基于改变资产应有价值的行动影响证券价格的行为，③ 如公司的不当管理。④ 价格的影响源自行为人采取的行动，而非单纯的股票买卖或信息传递。但该种模式下的操纵手段出现较少，我国学者对其也没有过多深入的探讨。

四、市场操纵行为的法律制裁与救济

证券操纵行为的法律责任，是指行为人违反证券法律法规规定的职责和义务所必须承担的相应的法律后果。根据违法行为的性质和危害程度不同，违法者所应承担的法律责任可相应地划分为民事责任、行政责任和刑事责任。其中，对于操纵证券市场行为的法律制裁是指行为人所应承担的行政责任和刑事责任，而救济主要指对操纵市场行为人的违法行为给受害人造成的损失予以经济赔偿，即违法行为人应承担的民事责任。⑤

我国1998年《证券法》第1条开宗明义规定其立法目的是保护投资者的合法权益。之所以对操纵行为追究法律责任，从可责性的角度看，主要包括两个

① 徐瑶：《信息型市场操纵的内涵与外延——基于行政和刑事案件的实证研究》，载《证券法苑》2017年第21卷。

② 陈晨：《证券市场信息型操纵认定难点及监管对策研究》，载《证券市场导报》2017年8月。

③ 汤欣、高海涛：《证券市场操纵行为认定研究——行政处罚案例的视角》，载《当代法学》2016年第4期。

④ 马江河：《美国证券市场操纵认定标准研究》，载《证券市场导报》2005年8月。

⑤ 崔秀花：《浅析操纵证券市场行为及其法律规制》，载《河北经贸大学学报（综合版）》2003年第3期。

方面：其一，实施价格垄断，破坏证券市场的自由竞争秩序，造成资源浪费；其二，虚构供求关系，破坏证券市场的公平竞争秩序，损害投资者合法权益。[①]从规制操纵证券交易价格行为的法理基础层面分析，则可以总结为三点：该行为因人为地扭曲证券市场上证券的正常价格，违反证券市场的“三公”原则，损害众多投资者的合法投资利益；该行为改变了价格围绕价值波动的一般市场规律，扰乱证券市场的正常秩序，甚至导致社会的动荡；该行为改变市场的根本属性，导致市场垄断的出现，破坏证券市场的正常功能。[②]总之，为了保护投资者的合法权益，维护证券市场秩序，必须通过完善法律责任，制裁违法操纵行为，并对潜在违法行为发挥威慑作用。

（一）市场操纵行为的行政责任

1993 年经国务院批准，证监会发布了《禁止证券欺诈行业暂行办法》（以下简称《暂行办法》），其中第 15 至 17 条，对操纵者行政责任作出了最为明确具体的规定。[③]这一法规，对加强证券市场的法制管理，打击违法犯罪行为，保护投资者合法权益，促进我国证券市场的完善和成熟无疑发挥着积极的作用。[④]1998 年 12 月 29 日，历经 6 年终获通过的《证券法》，用法律的形式确认了我国证券产业的法律地位，并且解决了行政法规的临时性和政策性较强的缺陷，确立了一个宏观上的完整法律体系。[⑤]其中第 71 条列举了操纵证券交易价格的行为，第 184 条规定了相应的行政责任。

从执法实践来看，由证监会作出行政处罚，是对操纵证券市场行为追究法律责任最为常见的形式。早在国内证券市场初创未久的 1995 年 1 月，证监会就

① 张竹英：《操纵证券交易价格的归责问题研究》，载《政法论坛》1999 年第 5 期。

② 刘宪权：《操纵证券、期货交易价格犯罪行为的刑法分析》，载《华东政法学院学报》2000 年第 6 期。

③ 《暂行办法》第 15 条：“证券经营机构、证券交易场所以及其他从事证券业的机构有操纵市场行为的，根据不同情况，单处或并处警告、没收非法所得、罚款、限制或暂停其证券经营业务许可、其从事证券经营业务许可。”第 16 条：“前条所列以外的机构有操纵市场行为的，根据不同情况，单处或并处警告、没收非法所得、罚款；已上市的发行人有操纵市行为，情节严重的，并可以暂停或取消其上市资格。”第 17 条：“个人有操纵市场行为的，根据不同情况，没收其非法获取的款项和其他非法所得，并处以 5 万元以上 50 万元以下的罚款。”

④ 张汉良、周作斌：《证券欺诈罪初探》，载《法学》1994 年第 1 期。

⑤ 季秀平、王朋：《操纵证券市场行为及其法律规制》，载《南京大学法律评论》1998 年春季号。

处罚了山东渤海集团和君安深圳发展中心营业部两起操纵证券市场案件。[①] 随着证券市场的发展，操纵市场案件频发，新型操纵手段层出不穷，证监会对市场操纵案件的执法力度也不断加强。截至 2017 年 1 月，公开渠道可获取的操纵市场刑事案件判决仅有 10 起，证监会处罚的操纵市场案件则多达 96 起。[②] 而就目前我国而言，受害者通过民事诉讼程序获得救济的案例也极少。[③]

虽然行政处罚案件居多，但从执法实践来看，现行制度中仍存在一定的不足。第一，《证券法》规定的行政处罚力度不够，不足以震慑操纵市场行为的人。正如有学者所言，这些处罚规定对于券商和违规操纵证券市场的单位和个人来说显得微不足道，无关痛痒。[④] 只有加大行政处罚力度，才可以增加行为人的违法成本，使他们在得与失之间作出选择，以防止这种行为的发生。第二，现行证券法规对操纵行为的内涵界定缺乏明确具体的规范。

值得注意的是，虽然操纵行为态样复杂多样、法律规范又语焉不详，但证监会在对于各类不同的操纵手段进行认定和处罚的过程中，根据执法政策、市场规律和监管经验形成了颇具特色的操纵行为识别标准，这从侧面体现了证券执法推动社会各界深化对操纵违法性认识的积极作用。[⑤] 市场操纵的本质，即通过操纵行为制造交易活跃的假象以及诱使投资者进行跟风交易的欺诈性，已在证监会查处的各类操纵案件中得以确认，并逐步体现为证监会认定处罚的基本态度，只是这种欺诈本质的具体表述、证明标准和证明路径，仍有待在未来的行政处罚说理中得到丰富和发展。[⑥] 有鉴于此，学界对于市场操纵行为的行政责任，远远少于对民刑责任的讨论与争议。

---

① 汤欣、高海涛：《证券市场操纵行为认定研究——行政处罚案例的视角》，载《当代法学》2016 年第 4 期。

② 徐瑶：《信息型市场操纵的内涵与外延——基于行政和刑事案件的实证研究》，载《证券法苑》2017 年第 27 卷。

③ 杨秋林：《试论操纵证券市场的民事责任》，载《证券法律评论（2017 年卷）》，中国法制出版社 2017 年版。

④ 杨秋林、邹杨：《试论操纵证券市场行为的法律规制》，载《证券法律评论（2016 年卷）》，中国法制出版社 2016 年版。

⑤ 汤欣、高海涛：《证券市场操纵行为认定研究——行政处罚案例的视角》，载《当代法学》2016 年 4 期。

⑥ 汤欣、高海涛：《证券市场操纵行为认定研究——行政处罚案例的视角》，载《当代法学》2016 年 4 期。

（二）市场操纵行为的刑事制裁

证券犯罪是指证券发行人、证券经营机构、证券管理机构、证券监督机构、证券服务机构、投资基金管理公司、证券业自律性管理机构以及其他组织，证券业从业、管理人员以及其他人员，违反证券法规，故意非法从事证券的发行、交易、管理或其他相关活动，严重破坏证券市场的正常管理秩序，侵害证券投资者的合法利益，应受刑罚处罚的行为。[①] 操纵市场罪为证券犯罪其中之一种。操纵证券市场罪并不是伴随操纵行为一起产生的，对于市场操纵行为，一开始并未对操纵行为人追究刑事责任。

在1997年《刑法》、1998年《证券法》颁布前，学界对此展开了激烈的讨论，强烈呼吁操纵市场罪入刑。理由有二：其一，只有把证券市场置于完备健全的法律约束之下，才能管理好证券市场。据目前我国证券市场的实际情况，应当增设包括内幕交易罪、操纵市场罪在内的一些证券犯罪，对证券发行、交易、管理或其他相关活动中严重违反证券法规的行为加以制裁。[②] 其二，操纵证券市场行为具有的社会危害性较大，在充分借鉴世界各国和地区的证券立法的经验及司法实践的经验之基础上，我国完全有必要将其列入刑法打击的范围之中。[③] 与此同时，有学者明确指出，操纵市场行为入刑仅仅是第一步。加强证券立法、规范证券市场是防范证券犯罪的第一道屏障，在整个防范体系中居于最高层次，在此基础上必须通过具体的防范措施和组织体系加以贯彻、实施。[④]

1997年10月1日起实施的新《刑法》第182条明确规定“操纵证券交易价格，获取不正当利益或者转嫁风险，情节严重的”构成犯罪。[⑤] 这一规定对于维

---

① 陈兴良、陈正云、张旭：《论证券犯罪及其刑法调控》，载《中国法学》1994年第4期。

② 樊成连、桂富新：《浅谈增设操纵证券市场罪》，载《法商研究》1995年第6期。

③ 刘宪权：《惩治证券市场上操纵行为的刑法思考》，载《河北法学》1994年第4期。

④ 莫洪宪、潘爱斌：《论证券犯罪防范体系的构建》，载《福建法学》1995年第11期。

⑤ 《刑法》182条规定：“有下列情形之一，操纵证券交易价格，获取不正当利益或转嫁风险，情节严重的，处五年以下有期徒刑或者拘役，并处或者单处违法所得一倍以上五倍以下罚金：（一）单独或者合谋，集中资金优势、持股优势或者利用信息优势联合或者连续买卖，操纵证券交易价格的；（二）与他人串通，以事先约定的时间、价格和方式相互进行证券交易或者相互买卖并不持有的证券，影响证券交易价格或证券交易量的；（三）以自己为交易对象，进行不转移证券所有权的自买自卖，影响证券交易价格或者证券交易量的；（四）以其他方法操纵证券交易价格的。单位犯前款罪的，对单位判处罚金，并对其直接负责的主管人员和其他直接责任人员，处五年以下有期徒刑或者拘役。”

护我国初级阶段的证券市场秩序，打击金融领域犯罪，促进我国经济快速发展有着重要的现实意义和深远的历史意义。1998 年随之出台的《证券法》第 184 条也作了类似的规定。

虽然新刑法增设证券犯罪改变了刑事立法的空白状况，但目前我国的证券市场法制体系尚不完善，只有健全各方面的证券管理法规，才能管理好证券市场。只有在其他法规不足以抗制证券市场的严重违规行为时，刑法干预才成为必要。[①] 这首先要求必须明确操纵市场罪与其他证券犯罪的区别，进而要明确操纵市场违法行为与操纵市场罪的界限。只有对情节严重、社会危害性大的操纵行为才追究刑事责任，以保证刑法的谦抑性。鉴于我国法律规定不甚明晰，学界对于罪与非罪的界限、情节严重的考量标准等问题一直存在争议。

在众多争议中，以“兜底条款”规制新型操纵行为的讨论最为激烈，有此争议的根源在于操纵市场行为的类型复杂多样。而对于操纵市场行为的界定，在世界范围内亦是一个法学难题。针对操纵证券市场犯罪情况调查中所反映出的法律适用疑难问题，司法实务部门有必要根据连续交易操纵、洗售操纵、“抢帽子”交易操纵等不同类型的操纵证券市场犯罪行为，设计与完善操纵证券市场犯罪司法判断规则。[②] 相对于进程缓慢的立法或修法，通过解释现行法律，明确操纵市场行为的类型，针对不同的操纵市场行为具体分析其独特的构成要件，从而将其区别于证券法上的其他合法或非法行为，应当是一种更好的选择。[③]

（三）市场操纵行为的民事责任

1. 我国民事责任制度现状及原因

依各国证券法的规定，操纵证券市场行为人的民事责任主要是对受害人的民事赔偿责任。综观《证券法》有关规定，我们可以发现《证券法》是一部强调公法权利强于私法权利的商事法。这一点可以从《证券法》第三章的第 36 条关于法律责任的规定得到证明，该章涉及行政责任的占了 23 条，涉及刑事责任

① 毛玲玲：《证券犯罪及其立法前述》，载《政法学刊》1997 年第 4 期。

② 吴波：《操纵证券市场犯罪法律适用疑难问题研究——基于实证的视角》，载《中国刑事法杂志》2014 年第 3 期。

③ 魏俊：《操纵市场行为界定的法解释学分析》，载《上海商学院学报》2014 年第 3 期。

的占了18条，而涉及民事责任的仅有2条，对欺诈客户的民事责任的规定只有1条。[①]

民事责任制度的功能在于补偿和救济操纵行为的受害人，使操纵人与受害人之间已经失衡的利益关系恢复原状，维护投资者对证券市场的信心和认同。但从司法实践来看，我国现行的操纵市场民事责任制度未能发挥其救济私权的应有作用。因为我国有关民事责任的规定极其简单，对于何人有权提起民事诉讼，民事责任的构成条件、民事责任的承担及损害赔偿额的确定等一系列重大问题均无明确规定，使得法院处理此类案件缺乏明确的法律依据。[②] 由于我国对操纵行为受害人的民事救济力度不够，有关的民事责任制度形同虚设。

造成操纵市场的民事责任制度缺乏实效的原因是多方面的，但制度本身的内在缺陷才是问题的症结所在。究其原因，除原告资格和赔偿数额难以确定外，还有以下方面：其一，单个投资者难以独自发现、证明操纵市场行为的存在；其二，立法对诉讼时效的规定较短，等到操纵行为被发现、证明，诉讼时效已经消灭；[③] 其三，法律责任的设置严重失衡，没有具体规定操纵行为的民事责任，并且现行民事责任制度赋予受害人过重的举证责任。[④] 操纵证券案件的举证责任由原告（或控方）承担已成为成功检控此类案件的绊脚石，在我国金融体制转轨时期对操纵证券交易价格案件实行举证责任倒置具有紧迫性、必要性；而英美发达国家已有对操纵证券交易价格的检控实行举证责任倒置的经验做法，则表明我国实行举证责任倒置具有可行性。[⑤] 总之，主要原因在于我国法律在程序和实体方面都没有对证券侵权民事诉讼作出具体规定，故在法律上还存在许多难点，在实际操作中难度较大。[⑥]

2005年10月27日，全国人大常委会颁布了《中华人民共和国证券法（修

---

① 赵凌、孙建江、郭站红、朱亚芬、黄建洲：《法眼看股市：证券欺诈与立法》，载《经济周刊》2001年第5期。

② 赵凌、孙建江、郭站红、朱亚芬、黄建洲：《法眼看股市：证券欺诈与立法》，载《经济周刊》2001年第5期。

③ 季秀平、王朋：《操纵证券市场行为及其法律规制》，载《南京大学法律评论》1998年春季号。

④ 张鸿：《强化民事责任制度遏制证券操纵行为》，载《证券市场》2001年第3期。

⑤ 杜文俊：《论举证责任倒置在操纵证券交易价格案件中的适用》，载《社会科学》2002年第2期。

⑥ 杨秋林、邹杨：《试论操纵证券市场行为的法律规制》，载《证券法律评论（2016年卷）》，中国法制出版社2016年版。

订案)》。在该修订案中，第一次以法律方式明确了内幕交易行为和操纵证券市场行为的民事赔偿责任，并对短线交易及归入权行使作出了规定。由此，民事责任与行政责任、刑事责任一起，共同构建了我国涉及内幕交易、操纵市场法律责任的完整体系。但鉴于《证券法》对于内幕交易、操纵市场民事赔偿责任制度的规定比较原则，故需要通过具体的规范性文件和最高人民法院的司法解释加以具体化、可操作化。①

2. 完善民事赔偿制度的必要性

民事责任是证券违法行为责任体系中的重要组成部分，对于因违法行为而受害的投资者来说可能是最重要的组成部分。操纵证券市场行为民事责任制度的推行，能够真正实现保护投资者利益的监管目标，同时鼓励投资者对操纵市场行为的追究从而使投资者形成净化市场的重要力量，提高打击操纵市场行为的能力并减轻政府监管成本，促进证券监管全面、有效地进行，最终有利于证券市场的健康发展。② 归纳之，建立操纵证券市场行为民事赔偿制度的必要性表现为三个方面：第一，民事赔偿责任制度为保护投资者的合法权益提供了必要的司法救济途径。第二，通过制裁操纵行为人，有效地预防与遏制操纵证券市场行为的发生。第三，民事赔偿责任制度是证券市场监管的有益补充。③

我国证券法早已确立民事赔偿优先原则。1998 年《证券法》第 207 条（现行《证券法》第 232 条）规定：“违反本法规定，应当承担民事赔偿责任和缴纳罚款、罚金，其财产不足以同时支付时，先承担民事赔偿责任。”即便是 2015 年证监会颁布的《行政和解金管理暂行办法》中也规定“行政和解金在补偿投资者之后仍有剩余的，应当上缴国库”。然而，我国民事赔偿优先原则的实现机制欠缺。依照《行政处罚法》的规定，刑事罚金、行政罚款均需上缴国库。证券市场违法违规行为首先体现在对投资者的损害上，所以应当对私权充分救济后再让侵权人承担社会责任，否则受损的是投资者，得益的却是政府，这有违公平与正义原则。这在市场操纵民事赔偿过程中体现尤甚。那么如何落实市场

① 宋一欣：《证券市场中因内幕交易和操纵市场引发的民事赔偿的有关法律问题》，载《法律适用》2006 年第 4 期。

② 董安生、郑小敏、刘燊：《我国操纵市场行为的监管：现状、反思与进路》，载《法学家》2005 年第 1 期。

③ 鲜铁可、刘博：《操纵证券市场行为的法律责任》，载《人民检察》2012 年第 4 期。

操纵中的民事责任，使民事赔偿优先原则真正得以实现，这是投资者权益得以保护的关键。证券市场民事侵权损害赔偿法律制度的变革和创新将是必然的选择。

3. 完善民事赔偿制度的路径

实践中监管机构为保障投资者权益所做的种种努力，彰显了完善民事赔偿制度的现实意义。始于2012年“万福生科案”，并被2016年“欣泰电气案”效仿的先行赔付基金的做法，还是2015年3月29日，行政和解试点首先在证券执法领域落地的《行政和解试点实施办法》的颁布，抑或是2015年12月24日《最高人民法院关于当前商事审判工作中的若干具体问题》对实施长达13年的证券民事诉讼“前置程序”的取消，都反映了监管层对资本市场中民事诉讼机制完善以及对民事赔偿金、行政罚款和刑法罚金三者之间进行协调的努力，以实现弥补投资者损失的目标。

对于具体的完善或制度构建措施，学界从多个层面进行了理论探讨。

首先，针对现行法缺少对于操纵市场行为民事责任的具体规定，致使投资者维权困难的现状，可以在现有制度的基础上加以完善。举例来说，有学者提出在实践中需要引入类似美国证券法上的“欺诈市场理论”来减轻受害者的举证责任负担。① 但有学者提出反对意见，认为由于我国实务界和理论界所采取和主张的因果关系理论不同于美国的交易因果关系和损失因果关系的理论结构，且中国目前的证券市场属于弱势有效市场，尚不能适用“欺诈市场理论”，据此，基于“欺诈市场理论”推定交易因果关系的做法并不能直接移植到我国。但是通过运用证明责任分配的有关理论，从距离证据远近、举证能力强弱、实现实体法宗旨、与虚假陈述侵权类比等四个角度分析，在操纵证券市场侵权案件中仍然应当实行因果关系推定，由被告承担不具备因果关系的证明责任。②

其次，以投资者损失救济措施较为发达的美国等国家为标杆，创新我国的民事赔偿金制度。路径设想一为建立公平基金。有学者先后撰文对我国资本市场中内幕交易罚没收入全部上缴财政的做法提出改进建议，并认为应借鉴美国设立公平基金的做法，更进一步地对该基金的使用方式进行了初步设想，并从

① 汤欣：《证券市场行为的界定与〈证券法〉的修改建议》，载《证券市场》2004年第19期。

② 廖升：《操纵证券市场侵权责任之因果关系》，载《法学评论》2017年第1期。

多个角度分析了构建内幕交易公平基金制度的路径。[①] 内幕交易与市场操纵作为证券欺诈行为的两大类型，在构建公平基金以更好地保障投资者权益方面具有共性。路径设想二，即在证券民事赔偿责任优先原则已被法律确认的情形下，认为应建立行政罚款、刑法罚金的暂缓入库制度以及财政回拨制度。[②] 前述两种路径，究其本质，无不在于创新民事赔偿金制度，以保障民事赔偿优先原则的实现。

总之，弥补市场操纵行为对投资者的损害，只能依靠民事责任制度。一方面，加强立法，明确适格原告、举证责任、因果关系等问题，为投资者维权提供法律层面的保障；另一方面，创新民事赔偿金的实现机制，为投资者维护自身权益提供可行的现实路径。这两个层面的努力密切相关、并行不悖。这对理论研究者与监管者都提出了要求，要通过借鉴国外经验探索适合我国国情的民事赔偿路径，从而达到维护证券市场稳定、保护投资者权益的终极目的。

（四）对投资者的其他救济方式

除了民事责任制度方面的救济，也可以从其他角度另辟蹊径，探索投资者救济的其他方式。

1. 补偿投资者的证券行政责任机制

在市场操纵类案件中，民事诉讼面临着尴尬的处境。有学者指出，民事赔偿诉讼在此类案件中存在先天缺陷。据此，他提出了更为简便可行，也更有效率的程序——行政处罚中的追缴分配程序，即在内幕交易和操纵市场案件中，中国证监会负有追查和处罚这些违法行为人的职责；在确认违法行为人的违法行为之后，中国证监会在给予的处罚中，用追缴代替没收违法所得，然后制订分配方案，将违法所得分配给在内幕交易和操纵市场中受到损害的投资者。[③]

2. 证券申诉专员制度

中国证券业协会当前推出的证券纠纷调解机制在一定程度上创新了我国券商制度，但面对当前资本市场改革创新中出现的投资者易受侵害的状况，为给

---

① 邢会强：《内幕交易公平基金制度的构建》，载《证券法律评论（2016 年卷）》，中国法制出版社 2016 年版。

② 陈洁：《证券民事赔偿责任优先原则的实现机制》，载《证券市场导报》2017 年 6 月。

③ 彭冰：《建立补偿投资者的证券行政责任机制》，载《中外法学》2004 年第 5 期。

投资者提供更加全面的权利救济途径，仍需在纠纷解决机制方面进行更为大胆的制度创新。有学者提出，我国需要构建以金融消费者保护为核心的多元化金融纠纷解决机制的统合体系，导入金融 FOS 制度，分阶段分步骤实现金融纠纷处理机制的统合。具体而言，我国应当从现实出发，在对金融市场发达的国家和地区已经广泛适用的金融申诉专员制度比较考察和类型化分析的基础上借鉴其经验，分阶段进行纠纷解决机制的创新发展。首先以调解协议的效力创新为突破口，由证券公司发布单个承诺或共同发布会员自律公约，自觉履行小额证券纠纷调解协议义务。然后是立法层面的创新，在《证券法》中规定证券申诉专员制度，在证券领域率先设置独立的申诉专员中心，以充分发挥投资者在纠纷解决过程中的主导性。最后在条件成熟时建立起统一的金融申诉专员制度，以实现金融纠纷一体化解决机制的构建，伴随着金融业统一监管的实现而实现纠纷解决机制的统合，亦即构建中国式的 FOS 机制。①

3. 行政和解制度

行政和解制度，是证监会近年来推行的一种保护投资者权益的试点性制度。为规范行政和解试点相关工作，中国证监会根据国务院批准的试点工作要求，制定了《行政和解试点实施办法》，该办法已于 2015 年 3 月 29 日施行。但对于该制度的正当性、监管逻辑、构建路径等具体问题，仍需要学理论层面的进一步探讨。

（五）小结

面对日新月异、复杂多样的操纵行为类型，如何界定是各国普遍面临的难题。就我国现行制度来说，不论是民事、刑事、行政责任制度方面，均存在规定过于原则、笼统的问题，需要在日后以细则、司法解释等形式加以明确。除上文罗列问题，在司法、执法实践中，还存在许多其他的漏洞，需要社会各界随着法律适用实践和市场经验，逐步扩充、完善对操纵行为的认识与理解。

---

① 杨东：《论我国证券纠纷解决机制的发展创新——证券申诉专员制度之构建》，载《比较法研究》2013 年第 3 期。

改革开放四十年与证券发行制度研究

沈安琪　黄盛秦*

【内容提要】股票发行注册制改革的问题近年来成为证券市场改革的热点。本篇综述集中探讨了何谓股票发行注册制以及继续进行注册制改革的必要性，总结我国目前注册制改革的进路。此外，证券储架发行制度（Shelf Offering System）作为一项上市公司再融资机制，对于推进我国目前上市再融资制度的市场化改革，尤其是快速再融资制度的发展完善极具借鉴意义。本篇综述亦通过借鉴美国储架发行制度，梳理我国证券储架发行立法沿革及运行现状。最后，在“推进股票发行注册制改革”的大背景下，豁免制度作为证券发行的重要组成部分尚未引起学界的足够重视，本篇综述对私募发行、小额发行、众筹等证券发行注册豁免制度进行制度介绍，总结多位学者提出的对于完善我国多层次资本市场证券发行豁免制度的具体路径。

【关键词】注册制改革　证券储架发行　证券发行豁免制度

股票发行制度是股票市场管理的第一道关口，高效的股票发行制度可以起

* 两作者均为中央财经大学法学院硕士研究生。

到确保股票发行具有公正性、保证发行公司质量、保护投资者合法权益及合理配置资源等作用。经历了二十余年的发展，我国资本市场取得了长足的发展，由此引申出了我国股票发行制度是否应当继续改革、股票发行注册制是否适合我国国情及相关的储架发行、豁免发行制度的适用与发展等问题。

一、我国发行制度的变迁

自1990年中国证券市场建立以来，中国股票发行监管制度经历了几次重大变革，对于股票发行的监管也逐步顺应市场的潮流。

（一）二十世纪九十年代：审批制下的配额发行制

从九十年代初资本市场建立至九十年代末《证券法》实施之前，中国股票上市发行实行的是审批制下的配额制。在配额制下，每年由国务院证券委制订和分配股票发行年度计划，计划额度分配到各省市区、国务院各部门后，各地区、各部门在对企业进行层层筛选和审批后作出推荐；证券监管机构对政府推荐的企业进行审查，并对企业发行股票的规模、价格、发行方式和时间作出安排。

此种行政化的审批导致政府管制和干预不断强化，用层层审批的手段分配发行额度的做法，使得从企业选择到发行上市整个过程都带有很强的行政色彩，透明度不高，市场的约束力没有得到充分发挥，资源无法配置到最有发展前景、最具竞争力的企业，不符合市场经济的要求。

（二）二十一世纪初至今：核准制

2000年之后，随着市场成熟度的提高，中国证监会明确提出了市场化的发展方向。根据1999年实施的《证券法》的要求，2000年3月，中国证监会颁布了《股票发行核准程序》，从此股票发行制度由审批制转向了核准制。核准制的内涵是对发行人实施强制性信息披露，监管部门根据发行人申报材料披露的信息进行合规性审查，投资者根据发行人披露的信息作出投资决策。证券公司、会计师事务所、律师事务所、资产评估机构等中介机构在监督和指导发行人真实、准确、完整地披露信息方面发挥着不可替代的重要作用。随后，证券监管部门又陆续推出了保荐制度①、询价发行制度②以及首次公开发行和再融资管理办法③等，完善了发行的核准制度。

伴随着一系列核准制的改革，我国资本市场的融资功能得到极大的改善，中小企业发行不断加快，股票发行筹资规模等远超历史最高水平，极大地促进了我国证券市场的结构调整。但是随着市场经济的进一步发展，核准制也暴露出了相应的问题，引发针对发行制度新一轮改革的探讨。

二、股票发行注册制改革

股票发行注册制改革的问题近年来成为证券市场改革的热点。十八届三中全会明确提出积极推进股票发行注册制改革，随后国务院和证监会陆续推出实行股票发行注册制改革的具体步骤和配套方案，2015 年十二届全国人大常委会第十四次会议审议的《证券法》修订草案中亦包含股票发行注册制的内容。学界的讨论焦点集中于何谓注册制，是否应当继续进行注册制改革，及改革的进路几方面。

（一）股票发行注册制的解读与澄清

关于注册制理念，学者归纳不尽相同，彭冰教授认为，注册制和核准制最大的差异在出售证券的品质挑选上扮演什么样的角色，注册制是通过信息披露的要求，对出售证券的品质有着隐含的要求，更多的通过市场和中介机构来挑选出售证券的品质……其实政府并不适合担任这个角色。④“主客二元”理论带有简单化、直线性的思维视野容易使人们陷入一种“非此即彼、非彼即此”的二元对立的认知范式，将世界各国证券发行审核方式划分为泾渭分明的“核准制”与

---

① 2003 年底，中国证监会颁布《证券发行上市保荐制度暂行办法》，主要内容是建立保荐代表人和保荐机构的资格管理，对其职责和工作提出明确要求，规范航和行为和管理，明确法律责任。

② 2004 年中国证监会颁布《关于首次公开发行股票试行询价制度若干问题的通知》，主要内容是建立国际通用的累计投标制度，发行人通过向机构投资者询价的方式确定发行价格，建立市场定价机制。

③ 2006 年根据新修订的《证券法》《公司法》的要求，证监会颁布了《首次公开发行股票并上市管理办法》和《上市公司证券发行管理办法》，按照核准制的要求进一步明确了有关发行条件、审核的程序和理念。另外，再融资方面增加了分离交易的可转债及融资权证等产品，建立了非公开发行制度。

④ 彭冰：《信息披露是注册制的核心》，载《证券法苑》2014 年 12 月。

“注册制”就是二分法下的典型产物。[①] 实际上，我们所熟知的美国的注册制具有“双重”属性，分为联邦和州两级监管。在联邦层面是有证券交易委员会对申请进行审查，通常为“只审不否”；而在各州层面，各州依据各州的蓝天法对本州范围内的证券发行和交易活动进行监管，主要的注册方式有三种：第一种是通知注册型（Notification），只需要提交一份短的表格注册，但是此种方式只适用于发行人及前身有至少五年的成熟经营史。第二种是协调注册型（Coodination），证券发行人向州监管机关提交已经在联邦注册的招股说明书和州额外要求的信息后，监管机关即批准在本周内发行证券。第三种是审查注册型（Qualification），此种模式下不仅要求完全的实质披露，并授权州监管机关对证券发行进行实质审核。[②]

除了美国的注册发行制，有学者还通过对比我国内地、美国以及我国香港地区的上市制度，发现三者在审核主体、披露要求、中介责任等各方面并没有重大实质性的差别。但是在监管实践方面却存在重大区别。境外市场仅对拟上市公司实行极其有限的审核，监管的注意力几乎全都放在充分披露和事后监管上，一旦披露合格，拟发行公司完全可根据自己需求随时入市，融资规模和价格完全由市场决定，而上市后公司若有弄虚作假或者违背诚信的其他行为，监管者就会对发行人和中介方一查到底。而我国内地的核准制下，则注重事前实质审查，监管机构基于“父爱主义”情怀。在实际操作中我国的监管机构一直未能摆脱积极干预、调解供求与前端审核的重任。[③]

（二）股票发行注册制改革的必要性

股票发行核准制下，政府为股票作了担保，从而使投资者在选股投资时可以不尽审慎之鉴别而进行投资，但是实际上股票自身的风险并未因为政府审查而有所降低，投资者一旦造成损失，就会对政府监管部门的监管能力产生怀疑。[④] 此外，我国证券市场仍然存在严重的信息不对称的问题，拟上市公司会计薄弱、

① 李燕、杨淦：《美国法上的IPO“注册制”：起源、构造与论争——兼论我国注册制改革的移植与创生》，载《比较法研究》2014年第6期。

② 沈朝晖：《流行的误解：“注册制”与“核准制”辨析》，载《证券市场导报》2011年第9期。

③ 李文莉：《证券发行注册制改革：法理基础与现实路径》，载《法商研究》2014年第5期。

④ 肖立强、郭玲：《我国股票发行制度的注册制改革研究——基于美国注册制视角的比较分析》，载《北方金融》2015年第12期。

内控不力、信息披露质量不过关的问题较为突出，中介机构在上市过程中未恪守执业规则和未履行谨慎义务的问题时有发生，[①] 这极大地挫伤了股民的信心和投资的积极性。而对证监会发行审核委员会而言，其浓厚的行政色彩容易滋生腐败现象，无记名投票制度、主观判断因素强烈、委员兼职等情况导致审核结果的公平性和质量无法得到完全保障。[②] 核准制的制度目的本质上是保护中小投资者，但是从目前的制度运行上看，这一基本目的并未得以实现。

股票发行注册制改革一方面有利于形成市场化的风险定价机制，股票价格能够合理反映企业的价值和盈利前景，引导资本流向具有成长前景的创新性、高科技企业。另一方面，通过资本市场对金融资源进行优化配置，提高直接投资比重，是全球金融体系发展的趋势，直接融资体系的风险共担、利益共享、市场化定价和服务多层次的特性，有利于推动中小企业的发展，促进经济转型。[③] 此外，注册制改革背景下，发审委的职权和审核范围必然有所改革，这就改变了目前此种行政化的发行手段，以更公平、公正的证券市场环境来促进经济的发展。

（三）注册制改革的进路

我国证券市场是在政府自上而下的推动主导和不断重复的移植之路上发展形成的，经过二十多年努力，我们迅速完成了立法和监管的建章立制、市场和产品的开疆拓土。[④] 但是在注册制下，其目的是削减证监会在证券发行环节的实质审查权，将其交给市场判断，但是谁代表市场？政府权力回缩是否必然生成有效的市场机制？有学者认为注册制是一种证券发行登记备案制度；[⑤] 也有学者提出注册制改革应当从目前的“严进、松管、难出”向“宽进、严管、易出”转变；[⑥] 还有学者主张应当坚持审慎的形式审查的注册制原则。[⑦] 针对具体改革路径，不

---

① 李曙光：《新股发行注册制改革的若干重大问题探讨》，载《政法论坛》2015 年第 3 期。

② 李东方：《证券发行注册制改革的法律问题研究——兼评〈证券法〉修订草案中的股票注册制》，载《国家行政学院学报》2015 年第 3 期。

③ 况昕：《对经济下行形式下推行股票发行制的思考》，载《财经科学》2016 年第 4 期。

④ 王啸：《证券发行制度改革的几个思维误区》，载《上海证券报》2013 年 11 月 18 日。

⑤ 郭雳：《香港保荐制度改革新规评述与镜鉴》，载《证券市场导报》2014 年第 2 期。

⑥ 王啸：《试析注册制改革：基于问题导向的思辨与探索》，载《证券市场导报》2013 年第 12 期。

⑦ 刘俊海：《落实十八届三中全会精神，扎实推进我国 IPO 注册制改革》，载《法律适用》2014 年第 1 期。

同学者有不同观点。

1. 监管与审核体制的改革

权力竞争是市场机制作用于政治组织的直接形式。对于注册制改革中的“央地”关系，蒋大兴教授主张证券发行环节中的部分实质审核权应当交回地方政府，因为地方政府最了解本地企业的内在构成；[①] 而沈朝晖主张在证监会系统内部进行自上而下的分权，同时在多层次资本市场体系的建设中发展区域资本市场，形成中央和地方、地方和地方的双重竞争格局。[②]

针对证券发行和上市的不同，有学者认为注册制审核机制的宏观框架应当确立为证券发行由证监会审核，上市由交易所审核，上市是上市公司与交易所之间的特殊民商事行为，各类交易所可以根据自身市场要求制定上市标准。[③] 有学者认为，在我国当下，增强包括中国证监会在内的规制机构的独立性，尤其是人事独立性、职责独立性是非常有必要和紧迫的，在《证券法》中坚持证券监管机构的独立性，规定主席的选任、职责保障和任期，应当成为我国证券法的一项顶层设计。[④] 亦有学者提出，现有的发审委可以改成股票发行聆讯委员会，独立于证监会和交易所，成为“注册制”的一个重要机制并长期存在，在改革前期，聆讯机制可以作为替代性的审核机制，随后市场成熟后则转变为建议机制，最后转变为市场参考机制。[⑤]

2. 信息披露制度的重构

注册制改革面临的最重要的问题之一是市场的信息不对称。中国正处于转型阶段，很多企业的市场化意识尚未养成，信息披露的真实性和完整性仍有待于提升，市场上存在很多误导和诱导，乃至于欺诈投资者的行为。在这样的背景下，推进注册制改革必须以加强信息披露，解决信息不对称为核心。

注册制改革首先要解决的问题就是让投资者成为股票发行信息的知情者、享有者和检验者，强调以信息披露为中心，首先要让投资者成为信息的享有者，

---

① 蒋大兴：《隐退中的“权力型”证监会——注册制改革与证券监管权之重整》，载《法学评论》2014 年第 12 期。

② 沈朝晖：《论证券法的地方竞争体制》，载《北方法学》2013 年第 3 期。

③ 李文莉：《证券发行注册制改革：法理基础与现实路径》，载《法商研究》2014 年第 5 期。

④ 邢会强：《股票发行注册制成功实施的三个体制机制条件》，载《财经法学》2016 年第 5 期。

⑤ 李曙光：《新股发行注册制改革的若干重大问题探讨》，载《政法论坛》2015 年第 3 期。

这是对资本市场常识的以此回归，该学者还认为，信息披露改革需要分阶段进行，以最终达到为市场提供全面、长期、专业的参考意见为目的。[①] 此外，还要全面提高信息披露的质量：首先，要解决信息分类的定性，哪些属于误导的信息，哪些属于欺诈信息，什么情况需要承担责任，这些都需要《证券法》以法律的形式予以确认。其次，要提高信息披露的标准，增加简明性要求，披露文件应当从投资者的角度出发，对披露信息的内容和多寡进行判断取舍，便于投资者阅读理解。最后，要确立违反信息披露规定的法律责任制度。

此外，针对信息披露的参与主体问题，有学者认为，对发行人资质和相关信息的审查，应当从实质审核转化为合规为主的审查；对信息披露的审查除了政府监管外，还要充分调动市场其他主体参与其中，证监会应当与证券交易所和中介机构在信息披露审查上形成合力，不能相互代替，更不能相互推诿，政府监管机构对发行人的审查，应当以保荐人、会计师、律师等的尽职调查和专业意见为前提，中介机构对发行人的违法行为和损害后果承担连带责任。在信息披露的形式和公开手段上，要增强多样性，除了强制性信息披露外，还应当鼓励发行人自愿披露与投资决策相关的信息，逐步建立对“社会公众股东”投资决策有用的差异化信息披露制度。而且还应当充分利用互联网技术手段，提高信息披效率，方便公众查阅相关信息。[②]

3. 注册制配套机制的完善

注册制改革的实施需要相关配套机制的完善。首先，应当厘清各方主体的法律责任，实现各方归位尽责，履行信息公开担保责任。[③] 有学者认为，对发行人、承销商应当适用无过错归责原则，对中介机构及其他责任主体采用过错推定原则。[④] 还有学者认为，需要积极引导培育投行声誉“信号传递”、“价值发现”和“补偿激励”的功能，同时引入第三方治理机制，使声誉的形成更为有效。[⑤] 其次，完善多层次资本市场，深化新三板改革，把多层次资本市场搞好，

---

① 李曙光：《新股发行注册制改革的若干重大问题探讨》，载《政法论坛》2015 年第 3 期。

② 李东方：《证券发行注册制改革的法律问题研究——兼评〈证券法〉修订草案中的股票注册制》，载《国家行政学院学报》2015 年第 3 期。

③ 陈甦：《信息公开担保责任》，载《法学研究》1999 年第 1 期。

④ 白彦、伏军：《虚假陈述的赔偿责任》，载《中国法学》2003 年第 2 期。

⑤ 陈洪杰：《IPO 核准制与注册制：一个经济社会学视角》，载《财经法学》2018 年第 1 期。

可以为注册制改革创造极为有利的条件。有学者认为只有准确定位新三板市场改革目标，才能有的放矢，做好顶层设计，具体应当从以下几方面进行改革：第一，充分发挥市场在资源配置中的决定性作用，实现优胜劣汰；第二，克服新三板发展的“类主板化”趋势，提高自主发展能力；第三，改善新三板的流动性，增强融资功能。①

除了极少数革命性变革，制度性变迁总是循序渐进，股票发行注册制是我国证券市场发展的必然结果，但并不意味着注册制改革就能一蹴而就，改革的稳定推行，有赖于良好的市场环境，更需要相关配套制度的建立和完善。

三、储架发行制度

上市（公众）公司再融资机制改革是当前我国资本市场的一个热点问题，它关涉我国上市公司能否及时、有效地融取公司发展资金，以紧握良好的市场发展契机，同时，亦关乎公众投资者能否取得合理的投资回报，实现资本保值增值的现实诉求。证券储架发行制度（Shelf Offering System）作为一项上市公司再融资机制，对于推进我国目前上市再融资制度的市场化改革，尤其是快速再融资制度的发展完善极具借鉴意义。

（一）储架发行的内涵界定

储架发行制度是起源于美国的一项证券注册制度。依美国证券交易委员会第415条的规定，符合条件的公司，可以为其今后两年内所有可预期的证券发行，预先到证券交易委员会（SEC）办理被称为暂搁注册（Shelf Registration）的手续，并自主决定证券发行的具体时机。所谓“暂搁”，即表示：公司将其近期发行证券的意向登记注册，向SEC提供相关的并在需要筹资时可以迅速更新的财务数据。一旦公司产生实际的筹资需求，只要及时更新现有资料，便可取消“暂搁”，立即进行证券发行。②

① 邢会强：《股票发行注册制成功实施的三个体制机制条件》，载《财经法学》2016年第5期。

② See SEC Rule 415.

（二）美国储架发行制度

储架发行制度为美国首创，我国虽然已有相关部门规章对储架发行制予以规定，但是现行既有证券储架发行条款依然过于粗略、零散、实践不足。① 因此欲寻求储架发行制度的理论内涵和价值功能，有必要从其制度源头出发，考察美国证券市场中储架发行的相关制度，进而为我国制度移植提供借鉴。

1. 美国储架发行的基本制度

a. 储架发行的证券类型

根据 Release No. 33 -8591，SEC 一共规定了 11 种证券类型：（1）通过或代表注册人、注册人的子公司或注册人属于其子公司的人等之外的人发售的证券（存量发行）；（2）依据注册人的股息或利息在投资计划或其员工福利计划发售或发行的证券；（3）行使发行在外期权、认购权或权利后发行的证券；（4）转换其他发行在外的债券后发行的证券；（5）作为被担保质押的证券；（6）通过 F -6 表注册的证券（美国存托凭证）；（7）抵押支持债券和抵押分享或过手证书等抵押相关的证券；（8）在业务合并交易方面发行的证券；（9）发行立即开始、在持续的基础上进行及从初始生效日开始可能在超过 30 天期间持续发行的证券；（10）注册人或代表注册人、注册人的子公司或注册人属于其子公司的人通过 S -3 注册表或 F -3 注册表在持续或迟延、立即的基础上发售证券；（11）由按照《投资公司法》23c -3 规则进行定期披露的注册封闭式管理投资公司或企业开发公司在持续或迟延基础上发售证券。②

针对储架发行的适用范围，有三点值得注意：一是具有初次发行和二次发行之分。初次发行是指发行人（包括发行人的子公司和母公司）能够使用表格 S -3/F -3 进行注册，并可通过储架注册方式进行股票或债券的初次发行。二次发行则是注册人及其子公司和母公司以外的其他人可以储架发行方式出售其所持有的证券。具有初次发行资格的注册人也没成为成熟发行人（seasoned issuer），这类发行人在储架发行时通常具有其他发行人没有的优势，比如，较低的披露要求、发行证券的结构与计划有更大的自由空间、成为高端发行人（即成

---

① 刘志伟：《证券储架发行机制的立法评估与制度重塑》，载《法学评论》2015 年第 6 期。

② See SEC Security Offering Reform, available at https://www.sec.gov/rules/final/33 -8591.pdf, 2018 -1 -26.

为知名成熟发行人）的优势等。[①] 二是按市价发行存在双重含义。第一，指发行人通过全国证券交易所或者其分支机构，或者通过做市商，向目前某种同类型已发行股份所在市场发行证券时，不用受固定价格的限制；第二，指根据该市场证券价格的变化而变化。[②] 三是不同证券发行对注册人资格的要求一般由不同的申请表做具体的说明。例如，S－3 表规定了不可转换的投资级证券初次发行、涉及二次发行的交易、权证发行、股息或者利息投资计划、期权等的发行要求。（S－3 表 1. B.）S－4 表则规定了通过储架发行进行收购的要求。

b. 储架发行注册文件的持续修订义务

根据415a－3 规定，发行人必须履行 S—K 条例中 512（a）条款的要求。如果发行人注册文件生效超过 9 个月的时间，发行人必须提交招股说明书作为注册说明书的修订版，这事实上意味着注册人必须每年都要更新其财务状况。此外，任何发生的行为或事件如果属于“基础性变化”（fundamental change）的话，注册人必须立刻对注册说明书进行修订。这里用“基础性变化”（fundamental change）而不用实质性（material），SEC 解释说修订注册说明书应该反映注册文件的“主要（major）或基础性（substantial）变化”。然而，规则 512（a）1 规定，涉及发行方面实质性变化（material change），注册人还是必须及时提交修订注册文件。事后提交的修订注册文件并不能立即生效，而是有至少 48 个小时的延迟时间。[③]

2. 储架发行的配套制度

在规则 415 推出储架发行之后，SEC 一直致力于完善这一制度，并制定了自动储架发行和基础招股说明书等相关配套制度，以更好地发挥储架发行制度的优势。有学者认为，储架发行在实践中被广泛使用很大程度上应归功于这些配套制度。[④]

① See Valerie Demont, Show Me The Money And How To Get It: The Speed And Flexibility of Universal Shelf Registration, Corporate & Science Law, June 2009.

② 吴前煜：《美国证券储架注册制度及其对我国证券市场再融资的借鉴》，载《清华法学》2011 年第 4 期。

③ See Securities Act Release No. 6334（Aug. 6, 1981）.

④ 马洪雨、蒋学跃：《美国储架注册发行制度变迁及借鉴》，载《证券市场导报》2012 年 9 月。

a. 自动储架发行制度

1994 年，SEC 通过规定自动储架发行制度放宽了对知名成熟发行人（well - known seasoned issuers）储架发行的限制。根据 SEC 规则 405，知名成熟发行人可以通过提交 S - 3 或 F - 3 表格对大多数证券进行自动储架发行注册。首先，自动储架发行仅仅适用于知名成熟发行人。[①] 根据《规则 405》规定，知名成熟发行人除了需要满足 S - 3 或 F - 3 表格使用人的条件外，还必须满足确定日期后 60 日内非关联人持有的普通股市值不低于 7 亿美元的条件。其次，SEC 规则 462 规定，任何自动储架发行注册说明书以及事后的修改文件，即使没有受到 SEC 的审查情况下，一旦提交 SEC 就立即生效。此外，根据 SEC 规则 413（b），知名成熟发行人也可以增加新的证券而无须提交新的注册说明书，而只需在原有的自动储架说明书上提交一个事后的修改文件。而与起草一个全新的注册说明书相比，起草一个事后修改文件要简单得多。这种事后可以随意增加证券发行的制度也给予了发行人相当大的自由度。

b. 基本招股说明书

储架发行的便捷性很大程度上是建立在基本招股说明书基础之上的。储架发行人只需在最初的注册说明书中提交一个包括价格相关信息的招股说明书，此后，发行人仅需要根据规则 512（a）不断更新这一文件以及根据《证券法》第 10（a）（3）提交需要的招股说明书增补文件。实践中，储架发行人在首次登记说明书中通常只提交一个满足最低限度要求的“基本”招股说明书。发行人会在基本招股说明书省略公开发行价格和承销商等信息，而将其放在招股说明书的增补文件中。[②]

（三）我国证券储架发行立法与运行现状

1. 我国证券储架发行立法

自 2004 年至今，我国先后已有六部规章及其相关条款对证券储架发行制予

① 吴前煜：《美国证券储架注册制度及其对我国证券市场再融资的借鉴》，载《清华法学》2011 年第 4 期。

② 马洪雨、蒋学跃：《美国储架注册发行制度变迁及借鉴》，载《证券市场导报》2012 年 9 月。

以明确规定，[①] 主要涵盖证券储架发行主体、发行对象、（初次）发行规模或时间以及文件有效期等内容。与域外证券储架发行制相比，尽管现行六部部门规章中各自仅有一个条文对证券储架发行制予以规定，但是基本上能够体现证券储架发行制“一次核准，多次发行”的制度内涵，内容亦相差无几，可谓“麻雀虽小，五脏俱全”。然而，值得注意的是，我国证券储架发行制的规定过于笼统，缺乏具体的实施细则和配套规则与之对应，致使其现实可操作性较差，一定程度上讲，此种情况易对证券储架发行制的本初功能发挥产生消解。[②]

在储架发行的适用范围上，我国储架发行制仅限于金融公司（商业银行、保险公司、证券公司）次级债、公司债券、非上市公众公司定向发行的股票和上市公司优先股的发行。就股票的发行而言，仅为非上市公众公司定向发行的股票和上市公司优先股的发行，而不能适用于上市公司普通股的公开发行。在证券储架发行文件的有效期上，现行证券储架发行制对证券储架发行文件的有效期分为四种情况：一是《商业银行次级债券发行管理办法》尚未对证券储架发行文件的有效期作出任何时间限制；二是《非上市公众公司监督管理办法》和《基础设施债权投资计划管理暂行规定》规定证券储架发行文件的有效期为12个月；三是《公司债券发行与交易管理办法》规定证券储架发行文件的有效期为6个月；四是《证券公司次级债管理规定》和《优先股试点管理办法》则规定证券储架发行文件的有效期为24个月。在首期发行额及时间的限制上，《商业银行次级债券发行管理办法》并未对证券储架发行的首期发行额及时间的限制进行规定，但它要求在募集说明书中详细说明后续发行中每期发行的时间安排及发行额度；《证券公司次级债管理规定》将其首期发行时间限制在6个月之内，而未对首期发行额度进行规定；《公司债券发行与交易管理办法》将其首期发行时间限制在12个月之内，亦未对首期发行额度进行规定；《非上市公众公司监督管理办法》规定首期发行时间限制在3个月内，首期发行额不少于总

① 六部规章相关条款分别是：2004年中国人民银行、银监会《商业银行次级债券发行管理办法》第16条、2012年保监会《基础设施债权投资计划管理暂行规定》第18条、2013年证监会《非上市公众公司监督管理办法》第44条、2012年证监会《证券公司次级债管理规定》第23条第2款、2014年证监会《优先股试点管理办法》第40条和2015年证监会《公司债券发行与交易管理办法》第22条。

② 刘志伟：《证券储架发行机制的立法评估与制度重塑》，载《法学评论》2015年第6期。

发行额的50%；《基础设施债权投资计划管理暂行规定》对首期发行额及时间均未进行限制；《优先股试点管理办法》规定首期发行时间限制在6个月内，首期发行额不少于总发行额的50%。

2. 证券储架发行制度在上市公司IPO中的拓展适用

证券储架发行制度尚未被拓展适用到上市公司股票公开发行领域，但是目前学界根据实务需求，已经发出将证券储架发行制度拓展适用到上市公司再融资中的呼声。在经济学领域，有学者运用经济学的数据统计方法证明证券储架发行制度对解决我国目前证券市场中普遍存在的“超募”问题具有良好的实践效果，对提高资金配置效率、缓解社会资金压力，保持经济稳定增长大有裨益。① 在法学领域，有学者认为，无论从资本配置，抑或从投资者保护层面进行分析，将证券储架发行制拓展适用于上市公司股票公开发行领域均有必要。② 然而，证券储架发行制在上市公司股票公开发行中的拓展适用需要考察其与既有法律制度之间的契合性。既有的公司法定资本制与核准制证券发行不会对其拓展适用造成实质障碍，关键阻滞乃是证券储架发行制自身制度设计过于粗陋、缺乏系统性，以及现行二元化的信息披露规则和不完备的券商尽职调查权责配置规则。因此未来有必要重构我国证券储架发行制度，并构建综合信息披露规则和建立完备的券商尽职调查权责配置规则等，真正实现证券储架发行在上市公司再融资中的有效运用。

四、证券发行注册豁免制度

证券公募要经过监管部门的核准（注册），受到严格监管，符合条件的私募可以豁免注册，这是各国证券法通行的规则。③ 我国学界对证券发行注册豁免制度的研究始于21世纪初，周晓刚、洪艳蓉、郭雳等学者关注到美国的证券发行

---

① 刘惠萍：《上市公司资金超募与储架发行制度——基于IPO超募现象的实证数据》，载《理论月刊》2013年第2期。

② 刘志伟：《论证券储架发行制度在上市公司IPO中的拓展适用》，载《证券市场导报》2015年第4期。

③ 梁清华：《美国私募注册豁免制度的演变及其启示——兼论中国合格投资者制度的构建》，载《法商研究》2013年第5期。

注册豁免制度，并积累了丰富的理论研究成果。[①] 2010 年之后，《证券法》修改提上日程，有学者开始从理论层面探讨我国立法引入证券发行豁免制度的必要性与可行性。[②] 但是，彭冰等学者针对具体豁免制度构建展开理论研究，相关研究成果集中于对美国经验的借鉴及对我国股权众筹实践的反思，关于其他具体豁免制度的研究相对较少。[③]

在“推进股票发行注册制改革”的大背景下，豁免制度作为证券发行的重要组成部分尚未引起学界的足够重视。实践中，私募发行、小额发行、众筹等已经在不同程度上开展，现行《证券法》却缺少必要的制度供给。注册制改革，牵一发而动全身，当前《证券法》修改进程以注册制为基础来重构证券发行活动，注册豁免制度必定是一个无法回避的问题。[④] 伴随证券定义的扩大和我国多层次资本市场的形成，我国证券发行注册豁免制度的建设具有必要性及可行性。

（一）我国构建证券发行注册豁免的现实基础

证券发行注册豁免制度，是指该类证券不需经过核准或者注册程序即可发行，前提是该类证券的流通或交易必须在特定市场，并且满足法律规定的转售限制，即该类证券必须在合格投资者之中流通，不能进入大众市场流通，谨防“私募”变“公募”。[⑤]

---

① 周晓刚：《美国证券发行注册豁免制度研究》，载《证券市场导报》2001 年第 4 期；洪艳蓉：《美国证券法对资产证券化的规范与借鉴》，载《证券市场导报》2002 年第 11 期；郭雳：《美国〈证券法〉注册豁免规定研究》，载《金融法苑》2003 年第 6 期；万勇：《美国私募发行证券的转售问题研究——兼论我国非公开发行证券转售制度的构建》，载《证券市场导报》2006 年第 9 期；李建伟、王呻人：《美国证券私募发行豁免规则的修正及启示》，载《证券市场导报》2008 年第 9 期；郭雳：《美国私募基金规范的发展及其启示》，载《环球法律评论》2009 年第 4 期；郭雳：《创寻制度“乔布斯”(JOBS) 红利——美国证券监管再平衡探析》，载《证券市场导报》2012 年第 5 期。

② 徐明、杨柏国：《私募发行“入法”：豁免与监管之平衡》，载《证券法苑》2011 年第 2 期；梁清华：《美国私募注册豁免制度的演变及其启示——兼论中国合格投资者制度的构建》，载《法商研究》2013 年第 5 期；肖百灵：《证券发行注册豁免制度前瞻》，载《证券市场导报》2014 年第 6 期。

③ 陈敦、张航、王诗桴：《论小额发行豁免制度在我国股权众筹中的确立》，载《证券法苑》2015 年第 3 期；彭冰：《股权众筹的法律构建》，载《财经法学》2015 年第 3 期；万国华、张崇胜、孙婷：《论我国股权众筹豁免法律制度的构建》，载《南方金融》2016 年第 11 期；王延川、吴炜：《论我国小额股权众筹发行豁免制度之构建——借鉴美国 JOBS 法案》，载《证券法律评论（2016 年卷）》，中国法制出版社 2016 年版。

④ 肖百灵：《证券发行注册豁免制度前瞻》，载《证券市场导报》2014 年第 6 期。

⑤ 郭雳：《发展规范我国私募发行的分析》，载《证券市场导报》2003 年第 8 期。

学者多从必要性与可能性两方面分析我国构建证券发行注册豁免制度的现实基础。构建证券发行注册豁免制度的必要性主要体现在以下三个方面：第一，广泛存在的融资需求尚未得到满足，正常的发行核准或者注册程序的成本过高，导致诸多致力于解决创业企业和小企业融资难题的金融创新难以发展，且无论是直接融资还是间接融资对中小企业来说都存在较大的挑战。第二，我国证券定义的扩张已成必然趋势。第三，我国目前关于私募注册豁免法律制度的规范基本处于空白状态，但当下我国的私募市场极为庞杂，以私募名义募集的资金数量膨胀极快。①

构建证券发行注册豁免制度的可能性主要体现在：第一，我国正在进行证券发行注册制改革。② 第二，我国合格投资者群体的出现。③ 在我国，建立公开发行豁免制度的法理基础在于：注册制下，发行人仍然需要承担较高的信息披露成本。为便于企业融资，支持企业在一些不涉及公共利益的情况下或者在一些对公共利益影响不大的情况下，需要免除或者简化发行注册的要求。④ 此外，需要注意证券免于注册而非免于监管。⑤

---

① 梁清华：《美国私募注册豁免制度的演变及其启示——兼论中国合格投资者制度的构建》，载《法商研究》2013 年第 5 期。

② 参见 2015 年 12 月 27 日公布的《全国人民代表大会常务委员会关于授权国务院在实施股票发行注册制改革中调整适用〈中华人民共和国证券法〉有关规定的决定》。为了实施股票发行注册制改革，进一步发挥资本市场服务实体经济的基础功能，第十二届全国人民代表大会常务委员会第十八次会议决定：授权国务院对拟在上海证券交易所、深圳证券交易所上市交易的股票的公开发行，调整适用《中华人民共和国证券法》关于股票公开发行核准制度的有关规定，实行注册制度，具体实施方案由国务院作出规定，报全国人民代表大会常务委员会备案。本决定的实施期限为二年。国务院要加强对股票发行注册制改革工作的组织领导，并就本决定实施情况向全国人民代表大会常务委员会作出中期报告。国务院证券监督管理机构要会同有关部门加强事中事后监管，防范和化解风险，切实保护投资者合法权益。本决定自 2016 年 3 月 1 日起施行。李东方：《证券监管法律制度研究》，北京大学出版社 2002 年版，第 114 页；李文莉：《证券发行注册制改革：法理基础与实现路径》，载《法商研究》2014 年第 5 期。

③ 徐明、杨柏国：《私募发行“入法”：豁免与监管之平衡》，载《证券法苑（第五卷）》，法律出版社 2011 年版，第 164 ~ 184 页。

④ 彭冰：《中国证券法学（第二版）》，高等教育出版社 2012 年版，第 44 页。

⑤ 蓝寿荣：《论私募发行的注册豁免与欺诈监管——从 2013 年美国证券交易委员会对芝加哥会议中心项目提起证券欺诈诉讼说起》，载《金融法学家（第五辑）》2013 年；徐明、杨柏国：《私募发行“入法”：豁免与监管之平衡》，载《证券法苑（第五卷）》，法律出版社 2011 年版，第 164 ~ 184 页；李有星：《中国证券非公开发行融资制度研究》，浙江大学出版社 2008 年版，第 85 ~ 115 页。

（二）美国证券发行注册豁免制度经验借鉴

无论是注册制还是核准制，都有可能增加交易成本，阻碍金融自由化的进程。在这种情况下，美国率先设立了证券发行注册豁免制度，即一国证券监管机关为了平衡保护投资者与便利筹资者之间的利益冲突，对于安全度可以保证的证券之发行减轻或免于审核的法律制度。

彭冰、梁清华、郭雳等多位学者对美国证券发行注册豁免制度进行系统研究后，发现美国的证券发行注册豁免制度，主要可分为两大类：一是针对证券发行人的性质和证券的特点所规定的豁免证券（Exempted Securities），二是根据证券交易本身性质所规定的豁免交易（Exempted Transactions）。[①] 在2012年4月《工商初创企业推动法》（Jumpstart Our Business Startups Act，以下简称“JOBS法案”）发布之后，美国出现了针对证券发行注册豁免制度的调整潮流，范围涉及私募发行豁免、小额发行豁免、众筹发行豁免、州内发行豁免[②]等，这次调整又被称为“美国新一轮证券发行制度改革”，而改革的核心在于其中的私募发行豁免制度和小额发行豁免制度。[③] 值得注意的是，获得联邦政府注册登记的豁免，并不必然获得州法的豁免。很多小型的州内证券发行的证券仍然受州蓝天法的规制，需要到州证券监管机关注册登记。

多位学者认为，私募豁免是证券法上最重要的发行豁免，在我国现行《证券法》语境下，更是唯一的证券发行豁免。在美国证券法，私募豁免虽然是多种豁免之一，却是使用最为频繁的豁免，制度构建的关键在于如何界定私募。现有文献主要包括美国私募豁免制度下列值得我国借鉴的特征：第一，私募发行的界定标准在司法实践中逐步明确，且美国私募注册豁免制度的核心是合格投资者制度；第二，各项证券发行注册豁免的法律体系之间相互协调；[④] 第三，

---

① 周晓刚：《美国证券发行注册豁免制度研究》，载《证券市场导报》2001年第4期。

② 彭冰：《投资型众筹的法律逻辑》，北京大学出版社2017年版，第132页。

③ 刘宏光：《小额发行注册豁免制度研究——美国后JOBS法案时代的经验与启示》，载《政治与法律》2016年第11期。

④ 彭冰：《投资型众筹的法律逻辑》，北京大学出版社2017年版，第132页；周晓刚：《美国证券发行注册豁免制度研究》，载《证券市场导报》2001年第4期。

转售限制与有序流通相协调[①]。

（三）建立我国多层次资本市场证券发行豁免制度的制度构想

1. 我国证券发行及注册豁免规制现状

我国现行《证券法》第10条对公开发行有原则性规定，对非公开发行有限制性规定，似有美国私募制度的意味，但是立法理念与实际操作相去甚远，“形似而神不似”。我国《证券法》关于公开发行的规定及《国务院办公厅关于严厉打击非法发行股票和非法经营证券业务有关问题的通知》（国办发〔2006〕99号），均指向200人的人数标准和广告、公开劝诱和变相公开等发行方式，与美国早期的立法理念类似。同时，《证券法》对非公开发行是否适用反欺诈条款的规定不够明确，执法和司法实践中存在争议。与美国证券法贯穿一致的解决信息不对称的立法理念，严打欺诈的投资者保护逻辑不同，我国《证券法》过于强调非公开发行的形式标准，而对私募投资者获取可靠信息的监管保护又语焉不详，无论从发行端还是投资端都没有体现对信息披露这一核心要素的关注。[②]

现行《证券法》下唯一的证券发行注册豁免制度是私募豁免（非公开发行）。虽两法并未直接引入“私募”的表述，但其中所谓“定向募集”“非公开发行”的实质都为“私募”。另外，《证券法》及《公司法》关于公开发行的界定、股份有限公司可以向特定对象募集设立、非公开发行证券以及上市公司非公开发行新股的规定，更从事实的角度，勾勒出了我国证券私募发行制度的基本框架。[③]

2. 完善我国多层次资本市场证券发行豁免制度的具体路径

我国《证券法（草案）》[④] 为我国多层次资本市场证券发行豁免制度的构建提供了初步的研究框架，主要明确了注册程序，修改了发行条件，细化了参与

---

① 武玉胜：《注册制改革下我国股票转售限制法律问题研究》，载《金融服务法评论（第8卷）》，法律出版社2016年版，第161～183页。

② 霍达、郑坤山：《美国证券私募发行制度研究》，载《证券市场导报》2014年第6期。

③ 陈向聪：《中国私募基金立法问题研究》，人民出版社2009年版，第16～17页；徐明、杨柏国：《私募发行“入法”：豁免与监管之平衡》，载《证券法苑（第五卷）》，法律出版社2011年版，第164～184页。

④ 本文所指《证券法（草案）》指《中华人民共和国证券法（修订草案）》全文（2015年4月20日人大审议版），参见 http：//www. financialservicelaw. com. cn/article/default. asp？id＝4777。

各方的责任，同时建立了公开发行豁免注册制度和股票转售限制制度。但是，当前国内学界有关我国证券公开发行豁免注册制度设计的探讨较少。

诸多学者结合美国注册豁免制度及我国《证券法》修改进程，提出我国证券发行注册豁免制度的建设路径。我国《证券法》（草案）中已经形成证券发行注册豁免制度的基本框架，包括四种特殊类型的注册豁免制度，而针对豁免注册的证券监管，《证券法》（草案）仅包括极为凝练的信息披露要求和反欺诈要求，相较美国复杂完善的证券发行注册豁免制度法律体系，我国《证券法》（草案）中的规定过于凝练，在以下几个方面还需要进一步补充：第一，明确证券发行注册豁免制度的内涵。第二，完善合格投资者制度，美国私募豁免的核心在于“投资者能否自我保护”，这也说明合格投资者制度应是我国构建多层次资本市场发行注册豁免制度的关键一环。① 第三，完善证券发行注册豁免适度豁免监管原则，我国实务界对证券发行注册豁免制度最大的误解便是认为“豁免注册等同于不受监管”。

事实上，目前亟须理论界对不同类型的注册豁免制度在我国的具体构建提出具体思路。肖百灵提出我国要在《证券法》中引入证券发行注册豁免制度，至少需要考虑以下问题：其一，注册豁免制度至少应包括私募发行豁免。其二，小额发行豁免可以考虑两种立法选择：一是豁免发行金额规定得较低，具体监管细则不再对豁免施加其他限制性条件；二是不直接规定小额发行豁免，仅规定一定金额内的众筹发行豁免。目前，股权众筹在我国已有实践，由于通过众筹中介机构进行，发行监管上有抓手。其三，区分不同的豁免情形，对豁免证券的转让进行限制，对私募发行发行证券，一定条件下可允许其转让，以盘活市场流动性。其四，豁免注册的证券发行，可能使用非证券公司类中介结构进行尽职调查或者接触潜在投资者，对此，应按照业务门类，对这类中介机构实施统一的行为监管。其五，证券法上应就证券发行豁免制度设置相应法律责任条款，同时授予证监会行政执法权。② 刘宏光在系统介绍美国小额发行豁免制度的基础上，结合我国《证券法》修改进程，对我国小额豁免制度的构建提出具

① 梁清华：《美国私募注册豁免制度的演变及其启示——兼论中国合格投资者制度的构建》，载《法商研究》2013 年第 5 期；李立新：《证券法修改中的理念选择与和监管细化》，载《上大法律评论》2015 年第 1 期。

② 肖百灵：《证券发行注册豁免制度前瞻》，载《证券市场导报》2014 年第 6 期。

体建议，涵盖（1）发行主体资格，以促进创业型中小企业成长为目的；（2）发行限额；（3）明确发行形式和交易场所；（4）设定科学便利的发行程序；（5）设立投资限额；（6）信息披露制度；（7）融资中介机构参与小额发行审核豁免要合理等多个方面。[①] 彭冰在研究美国关于众筹立法的法律逻辑的基础上，得出结论：股权众筹在法律上可以分为私募型股权众筹和公募型股权众筹两种，私募型股权众筹依赖于《证券法》对公开劝诱禁止的放开。公募型股权众筹则是近年来发展出来的一种新的发行豁免。尽管公募型股权众筹在证券法理念上确实带来一些革命性的想法——主要是对投资者资质的要求从风险识能力转向了风险承受能力，但从商业模式上来看，私募型股权众筹更有前途，在未来也可能更有商业价值。公募型股权众筹可能只适用于一些消费类和服务类的企业和项目。[②]

五、结语

股票发行制度改革实为一个浩大的工程，根据现有的研究可以看出，针对我国的发行制度应当如何改革的问题存在多种进路，但是学界似乎也达成了一系列基础性的共识：目前的股票发行核准制下，权力寻租问题突出、审核程序严重影响公司的融资、信息披露制度不健全，但是若要改革，必须认识到注册制之本质含义方能寻找适合国情的改革方向。针对储架发行，其适用范围较为狭窄，若在发行制度改革的背景下，应当尝试将其适用于上市公司 IPO 之中，并构建综合信息披露规则和建立完备的券商尽职调查权责配置规则等。而对于豁免发行，则应当首先明确豁免发行的内涵、完善合格投资者制度及注册豁免适度豁免监管原则。

① 刘宏光：《小额发行注册豁免制度研究——美国后 JOBS 法案时代的经验与启示》，载《政治与法律》2016 年第 11 期。

② 彭冰：《投资型众筹的法律逻辑》，北京大学出版社 2017 年版，第 316 页。

改革开放四十年与多层次资本市场研究

张龄方　展凯莉*

【内容提要】资本市场是企业融资的重要渠道，也是社会资源得以优化配置的重要场所。改革开放以来，我国资本市场从无到有，形成了主板市场、创业板市场、新三板市场和地方性场外交易市场（四板市场）的多层次资本市场体系。自2003年建立多层次资本市场被首次提出以来，学界对多层次资本市场的研究轨迹，呈现出建立一个什么样的多层次资本市场到如何建立多层次资本市场的脉络。多层次资本市场的建设不仅要包括多层次体系的完备，也应涵盖多层次资本市场的制度性建设。故而，本文以学者对某一特定市场制度建设探讨的角度出发，对多层次资本市场予以综述，以尽可能展现学界对多层次资本市场研究状况的全貌。

【关键词】多层次资本市场；主板；中小板；新三板；地方性场外交易市场

一、多层次资本市场概述

对于什么是资本市场，目前理论界和实务界的看法并不统一。狭义上的资

* 两作者均为中央财经大学法学院硕士研究生。

本市场就是证券市场，广义上的资本市场则包括企业产权市场。由于在中国经济市场化转轨和体制改革过程中，资本市场承担了比较多的经济结构调整与体制转轨的任务，它就不可避免地与企业的融资结构变更、治理结构再造甚至是产权制度改革等紧密地联系在一起，因此而产生的一系列问题就很难仅仅用狭义的资本市场（证券市场）理论来解决。故而在我国在多层次资本市场的建设中，应采取广义资本市场的概念。①

对于资本市场的“多层次性”，企业成长的不同阶段特点、不同的投融资需求和风险管理，是学界普遍对市场所作的划分，② 这种划分适应了融资的差异性和投资的多元化，是一种从融资方和投资方简单明了的划定。但其实资本市场从产品、市场组织方式、投资者风险偏好、发行与交易方式等各个方面来讲，本身都具有多层次的特点。随着经济越来越复杂化，越来越多样化，这些多层次特征正在不断地自我表现。③ 换言之，从市场微观结构来看，投资者、融资方、监管方、市场交易制度、市场功能的多层次性，决定了建设多层次资本市场必须从多元化的角度理解。④

2003 年 10 月党的十六届三中全会《完善社会主义市场经济体制若干问题的决定》中，首次提出建立多层次资本市场，2004 年增设中小板，2009 年进一步增设创业板，2012 年成立全国中小企业股份转让系统（以下称“新三板”），我国初步建立了由主板（含中小板）、创业板、新三板和区域性股权市场构成的多层次资本市场体系。

2012 年我国多层次资本市场初步形成之前，如何建立多层次资本市场是学界的关注焦点。2000 年，以科技型企业为主体的股份转让及股份融资业务在全国各地交易机构得以开展，全国区域性产权交易网络在各地的创新实践中又一次站在改革的浪尖。⑤ 学者们认识到“场外交易市场是形成我国多层次资本市场

---

① 曹凤岐：《建立和健全多层次资本市场体系》，载《中国金融》2004 年第 7 期。

② 尚福林：《深入贯彻落实科学发展观　大力推进多层次资本市场改革与发展——在第六届中小企业融资论坛上的讲话》，载《证券市场导报》2007 年第 12 期。

③ 周小川：《资本市场的多层次性》，载《金融市场研究》2013 年第 8 期。

④ 杨辉旭：《多层次资本市场中新三板市场的法律制度供给与选择》，载《云南社会科学》2017 年第 3 期。

⑤ 赵雨、李严锋：《通过建设多层次资本市场放大我国资金流》，载《经济问题探索》2007 年第 2 期。

的必要条件”。[①] 构建以场外交易市场和区域性的柜台市场为主，以主板市场、国际版市场和创业板市场为辅的“一主三辅”的多层次资本市场体系。[②] 也有学者主张建立“以两个主板市场，三个二板市场，七个三板市场和多个四板市场为中心的多层次、多主体竞争经营的资本市场，以充分发挥市场的决定性作用”。[③] 在场内市场方面，学者主张加快以中小企业板为核心的多层次资本市场建设，[④] 清晰创业板与中小板市场间的层次脉络，并在此基础上逐步、适时地推进创业板与中小企业板共同纳入多层次创业板市场体系的框架构建，以此进一步完善我国多层次资本市场的建设。[⑤] 也有学者同时指出，我国资本市场的层次结构最显著的特征就是交易所市场“一统天下”，场外市场极不发达，因此不能满足多元化的市场需求，据此，多层次资本市场的健全需要发展场外交易市场。[⑥] 同时，需要清晰地界定集中交易市场的职能和分工，从根本上明晰大陆多层次市场体系的基本架构。[⑦]

2012 年之后，如何健全多层次资本市场成为学界的关注点，主要体现在多层次资本市场结构合理性和多层次资本市场制度配套方面。我国多层次资本市场体系建设仍处在初级阶段，“倒三角”形态的资本市场融资、资源配置功能发挥有限，进一步简政放权，加快市场体系建设与结构调整，推动资本市场与实体经济、投资者与融资者之间良性关系的形成，加大违法犯罪打击力度，完善诚信体系建设等方面予以完善。[⑧] 我国的多层次资本市场处于“新兴加转轨”的阶段，发展尚不成熟。据此有学者从健全我国的多层次资本市场体系出发，借鉴国际经验建立了一套完整的量化评估体系，科学地衡量目前我国资本市场的

---

① 李燕：《我国多层次资本市场体系下的场外交易市场建设研究》，载《经济问题探索》2009 年第 10 期。

② 李哲：《构建中国特色的“一主三辅”多层次资本市场体系》，载《江西社会科学》2012 年第 8 期。

③ 时建中、刘国胜：《我国资本市场多层次结构模式探析》，载《河北经贸大学学报》2014 年第 5 期。

④ 张育军：《大力发展多层次资本市场　服务自主创新国家战略》，载《中国金融》2006 年第 6 期；夏朝辉：《扶持中小企业与资本市场的多层次发展》，载《经济问题探索》1999 年第 5 期。

⑤ 闻岳春、徐晓雯：《创业板现状分析及在我国多层次资本市场中的定位研究》，载《上海金融》2010 年第 10 期。

⑥ 王丽、李向科：《美国资本市场分层状况及对我国建设多层次资本市场的启示》，载《中国金融》2006 年第 6 期。

⑦ 闻岳春：《台湾多层次资本市场的形成、发展及对大陆的启示》，载《上海金融》2006 年第 11 期。

⑧ 吕劲松：《多层次资本市场体系建设》，载《中国金融》2015 年第 8 期。

发展程度，通过市场深度、广度、效率、稳定性和监管有效性五个维度对我国资本市场的现状进行了“量化体检”。[①]

而在多层次资本市场建设方面，应致力于建立扎实的基础制度，增强不同层次市场之间的有机联系，实施有效的市场监管。[②] 多层次资本市场转板交易主要是不同市场之间的流动性。转板交易制度是多重资本市场环境下，体现不同市场间股权流动性的制度设计。[③] 要构建合理的升降级通道，充分利用转板制度来连通协调各层次市场的有序发展。[④] 但这种转板对接应当坚持强制与自愿相结合、效率优先兼顾公平和分阶段分层次对接的原则，以实质多层次资本市场为基础，建立完善的升板和降板机制，区分二板和三板市场不同的升板绿色通道，规定升板的限制期，赋予公司自主升板决定权和降板申诉救济权。[⑤]

二、主板市场

在多层次资本市场体系中，主板市场的重要任务在于完善基础性制度，其基础性制度的构成可以从“进”“在”“退”三方面加以构建，围绕着这三方面，多年以来我国主板市场的制度建设一直在不断完善。目前，我国主板市场是专为成熟的大中型企业的股票上市所开辟的股票市场。上海证券交易所就是一个主板市场，深证证券交易所在创业板还没有开设之前，也是一个主板市场。由此可知，我国的主板市场主要有“沪市”和“深市”。[⑥] 2017 年下半年开始，企业 IPO 难度不断加大，过会率更是持续走低，但企业仍然期望在主板上市，其主要原因有：主板市场是资本市场最重要的组成部分，有利于拓宽企业的融资渠道，有利于企业品牌效益增强，同时主板上市在被监督的环境下更有利于企业规范运作。

（一）主板发行制度演进历程

我国证券发行制度经历了从审批制向核准制的演进历程，目前国内大多数

---

① 祁斌、查向阳：《借鉴国际经验构建多层次资本市场评估体系》，载《清华金融评论》2014 年第 3 期。

② 李永森：《多层次资本市场制度建设》，载《中国金融》2017 年第 2 期。

③ 刘道远：《多层次资本市场改革语境下证券交易制度研究》，载《法学论坛》2010 年第 1 期。

④ 钱康宁、蒋健蓉：《多层次资本市场的转板机制》，载《中国金融》2013 年第 7 期。

⑤ 侯东德、李俏丽：《多层次资本市场间转板对接机制探析》，载《上海金融》2013 年第 12 期。

⑥ 邢会强：《资本之道企业上市规划与战略》，中国法制出版社 2017 年版，第 1 ~2 页。

学者支持我国应该尽快推动发行注册制。

1993年国务院颁布了《股票发行与交易管理暂行条例》，标志着我国股票发行正式进入审批制时代。在审批制下，股票发行要满足规定的各项条件，证券主管机构全面决定着包括股票发行数量、价格和方式及其其他方面在内的各种审批事项。[①] 1998年我国证券发行制度开始逐渐从审批制向注册制方向改革，此时下达规模计划指标的方式已经逐渐被政府监管部门弃用，市场化引领着我国证券发行方式的改革方向。[②] 同时为了推进核准制的发展，政府相继出台了一系列法律法规，如1998年首部《证券法》及《中国证监会股票发行核准程序》和《中国证监会股票发行审核委员会条例》等，为核准制改革提供了强有力的法律保障，随着相应法律的不断完善和实施，2001年审批制正式退出历史的舞台。

同时，核准制的发展也历经了"通道制"和"保荐制"，2004年《证券发行上市保荐制度暂行办法》的出台，正式开启了证券发行"保荐制"时代。核准制下的"保荐制"强化了券商的上市发行地位，促进了我国证券市场的规范化发展。但是我国目前核准制在运行中也暴露出了很多问题，如权力寻租、信息披露不完善、上市公司业绩造假、虚假包装、中介机构不尽责甚至出现诱导证券发行人虚假程序等。由此，我国目前学术界普遍支持证券发行要从"核准制"向"注册制"发展，并希望在新修订的《证券法》中得以体现。

虽然我国的市场经济还处于发展初期，资本市场环境也无法与成熟市场相提并论，但是实行注册的基本市场条件已经有所具备。[③] 2015年4月20日，党的十二届全国人大常委会第十四次会议第一次全体会议在北京召开，会议审议了全国人大财经委提交的《证券法修改草案》（以下简称《草案》），《草案》第一章第十二条在"证券发行"环节提出推进证券发行注册制，但自2015年后半年以来，A股市场暴跌，中国股市中散户众多而其防御金融风险的能力普遍较弱，证券行政主管部门为此放缓了注册制的推进，不乐观地说，注册制已经胎死腹中。

---

① 刘强：《我国首次公开发行股票核准制的缺陷及其治理》，载《经济体制改革》2003年第3期。

② 蒋涛：《中国股票发行制度演变研究》，载《经济师》2013年第1期。

③ 刘越：《我国股票发行注册制改革研究进展及评述》，载《今日财富论坛》2016年。

（二）主板市场的信息披露制度建设

主板市场是一个国家或地区证券发行、上市及交易的主要场所，主板市场信息披露制度完善与否关系到资本市场稳定与否。我国《证券法》第115条明确规定："证券交易所应当对上市公司及相关信息披露义务人披露信息进行监督。督促其依法及时、准确地披露信息。"主板市场信息披露监管可从法律构建、权限划分以及具体执行方式来加以分析。

1. 主板市场信息披露监管的法律规则体系

主板市场信息披露监管的法律规则体系可以分为五个层次：第一层次是全国人大制定的两大基本法——《公司法》《证券法》，以及《刑法》《会计法》《注册会计师法》《律师法》等其他相关法律。第二层次是国务院行政法规，包括《股票发行与交易管理暂行条例》（1993年4月颁布实施）和《上市公司监管条例（征求意见稿）》（2007年9月公布）；第三层次是中国证监会部门规章及其规范性文件，包括《上市公司信息披露管理办法》《上市公司收购管理办法》《上市公司重大资产重组管理办法》《上市公司证券发行管理办法》《公开发行证券的公司信息披露内容与格式准则》《公开发行证券的公司信息披露编报规则》《公开发行证券的公司信息披露规范问答》等；第四层次是沪深证券交易所股票上市规则及相关规定，例如深交所出台的《主板信息披露业务备忘录》，上交所的《上市公司日常信息披露工作备忘录》；第五层次是上市公司信息披露事务管理制度。[①] 这种多层次的法律规则体系能够更全面地保障主板市场信息披露制度的有效实现。

2. 主板市场信息披露监管的权限划分

主板市场信息披露的监管主体主要为证监会及证券交易所。证券交易所在信息披露监管方面的权力是：统一制定关于证券公开发行和上市信息披露文件的格式；依法对信息披露文件及公告的情况、信息披露事务管理活动监督，对上市公司控股股东、实际控制人和信息披露义务人的行为监督，对上市公司分派或销售新股的情况监督；批准交易所的上市规则和其他信息披露规则。证券

① 吴建忠：《论证券交易所对上市公司信息披露的监管》，华东政法大学2013年博士学位论文，第191页。

交易所在组织市场和管理市场方面丧失了应有的独立性，不利于确立证券交易所对上市公司信息披露监管的权威性和有效性，影响了证券交易所自律性监管功能的充分发挥，也大大限制了交易所在上市公司信息披露监管方面的引导与推动作用。① 从总体来看，证监会对公司信息披露事务基本是总包总览，对任何信息披露都可以进行干预，包括对公司 IPO 时的初始信息披露监管，同时也负责公司挂牌上市后的日常信息披露监管，还负责违规信息披露行为的查处。②

3. 主板市场信息披露监管的具体执行

2006 年 12 月 13 日，证监会通过并公布《上市公司信息披露管理办法》，其中第 59 条规定“信息披露义务人及其董事、监事、高级管理人员，上市公司的股东、实际控制人、收购人及其董事、监事、高级管理人员违反本办法的，中国证监会可以采取的监管措施包括责令改正、监管谈话、出具警示函、将其违法违规、不履行公开承诺等情况记入诚信档案并公布、认定为不适当人选等”。近几年，证券交易所也在不断完善信息披露自律规则体系。例如，从 2015 年开始，深圳证券交易所出台《主板信息披露业务备忘录第 1 号——定期报告披露相关事宜》，2017 年 2 月 15 日修订了《主板信息披露业务备忘录第 4 号——证券发行、上市与流通》以及《信息公告格式第 19 号——上市公司新增股份变动报告及上市公告书格式》。应当说，信息披露自律规则体系呈现出简化整合的趋势，在多方面放松了管制的同时，强化了上市公司董事会自主判断和信息披露要求，促进市场主体归位尽责。

4. 我国主板市场信息披露制度逐步完善

为了进一步完善主板市场信息披露监管的措施，建议一要加强证券交易所内部建设；二要适度扩大交易所的监管权限，增强监管的独立性；三要加强对监管者的监管。③ 此外，证券交易所对信息披露的监管模式必须由事前审核为主、事后审核为辅转变为以事后监管为主、事前审核为辅。④

---

① 游文丽、罗颖琳：《我国证券交易所对上市公司信息披露监管的法律制度研究》，载《海南大学学报（人文社会科学版）》2009 年第 5 期。

② 吴建忠：《论证券交易所对上市公司信息披露的监管》，华东政法大学 2013 年博士学位论文，第 193 页。

③ 游文丽、罗颖琳：《我国证券交易所对上市公司信息披露监管的法律制度研究》，载《海南大学学报（人文社会科学版）》2009 年第 5 期。

④ 吴建忠：《论证券交易所对上市公司信息披露的监管》，华东政法大学 2013 年博士学位论文，第 253 页。

（三）主板市场的退市制度建设

1. 我国主板退市制度的发展历程

（1）起步探索阶段（1993—1998）

此阶段我国证券市场刚刚建立，退市制度也处于起步阶段。1993 年底，《中华人民共和国公司法》正式颁布，对上市公司退市的主体和情形做了初步规定。到 1998 年，沪深交易所分别出台股票上市规则，对恢复上市条件的规定为之后退市配套制度的完善奠定了基础。同时，也推出了“ST”制度，进一步推动了退市制度建设。同年年底，《中华人民共和国证券法》正式颁布，在其中明确规定暂停或终止上市的办法。

（2）加速发展时期（1998—2001）

在这一阶段，PT 制度（特别转让制度）历经了从实施到取消的过程。监管部门出台《亏损上市公司暂停上市和终止上市实施办法》，可谓是监管部门制定的关于上市公司退市的第一个较为详尽的细则。

（3）初步成型阶段（2001—2011）

进入 21 世纪后，市场经济加速发展，资本市场相关制度也更加完善，此时的退市制度也已初步成型。2004 年，证监会发布《关于做好股份有限公司终止上市后续工作的指导意见》，该文的出台意味着退市公司平移机制初步建成。2005 年，《证券法》进行了修订，划分了暂停上市和退市的五种情形，完善了退市复核机制，赋予了退市公司申请复核的权利。2006 年，沪深交易所出台《股票上市规则》，进一步补充和完善了退市标准和规则。

（4）持续完善阶段（2011 至今）

从 2011 年至今，主板市场退市规则仍在不断完善。2012 年修订的《上海证券交易所股票上市规则》和《深圳证券交易所股票上市规则》进一步完善了退市标准，健全了退市程序，对重新申请上市设置了严格条件。2014 年证监会出台《关于改革完善并严格实施上市公司退市制度的若干意见》，加强了主板市场主动退市制度、对重大违法公司强制退市的执行力度。2015 年，上交所出台《退市整理期业务实施细则》《上海证券交易所风险警示板股票交易管理办法》，深交所出台《退市整理期业务特别规定》，两个交易所还分布出台《退市公司重新上市实施办法》，这些规定进一步完善了退市配套制度，针对不同的退市公司实施差异化的重新上市管理，对重大违法退市公司申请重新上市设置了严格的前置条件，增加了进入退市整理期股票交易的相关规定。

2. 我国主板退市制度的主要问题

我国实施退市制度以来，虽然相关条件和规则几经修订，配套措施也陆续出台，但还是存在较严重的退出壁垒，主要原因在于：一是现有退市标准让本该退市的公司滞留场内；二是相关配套措施的缺乏使退市决定瞻前顾后；三是上市艰难是上市公司不舍离场的真正原因；四是出口不顺畅使上市公司难以轻松离场。[①] 具体而言，我国主板退市制度主要存在这样一些问题：其一，退市标准单一且缺乏操作性；其二，退市程序冗长；其三，上市公司缺乏申诉权利；其四，股票退出通道不畅。[②]

3. 我国主板退市制度的完善建议

（1）建立适应我国需要的上市公司退出机制

我国应建立适应我国需要的上市公司退出机制，一是具体制度的改革，包括健全我国上市公司退出的标准体系，加大对会计信息的监管力度，杜绝“报表重组”，以及明确退市程序和救济措施，保证退市操作公开、公正和公平；二是配套措施的建设应当做到入市放开、开口顺畅、重视投资者利益保护。具体包括完善市场进入制度，尽快实现发行市场化；完善代办股份转让系统功能，提升吸引力；建立相应的责任追究机制和民事损害赔偿制度。[③]

（2）ST 制度的弱化和取消

一些学者专门对 ST 制度做了研究，得出结论：一是 ST 制度存在的历史必然性逐步弱化；二是 ST 制度低效能运作加剧证券市场风险。并基于此对我国主板退市制度的改革提出了如下建议：一是推荐“阳光”的上市审批制度改革；二是强化退市标准的可操作性；三是分阶段逐步取消 ST 制度。[④]

---

① 常巍：《我国主板市场退出机制探究》，载《学术交流》2010 年第 10 期。

② 江海、贺捷：《论我国主板退市制度的完善——兼评〈关于完善上海证券交易所上市公司退市制度的方案〉》，载《湖北大学学报（哲学社会科学版）》2017 年第 4 期。

③ 常巍：《我国主板市场退出机制探究》，载《学术交流》2010 年第 10 期。

④ 赵海运、许可：《中国主板退市制度问题研究——基于 ST 制度存在的有效性分析》，载《武汉金融》2013 年第 2 期。

（3）退市标准的进一步完善

首先，在对现行交易所的退市制度方案评估的基础上，需进一步细化退市标准，完善退市程序，完善相关配套机制，以此加强对投资者的保护。① 具体来说，上市公司退市标准应当是信用标准，上市公司退市的根本原因是违反新用标准。有基于此，应当以信用为导向重构我国主板退市标准，包括取消最近三年连续盈利标准，代之以最小股票价格标准，引入公司治理标准，增加违反法律法规标准。②

退市制度是注册制实施的前提，已经成为核心组成部分，没有完善的退市制度，注册制会一直停留于“纸上谈兵”。2018 年 3 月 2 日，证监会就修改《关于改革完善并严格实施上市公司退市制度的若干意见》公开征求意见。本次修改在“实施重大违法公司强制退市制度”一章增加第（五）条：对重大违法公司实施暂停上市、终止上市。上市公司构成欺诈发行、重大信息披露违法或者其他重大违法行为的，证券交易所应当严格依法作出暂停、终止公司股票上市交易的决定。同时规定，证券交易所应当制定上市公司因重大违法行为暂停上市、终止上市实施规则。此次修改将有利于进一步提升我国证券市场的整体退市率，虽然对投资者而言可能会对投资者利益造成一定损害，但是对整个证券资本市场而言是促成健康发展、提升投资活力的重要举措，能够有效增强证券市场优胜劣汰，为市场注入新的活力。

三、中小板市场

（一）我国中小板市场的发展

2004 年 5 月，经国务院批准，中国证监会批复同意深圳证券交易所在主板市场内设立中小企业板块。作为内地股票市场重要组成部分的中小板自 2004 年诞生以来，截至目前已经在我国运行十三年有余，中小板的市规模与融资功能上升迅速。截至 2017 年 12 月 29 日，选择在中小板上市的公司有 903 家，总股

---

① 江海、贺捷：《论我国主板退市制度的完善——兼评〈关于完善上海证券交易所上市公司退市制度的方案〉》，载《湖北大学学报（哲学社会科学版）》2017 年第 4 期。

② 程宝库、肖奎：《我国主板退市标准的反思与重构——基于上市公司信用的视角》，载《中南大学学报（社会科学版）》2015 年第 1 期。

本达到 7612. 24 亿股，流通股本达到 5581. 39 亿股，总市值为 103992. 02 亿元，平均市盈率为 42. 41 倍。[①] 十三年间，不仅是在中小板上市的企业数量不断扩大，其地域覆盖面也在不断增大，涵盖的行业种类也在持续增加。我国中小板市场最初以单一的制造企业为主，而现在高新技术、医疗、生物工程等领域的企业数量占比在稳步提升，实现了中小板市场的行业多元化。这也符合我国成立中小板企业的初衷，就是为有发展前景的中小企业提供融资渠道，促进有活力的中小企业健康发展，实现我国产业结构的多元化调整。中小板市场的成立也是我国丰富证券市场层次的一个重要环节，从建设中小板市场过程中积累的经验也保证了我国创业板市场的顺利上市。与此同时，中小板联通了主板市场与创业板市场。主板市场与创业板市场对上市企业的要求有着很大的差别，计划上市的企业在两者之间往往难以抉择。而中小板市场恰好填补了这个空白，丰富了企业的选择，使得企业能够根据自身的经营状况选择合适的上市板块。

我国中小板市场在如此短的时间内为我国证券市场的发展付出了巨大的贡献，也为众多中小板企业提供了一种高效的融资渠道。在中小板市场成立之后，我国中小企业也迎来了蓬勃发展、激烈竞争的时刻。具有核心竞争力的中小企业纷纷在中小板市场上市，获得的资金又能用来进一步提升企业的内在价值，使其在众多的竞争对手中脱颖而出。中小板市场促进了中小企业的优胜劣汰，加速了产业结构“国退民进”的趋势。民营中小企业的茁壮成长不仅使其成为我国经济发展的新引擎，也使得我国的产业结构更加合理、更加符合时代的要求。[②]

目前国内主板市场一般对在该板块上市的企业的资本条件、盈利能力等指标要求较高，一般是市场占有率高、规模较大、基础较好、高收益低风险的大型优秀企业在该板块上市，而一般成长性较高、技术含量高，但规模相对较小暂时无法通过主板市场进行融资的企业，在中小板开通前其融资渠道以及融资规模无法与那些大型的已经获得上市资格的企业相提并论，从而往往因为得不

① 深圳证券交易所：《2017年深圳证券市场概况》，网址：http：//www. szse. cn/main/files/2018/01/02/GK2017 - C. pdf，最后访问时间：2018 年 1 月 28 日。

② 姚舜：《创业板和主板、中小板上市要求的主要区别一览表》，网址：http：//cyb. stock. cnfol. com/090407/418，1951，5700076，00. shtml，最后访问时间：2018 年 1 月 28 日。

到有力的资金支持等因素，使得那些具有高成长性的高新技术公司在企业生命周期最脆弱的初期就不得不在激烈的市场竞争中失败。但是中小板的开启改变了这些具有高价值但是存在融资困难的企业们的命运，这对那些技术含量高但资金匮乏的企业无异于提供了巨大的支持，有了这样的融资渠道中小企业才可以有足够的资金来通过扩大生产，更新技术等方式来提高自己的市场竞争力并最终不断成长为优秀的企业。回顾中小板公司发展，成长性是其重要的特征，中小企业板业绩增长的推动力主要有四点：一是募集资金主要用于提高产品技术水平，扩大生产规模从而实现了经济效益增加；二是通过对外投资、兼并收购扩大公司规模等途径，增加企业的利润来源；三是中小企业板块上市公司具有较强的自主创新能力，致力于新产品的推出，产品结构的优化。

中小板市场的建立，是资本市场理论与中国实际相结合的产物，是主板市场与创业板市场之间的桥梁纽带，可以为中小企业增加直接的融资渠道，避免中小企业过度依赖银行贷款，改善了中小企业融资渠道单一，狭窄的局面。中小板市场在丰富国内资本市场结构的过程中作出了不可磨灭的贡献，促进了中国资本结构的不断优化；同时，中小板市场在资源配置的过程中起到了良好的调节作用，促进产业机构的平衡。①

（二）我国中小板市场存在的不足

首先，政府及监管机构对中小板市场的上市企业的监管力度远远不及主板市场。本来监管机构对在中小板上市企业的要求就低于主板市场，如果监管力度不到位，必然会增大中小板市场的风险。在中小板市场上市的企业市值远远小于在主板市场上市的企业，其股权分散的程度以及管理层的治理结构也不如主板上市公司。因此，如果不能保证企业信息披露的及时性和准确性，在日常交易中就会产生信息不对称现象。加上中小板市场上市公司的股权依旧相对集中，由信息不对称给投资者带来的风险就会更大。长此以往，势必会打击投资者的信心和积极性，造成中小板市场的萎靡。这不仅不利于投资者，更加不利于上市公司。

---

① 薛襄稷、严玉华：《中小板、创业板与主板市场关联性分析》，载《东北财经大学学报》2012 年第 3 期。

其次，参与中小板市场交易的投资者结构单一。目前我国中小板市场的投资者还是以机构投资者为主，个人投资者数量较少。这与我国主板市场的现状形成鲜明对比。中小板市场的总市值较小，而机构投资者往往手握大量的资金，其交易行为在中小板市场的影响也会远远超过在主板市场的影响。因此，中小板市场中的过度投机、恶意炒作等行为发生的概率也更大。这也增大了中小板市场的波动性。

此外，公司治理漏洞多。民营公司在当前的中小板市场中占主导地位，不少公司规范运作意识薄弱，未能按照公众的严格标准运作经营，出现了关联方资金占用、违规担保、隐瞒日常关联交易行为等违规事实。

最后，部分企业在中小板市场上市的目的太狭隘。有一部分中小企业将上市单纯地认为是一次圈钱行动，一切经营活动都以上市为最终目的。中小板上市公司已成产业资本和公司高管减持套现的重灾区。另外一旦企业上市成功，获得了大量资金，就不再理会市场的反应。这种现象的产生一方面是由于监管机构的监管不到位，另一方面在于我国中小板市场缺乏完善的退市制度。企业上市之后没有顾忌，自然也就不会考虑到投资者的利益。①

（三）我国中小板市场政策建议

加快股票发行注册制改革的落实。我国股票发行机制伴随着我国股票市场的发展状况不断变化和完善。从最初的行政审批制到核准制，再到目前带有中国特色的保荐人制度。虽然股票发行机制的不断改革使企业发行股票的难度在降低、上市公司的数量也在不断增加，但无论是审批制还是核准制都无法避免行政干预的可能性。政府以及监管机构依旧能够左右一个企业是否能够上市，这也提供了滋生寻租腐败现象的温床。反观发达国家的股票市场，股票发行制度大多为注册制。只要企业提供了监管机构需要的各种文件，并且是真实、全面、准确的，企业就能够发行股票。监管机构没有责任和义务对企业发行的股票作出价值判断，注册制的理念是一切交给市场去考验。因此股票发行注册制反映了一个国家经济环境的市场化程度较高。2013 年 11 月，党的十八届三中全会就提出“推进股票发行注册制改革”。在 2015 年的政府工作报告中，李克强

① 李扬帆：《中小板开板十周年，8 股股价涨 10 倍》，载《重庆商报》2014 年 6 月 21 日。

总理明确了实施股票发行注册制的改革。由此可见在我国的中央决策层，也意识到股票发行注册制是股票市场发展的必经之路。截至2017年12月29日，选择在中小板上市的公司有903家。这与美国纳斯达克5400多家上市公司的数量比起来，还有很大的差距。不过相信随着我国股票发行注册制的正式实施，我国中小板市场的上市公司数量也会得到快速提升。这对于扩大我国中小板市场的规模会有明显的帮助，届时也会吸引更多的投资者进入这个市场。此外，由于供给受限等因素，目前，我国小盘股溢价明显高于其他国家地区，中小板和创业板市盈率超过60倍和90倍，注册制实施后，这一现象也或将缓解。①

加强对中小板市场上市公司信息披露的监管。目前我国的监管机构对于在中小板市场上市的中小企业信息披露的监管力度远不及主板市场，同时中小企业相较于在主板上市的企业来说，股权相对集中，管理层权力制衡机制与企业内控机制也相对不完善。因此，若中小企业不能及时准确地做到信息披露，投资者自然也会因为信息不对称而承担巨大风险。这也是我国中小板市场的个人投资者数量较少的一个重要原因。中小板市场若要进一步发展，必然离不开广大个人投资者的参与。这就迫使监管机构要继续加大对中小板市场上市公司信息披露的监管力度，不仅要保证披露信息的完整性和准备性，还要建立突发状况应急机制。当中小企业在日常经营活动中遭到某个突发事件，并且有可能影响企业价值的时候，监管机构也要及时督促企业及时披露相关信息，保障投资人的合法利益。

加强中小板发展的制度创新。“2004年以前我国只有一个主板市场，但随着中小板的诞生，我国也迈出了建设多层次资本市场的第一步。”西南政法大学证券期货研究所所长黄小宁表示，随着“新国九条”强调要“壮大中小企业板”，创新将会成为未来中小板市场未来发展的主脉络。一方面，中小板市场要更加注重对创新型企业的引入，为中小板上市公司注入可持续发展的基因。② 另一方面，监管层应通过创新手段，适度放宽对中小板市场的限制，如进一步降低中小企业上市时所面临的股本规模、盈利记录标准，增强中小板覆盖面。另

---

① 刘杨：《股票发行“注册制”再进一步　散户或逐步离场?》，网址：http：//www.gov.cn/zhengce/2015－12/10/content_ 5022348.htm，最后访问时间：2018年1月28日。

② 张厚培：《中小板盘点：55只股遭腰斩　海普瑞狂跌八成最坑人》，网址：http：//finance.eastmoney.com/news/1344，20140626396042488_ 0.html，最后访问时间：2018年1月28日。

外，中小企业处于快速成长期，投资并购需求旺盛，对人才、技术、市场的需求量很大，监管层应该为适应中小企业特点的并购和股权激励制度做一些特殊制度安排。中信金通证券首席分析师钱向松则认为，中小企业已逐渐成为推动我国经济发展、消化就业人口的重要途径，而中小板的健康成长与建设我国多层次资本市场密切相关，推动中小板市场发展，既要深挖现有政策框架下的潜力，也要推进中小板顶层制度层面的改革，通过政策层面帮助缓解中小板上市公司面临的转型压力，加快完善中小企业金融服务支持体系，推进城商行、农商行等中小金融机构差异化发展，使其专注服务本地中小微企业。强化中小板市场“新陈代谢”机制，完善中小板市场对优质中小企业的资源配置功能。①

完善中小板市场退市制度。如果我国的股票发行注册制正式实施，那么与之配套的退市制度也必须是完善的。股票发行注册制可能会在短时间内造成市场中股票的质量良莠不齐，如果不能通过退市制度及时清理质量差的股票，就可能导致“劣币驱逐良币”等现象的发生，进而引起股票市场的混乱。因此，完善中小板市场的退市制度也是需要认真思考的问题。2014 年底，证监会公布《关于改革完善并严格实施上市公司退市制度的若干意见》，标志着监管机构对退市制度的改革拉开序幕。对于我国的中小板市场，监管机构应当根据我国中小企业的实际情况制定区别于主板市场的指标体系，当上市企业出现未能到达某些指标的时候，监管机构应当督促企业尽快改正。如果出现指标长时间持续恶化的情况，就应当立即使其退市。同时，退市过程也要充分考虑投资者的合法利益，应当争取将投资者的损失降到最低。②

降低中小板市场的交易成本。对个人投资者来说，交易成本是最终影响收益的一个重要因素。因此降低交易成本对吸引个人投资者进入中小板市场会有明显的作用。加强信息披露监管相当于个人投资者获得信息的成本，也起到了降低交易成本的作用。除此之外，还可以通过降低印花税等股票交易手续费进一步降低投资者的交易成本。在美国，开立的证券户头具有银行户头的功能，闲置的资金不仅能够获得利息，还能与短期基金等金融产品互相转存。这种做

① 李扬帆：《中小板开板十周年，8 股股价涨 10 倍》，载《重庆商报》2014 年 6 月 21 日。

② 陈绍霞：《退市制度的冷思考》，网址：http：//opinion. hexun. com/2014 - 07 - 13/166576807. html，最后访问时间：2018 年 1 月 28 日。

法无疑能够降低投资者的交易成本，值得我国的中小板市场效仿。[①]

加强对投资者行为的引导。虽然我们无法将非理性投资者排除在市场之外，但政府和监管机构可以引导投资者的行为趋于理性。一是要加强对个人投资者的教育和风险提示，普及一些基本的概念和专业知识，防止个人投资者过于情绪化的投资行为。市场中一些盲目地追涨杀跌往往是由于缺乏专业知识的个人投资者没有理性判断股票价格、冲动交易造成的，后果是使整个市场发生剧烈震荡，使市场失去了自我调节的功能。二是要重点关注投机行为，严厉打击恶意炒作等损害中小投资者利益的行为。由于在我国的中小板市场中，大部分参与者还是机构投资者，他们不仅有着丰富的专业知识和交易经验，也手握着能够明显影响个别股票价格的资金。因此我国中小板市场是过度投机以及恶意炒作情况频发的领域。如果监管机构对这种情况不作为，将无法保证中小投资者的合法权益，长此以往我国中小板市场将严重缺少个人投资者，这必然不利于中小板市场的发展。[②]

四、创业板市场

纵观国际资本市场的发展，一个完整、成熟的资本市场应当是一个多层次的资本市场。无疑创业板市场是多层次资本市场的重要组成部分。创业板市场是指“资本市场为了促进中小创新企业发展而专门设立的针对中小型企业尤其是创新型企业的股票市场”。[③] 其功能主要定位于为具有高成长性的高科技企业提供一条募资的渠道，其服务的企业主要处于创业期、发展期，往往具有成立时间较短、规模较小、业绩并不突出、通过间接融资渠道难以募集足量资金、难以符合主板上市条件等问题。因而，创业板被视为扶持中小型企业、高新技术企业和高成长型企业的摇篮。

自 1999 年以来，深交所筹备创业板市场的工作一直没有停止。甚至在 2000 年底，深圳证券交易所曾经公布了创业板的相关规则，并进行了相关的准备。

---

① 见微知微：《美国股市和中国股市的制度差别》，网址：http：//blog. sina. com. cn/s/blog_c5846cab0102xowd. html，最后访问时间：2018 年 1 月 28 日。

② 肖钢：《深化改革健全制度加强监管防范风险》，网址：http：//stock. 10jqka. com. cn/20160116/c587347045. shtml，最后访问时间：2018 年 1 月 28 日。

③ 刘纪鹏：《资本金融学》，东方出版社 2007 年版，第 345 ~351 页。

然而，就在同年美国纳斯达克指数下跌80%、全球新型资本市场也纷纷下调，忧虑和怀疑使创业板成为一个难产儿，由于当时法律制度的限制与全球金融市场大环境的影响导致其分娩越发的困难，综合分析各种因素的前提下，2000年并不是推出创业板的最佳时机，但深交所并没有放弃努力，而是为创业板的诞生继续做着更为充分的准备。四年之后，在2004年5月17日，深交所推出了介于主板市场与创业板市场之间的一个市场板块——中小企业板。虽然在中小企业板上市的条件与主板市场相同，但是二者在发型股本规模上确是有重要差异的。但是从一定意义上讲，中小企业板的横空出世进一步丰富了我国的资本市场，并且为创业板的最后建立作出了重要而有益的探索。“2006年底，深交所综合研究所根据科技部的数据，对15000家科技型企业进行了认真深入地分析研究，得出的结论是我国已具备开设创业板的市场条件。开设创业板对建立我国多层次的资本市场有着非常重要的意义，也有利于风险投资资本的退出。”① 因而，就在2009年10月23日，深圳证券交易所正式成为我国资本市场的一部分，首批28家上市公司在创业板上市。截至2009年12月31日共有36家公司在创业板挂牌上市，市值规模为1610.08亿元。我国的创业板市场发展迅速，截至2017年12月31日，我国创业板上市公司数量达710家，市值规模达51288.81亿元。八年来创业板的上市公司数量不断增加，从最初的36家突增为现如今的710家。

八年来，总股本从最初的34.6亿元增加到现在的3258.49亿元，总市值从最初的1610.08亿元达到现如今的51288.81亿元，因而创业板的发展是非常迅速的，现在已成为我国多层次资本市场的重要组成部分。正如官方所言，“创业板秉承落实创新驱动发展战略和培育新兴产业的历史使命，着力打造创新资本形成的市场化引擎，逐渐形成了支持创业创新的市场特色，培育了鼓励创业创新的制度环境，形成了支持创新驱动发展的社会基础和市场内生力量，为深化供给侧结构性改革、建设创新型国家提供了有力支持。创业板运行八年来，各项基础制度逐步建立和完善，市场规则更加贴近创新型、成长型企业的产业规律和特征需求”。②

---

① 曾宝儿：《创业板风雨历程十年路》，载《证券时报》2007年09月09日第A02版。

② 创业板：《规模稳步扩大业绩稳定增长》，网址：http：//news.cnstock.com/news，yw-201710-4145549.htm，最后访问时间：2018年01月12日。

但创业板的发展也并非一帆风顺的。创业板自 2009 年推出到 2015 年第二季度左右一直经历着飞速的发展，甚至于 2015 年 6 月，创业板指数更是达到空前的 4037.96 点，但自此之后便经历了两轮严重的暴跌，直到 10 月 24 日，创业板的暴跌才止于 2538.38 点，但是年内涨幅仍高达近乎 160%。此后的 2016 年、2017 年，创业板指数继续下跌且势头没有缓解。

无疑创业板存在着各种各样的问题，有学者总结了我国创业板在推出的最初几年存在的八宗罪：第一，寻租股东突击入股现象。在我国的创业板市场，有一群特殊的投资者，他们既不参与风险投资的早期阶段，也不参与创业企业的培育过程，只是在创业企业进入 IPO 运作前夕运用特殊的权利突击入股，等待创业企业上市后攫取资本收益。寻租股东严重侵害了创业板股东的利益，破坏了市场的公平原则。第二，券商直投和上市保荐人制度的利益关联。即券商可以做旗下直投公司已参股企业的 IPO 业务。此种模式下，券商投行是企业上市的保荐人、承销商，也是财务顾问，同时又是股东之一，这种直投、保荐、承销的多重角色使其利益关联、角色冲突，这种模式容易引发证券公司直投或保荐人的突击入股、PE 腐败等涉嫌利益输送的行为。第三，资金超募现象。对企业而言拥有过剩的资金而无适当的投资项目也是一种负担。第四，高市盈率现象。脱离企业利润增长和发展空间的高市盈率是存在问题的，因为对于资产虚高的估值只是泡沫。第五，频繁的高管辞职现象。许多企业在创业板成功上市、募集到所需资金后，其高管没有选择继续“创业”，而是选择迅速离职、卖股套现。第六，信息泄露现象严重。第七，退市机制缺失。第八，扭曲的创富效应。企业通过创业板市场上市，创业者获得了相应的财富，风险资本获得了相应的投资回报，这就是创业板市场的创富效应。但由于存在一定规模的寻租股东，他们本质上不创造财富，只是瓜分财富。他们获取的财富并没有付出任何风险对价，而是通过突击入股、等待企业上市一夜暴富，这是不公平的。在这八大隐忧中，尤以“寻租股东突击入股”和“退市机制缺失”对中国创业板市场带来的损害最大，前者破坏了市场的公平原则，后者则损害了市场效率。①

为此众多的学者也提出了很多富有建设性的建议，有学者指出我国创业板诸多问题的解决之道在于：一方面，改革创业板的发行体制和行政审批制度、

① 吴晓求：《中国创业板市场：现状与未来》，载《财贸经济》2011 年第 4 期。

解决“伪市场化”的问题并进一步通过市场化的机制解决一系列的痼疾。具体原因在于，虽然从表面上来看，监管部门一直致力于追求发行制度市场化，但实际上由于发行规模总体上的限制，仅仅采用对个股进行市场化询价的制度是很难发挥非常重要的作用的，无形之手在暗中调节，粥少僧多，必然导致询价到天花板上，但其背后真正的原因在于监管部门的行政垄断和行政审批。在这样的审批制度下，企业若想在创业板上市，就要经历复杂的审批程序，千军万马过独木桥，无法真正实现为更多的中小企业提供融资服务的目标。另一方面，创业板问题的进一步解决可以通过加强对市场参与主体的监管以实现在一定程度上的解决。我们应当坚持权责利统一的原则，保荐代表人、券商在发行上市承销的过程中获得如此巨大收益，因而，其理应对此承担相当比例的责任。因而，保荐代表人和券商是监管部门对创业板进行实质性监管的一个重要的抓手，监管部门应该紧紧抓住保荐人和承销商这一环节，对于出现的问题或者造假等现象严加查出，对不履行尽职义务的承销商和保荐人处以具有警示性的罚款，对于全然枉顾广大投资者利益置职业道德于不顾的保荐人应当处以吊销职业资格、全面市场禁入等一系列严厉的措施，甚至可以考虑运用刑事制裁，从而真正做到责、权、利的统一。只有这样才能保证券商和保荐人严格履行义务、承担法律责任。同时，监管层应当运用大数据等一系列的手段，从技术和制度上杜绝控股股东、PE 投资人利用自身的信息优势和控股优势在市场上进行内幕交易和操纵股价行为。①

创业板存在的种种问题引发了我们对于创业板市场的质疑。我们究竟需要一个怎样的创业板市场？自创业板推出伊始，它便开始审视并不断地试错以求对自己有着最准确的定位。总体而言，我国资本市场在制度设计方面，更为注重满足融资企业的融资需求，而在一定程度上忽略了广大投资者，尤其是中小投资者的利益保护。我国创业板一系列问题的根源在于市场机制的缺乏，但市场化机制的演变需要一定的过程，既有利益者的强大令这个过程必定是艰难而曲折的。市场的力量是无穷的，任何阻碍市场化的力量在浩浩荡荡的历史长河中都将是蚍蜉撼树。我国的改革开放源于蛇口，我国的市场化机制始于深圳，正是借助市场化机制这一取之不尽用之不竭的力量源泉，深圳这个小渔村才得

① 刘纪鹏：《资本金融学》，东方出版社 2007 年版，第 345 ~ 351 页。

以沧桑巨变，才得以在全国经济濒临崩溃之时扶大厦之将倾、女娲补天。深港通正是一个具有历史转折性的契机，通过深港通而倒逼深交所的市场化改革是具有历史性意义的。深交所应该借助联交所这个渠道致力于实现自身机制的市场化，致力于打造一个公开、公正、公平的市场，致力于打造创新、创造的“两创文化”，致力于培育企业家精神。

五、场外交易市场

场外交易市场（over the counter markets，OTC）又称柜台交易市场，是指在证券交易所外的，由证券买卖双方协商议价成交的证券交易市场的总称，包括全国性的场外交易市场——三板市场和地方性场外交易市场——四板市场。[①] 也有学者从多层次资本市场角度出发，将场外市场分为场外交易市场主体市场（股东200人以上的公司）、场外交易市场预备市场（股东200人以下企业股权交易）、大宗交易系统。[②]

（一）建设场外交易市场的必要性

我国的场外交易市场是20世纪80年代中期以来，随着企业股份制改造逐步形成和发展起来的。张道宏、刘力昌（2011）从场外交易的层次性出发，厘定了场外市场与场内市场及二板市场的联系与区别，并明晰了对场外交易市场的诸多误区。[③] 场外交易市场应是为非上市股份有限公司提供融资和股份转让的服务，[④] 是专门为解决中小企业的融资问题而设计的交易市场。[⑤] 也有学者从博弈论的角度出发，研究场外交易市场的经济职能。在比较分析有无场外交易市场情况下私募股权基金和中小企业之间投融资博弈结果后，揭示了场外交易市场

① 此外，也有学者将券商柜台交易市场也纳入场外市场体系，即俗称的五板市场。参见祁斌：《关于多层次资本市场体系的十点思考》，载《清华金融评论》2014年第3期。

② 李学峰、张舰：《我国建立OTC市场的相关问题探讨》，载《中国高校科技》2008年第8期。

③ 张道宏、刘力昌：《对我国证券场外交易市场的认识与辨析》，载《兰州大学学报（社会科学版）》2000年第1期。

④ 周友苏、庄斌：《我国场外交易顶层设计的思考》，载《经济体制改革》2012年第6期。

⑤ 许伟、朱未萍：《中小企业融资与场外交易市场建设》，载《财会月刊》2012年第1期。

对于提高中小企业融资效率和促进私募股权基金的发展发挥着重要作用。[①] 此外，场外市场也有改善信息不对称、降低交易成本、促进证券交易所健康发展的功用。[②] 非公开上市股票交易市场（场外市场）同公开上市股票市场一样是社会资源合理配置的一种机制。[③]

对于建立全国性的场外交易场所的必要性，学界认识基本一致。[④] 1998 年 4 月以来，各地场外交易场所被整顿关闭，但地下的场外交易活动屡禁不止，对地方性场外交易市场的存废，学界多有争论。

赞成者认为应在整顿的基础上，开放少量运作比较规范的场外交易市场，[⑤] 并将它们组合成一个可由监管当局有效控制的、专门服务于高科技企业的场外交易体系。[⑥] 分散的柜台交易市场，可以允许新的证券品种进行试验后再向全国性市场推广，[⑦] 也有学者主张将地方性场外交易市场培育发展的部分优质中小企业输送到新三板市场进行更加规范的管理和监督，[⑧] 即内部分层外化。[⑨] 单一中心的场外市场交易极易滑向传统的证券交易所模式，故而应建立多中心多层次的场外交易市场。[⑩] 2000 年之后，场外交易市场以地方产权交易市场等迂回的方式进行发展，不断有学者呼吁应在法律层面上给予场外交易市场以合法的定位。[⑪] 2012 年 8 月，全国股份转让系统运行，成为“国务院批准设立的证券交易场所”，但其他地方股权交易市场的法律地位仍然是模糊的，场外交易市场存

---

① 李雪峰、刘洋：《场外交易市场、私募股权基金与中小企业融资——基于博弈论的分析》，载《南方金融》2009 年第 6 期。

② 马达：《我国场外交易市场运作模式研究》，载《新金融》2008 年第 10 期。

③ 宫玉选：《我国非公开上市股票市场（场外交易市场）建设探索》，载《经济科学》1998 年第 3 期。

④ 汤欣：《论场外交易及场外交易市场》，载《法学家》2001 年第 4 期；林财发：《台湾场外交易市场发展现状评析及其启示》，载《现代财经》2010 年第 11 期；许瑾、阎志军：《论重新构建科学的场外交易市场》，载《经济问题探索》2000 年第 8 期等。

⑤ 耿明斋、邓淑斌：《重新认识我国场外交易市场》，载《财贸经济》2003 年第 2 期。

⑥ 王松奇、李扬、王国刚：《中国创业投资体系研究（下）》，载《财贸经济》1999 年第 2 期。

⑦ 王勇、王臣：《美国多层次证券市场的比较及其启示》，载《财经科学》2003 年第 5 期；周茂清：《试论建立我国多层次的证券市场体系》，载《财贸经济》2001 年 2 期。

⑧ 苏菡：《地方性场外交易市场发展》，载《中国金融》2015 年第 23 期。

⑨ 张坤：《场外交易市场内部分层：美国的经验和启示》，载《武汉金融》2013 年第 3 期。

⑩ 李政辉：《场外交易市场制度创新的比较法视野》，载《上海金融》2010 年第 10 期。

⑪ 周友书、张杰：《成都市股票自发交易市场的现状及建立合法场外交易市场的建议》，载《经济体制改革》1998 年第 6 期；周茂清：《场外交易市场运行机制探析》，载《财贸经济》2005 年第 11 期；黄运成、漆琴：《发展区域股权市场》，载《中国金融》2016 年第 14 期。

在法律地位不对等的情况。[①]

反对者则认为从世界范围来看，没有专门为某一地区公司设立场外交易市场的实例，场外交易市场作为多层次资本市场发展的基石必须应当是面向全国性的场外交易市场。[②] 电子化交易技术已完全使场外交易市场独立存在的意义丧失，因此我国多层次资本市场的发展应走“场外市场场内化”道路，即应在沪深两大交易所内部实现证券市场的多层次区分和发展。[③] 杨筱林、黄少军（2003）主张应明确2001年成立的代办股份转让市场的身份，并以其为基础另行整合现有分布在全国各地的、进行零散交易的200多家各类产权交易所，组成“产权交易板”。[④]

（二）场外交易市场监管体系构建

2011年11月国务院下发《关于清理整顿各类交易场所切实防范金融风险的决定》（国发〔2011〕38号）、开始清理整顿各类交易场所，区域股权市场是该次清理整顿的重点区域。2012年7月《国务院办公厅关于清理整顿各类交易场所的实施意见》（国办发〔2012〕37号），2012年8月中国证监会下发《关于规范证券公司参与区域性股权交易市场的指导意见（试行）》（中国证券监督管理委员会公告〔2012〕20号）将区域性股权市场的批准权下放到省级人民政府，之后各地掀起一股兴办区域性股权市场的风潮。

有学者提及当下区域性股权市场的监管既“严”又“松”，“严”体现在交易形式上，“松”体现为尚无明确的监管体系。而这种监管难题归根结底源于市场的法律地位和运营规则，完善监管需明确市场法律地位，适时调整运营规则。[⑤] 而有的学者即主张严格管控地方性场外交易市场，减少不必要的地方性场外交易市场，重点监管已经建立的地方性场外交易市场，并对其逐步实施终身

① 刘志彪：《论我国统一市场建设的重点和突破口——兼析“场外交易”市场竞争环境均等化问题》，载《江苏行政学院学报》2015年第4期。

② 王宁：《场外交易市场对比分析——基于中国境内外的研究》，载《财会通讯》2014年第4期。

③ 蒋大兴：《论场外交易市场的场内化——非理性地方竞争对证券交易场所的负影响》，载《法学》2013年第6期。

④ 杨筱林、黄少军：《以代办股份转让市场为基础发展场外交易市场》，载《证券市场导报》2003年4月。

⑤ 鲁桐：《区域股权市场监管难题》，载《中国金融》2015年第12期。

保荐人制度。① 也有学者认为四板的建设应依托地方政府，但也应充分发挥市场机构的力量。② 场外交易市场建设的关键是回归金融本源，遵循市场经济原则，而当务之急是加快区域性股权交易市场的发展。市场化运作是区域性股权交易市场功能发挥的基础，而进行市场化运作的重点是采取公司制的运作方式。③ 从投资者适当性角度出发，认为场外交易市场的投资者适当性制度应在改善市场流动性和保护投资者两个基本原则约束下相机抉择。④ 在我国低层次资本市场建设中，应引入做市商报价和竞价交易互为补充的混合交易制度，探索建立我国证券场外交易市场。⑤ 罗红梅（2016）在对场外市场发展历程的梳理中，指出清理整顿、保留式监管、分层的监管逻辑与场外市场发展的自发、竞争等特点不兼容，其认为场外交易市场的监管体系的构建应以市场的自发、竞争、互动为基础，形成监管与以上三种力量的发展制衡。⑥

有学者将视角集中在某一地方性场外交易市场，⑦ 也有学者将视角延伸至域外，从美国场外交易发展的现状出发，探讨了美国场外交易的各种重要的制度安排，针对场外交易发展中的准入、监管、交易、投资者以及转板等制度建设进行了剖析；⑧ 以我国台湾地区为鉴，指出大陆场外交易市场的改革取向、为场外交易市场的发展汲取制度经验。⑨ 在分析英国和中国香港地区保荐制度的基础上，建立和完善我国场外交易市场中的保荐制度。⑩

---

① 陈杰：《英国另类投资市场终身保荐人制度的借鉴》，载《新金融》2016年第5期。

② 祁斌：《关于多层次资本市场体系的十点思考》，载《清华金融评论》2014年第3期。

③ 欧阳卫民：《创新发展股权交易市场全面服务实体经济》，载《南方金融》2013年第8期。

④ 侯睿：《我国场外交易市场的投资者适当性管理制度研究》，载《西南金融》2012年第2期。

⑤ 何昌福：《做市商交易制度在场外资本交易市场中的应用探讨》，载《武汉金融》2011年第3期。

⑥ 罗红梅：《场外交易市场的监管：1986-2016年》，载《改革》2016年第5期。

⑦ 侯博、杨宗威：《区域股权交易市场参与股权众筹平台建设的分析建议——以北京四板市场为例》，载《银行家》2015年第6期；雷鸣：《滨海新区场外交易市场与环渤海经济发展》，载《天津师范大学学报（社会科学版）》2010年第3期；胡继之、莫建强、龚海：《前海“新四板”建设报告》，载《证券市场导报》2016年6月。

⑧ 王在全：《美国场外交易市场发展对中国的启示》，载《西南金融》2013年第6期。

⑨ 过文俊：《台湾发展场外交易市场的经验及其对大陆的启示》，载《当代亚太》2005年第12期；过文俊：《海峡两岸场外交易市场比较》，载《南方金融》2007年第2期。

⑩ 陈杰：《中国内地场外交易市场保荐制度的移植与完善》，载《南方金融》2016年第3期。

（三）新三板

旧三板源于 2001 年“股权代办转让系统”，主要承接两网和退市公司。2006 年，中关村科技园区内的股份公司进入代办转让系统进行股份报价转让试点，“新三板”成立。作为我国多层次资本市场建设中的重要部分，新三板的发展引起学界广泛关注，包括新三板的定位、覆盖范围、市场机制建设、完善融资功能、改善市场流动性和完善公司质量等方面。

1. 新三板定位与功能

2013 年 12 月 13 日国务院发布《关于全国中小企业股份转让系统有关问题的决定》（以下简称《决定》），确立了全国中小企业股份转让系统（即新三板）的定位。全国性场外交易市场是监管层对新三板市场的定位，也是学界的共识，但邢会强（2017）、陈建波（2016）认为新三板是集中的场内市场而非分散的场外市场。①

新三板作为我国多层次资本市场建设过程中的重要一环，融资是其天然职能，自诞生之初便被寄予了厚望。孵化具有高成长性的中小企业和帮助从上层资本市场退市的上市企业缓冲危机，② 也是机构与大众（散户）宽广的投资场所。③ 有学者进而基于中关村科技园的实践，研究了新三板对高新科技园区的经济发展作用。④ 从市场属性看，新三板属于半公开市场，即“非公开发行 + 公开转让”，弥补了私募市场和交易所公开市场之间的投融资服务断层。⑤ 但现今新三板的融资功能尚未有效发挥，融资功能不足。方先明、吴越洋（2015）通过 DEA 模型研究得出中小企业在新三板市场融资效率不高的结论，⑥ 林乐芬、唐峥（2015）则对上海市、江苏省、浙江省和安徽省 694 家中小企业在新三板中的融

---

① 邢会强：《新三板市场的法律定位》，载《证券法律评论（2017 年卷）》，中国法制出版社 2017 年版。陈建波：《新三板制度设计反思》，载《中国金融》2016 年第 23 期。

② 过文俊、刘惠好：《场外交易市场的总体设计思路》，载《经济管理》2003 年第 1 期。

③ 张劲松：《基于共赢的“新三板”制度选择研究》，载《经济体制改革》2012 年第 1 期。

④ 戴湘云，叶生新：《多层次资本市场中的“新三板”对高新科技园区经济发展作用分析与实证研究——以中关村科技园区为例》，载《改革与战略》2011 年第 12 期。

⑤ 宋晓刚：《新三板市场发展的特征、动因及启示》，载《证券市场导报》2015 年 11 月。

⑥ 方先明、吴越洋：《中小企业在新三板市场融资效率研究》，载《经济管理》2015 年第 10 期。

资绩效予以分析。[①] 有学者则从发展差异化融资出发，认为应从满足企业融资需求为出发点，以创新金融产品体系、拓宽直接融资渠道、优化融资政策环境为核心，全面提高新三板融资效率。[②]

展望未来，新三板也应具备 IPO 功能，概因在场外交易市场挂牌也是“上市”，在场外交易市场挂牌之前也可以 IPO。[③]

2. 新三板市场流动性

多数学者呼吁新三板进行扩容，以建立一个全国统一的三板市场。[④] 2012 年 8 月国务院批准新三板扩容到武汉东湖，上海张江、天津滨海等高新区，后扩展到全国其他高新区。2013 年底《国务院关于全国中小企业股份转让系统有关问题的决定》实施，新三板突破国家高新区限制，扩充至所有符合新三板条件的企业。

新三板扩容将促进私募股权的规范发展，[⑤] 为中小企业带来更多融资机会，但市场流动性问题成为新三板扩容后亟待解决的问题。田娟娟、邢天才（2014）从交易方式和交易规则角度分析新三板市场流动性风险的成因的特殊性，[⑥] 陈建波（2017）认为新三板市场流动性不足的原因主要在于挂牌股票结构差异。[⑦] 如何化解新三板市场流动性难题，是学界关注的重点。

（1）建立转板机制。邢会强（2013）认为绿色转板制度是全国股份转让系统的生命力所在，[⑧] 转板是私募股权基金（PE）/风险资本（VC）实现资本退出最重要的通道，[⑨] 是新三板吸引机构投资者的重要渠道。但也有学者认为转板制度并非新三板市场建设的良方，在现有条件下，跨市场间的流通对新三板流

① 林乐芬、唐峥：《中小企业新三板市场融资现状与绩效分析——以“三省一市”694 家中小企业为例》，载《河北经贸大学学报》2015 年第 6 期。

② 徐小俊：《发展新三板差异化融资》，载《中国金融》2015 年第 10 期。

③ 邢会强：《新三板市场 IPO 功能展望》，载《国际融资》2016 年 1 月。

④ 刘纪鹏、喻强：《加快发展全国统一的三板市场》，载《中国金融》2011 年第 5 期。

⑤ 于佳：《新三板助力私募股权投资规范发展》，载《中国金融》2011 年第 5 期。

⑥ 田娟娟、邢天才：《扩容后新三板市场的流动性风险》，载《金融论坛》2014 年第 11 期。

⑦ 陈建波：《新三板流动性问题》，载《中国金融》2017 年第 22 期。

⑧ 邢会强：《为什么要到“新三板”挂牌?》，载《国际融资》2013 年第 10 期。

⑨ 胡昌生、伍智力：《新三板发展的一个问题与对策》，载《理论月刊》2014 年第 11 期。

动性及融资能力不具有积极意义，不利于改善新三板的市场质量，[①] 自动转板制度动摇了我国证券监管核心制度——公开发行的核准制，应当慎行，[②] 故而当前市场环境中，转板上市宜严不宜宽，宜缓不宜急。[③]

（2）除转板制度外，分层制度也是增加新三板市场流动性的有效举措。高苗苗（2016）认为新三板流动性不强的根本原因在于投资者交易意愿不强，引入“升级式”市场分层制度将有效提升市场流动性，即设立基础层、后备层、创新层、精选层四个层次，将新三板打造成有高有低、有升有退、有进有出的多层次市场。[④] 邢会强（2016）认为新三板宜分为上中下三层，分为上中下三层后，以中层为基准，依据分层标准，好的、大的或透明度高的升板进入上层，差的、小的或透明度低的降级进入下层，以实现优胜劣汰的竞争。由于历史原因，也可以分为四层。除了上述三层外，“两网”及退市公司则为第四层。[⑤] 在经历园区扩容、企业扩容之后，将新三板市场分为三层，并规定最高层挂牌企业具有向主板转板资格，最后建立与地方产权交易市场、股权交易所的有效对接，实现集中交易、统一监管的全国性综合场外交易市场。[⑥] 2016 年 5 月 27 日，全国中小企业股份转让系统有限责任公司（以下简称“全国股转公司”）发布了《全国中小企业股份转让系统挂牌公司分层管理办法（试行）》（以下简称：《分层管理办法》）将新三板分为基础层与创新层，邢会强（2016）对《分层管理办法》予以评述，[⑦] 有学者继而认为《分层管理办法》的实施可有效推动转板试点早日落地。[⑧] 然而，虽然转板所需的大的外部环境和时机已基本具备。但实质性推动转板制度建设，还需再满足一个重要的前置条件：分层之后再分层，

---

① 杨辉旭：《多层次资本市场中新三板市场的法律制度供给与选择》，载《云南社会科学》2017 年第 3 期。

② 陈颖健：《非公众股份公司股权交易问题研究——兼论我国新三板扩容面临的制度变革》，载《证券市场导报》2011 年 8 月。

③ 王啸：《试论转板上市制度设计中需把握的几个矛盾关系》，载《证券市场导报》2014 年 5 月；贺川：《循序渐进推出新三板转板制度》，载《中国金融》2011 年第 12 期。

④ 高苗苗：《新三板与市场分层制度》，载《中国金融》2016 年第 23 期。

⑤ 邢会强：《新三板改革，改什么最紧要》，载《国际融资》2016 年第 5 期。

⑥ 白冰、逯云娇：《中国场外市场发展研究——基于国内外场外交易市场的比较分析》，载《经济问题探索》2012 年第 4 期。

⑦ 邢会强：《新三板的分层制度评述》，载《国际融资》2016 年第 7 期。

⑧ 张金松：《新三板的新突破》，载《中国金融》2016 年第 12 期。

尽快增设“优选层”或“精选层”。①

但也有学者通过新三板分层前后的对比分析，得出新三板分层机制的施行并没有加强市场的流动性，仅对市场流动机制作出调整的结论，并认为如需改善流动性问题，必须重点关注新三板投资者结构定位、交易定价机制等问题。②也有学者对新三板中的税收政策进行细致研究，从税收角度提出对扩大我国新三板市场规模，增强其流动性的相关建议。③

3. 完善监管体系，提升公司治理质量

在新三板监管体系构建方面，周茂清、尹中立（2011）在梳理新三板发展历史的基础上，认为新三板的挂牌标准应该放宽、退市标准应该从严，引入做市商制度，应拆细交易单位、降低单手交易下限，放宽公司股东 200 人限制。④也有学者在对美国、中国台湾地区、日本场外交易市场监管模式予以介绍的基础上，从监管理念、监管模式、监管方式等方面，对我国新三板监管体系构建提出设想。⑤ 2016 年 10 月，《全国中小企业股份转让系统挂牌公司股票终止挂牌实施细则（征求意见稿）》规定了新三板企业强制摘牌的 11 种情况，加大对新三板市场的退出规范。刘翔峰（2016）对摘牌现有规定予以评析，并从建立定性定量相结合的摘牌制度、建立分层摘牌制度、增加复议制度等方面提出完善我国新三板摘牌制度的建议。⑥ 邢会强（2018）提出新三板难以适用现行遵循“主办逻辑”的《证券法》，建议我国应该通过修改《证券法》以及制定一部单行的证券特别法——《全国股权系统监督管理法》，为新三板市场的相关制度运行提供法律依据。⑦

在公司治理方面，应以挂牌公司自治为主线，以公司章程为载体规范挂牌公司规范运作。⑧ 对于新三板企业内控问题，应从内部环境、风险评估、控制活

---

① 王军：《新三板转板的制度建设》，载《中国金融》2017 年第 15 期。

② 张学军、于地：《新三板分层落实后流动性状况前瞻》，载《财会通讯》2017 年第 23 期。

③ 李晶、李文明、魏亚楠：《促进新三板市场发展的税收政策研究》，载《宏观经济研究》2017 年第 1 期。

④ 周茂清、尹中立：《“新三板”市场的形成、功能及发展趋势》，载《当代经济管理》2011 年第 2 期。

⑤ 王小军、杜坤伦：《试论全国股份转让系统监管体系的构建》，载《证券市场导报》2015 年 8 月。

⑥ 刘翔峰：《完善新三板摘牌制度》，载《中国金融》2016 年第 23 期。

⑦ 邢会强：《新三板市场的法律适用与“新三板监管法”的制定》，载《现代法学》2018 年第 1 期。

⑧ 石龙：《改进新三板监管》，载《中国金融》2016 年第 23 期。

动、信息与沟通、内部监督等角度，为强化新三板企业内部控制提出建议。[①] 也有学者从新三板分层制度、做市商制度等市场制度角度对完善新三板中公司治理问题提出建议。[②] 吴军、魏果望（2014）对“新三板”企业股权质押的定价和应用进行了探究，[③] 通过对比新三板不同挂牌企业的绩效、价值评估方法，选择数据包络分析模型对绩效进行分析评价。[④]

4. 改革合格投资者制度

邢会强教授认为，新三板下一步改革的方向是改革合格投资者制度。具体而言，它应朝着“理性投资者制度”的方向进行改革，既要考察投资者的风险承受能力，又要考察其风险认知能力。在风险承受能力方面，应规定一个自然人只能将其金融资产市值的最高一定比例（如50%）用于新三板投资。在引导投资者控制风险的基础上，自然人投资者的财务条件还可进一步降低，甚至可以没有财务条件的限制。除了考察投资者的风险承受能力外，还应通过其他指标来衡量自然人投资者的风险认知能力。总之，当前新三板改革的关键是改革合格投资者制度，建立一个理性的，比目前活跃的新三板市场。[⑤]

---

① 秦江萍、于丹：《“新三板”企业内控缺陷分析及对策》，载《财会月刊》2015年第31期。

② 姚云：《公司治理与新三板制度》，载《中国金融》2016年第23期。

③ 吴军、魏果望：《“新三板”企业股权质押的定价和应用》，载《价格理论与实践》2014年第2期。

④ 闫庆友：《“新三板”挂牌企业绩效评价研究》，载《财会月刊》2014年第2期。

⑤ 邢会强：《新三板市场的合格投资者制度及相关制度改革》，载《环球法律评论》2018年第6期。

改革开放四十年与上市公司收购与反收购监管研究

柳　叶　黄盛秦*

【内容提要】上市公司收购、反收购活动的发展与监管部门对上市公司收购、反收购活动监管政策的更迭是一段并行发展的历史轨迹。尤其以20世纪90年代“宝延风波”为契机，监管部门开始深化对上市公司收购事项的规制，学界也密切关注上市公司收购与反收购活动的监管立场与利益平衡问题，最终形成了以保护中小投资者合法权益为核心的现行上市公司收购监管体系。上市公司收购与反收购立法虽日趋完善，但与域外成熟资本市场监管规则相比，我国上市公司收购监管制度无论是在定义、法律条文、监管措施还是制度设计上都存有一定差距，上市公司收购立法位阶低、监管内容存有空白、敌意收购规范不明等问题还亟待解决。基于此，通过梳理和审视上市公司收购与反收购监管制度，将有助于推动立法者、监管者与学者们的进一步研究。

【关键词】上市公司　收购　反收购　监管

---

* 两作者均为中央财经大学法学院硕士研究生。

上市公司收购，是一个伴随收购价值观念转换以及资本市场中的收购类型化演变，而处于不断发展中的一个极富弹性的话题。① 上市公司收购尤其是敌意收购在域外出现较早，近年来在我国资本市场亦层出不穷，围绕着公司收购究竟是提升了公司治理效率还是压榨了目标公司股东，是实现了资源效益最大化还是牺牲了雇员与债权人利益以换取股东权益最大化等问题，理论界有不同见解，进而也体现在了收购的监管制度变迁上。另外，针对收购的反收购措施的探讨也不在少数，对众多反收购措施的功用及效力应当进行类型化区分。

一、我国上市公司收购立法研究综述

上市公司收购是一种特殊的股权转让和证券交易活动，收购者通过证券市场的股票交易或其他合法途径，取得被收购公司即目标公司依法发行在外的有表决权股份，进而取得对目标公司的控制权或者合并该公司。目标公司控制权的变更，直接关系到目标公司的股东、经营者、雇员、债权人和收购公司及其股东的利益，乃至证券市场的稳定。

1. 我国上市公司收购监管立法沿革

我国上市公司收购自 1993 年“宝延风波”以来，开始迅猛发展，公司收购、重组大规模出现。1996 年 8 月颁布的《证券交易所管理办法》，强调了中国证监会对两大证交所的监管地位，政府对证券市场集中统一监管趋势日趋明显。1998 年 11 月，国务院批准中国证监会的职能、内设机构和人员编制的“三定”方案，此时证监会具有了较为统一而广泛的职能。2000 年以来，由于我国上市公司收购主要动因是通过“壳”资源来进行再融资，而因为再融资标准的不断提高，投资者日益成熟，再加上市场监管的强化与深入，引入了退市机制，使得“壳”资源价值减低，收购进入审慎发展阶段。2002 年颁布的《上市公司收购管理办法》和《上市公司股东持股变动信息披露管理办法》被视为是关于上市公司收购立法的里程碑，两个办法对涉及上市公司收购的程序及信息披露事宜作出了详细规定。2006 年修订实施的《证券法》第四章，明确对上市公司收购的相关问题也进行了规定。可以说，上市公司收购的法律框架基本形成。2008 年，中国证监会对《上市公司收购管理办法》进行了修订，并由此开始筹

① 傅穹、陈林：《上市公司收购与反收购的规则变迁》，载《当代法学》2009 年第 3 期。

划出台上市公司收购监管的相关法律法规。2012 年初，《上市公司收购管理办法》专门针对要约收购的豁免作出了更具操作性的规定。此后，在“放松管制、加强监管”的市场化监管理念下，证监会于 2014 年 7 月颁布了《关于修改〈上市公司收购管理办法〉的决定（征求意见稿）》，在充分论证的基础上进一步“简政放权”，同时在强化信息披露、加强事中事后监管、督促中介机构归位尽责等方面作出配套安排。

2. 我国上市公司收购监管立法中存在的问题

（1）上市公司收购监管的法律法规体系不健全

自 1993 年“宝延风波”起，有学者通过观察证券市场发生的十余起收购事件及其问题，认为我国上市公司收购监管力不从心。我国在证券监管体制上属于在政府监管基础上引入自律监管，但从总体上看，我国上市公司收购无论是政府监管还是自律监管，都存在着监管不力的问题。一方面，有关上市公司收购监管的立法还不完善，政府监管在某种程度上呈现无法可依的问题，常常作出超法律规定的决定；另一方面，自律监管还很薄弱，自律监管机构还缺乏进行上市公司收购监管的规则。① 其后，1998 年《证券法》颁布，应中国证券市场规范上市公司收购行为之需要，单章规定了我国上市公司收购制度，但证券法对上市公司收购行为虽然采取鼓励的政策取向，对信息披露制度、强制要约收购制度、协议收购均作了有关规定，但对一致行动问题和反收购制度未予涉及。② 时至今日，在证券法修改之际，仍有学者指出，上市公司收购监管制度在立法层面还存在诸多不足，《上市公司收购管理办法》中若干行之有效的基础性制度未能上升到证券基本法层面，法律位阶过低。③

（2）上市公司收购监管立法的内容不完善

上市公司收购监管是一项长期的复杂工作，在新兴加转轨的市场环境下，新问题层出不穷，也暴露出我国上市公司收购监管在制度上的诸多不足。首先，《证券法》《收购办法》未对收购给出明确的定义，导致实践中对何为收购以及收购人的争议较大。收购是上市公司监管中的核心概念，但现行收购制度基本

---

① 汪涛：《关于上市公司收购监管的几个问题》，载《当代财经》1997 年第 6 期。

② 李伟：《论我国证券法中的上市公司收购》，载《政法论坛》，1999 年第 1 期。

③ 李东方：《上市公司收购监管制度完善研究——兼评〈证券法〉修订草案第五章》，载《政法论坛》2015 年第 6 期。

逻辑不清晰的症结就在于“收购”定义的不明确以及与此相关的收购体系的双逻辑主线。① 其次，“预警式披露”也即“大股东报告义务”出现异化。表面上我国《公司法》和《收购办法》在法律条文上呈现出对上市公司收购的“阶梯式披露”要求，但基于“宝延风波”后中国证监会的监管表态，实践中“阶梯式披露”已被严格扩展至“爬行式收购”，加重了那种不以获得控制权为目的的收购方进行收购的成本与披露的负担，不利于市场正常的、不以获得控制权为目的的收购或出售活动。② 再次，我国现有的要约收购制度存在不足。要约收购制度是上市公司收购制度中最为重要的内容之一，但是在并购实践中却运用较少，究其原因，主要是立法对要约收购的现金要求过高，要约豁免的范围不够合理，股份锁定期相对过长，缺少“强制挤出”制度等。③ 最后，上市公司收购监管缺少对要约收购失败后的规制措施。要约是一种以确定的条件“希望和他人订立合同的意思表示”，这就表示要约收购中也必然存在收购方无法按照收购要约条件而致收购失败的情况。如果收购失败后再频繁地发生收购与反收购，势必危及市场的稳定与秩序，诱发证券欺诈与过度投机，保护股东利益的宗旨就难以实现。④ 因此英美法系国家都对要约收购失败的后续行为进行了规定。但我国《证券法》缺少对要约收购失败后的行为限制作出详细而有约束力的其他监管规定，这就不利于对收购人在收购失败后其持股、转售、再次收购、改组董事会等一系列可能存在行为的规制，使我们的上市公司收购法律制度显得残缺不齐。⑤

3. 上市公司收购监管制度之完善

针对我国上市公司收购监管制度在立法层面存在的诸多不适应现实需要的问题，有学者指出，应从以下两个方面着手工作：一是填补立法空白，如上述上市公司收购中信息披露和要约收购监管中的若干制度补缺以及“修订草案”中新增加的“上市公司的重大资产交易”。二是在这次《证券法》修改的过程中，将《上市公司收购管理办法》中若干行之有效的基础性制度上升到证券基

① 袁钰菲：《上市公司收购监管研究——以收购的界定为视角》，载《证券法律评论（2017年卷）》，中国法制出版社2017年版。

② 郑彧：《上市公司收购法律制度的商法解读》，载《环球法律评论》2013年第5期。

③ 李文莉、倪受彬、黄江东：《上市公司收购监管制度研究》，载《证券法律评论（2015年卷）》，中国法制出版社2015年版。

④ 王肃元、周江洪：《上市公司收购中股东权的保护》，载《政法论坛》2000年第2期。

⑤ 郑彧：《上市公司收购法律制度的商法解读》，载《环球法律评论》2013年第5期。

本法的层面，避免因为法律位阶过低而无法消弭与其他基本法（如《合同法》《民法通则》等）的不吻合之处。同时将上述部门规章上升到证券基本法层面也有利于提高其权威性。①

对于上市公司收购具体监管内容的完善，学者们给出了诸多方案。第一，在厘清“收购”定义上，学界已基本形成主流看法，即以“控制权变动”作为上市公司收购监管的逻辑基础，缩小收购的监管对象范围，排除以套利为目的而在短期内从事超过特定比例股份的套利交易，保持“公平与效率平衡”的监管目标。第二，应正确理解并执行“阶梯式披露”的预警性监管。现有《证券法》对预警披露的表述已经使用“达到”一词替代了原先《证券法》的“持有”一词。从“达到”一词的本意上看，“≥5%”的状态都可称之为“达到”，并不是说严格“=5%”才是达到，这是其与“持有”一词的重要区别。第三，完善要约收购制度，应从以下几方面展开，一是要丰富要约支付方式，允许以证券或其他合法资产作为要约收购的支付方式；二是要合理扩大要约豁免范围，对收购人通过协议收购的方式触发的强制性要约收购，原则上予以豁免，以提高并购效率，降低并购风险；三是合理缩短并购重组中股份锁定期，以进一步提高投资者或者并购基金参与并购重组的预期收益；四是确立“强制挤出”制度，在追求效率的同时也兼顾公平。② 第四，对上市公司收购失败进行规制是证券立法应有之义。为此我国可借鉴其他国家和地区的做法。首先，考察英美国家的制度，英国的《收购守则》第35号规则就规定一次要约失败后，要约人在12个月内不能再次进行类似的要约或相关的购买股份权益活动。美国虽没有强制要约收购的制度，但《1934年证券交易法》及SEC相应的法规通过对欺诈、操纵、欺骗等的禁止，从衡平法的角度禁止滥用要约购或委托代理方式操纵股价、内幕交易等非法行为。其次，大陆法系的德国也通过其《证券收购法案》规定如收购失败或联邦金融监管局禁止公布要约，收购方在1年之内不得提出新的要约。③

---

① 李东方：《上市公司收购监管制度完善研究——兼评〈证券法〉修订草案第五章》，载《政法论坛》2015年第6期。

② 李文莉、倪受彬、黄江东：《上市公司收购监管制度研究》，载《证券法律评论（2015年卷）》。

③ 郑彧：《上市公司收购法律制度研究：历史、现状、问题及变革》，载《证券法苑》，法律出版社2013年版。

二、我国上市公司反收购实践与立法比较

上市公司的敌意收购往往面临着被收购公司董事会的反收购抵御，两方对决的焦点在于争夺上市公司控制权，收购方为攻击者，目标公司的管理层或其所代表的控股股东则为防御者，上市公司董事会往往不愿意被收购，从而本能地采取强迫性或排斥性的抵御措施。

1. 上市公司敌意收购监管立场研究综述

上市公司的敌意收购是指并购方在目标公司管理层对并购意图不明确或对并购行为持反对态度的情况下，对目标公司强行进行的并购。敌意属性：在敌意收购成功后，敌意收购方和股东得以凌驾于管理层之上，甚至取而代之，从而改变公司的治理结构乃至企业发展战略。

我国理论界关于敌意收购的研究始于 20 世纪 90 年代初期“宝延风波”①，黎友强围绕目标公司董事会是否有权采取反收购措施展开论述②，刘义方对光大国际收购中国香港熊谷组一案进行案例分析③。进入 21 世纪，学界对敌意收购的研究越发深入，开始思考我国对上市公司敌意收购的监管立场和利益平衡等问题，郭富青关注到公司要约收购与反收购中少数股东利益的保护④，有学者结合外资并购国有企业的事实进行思考⑤，胡鸿高、赵丽梅就目标公司反收购行为的决定权及其规制进行论述⑥，有学者就上市公司反敌意收购行为的法律规制展开讨论⑦，其中不乏实证研究⑧。

---

① 石镜泉：《宝延事件的三个联想》，载《证券市场导报》1993 年第 5 期；林昌：《股票交易中收购行为的评说》，载《证券市场导报》1994 年第 Z2 期。

② 黎有强：《目标公司董事会有权采取反收购措施吗？——美国立法例研究及其对我国我的启示》，载《法律科学——西北政法学院学报》1997 年第 4 期。

③ 刘义方：《光大国际收购香港熊谷组案例分析》，载《证券市场导报》1998 年第 9 期。

④ 郭富青：《论公司要约收购与反收购中少数股东利益的保护》，载《法商研究》2000 年第 4 期。

⑤ 朱怀念、王平：《外资并购国有企业的法律思考》，载《现代法学》2000 年第 4 期；孙红霞：《浅谈我国外资并购的法制环境及完善途径》，载《政法论丛》2004 年第 1 期。

⑥ 胡鸿高、赵丽梅：《论目标公司反收购行为的决定权及其规制》，载《中国法学》2001 年第 2 期。

⑦ 曾祥生、方昀：《论上市公司反敌意收购行为的法律规制》，载《武汉大学学报（哲学社会科学版）》2014 年第 3 期；夏戴乐：《时机与助力——敌意收购机制的修法可能》，载《金融法苑》2015 年第 1 期；傅穹：《敌意收购的法律立场》，载《中国法学》2017 年第 3 期。

⑧ 李芬芬：《2014 年以来上市公司收购与反收购情况探析》，载《证券市场导报》2017 年第 12 期。

资本最重要的价值应当是推动实体经济发展，而争夺上市公司控制权的敌意收购，既可以成为提升公司治理的手段，也可能演变为掠夺公司财富的工具。2015年底，“宝万之争”拉开序幕，中国资本市场各界存在关于上市公司敌意收购法律监管立场的大讨论：我国敌意收购的立法，究竟应该松绑监管，充分尊重资本的话语权而放任驱逐目标公司经理层，还是应适度严格监管，致力于推动实体经济发展，避免让拿“别人的钱”的金融投资大行其道。同时，我国学界相关理论研究硕果累累，诸多学者围绕“宝万之争”就上市公司敌意收购相关理论问题进行研究。[①]

傅穹提出，敌意收购立法的政策取向与立法演进和各国关于敌意收购的功能利弊的态度呈正相关。围绕“敌意收购是否创造价值?”这一问题，国内外学者意见不统一。多位美国学者主张敌意收购创造价值的学者强调敌意收购的第三方正面效应，他们主张：（1）敌意收购是一种降低监督和解任管理层成本的市场外部手段。[②]（2）目标公司被收购往往伴随着股价上涨，而为了支付股份的溢价，敌意收购方理论上能够更好地运营目标公司资产。（3）美国学者对1962年至1985年663起成功的收购要约溢价估算发现，平均溢价呈现不断上升态势，目标公司的现有股东显然受益于公司收购。（4）敌意收购的行业群聚效应明显。

持相反观点的学者则强调敌意收购引发的第三方负面效应：（1）敌意收购并不带来或创造增量的财富，却必然引发财富的转移。（2）敌意收购可能从生产性投资领域转走了大量的资源，借钱收购或杠杆收购将给社会带来太多债务。（3）敌意收购可能导致完好的公司分崩离析，并毁掉一家好企业。

总的来说，敌意收购本质是一种中性的市场行为，一方面，敌意收购有利于约束未尽勤勉受托义务的管理层，提升我国上市公司治理水准；另一方面，敌意收购（尤其是杠杆收购）也可能演变为收购方短期获利而公司长期受损的手段，甚至侵蚀实体经济的长期稳定发展。因此，法律只能对之扬利抑弊，很

① 颜梓鸿、杨怀东：《我国上市公司敌意收购与并购防御研究——基于“宝万之争”的案例分析》，载《金融理论与教学》2016年第4期；曹晓路：《注册制背景下完善我国上市公司收购与反收购制度立法建议——从“万科股权之争”反思上市公司反收购决定权的归属》，载《证券法律评论》2016年卷；仲继银：《从“君万之争”到“宝万之争”》，载《清华管理评论》2016年第Z1期；吴晓灵：《规范杠杆收购促进经济结构调整》，载《清华金融评论》2016年第12期。

② 参见［美］罗伯特·克拉克：《公司法则》，胡平等译，工商出版社1998年版，第437页。

难单向地作出“好”或“坏”的价值评价，更不应予以简单取消或过分限制。

2. 我国上市公司反收购条款研究综述

反收购条款，也称驱鲨剂，或者箭猎条款，是指目标公司为预防遭遇敌意收购，通过在章程中设置某些条款的方式为收购设置障碍，增大收购成本从而阻止收购行为。就我国而言，尽管理论上许多反收购措施都有运用的可能，但许多反收购措施并不适用于我国，因而需要具体分析，才能确定某一反收购措施的具体制度空间与效力。

（1）反收购条款的制度价值

反收购条款在国外公司章程中极为常见，但是二十世纪八十年代上半期，反收购条款的制度价值在域外被广泛讨论。我国有学者认为，在我国研究收购和反收购的原因在于，首先，从周边环境而言，亚太地区的收购活动风起云涌，国内市场也不寂寞；其次，尽管到目前为止海外私人资本运营公司在我国进行的收购活动多数还只是收购非上市公司的少数股权，但是外国资本已经开始试水大手笔的收购活动；最后，立法的修改放宽了对公司收购行为的限制，而限制外资进入国内证券市场的法律环境也正逐步放宽。①

而在相关规定层面，2006 年修订的《上市公司收购管理办法》第 80 条第 2 款规定，“上市公司章程中涉及公司控制权的条款违反法律、行政法规和本法规定的，中国证监会责令改正”。这就需要在我国现行法律及前述管理办法的框架内，对公司章程反收购条款的规定限度加以研究。② 根据现有规定，有学者认为我国上市公司反收购应遵循的基本原则包括：不得损害目标公司及股东合法权益；反收购决定权属于公司股东大会；目标公司管理层应切实履行诚信义务等。③

（2）主要的反收购措施及其效力性分析

关于上市公司反收购的立法例有两种：一是以美国公司法采取的“董事会优越”立场模式，即董事会拥有反收购的商业判断权限；二是以英国公司法采取“董事会中立”的立场思路，即股东会为最终的反收购决策机构。在我国公司治理尚待建构之时，公司董事的受托责任与商业判断规则尚处于完善的转轨

① 汤欣、徐志展：《反收购措施的合法性检验》，载《清华法学》2008 年第 6 期。

② 王建文、范健：《论我国反收购条款的规制限度》，载《河北法学》2007 年第 7 期。

③ 钟洪明：《上市公司反收购中的章程应用及法律规制》，载《证券市场导报》2007 年第 5 期。

经济发展之中，关于上市公司反收购的规制思路应当采“董事会中立”立场。①目前我国实践中上市公司主要采取以下反收购措施，而对不同措施的效力，学者们也有不同立场。

a. 分期分级董事会条款

分期分级董事会条款又称为“交错选举董事条款”，典型做法是公司在章程中规定董事会分成若干组，规定每一组有不同的任期，以使每年都有一组董事任期届满，每年也只有一组董事被改选，这样，收购人即使控制了目标公司多数股份，也只能在等待较长时间后才能完全控制董事会，在敌意收购人获得董事会控制权之前，董事会可建议采取增资扩股或其他办法来稀释收购者的股票份额。②

对于该反收购条款的效力。认为有效的学者将其认定为一种典型的“驱鲨剂”，其是股东大会出于维护股东和公司利益协商合作的产物，并非管理层为了保有自己的职位、出于私心而安排的规定，简单否定此种反收购条款的效力并不妥当。③ 有学者从我国《公司法》第109条之规定出发，认为法律上并未要求所有董事任期相同，因此在公司章程中规定每一位董事的任期不同，并不违反公司法的规定，公司可以以此作为反收购措施。④ 而反对者认为，脱离具体法律制度环境，将交错董事会归为反收购策略之一，有欠考虑，在中国现行制度下，这一策略并不具有任何反收购效应，且限制董事改选数量的各种类型的章程条款限制了股东的董事选任权和罢免权，构成了对股东自由意志的“强制”，这已经超出了公司自治的边界，本质上属于违法条款，相关部门应当督促上市公司删除此类章程条款，而不仅仅认定其为“不规范”。⑤

b. 绝对多数条款

作为反收购措施的绝对多数条款是指在公司章程中规定，公司进行并购、重大资产转让或者经营管理权的变更时必须取得绝对多数股东同意才能进行，

① 傅穹、陈林：《上市公司收购与反收购的规则变迁》，载《当代法学》2009年第3期。

② 王建文、范健：《论我国反收购条款的规制限度》，载《河北法学》2007年第7期。

③ 蒋大兴：《公司法的展开与批判》，法律出版社2001年版。

④ 王建文：《我国公司章程反收购条款：制度空间与适用方法》，载《法学评论》2007年第2期；钟洪明：《上市公司反收购中的章程应用及法律规制》，载《证券市场导报》2007年第5期。

⑤ 伍坚：《限制董事改选数量：交错董事会的中国模式》，载《证券市场导报》2007年第6期。

并且对该条款的修改也需要绝对多数股东的同意才能生效，这样就会使收购人面临着一种潜在的危险，即使收购人拥有超过半数的股权，也可能因无法拥有特定多数的表决权而无法获得公司的控制权。

有学者认为，因为我国反收购决定权都确认是股东会中心主义，故不宜采取董事会中心主义的美国那样，赋予董事会过高的自主权，但是如果公司章程明确规定，董事会有权决定何时以及在何种情况下绝对多数条款生效，司法机关与证监会也不应该认为该规定无效，因为绝对多数条款原本就是公司自治的产物，只要公司章程规定本身未违反法律的强制性规定，就应确认其法律效力。①

c. 限制董事资格条款

有学者在沪深两市的一百家上市公司中，选取了较为典型的四十家作为分析样本，分析其公司章程中有关董事选任资格和程序上的限制性条件，主要有以下方面的限制：一是将股东提出董事候选人提案的持股资格比例从法定的单独或者合计持有公司股份3%以上提高到5%甚至是10%以上；二是增加连续持股时间要求，很多公司的连续持股时间都在90日或180个交易日以上；三是限制股东提名董事候选人人数，例如按股东持股比例限制股东提名董事候选人人数，限制每个提案提名候选人人数等；四是只规定董事会提名权而没有规定股东提名权。②

有学者认为，在公司法下，通过公司章程对董事、监事产生程序作违反该法规定的限制性规定，已明确违法从而失去了其反收购的效果。③ 有学者从此种条款超出法律规定的关于董事人选产生程序的限制性条款出发，认为其因违反股东选择管理者这一基本股东权而应认定无效。④ 而张舫更具体地分析了各类条款的效力：认为公司章程中提高董事候选人提案的股东持股比例，有违《公司法》第103条第2款的主职，应为无效条款；而对于限制提案中提名候选人人数的条款，违反了《公司法》第4条的规定，但是如果股东大会没有将选举对象限制在提案候选人范围内，对股东提出候选人的限制可以认定为有效条款。⑤

① 王建文、范健：《论我国反收购条款的规制限度》，载《河北法学》2007年第7期。

② 张舫：《上市公司章程中董事选任条款的有效性分析》，载《法学》2009年第1期。

③ 王建文：《我国公司章程反收购条款：制度空间与适用方法》，载《法学评论》2007年第2期。

④ 王建文、范健：《论我国反收购条款的规制限度》，载《河北法学》2007年第7期。

⑤ 张舫：《上市公司章程中董事选任条款的有效性分析》，载《法学》2009年第1期。

d. “金色降落伞”计划

这一计划是指董事和高级管理人员在公司被并购接管且自己被解雇的时候，可从公司一次性领取高额的安置费，与之类似，还有针对较低层管理人员和一般人员的“灰色降落伞计划”和“锡降落伞计划”，从反收购角度上讲，这种策略将加大收购成本或者增加目标公司的现金支出从而阻碍收购。

有学者认为，此种计划仅属于股权激励计划实施的范畴，根据《上市公司股权激励管理办法》的规定，上市公司实施股权激励计划涉及的控制权变更条款，本质上不属于上市公司反收购条款。[①] 而有学者认为，由于我国股份公司的“准国有企业性”，为捏合目标公司管理层与股东之间的利益取向，避免没有退路的管理层动用公司资源对敌意收购进行“玉石俱焚”的抵抗，应当建立适当的“赎买”机制即允许设立合理的金色降落伞计划，对目标公司股东而言是有利的。[②]

3. 上市公司反收购立法比较研究综述

（1）美国敌意收购的立法演进

美国的反收购立法，始见于1914年美国国会通过的《克莱顿反托拉斯法》。美国历史上经历过两次反收购浪潮。[③] 刘俊海认为美国各州的反收购立法的重大价值在于：一方面，改变了原有董事会和管理层仅以公司股东利益最大化为目标的观念，强调公司社会责任理念，要求综合考虑利益相关者的利益；另一方面，表明反收购立法并未损害股东利益，相反遏制了敌意收购方侵蚀相关利益群体劫掠财富的倾向。[④]

（2）欧盟敌意收购的立法演进

欧盟收购指令的制定经历了漫长而艰难的谈判过程，最终才本着求同存异的原则达成了各成员国都能接受的最低限度的共识。欧盟收购指令本着“建立公平竞争市场”的宗旨，有学者认为欧盟指令坚守的几项至为关键的基础性规

---

① 钟洪明：《上市公司反收购中的章程应用及法律规制》，载《证券市场导报》2007年第5期。

② 汤欣、徐志展：《反收购措施的合法性检验》，载《清华法学》2008年第6期。

③ 李晓春、李建国：《论防御式股份回购的自由与管制之度——以美国法规制为中心展开》，载《法学杂志》2012年第10期；张舫：《美国“一股一权”制度的兴衰及其启示》，载《现代法学》2012年第2期；张巍：《美国的上市公司收购防御及其对中国的启示》，载《证券法苑》2017年第1期；刘燕：《企业并购、法律生长与证券市场——美国早起并购潮的历史足印》，载《证券法苑》2017年第4期；李文莉、艾星星：《上市公司反收购的权利配置与制度构建》，载《证券法苑》2017年第4期。

④ 刘俊海：《公司的社会责任》，法律出版社1999年版，第60～62页。

则值得我国借鉴：（1）董事会中立主义：目标公司的董事会在收购过程中应当保持中立，未经股东大会授权或者许可，不得实施除寻找竞价要约以外的反收购措施；（2）在要约期间或者在目标公司股东大会决定是否实施反收购措施时，该公司预先设定的区分表决权、多数表决权等机制将暂时或永久性地丧失效力；（3）公司应当在其年报中提供具体的公司股权状况以及其他相关信息，特别是可能构成反收购措施的机制安排。①

英国的敌意收购始于20世纪50年代。敌意收购法律体系主要由英格兰银行召集的委员会构建。委员会成员包括商业银行、机构投资者、伦敦证券交易所的代表。成果包括《英国商业合并纪要》（*Notes on Amalgamation of British*，以下简称《纪要》）和《收购与合并城市法典》（*City Code on Takeovers and Mergers*，以下简称《城市法典》）以及解决并购交易纠纷的并购委员会。《纪要》是为了防止正式立法介入，《城市法典》对《纪要》进行了完善。而并购委员会的成员包括伦敦证券交易所和贸易委员会代表，其表示会根据委员会的指示对其成员进行相应惩罚，解决了《纪要》最大的短板——自律规则的执行问题，这三者均可以视为"预防式立法"。②

（3）亚洲敌意收购的立法演进

日本敌意收购活动始自活力门（Livedoor）诉讼。罗培新总结日本《收购指南》强调的三个原则：第一，无论最终是否采纳敌意收购的防御措施，都必须维护或提高公司价值；第二，采用敌意收购的防御措施必须充分披露，并且必须基于股东的合理意愿；第三，敌意收购防御措施必须以必要和适当为前提。③其他新兴市场的敌意收购目前还很少见，但是立法相对完备，可视为一种"预防性立法"。④

---

① 汤欣、朱芸阳：《欧盟新公司法指令规范下的反收购措施——以"建立公平竞争市场"原则为中心》，载《清华法律评论》第一卷第一辑。

② ［英］约翰·阿莫、杰克·雅各布、柯提斯·米尔霍普、夏戴乐：《敌意收购机制在发达国家以及新兴市场中的演进》，载《金融法苑》2015年第1期。

③ 罗培新：《公司治理法律规则背后的经济与社会含义——以日本活力门收购事件为视角》，载张育军主编《证券法苑（第二卷）》，法律出版社2010年版，第17~20页。

④ ［日］布井千博、朱大明：《日本公司法中的并购手法和敌意收购方式》，载《商事法论集》2009年第1期；［日］神田秀树、朱大明：《日本公司法中的股份交换与股份转移制度》，载《清华法学》2015年第5期。

傅穹总结我国对于敌意收购相关立法无法解决的现实困境，主要有三个问题：第一，敌意收购方增持股份时，普遍有一致行动人共同行使表决权，且不断突破并挑战权益变动与一致行动人的相关披露底线，在信息披露违规缺乏成本约束和股东权利受限含糊的情境下，信息披露规则的法律拘束力急速下降。针对敌意收购方违反权益披露的行为，为什么仅仅象征性罚款了事，而不能限制其相应的表决权？第二，目标公司缺乏有效合法的反收购防御手段，到底是谁有权决定对敌意收购采取防御手段这一问题也值得讨论。在我国，只有股东允许，目标董事会才能采取反收购措施。目标公司反收购措施的采纳，应交由董事会进行商业判断，还是留给股东大会进行最终决策？第三，上市公司在章程中创设了各种各样的反收购条款，引发了条款合法性的司法识别和认定的法律障碍。在法定资本制度下，立法为目标公司提供了哪些反收购法律武器？目标公司章程自我设计反收购措施的合法性如何进行认定？[①]

三、结语

不可否认，我国证券监管机关对于如何进行上市公司收购的监管进行了大量基础性的研究与工作，监管工作也呈螺旋式前进的态势，但是如学者的分析，无论是在立法技术、法律条文还是理念上，我们在上市公司收购监管制度上还存在着包括体系不完善、监管越界等问题，我们应当尽快填补立法空白，并协调不同法律、法规之间的内在逻辑。针对上市公司反收购条款的规制，应当区分不同的反收购条款效力，结合我国国情作出判断。

① 傅穹：《敌意收购的法律立场》，载《中国法学》2017 年第 3 期。

改革开放四十年与证券交易所相关研究

吕　特　银丹妮*

【内容提要】 我国证券交易所的成立与发展是改革开放历程的一面镜子，它映射出我国经济体制由计划经济向市场经济的不断转轨，它反映了我国企业的发展和投资者的成长，它体现了监管层监管理念的不断转变。自上交所于1990年12月19日营业伊始，已有近28年的风雨历程，证券交易所的发展与作用是毋庸置疑的，但它也出现了监管属性异化等问题。而《证券交易所管理办法》的修订又为它的发展注入了新的活力，同时通过司法审查权等的探讨推动了证券交易所自律监管的进一步完善。

【关键词】 上交所　深交所　自律监管

中国证券市场的发展是中国改革开放历史的缩影。证券市场的出现和发展，是中国经济逐渐从计划体制向市场体制转型过程中最为重要的成就之一，而证券市场改革和发展的经验，也是中国经济改革宝贵经验的重要组成部分。① 笔者

* 两作者均为中央财经大学法学院硕士研究生。

① 孙冬雪：《中国证券市场发展史——中国改革开放历史的缩影》，载《两岸关系》2009年第11期。

在此回顾我国证券市场的发展历史，希望能够厘清证券市场的发展脉络和规律。

一、中国证券市场（交易所）发展综述

1978年中共十一届三中全会改革开放后，中国新兴的证券市场开始逐渐起步，直到1990年11月14日，上海证券交易所挂牌成立，标志着中国证券市场正式开启，进入新的篇章。改革开放后的中国证券市场大致可以分为：1978—1990年的萌芽和起步时期；1990年至现在的证券交易所规范化蓬勃发展时期。

改革开放后，中国证券市场在中国经济转轨的背景下萌芽，1978—1990年这一时期的市场特点为：自我演进、缺乏规范和监管，以分割的区域性试点为主，证券交易所和证券监管体系及法律法规均未建立。20世纪80年代，中国国库券开始发行；1986年9月26日，上海建立了中国第一个证券柜台交易点，办理由其代理发行的飞乐音响、延中实业两家股票的代购代销业务；1987年9月，深圳特区证券公司成立，这些都标志着我国近代交易市场开始逐步正规化。[①]

1989年12月2日，上海市委书记、市长朱镕基，副市长黄菊和顾传训在上海康平路市委小礼堂召开题为“深化改革，发展上海金融事业，把上海金融搞好”的座谈会，并在座谈会上提出要建设上海证券交易所的想法。在朱镕基的主导下，1990年12月19日，新中国第一家经批准成绩的证券交易所——上海证券交易所正式开始营业，由此也翻开了我国证券市场一页新的历史，从此中国资本市场的大门正式打开。之后的1991年8月，中国证券业协会成立；1991年4月，经国务院授权中国人民银行批准，深圳证券交易所成立并同步发布了深证综合指数，1991年底，深交所开始正式营业；1991年7月15日，上证综合指数发布。[②] 1992年10月，国务院证券委和中国证监会成立，刘鸿儒上任首任主席。中国资本市场开始纳入全国统一监管框架，全国性市场由此形成并逐步发展。1993—1998年，中国证券市场统一监管体系初步确立，从早期的区域市场迅速走向全国性统一市场。一系列相关的法律法规和规章制度陆续出台，市场得到较快发展。[③] 2001

---

① 豆瓣个人图书馆：《中国证券市场发展概况及历程》，网址：http：//www.360doc.com/content/15/0121/16/20969325_442603443.shtm，最后访问时间：2018年1月29日。

② 阚治东：《朱镕基一语催生上海证交所》，载《文史博览》2010年第11期。

③ 孙冬雪：《中国证券市场发展史——中国改革开放历史的缩影》，载《两岸关系》2009年第11期。

年，深交所开始探索筹建创业板；2004 年 5 月 18 日，中小板获准设立；2009 年，中国的“纳斯达克”——创业板市场正式开启；2012 年 9 月 20 日，全国中小企业股份转让系统有限公司在国家工商总局注册成立，多股齐上，厚积薄发，由此我国基本形成了以上交所主板，深交所主板、中小板和创业板以及全国股转系统（新三板）相结合的多层次资本市场体系架构。[①] 2014 年 4 月 10 日沪港通和 2016 年 12 月 5 日深港通相继正式启动，推动了我国证券市场国际化进程。

二、证券交易所的性质

场内市场也即证券交易所市场是一个国家和地区多层次资本市场的核心组成部分，同时为挂牌上市标准及监管要求最为严格的市场，由此成为多层次金字塔体系的“塔尖”或者皇冠之明珠。与场外市场相比，证券交易所主要为所在地本土内外发展成熟或者相对成熟的企业提供上市融资等金融服务。在我国，尽管证券市场起源于柜台市场，但是自证券市场实现全国统一监管后，确立了以证券交易所为中心和主题的发展途径。

证券交易所的性质和定位是各国家和地区关于证券交易所立法的起点。如美国《1934 年证券交易法》第 3（a）（1）条规定，证券交易所是指提供将证券买卖双方组织到一起的市场或者交易设施或者承担通常由交易所承担的职能的任何机构、社团或者团体，并包括由交易所维护的市场和市场设施。[②] 此外，美国 SEC《ATS 条例》3b－16 规则规定，任何一个系统如符合以下两个条件，应当注册为证券交易所：（1）将多个买方和卖方的指令集中起来；（2）使用已有的、非自主决定的方法（提供交易设施或者设定交易规则）使交易指令相互配对并且交易的条件经买卖双方同意。从上述规定可知，美国证券交易所的定义侧重于交易所的市场功能，而对于组织形式等要素关注相对较少。英国、我国香港地区关于认可交易所的定义以及我国台湾地区亦借鉴了上述定义方法。[③]

我国大陆地区证券立法关于证券交易所的定义几经变迁，尤其是关于组织

---

① 邢会强：《资本之翼：企业资本市场操作指引》，中国法制出版社 2017 年版，第 2～4 页。

② 李海龙：《全球并购背景下的证券交易所——以美国经验为中心》，载《清华法学》2014 年第 3 期。

③ 我国台湾地区“本法所称证券交易法”第 11 条规定：“本法所称证券交易所，谓依本法之规定，设置场所及设备，以供有价证券集中交易市场为目的的法人。”

形式的实践和理论认知存在较大争议。我国证券交易所从成立到2005年，证券法律法规对其性质的界定的重点是不以营利为目的、会员制以及自律管理。2005年《证券法》修订后第102条规定，证券交易所是为证券集中交易提供场所和设施，组织和监督证券交易，实行自律管理的法人。普遍认为，证券法的上述修订强化了证券交易所自律监管机构的定位，同时为其将来采取会员制以外的其他组织形式预留了法律空间。① 实践中，上海、深圳证券交易所在其章程中的自身定位仍为“实行自律管理的会员制法人”。② 但学界有关学者对这种界定存在异议，如方流芳教授认为，在我国将证券交易所称为会员制法人是一个虚构的法律故事，除了造成认知障碍和规则冲突之外，没有给我们提供任何有用的信息……现有法律一方面使用了“会员制”“自律”之类的术语，另一方面又实质性地改变了这些术语的内涵。③ 即使主张“做实”会员制的观点也认为，我国成文法层面所谓的会员制法人与境外交易所那种由民间机构发起设立的“私法人”有着本质上的区别，前者更多地体现为一个执行国家有关部门的法规与政治命令的执行机构，可以说是既非会员制又非公司制的“第三种模式”。④ 钟洪明认为，上述争议产生的主要原因是我国证券交易所的立法和实践脱节，出现了应然和实然“两层皮”的分裂现象。其认为，无论证券交易所采取会员制还是公司制，为了促进证券交易所未来更好地适应境内外竞争环境和履行自律监管职责，首要问题是尽快将其从目前深陷政府权力过度干预而独立性严重不足的现状中摆脱出来，还原交易所的本来面目。鉴于此，他认为要完善会员制交易所的内部治理结构、为交易所公司化明确相关原则性规定等，以最大限度地化解交易所公司化带来的潜在利益冲突。⑤

---

① 周正庆、李飞、桂敏杰主编：《新证券法条文解析》，人民法院出版社2006年版，第276页。

② 分别参见上海、深圳证券交易所章程第3条和第2条

③ 方流芳：《证券交易所的法律地位——反思“与国际惯例接轨”》，载《政法论坛》2007年第1期。

④ 郑彧：《我国证券交易所法律性质之重塑——兼论证券交易所互助化与非互助化的取舍》，载《法商研究》2008年第6期。

⑤ 钟洪明：《多层次资本市场改革视域下证券法制重构论纲》，中国法制出版社2017年版，第94~95页。

三、证券交易所自律监管

（一）证券交易所自律监管属性的形成与发展

1. 证券交易所自律监管属性形成的本源所在

在证券交易监管组织和监管机制形成之时，证券交易监管的对象就是从事证券交易活动的交易商，因此，交易商作为监管的受益人和被约束人完全闭合在监管组织形成之时是一种天然的存在。在自律监管力量、外部市场力量、政府监管力量各自所产生的监管组织和监管模式集合中，除完全由自律监管力量所产生的监管组织和监管模式外，其他组织和监管模式都会破坏掉监管组织中一种或几种原有的内部关系结构，从而导致了这些组织和模式相对于自律监管组织和模式在效率和成本上的竞争劣势。也就是说，自律监管组织与自律监管机制在高效率、低成本提供监管服务上具有比较优势。因此，出于保护交易商利益的目的，选择自律监管组织和自律监管机制成为历史必然。①

2. 我国证券交易所自律监管属性发展的历史脉络

证券交易所成立之初，并无自律监管属性。上交所在成立时为地方性交易所，上海市地方政府是其成立的主导者、推动者、制度供给者。彼时证券交易所没有自律管理的功能与属性。在历经两年多的市场实践后，证券交易所自律管理者的身份才得到认可。然而1994年，国务院证券委员会发函要求修改关于交易所法律地位的表述，删除了“自律性管理”。两年之后的1996年，交易所的自律性管理地位再次得到认可，但到1998年出台的《证券法》中却没有了关于“自律管理”的表述，直到2005年新《证券法》的颁布，才在法律条文中明确交易所自律管理者的“名分”。②

3. 我国证券交易所自律监管属性的异化及其理论原因

我国证券交易所自律监管的异化主要包括自律管理者人格的异化、自律管理者“自我”的异化、自律管理固有优势的异化、自律管理特有功能的异化以及自律管理法律关系性质的异化。

---

① 李江波、张群群：《证券交易所自律监管模式的形成和发展》，载《财贸经济》2009年第1期。

② 卢文道：《证券交易所自律管理论》，华东政法大学2007年博士学位论文，第177页。

第一，自律管理者人格的异化主要指交易所受到强大的行政权力的侵入，受到证监会绝对的领导和控制，严重丧失了独立的法律人格。第二，自律管理者“自我”的异化主要指我国交易所自律管理实践中，被管理者基本被排除在自律管理“自我”范围之外，成为纯粹的交易所自律管理的客体。一个突出的表现是，沪深交易所在法律制度层面实行会员制。第三，自律管理固有优势的异化主要指我国交易所在市场管理中的比较优势并不明显。交易所长期存在于政府羽翼下，依靠市场垄断地位生存，缺乏市场竞争压力，沾染了浓厚的行政化色彩，导致交易所及其职员惰性滋生，缺乏自愿监管的动力。第四，自律管理特有功能的异化主要指沪深交易所在成为政府的依附物，丧失独立性、自主性，成为准行政组织和官僚机构后，应当具备的特有功能如制衡政府管制和权力的扩张等，也随之发生了异化。第五，自律管理法律关系的异化是指我国交易所与上市企业之间并没有形成真正意义上的民事关系，在企业上市决定中交易所的审核权是形式上的，交易所和上市企业在上市选择上仍旧没有自主权。在政府单边监管的管理体制下，交易所自身也是行政权力强力控制的对象，成为行政化监管体制和运行系统的一部分。在长期的行政管制下，交易所的自律管理，与行政权力之间，出现了制度层面的“路径依赖”。在这种“相互强化”“相互依赖”的制度路径中，交易所丧失了独立性、自主性，自律管理失去本来面目，异化变质。①

（二）《证券交易所管理办法》的修订对证券交易所自律监管的完善

1.《证券交易所管理办法》的主要修订内容

近日，中国证监会发布修订后的《证券交易所管理办法》，自 2018 年 1 月 1 日起施行。修订后的《证券交易所管理办法》共九章，九十条，主要从完善证券交易所内部治理结构和促进证券交易所进一步履行一线监管职责，充分发挥自律管理作用两方面予以修改完善。修订的主要内容包括：完善交易所内部治理结构，增设监事会并进一步明确会员大会、理事会、监事会、总经理的职权；突出交易所自律管理属性，明确交易所依法制定的业务规则对证券交易活动的各参与主体具有约束力；强化交易所对证券交易活动的一

① 卢文道：《证券交易所自律管理论》，华东政法大学 2007 年博士学位论文，第 181 ~ 189 页。

线监管职责，明确交易所对于异常交易行为、违规减持行为等的自律管理措施；强化交易所对会员的一线监管职责，建立健全证券交易所以监管会员为中心的交易行为监管制度，进一步明确会员的权利义务；强化证券交易所对证券上市交易公司的一线监管职责，要求证券交易所对证券上市公司的信息披露、停复牌等履行自律管理职责；进一步完善证券交易所在履行一线监管职责、防范市场风险中的手段措施，包括实时监控、限制交易、现场检查、收取惩罚性违约金等。

《证券交易所管理办法》是资本市场的重要规章制度，此次修订，以党的十九大及全国金融工作会议有关精神为指导，从证券交易所本身的性质、特点、市场职能定位出发，借鉴境外证券交易所的成熟经验，认真吸取 2015 年股市异常波动的深刻教训，围绕优化交易所内部治理结构，强化交易所履行一线监管职责作了一系列制度调整。有利于交易所回归本位，切实发挥好对证券交易活动组织、监督、管理和服务的功能，优化市场资源配置，服务实体经济；有利于交易所进一步积极应对市场形势变化，组织和监督证券交易，防范市场风险，保护投资者合法权益；有利于促进交易所建设成为具有自身特色的、一流的、国际化的证券交易所。①

2. 各级交易所聚焦防范化解风险

“《证券交易所管理办法》1 月 1 日起施行，让交易所一线监管实现‘补钙’。”中国人民大学法学院教授刘俊海在接受《证券日报》记者采访时表示，在坚决打好防范化解重大风险攻坚战的要求下，应该强化交易所一线自律监管职责。自律监管是基础性监管、第一位的监管，一定要挺在行政监管前面。

2017 年 12 月举行的中央经济工作会议对三大攻坚战作出了明确部署，防范化解重大风险是首要任务。

上交所近日作出相关工作部署，包括全面梳理升级业务规则体系、大幅度充实资本市场一线监管力量、加大监管力度、规范自律监管实施程序等。该所副理事长张冬科日前表示，加强市场监管，防控金融风险，保护投资者合法权益，这既是资本市场永恒的主题，也是 2018 年上交所的首要任务，上交所责无

① 参见《证监会发布修订后的〈证券交易所管理办法〉》，网址：http://news.sina.com.cn/o/2017-11-17/doc-ifynwnty4230579.shtml，最后访问时间，2018 年 4 月 8 日。

旁贷要担负起一线监管和预测预警的责任。

2018 年深交所将丰富完善纪律处分种类，优化纪律处分工作程序，提升违规处分的针对性、透明度和公信力。同时深交所将不断探索新的风险管理模式，深化风险管理体制，搭建风险监测预警平台，强化落实风险管理责任，确保风险管理能力和水平再上一个新台阶。

3. 交易所强化科技监管能力

证监会主席助理张慎峰强调，2018 年要依法全面从严监管，更加充分保护投资者合法权益。健全“以监管会员为中心”的交易行为监管模式，建立完善“穿透式”监管机制，防止监管套利。强化稽查执法力度，充分运用大数据、云计算、人工智能等新技术，推进资本市场科技监管。

目前，用大数据、人工智能等新技术加强监管，是交易所一线监管面临的重要课题。沪深交易所以及全国股转系统已在加大相关投入，增强科技监管能力。如深交所进一步优化监管系统性能，丰富监管数据资源，利用流计算、数据挖掘、可视化等大数据技术，探索关联账户合并预警、投资者画像、证券画像等智能化应用，不断提高市场监控和违法违规线索发现效率。

4. 激活丰富交易所监管工具箱

在此之前，市场参与者往往认为交易所监管是行政监管的延伸，本质上还是行政监管。这一认识有失偏颇。监管改革就是为了打破固化的思维方式，打破固化的利益藩篱，推动交易所的法人化、自制化、自律化，推进交易所治理现代化。自律监管的目的是防范资本市场技术、道德、法律风险，以及保护投资者合法权益。《证券交易所管理办法》施行让交易所自律监管实现“补钙”，交易所要转变观念，要有担当，要对市场主体不理性的违法违规失信行为履行自律监管职责。

自律监管之所以需要挺在行政监管前面，是因为交易所与上市公司签有上市协议。依据上市协议，交易所与上市公司都要履行合同约定，上市公司必须遵守交易所自律规则；另外交易所采取会员制，交易所会员大会形成的相关章程、自律规则，对证券公司具有约束力。目前交易所自律监管工具箱非常丰富，现在还没完全激活，需要进一步激活和丰富。还需要加强自律监管与行政监管、司法调整的衔接，增加挂钩约束机制。在依法治国的框架下，发挥市场、政府及法律的协同优势，探索我国资本市场监管体系，为资本市场规范发展保驾护航。①

四、证券交易所自律监管的司法审查权

众所周知，我国自1990年12月19日上海证券交易所开业以来，证券交易所发展历史还不足20年，其自律监管制度并不完善，内部运行机制还存在很多缺陷，使其在自律监管过程中不可避免地会对证券市场参与者造成一定的限制和影响，同时也正是由于这些不足滋生了证券交易所自律监管权的滥用，严重损害了市场投资者的合法权益。众多的市场参与者为了维护自己的合法权益，他们往往通过诉讼的途径，将证券交易所告上法庭，希望通过法院能够得到一个公正合理的判决。② 由此便引发了对证券交易所自律监管的司法审查权的探讨。

对于证券交易所自律监管的司法审查，有学者认为“证券交易所行使不同层面的监管权能在可诉性和责任判断标准方面是有所区别的。例如，上海市高级人民法院认为：对法定自律监管而言，交易所处于普通民事主体地位，应以民事责任为主进行考察，司法实践中已经出现了交易所成为民事侵权纠纷被告的案例，法院一般采取审慎介入交易所监管行为的立场；对于交易所因为法律法规授权监管，或者行政授权，或者行政委托履行监管职责而涉诉的案件，则应以行政责任为考查重点，交易所就此可能成为行政复议的被申请人，或者行政诉讼的被告或者第三人（因接受行政委托履行监管职责而涉诉的情形下，以证监会为被告，交易所为第三人）。”③ 笔者通过查阅法律裁判文书网和无讼网发现，证券交易所的自律监管原本是作为一种行政监管权存在的，但在司法诉讼案件中却大多被认定为了民事案件进行处理，将证券交易所和证券市场参与者作为平等的市场主体对待，这是司法“异化”的体现，也表明司法审查时对证券交易所监管行为定位不清。

---

① 左永刚：《2018年证券监管“补钙”：激活丰富交易所监管工具箱》，载《证券日报》2018年1月26日。

② 黄正华、赵宇：《中国证券交易所自律监管发展对策研究》，载《海南金融》2017年第7期。

③ 冷静：《法定自律组织还是法律法规授权组织：新形势下证券交易所及其一线监管性质辨》，载《证券法苑（第二十三卷）》，法律出版社2017年版，第190～218页。

例如，“邢某强诉上海证券交易所权证交易侵权纠纷案”中，投资者即以交易所审核创设权证违规为由而提起了民事侵权诉讼，法院认为其具有可诉性，并进行了立案受理，证券交易所审核合格券商创设权证，是证券法赋予其自律监管职能的行为，证券投资者应该自行承担法律风险。证券交易所作为证券市场的一线监管者行使监管职能，其自律监管必然会对相对人和社会产生一定的影响和效应，本案原告邢某强以被告上交所的审核券商创设权证违规为由提起的侵权之诉，根据《中华人民共和国民法通则》第一百零六条第二款的规定，原告提起侵权之诉不受主体限制，人民法院可以受理。

同时应当注意的是，在《最高人民法院关于对与证券交易所监管职能相关的诉讼案件管辖与受理问题的规定》中，界定了四类证券交易所行为而引起的诉讼，分别是：第一类，证券交易所根据法律、法规和规章进行监管行为所引发的诉讼；第二类，证券交易所根据证监会的授权进行监管行为所引发的诉讼；第三类，证券交易所根据其章程、业务规则、业务合同的规定进行监管行为所引发的诉讼；第四类，证券交易所对证券发行人及其相关人员、证券交易所会员及其相关人员、证券上市和交易活动作出的不直接涉及投资者利益的行为所引发的诉讼。对于前三类法院应当受理，而对于第四类则属于不可诉的范畴。

从实证的角度出发，根据最高人民法院关于郑某与上海证券交易所再审行政裁定书，该裁定书认为：证券交易所作为法律法规规章授权组织，有权按照法律、法规、规章的规定实施包括对证券市场的违法行为予以处罚等监管行为，故证券交易所具有相应的行政管理职能，属于行政案件的适格被告。

改革开放四十年与中介机构的法律责任研究

赵梓轩　杜明鸣*

【内容提要】在市场经济快速发展的今天，中介机构作为市场看门人，其对证券市场的有序运行始终发挥着举足轻重的作用。我国《证券法》规定了证券中介服务机构主要包括律师事务所、会计师事务所、保荐机构、投资咨询机构、财务顾问机构、资信评级机构、资产评估机构等。首先，本文梳理了《证券法》在律师、注册会计师法律责任方面相关规定的不足，并总结相关学者在完善法律责任方面的建议。其次，梳理了从计划管理到保荐制阶段的保荐人责任之演变，并阐述保荐人职责与责任划分缺陷。最后，基于国内外文献与监管立法的梳理，总结出境外证券中介机构的职责划分主要有两种模式，同时我国亦有关于中介机构责任的法律规定。如何区分、界定发行人与中介机构责任，及如何分配中介机构之间的责任，则成为证券中介机构法律责任配置的两大焦点。

【关键词】中介机构；法律责任；配置现状；完善路径

证券市场中中介机构包括哪些？它们的法律责任有什么共同之处以及区别？

---

* 两作者均为中央财经大学法学院硕士研究生。

首先，“中介”一词，在人们的日常生活中其最初的意思是指居间介绍或作见证的人。但在经济和金融活动中，“金融中介”这个概念涵盖的范围已大大扩展。金融中介便是指在经济金融活动中为资金盈余者和资金需求者提供条件、促使资金供需双方实现资金融通的各类金融机构。随着经济的高度发展和金融活动的日益复杂，在现实经济金融活动中，金融机构在提供融资服务的同时，还提供着其他各类金融服务。[①] 对全部的金融中介机构来说，我们虽然可以将其划分为不同的类别，如以融资业务为主的存款类金融中介机构，包括商业银行、政策性银行、储蓄银行、城市信用合作社、农村信用合作社、财务公司、金融信托投资公司、金融租赁公司等；以投资服务业务为主的投资类金融中介机构，包括证券公司（投资银行）、投资基金管理公司、证券交易所等；以保障服务业务为主的保障类金融中介机构，包括各类保险公司和养老基金、政府退休基金、失业保险基金、医疗保险基金等各类可用于投融资的保障性基金的管理机构等；以及以金融信息咨询业务为主的信息咨询服务类中介机构，主要有信用评估公司、征信公司等。[②] 所以证券市场中介机构是以投资服务业务为主的投资类金融中介机构。长期以来，证券市场中介机构即被赋予了多样的角色期待，“看门人”角色就是其中之一。“看门人”以保护投资者利益为价值依归，承载着维护证券市场秩序之使命，承担着核验信息披露之义务，对缓解信息不对称、降低交易成本大有裨益。在资本市场领域，“看门人”特指券商、律师、会计师、审计师、证券分析师等中介机构。[③] 恪尽职守的“看门人”群体在金融市场中扮演着极其重要的角色，金融活动的资金来源监管、准入门槛限制、金融业务范围、区域发展限制等问题均须金融审计师、会计师、理财师等中介人员的审核。[④] 郭雳老师也提到，各大资本市场发展的历史与实践表明，中介机构的参与扩大了证券融资和交易的规模，减少了各主体之间信息不对称的程度，对资本市场的发展发挥了重要影响。证券公司、资产评估机构、资信评级机构、会计师、律师事务所等中介机构各司其职，根据其专业知识分别对信息开展调查和审核，

---

① 王广谦：《关于加强金融中介机构整体性研究的思考》，载《金融研究》2003 年第 8 期。

② 王广谦：《关于加强金融中介机构整体性研究的思考》，载《金融研究》2003 年第 8 期。

③ 刘志云、史欣媛：《论证券市场中介机构“看门人”角色的理性归位》，载《现代法学》2017 年第 4 期。

④ 仇晓光、杨硕：《金融中介机构法律监管机制研究》，载《学术论坛》2016 年第 4 期。

发表专家意见；由此它们可以监督和规范发行人、上市公司的活动，使外部第三人少受虚假、错误信息的诱导。翔实、客观、准确的中介机构意见对市场监管者而言，能够降低其监管成本，提高监管效率；对市场投资者而言，能够使其处于较好的保护状态之下，降低调查、询信、保险等交易成本；对资本市场整体而言，能够提高透明度和安全性，促进市场高效运行。① 结合上述内容，此次综述主要对证券市场中的证券律师、注册会计师以及保荐人等中介机构分别进行介绍。

一、证券律师的角色与责任

（一）证券律师的看门人角色

股票发行注册制的核心在于强制信息披露及风险提示，是一种注重事前信息披露和事后处罚的发行审核制度。作为证券市场看门人的各中介机构是强制信息披露的核心环节。看门人能从公司治理之外的角度监督公司并防止证券欺诈，其为发行人减少融资成本，也为投资者减少信息的不对称，同时承担着服务客户与保护投资者两方面的责任。有关于证券律师看门人职责的经典阐述来自 A. A. Sommer，Jr. 在纽约律师协会上的演讲。他认为，证券律师的道德责任与看门人的内在含义相符：（1）独立于其客户；（2）对客户陈述的职业性怀疑；（3）对公众投资者承担责任；（4）当律师诚信受到威胁时的辞任义务。② 而约翰·科菲教授认为，律师的看门人职责应当主要包括三点：（1）尽职调查义务；（2）独立性；（3）律师验证。③ 在注册制改革发展的背景下，由于我国目前看门人职业的发展模式为保荐人牵头的模式，保荐机构作为证券发行上市项目

---

① 郭雳：《证券市场中介机构的法律职责配置》，载《南京农业大学学报（社会科学版）》2011 年第 1 期。

② A. A. Sommer，Jr.，The emerging responsibilities of the securities lawyers，An Address to the Banking，Corporation & Business Law Section，at https：//www. sec. gov/news/speech/1974/012474sommer. pdf，Jan. 26，2018.

③ John C. Coffee，The attorney as gatekeeper：An agenda for the SEC，Columbia Law Review，Vol. 103，2003，pp. 1310 – 1315.

的总负责人，统筹证券发行与上市事宜，[①] 因此，当务之急是改变保荐人对证券律师的"指导"或牵引模式。在有关保荐制度的存留方面，学界和实务界始终存在争议，比如有学者认为"至少在发行体制转轨的初期、声誉和诚信机制尚难充分发挥作用的情况下，草率放弃保荐人这一业已积累了相当经验的有效抓手，并不明智"。[②] 也有学者认为，应当取消保荐代表人制度，而保留保荐机构。还有学者认为，"我们建议取消保荐制度，回归单一的主承销商制度：机构责任。主承销商承担责任，法律关系简单明了。我国《证券法》已经规定了承销商的核查义务，没有必要再创造出一个保荐业务和保荐代表人群体"。[③]

（二）证券律师的职责与发展

依托《证券法》《律师法》等基础性法律，我国目前开展的证券法律服务业务共有 25 项（尚不包括期货类），其中行政许可类 22 项（包括上市发行类 13 箱、证券公司类 4 项、基金公司类 5 项）、非行政许可类 3 项（上市公司股东大会见证、股权激励计划方案、基金公司相关报告事项）。此外，律师还大量担任了上市公司常年法律顾问、董事（独立董事）、保荐人法律顾问等角色。各国（地区）普遍重视发挥律师的信誉中介功能，希望借助其专业服务和尽职调查，防范欺诈和降低风险。[④] 针对资本市场中的律师执业，存在程度有别的介入，由强到弱大致依次为：我国台湾地区、美国、我国香港特别行政区、德国、法国、韩国、英国和日本。有学者提出，"我国证券律师应在资本市场诚信与法制建设中均衡成长，发挥更大的积极作用，其发展出路在于：准入市场化、职责明确化、职业规范化、功能专业化，同时离不开监管部门的正确定位与引导。提升

---

① 中国证券监督管理委员会《证券发行上市保荐业务管理办法》第七条规定："发行人及其董事、监事、高级管理人员，为证券发行上市制作、出具有关文件的律师事务所、会计师事务所、资产评估机构等证券服务机构及其签字人员，应当依照法律、行政法规和中国证监会的规定，配合保荐机构及其保荐代表人履行保荐职责，并承担相应责任。"

② 郭雳：《香港保荐制度改革新规述评与镜鉴》，载《证券市场导报》2014 年第 2 期。

③ 北京大学课题组：《证券发行法律制度完善研究》，载《证券法苑（第十卷）》，法律出版社 2014 年版，第 192 页。

④ 郭雳：《证券律师的行业发展与制度完善——国际比较和实证研究》，载《金融服务法评论（第四卷）》，法律出版社 2013 年版，第 244 页。

律师在上市公司治理中的作用，推动券商律师的实践，鼓励具备条件的律师事务所牵头主动撰写招股说明书，均是有益尝试”。[①]

（三）证券律师的行政责任

有效的法律责任体系是证券律师功能发挥的重要保障。在中国，目前证券律师承担的法律责任方式以行政责任为主。《证券法》、《律师事务所从事证券法律业务管理办法》（证监会令第41号，2007年5月1日起施行）、《律师事务所证券法律业务执业规则》（证监会、司法部公告〔2010〕33号，2011年1月1日起施行）等法律法规是证券律师行政责任的规范依据。而2017年4月14日，证监会网站发表了《证监会组织开展律师事务所从事IPO证券法律业务专项检查》的要闻，明确指出“本次专项检查重点核查律师事务所及其执业律师执业行为是否合法合规，是否勤勉尽责，是否严格履行了尽职调查各项义务，所出具的法律意见书等法律文书是否存在虚假记载、误导性陈述或者重大遗漏等。检查内容包括律师事务所、律师核查验证义务的履行情况，法律意见书等法律文书质量情况，律师事务所风险控制制度的制定及执行情况，律师事务所、律师的执业利益冲突防范情况，工作底稿制作、保存情况等”。

通过梳理中国证监会处罚证券律师的案例，则可以展现证券律师承担行政责任的实践样态。[②] 而在律师涉及虚假陈述的案例中，勤勉尽责是对其的一般要求。近年来，证监会逐步加大对证券律师的事中事后监管力度，先后以未勤勉尽责为由，对部分证券律师的违法违规行为进行行政处罚或采取行政监管措施。如何判断证券律师的“勤勉尽责”是实务中面临的重要问题。相关学者往往从勤勉尽责的规范基础与实证内涵两方面着手进行探究。在实证内涵方面，注重分析证监会及派出机构对律师事务所及相关律师作出的行政处罚与行政监管措

① 郭雳：《中国证券律师业的职责与前景》，载《证券法苑（第七卷）》，法律出版社2012年版，第208页。

② 相关文献：（1）孔令君：《证券律师行政责任案例初步研究》，载《证券法苑（第十三卷）》，法律出版社2014年版，第494～510页；（2）彭冰：《证券律师行政责任的实证研究》，载《法商研究》2004年第6期。

施[1]。而证券律师要做到勤勉尽责，应从自身法律服务者与资本市场守门人的定位出发，坚持真实、客观、全面原则与独立性原则。

二、注册会计师的民事法律责任

所谓注册会计师的法律责任，是指注册会计师在审计执行业务过程中没有按照合同条款执业，或者自身故意而不披露错误，抑或没有尽到应有的职业谨慎，出具不实的审计报告，最终导致信息外部使用者的利益受损时应承担的责任[2]。

（一）注册会计师民事法律责任的立法分析

只有建立了完善的注册会计师法律责任体系和法规体系，执法部门在实施监管时才能公平、有效地执法。为此，很多学者从我国注册会计师法律责任体系和法规体系进行探讨并取得了丰富的研究成果。

关于我国现有立法的缺陷和不足，安广实[3]对我国《注册会计师法》进行了分析探讨，总结出了我国注册会计师法律责任体系“重行刑，轻民事”的特点，不利于保护投资者的利益。《注册会计师法》及有关法律中对注册会计师法律责任规则原则取向不一，注册会计师违规行为处罚量度模糊不清的现状。佘晓燕[4]对《关于审理涉及会计师事务所在审计业务活动中民事侵权赔偿案件的若干规定》进行了分析研究，总结出此规定存在诸多问题：如注册会计师个人与会计师事务所责任的认定不明确、利害关系人损害赔偿额不明确以及免责事由较少等问题。李明辉[5]对《最高人民法院关于审理证券市场因虚假陈述引发的民事赔偿案件的若干规定》进行了研究，研究表明投资者对该法规的总体实施效果评

---

① 相关文献：（1）孔令君：《证券律师行政责任案例初步研究》，载《证券法苑（第十三卷）》，法律出版社 2014 年版，第 494 ~ 510 页；（2）王倩：《证券律师勤勉尽责之实务分析——基于我国证券律师违法违规案例的思考》，载《证券法苑（第二十一卷）》，法律出版社 2017 年版，第 145 ~ 160 页。

② 孙坤：《独立审计质量保证论》，东北财经大学出版社 2005 年版，第 229 页。

③ 安广实：《CPA 法律责任：基于完善〈注册会计师法〉的若干思考》，载《特区经济》2006 年第 9 期。

④ 佘晓燕：《注册会计师对第三人法律责任新突破——最新司法解释解读》，载《财会月刊》2008 年第 12 期。

⑤ 李明辉：《我国注册会计师审计民事诉讼风险之分析》，载《当代经济科学》2005 年第 1 期。

价并不高，该法规的颁布并未起到预期的促进对虚假陈述民事诉讼的作用。相反，一些原已提起诉讼的投资者因其实质性地提高诉讼门槛不可能胜诉，不得不撤诉。作者进而总结出虚假陈述行为泛滥的原因主要有监管部门惩罚不力，难以起到威慑作用、有效民事诉讼制度的缺乏等。张栋①认为法规不完善带来了执法的根源性不足问题——尽管我国目前涉及注册会计师的相关法规很多，但法律效力参差不齐，立法层面的法律责任依然不完善。

对比分析我国和外国的注册会计师法律责任体系可以发现我国存在的问题，王素梅②分析了美国《萨班斯-奥克斯利法案》后，发现我国注册会计师法律责任体系中主要存在以下问题：法律效力等级复杂，法律规定相互矛盾、含混不清；法规执行可操作性差；法规制裁措施较轻，惩罚力度较弱。肖珊③将视角转向日本，对比分析了英美日等国家的会计师法律责任规定，发现了我国注册会计师承担的民事责任很少，大量未经处罚的违法者可能逃脱法律约束的现状，总结出我国对注册会计师的惩罚金额小，远低于美国，而且注册会计师个人承担刑事和行政责任却基本不承担民事责任的问题。

以上研究从不同角度分析了现行法规的不足及对注册会计师法律责任界定中存在的问题，也反映由于法规不健全而导致的注册会计师的法律风险低的问题。

（二）完善注册会计师民事法律责任

会计师故意出具不实财务报告要承担民事责任这一问题毫无疑问，而关于会计师过失出具不实财务报告导致第三人受损的情况下是否承担责任以及如何承担的问题，彭真明④从会计师的民事责任理论基础切入，检讨了会计师内部责任理论，得出了肯定的结论。作者深入剖析了法律界和会计界对于认定会计师过错的不同标准，反驳了独立审计准则不能作为认定会计师过错的法定标准，并分析和论证了“职业谨慎”标准的合理性。作者进一步阐述并论证了会计师

① 张栋：《论我国注册会计师法律责任：立法与执法层面的分析》，载《财会月刊》2011年第21期。

② 王素梅：《注册会计师法律责任体系的政策研究——基于〈萨班斯—奥克斯利法案〉的视角》，载《财会通讯》2016年第11期。

③ 肖珊：《注册会计师法律责任的国际比较》，载《财会月刊》2006年第4期。

④ 彭真明：《论注册会计师不实财务报告的民事责任》，载《法律科学》2006年第5期。

出具虚假财务报告与客户构成共同侵权承担连带赔偿责任的观点。作者还对会计师因出具虚假的审计报告致信息使用者受损，应当对多大范围内的信息使用者承担责任的问题进行了研究，提出了如下建议：将我国立法将第三人的范围界定为：（1）依据会计师提供的虚假会计信息进行证券买卖或从事其他行为；（2）利用该虚假信息时怀有善意；（3）受到损失。即只要是善意依赖会计师提供的虚假会计信息进行证券的买卖或从事其他投资，或者订立契约而受到损失的人，均可以请求会计师赔偿因此所受到的损失。包括证券买卖人、合同之债的债权人、潜在的投资者、财务咨询服务机构等。最后作者提出了会计师的赔偿责任是有限的，需要对这种责任进行适当限制的观点。

基于我国注册会计师法律责任体系“重行刑，轻民事”的特点，以及《注册会计师法》等法律法规的不足，安广实[①]提出确立民事责任为主，行政和刑事责任为辅的注册会计师法律责任体系，提高法律对注册会计师违法行为的监督和威慑作用，充分发挥民事赔偿灵活运用的特点；诉讼中采用举证责任倒置的原则，由作为被告的注册会计师及事务所承担举证责任；建立注册会计师法律责任鉴定机制，在《注册会计师法》中明确规定由其他会计师事务所的注册会计师以个人名义对注册会计师法律责任进行鉴定；明确注册会计师民事责任的赔偿方式和赔偿顺序，在《注册会计师法》中明确规定：如果造成他人损失存在众多责任人，会计师事务所仅对法院确定的与该被告责任相应的部分承担比例责任。如果会计师事务所主观上存在故意，则不适用比例责任。在《注册会计师法》中明确规定注册会计师承担民事赔偿的顺序为：债务人、虚假出资人、虚假验资人（注册会计师）。

关于注册会计师审计报告虚假陈述的民事责任问题，蒋尧明[②]回顾了我国注册会计师审计报告虚假陈述民事责任的五个阶段，根据相关法律法规的基本精神，归纳和总结了以下注册会计师审计报告虚假陈述的民事责任：第一，在确定注册会计师的民事责任时，要严格区分其与上市公司因会计信息虚假陈述应承担的民事责任，真正做到责任分明。第二，采用会计标准、审计标准作为判

---

① 安广实：《CPA法律责任：基于完善〈注册会计师法〉的若干思考》，载《特区经济》2006年第9期。

② 蒋尧明：《注册会计师审计报告虚假陈述民事责任的回顾与总结》，载《当代财经》2008年第10期。

断审计报告是否真实的间接依据。第三，法院在确定对审计报告虚假陈述重大事件采用何种具体的认定标准时，应充分考虑审计学的学科性质和方法特点，优先采用审计学遵循的投资者决策标准。在对某个企业的会计报告及相应的审计报告是否存在虚假陈述的认定时，应综合考虑各种因素，具体问题具体分析。第四，我国注册会计师审计报告虚假陈述民事赔偿责任应为侵权责任。第五，在认定注册会计师审计报告虚假陈述民事责任因果关系的方法是：信赖推定与事实推定相结合。第六，建立完善的应对注册会计师民事责任的措施。主要包括建立完善的审计报告质量控制体系、加强注册会计师执业质量监督机制建设、积极推进会计师事务所向有限责任合伙制转变，同时组建会计师事务所联合体、改革现行审计委托模式，建立证券交易所招投标制度、构建以注册会计师为主体的专家证人制度、构建会计师事务所虚假陈述民事赔偿保障制度，其主要措施包括：会计师事务所职业风险基金的建立与完善、注册会计师执业责任保险制度的完善、建立注册会计师行业共同赔偿基金、建立国家行政罚款、刑事罚款财政回拨制度等。

基于我国注册会计师法律责任体系中民事责任追究现状和存在问题，徐斌①在对注册会计师法律责任中民事责任优先原则分析的基础上，提出了进一步完善我国注册会计师法律责任体系中“民事责任优先”制度的观点。主要包括：转变观念，进一步明确民事责任优先原则；明确民事赔偿制度，使民事责任优先原则得到贯彻；完善民事赔偿制度，使民事责任优先原则具有司法操作可行性；改革会计师事务所组织形式，保障民事赔偿的能力；在《注册会计师法》中修订相关法条，明确注册会计师与会计师事务所的关系，以及会计师事务所的分配体制与分配原则，要求执业注册会计师必须取得会计师事务所股东（合伙人）的地位，修改获得执业资格的条件为“通过注册会计师资格考试，并在会计师事务所从业一定年限以上等类似的条件，并拟成为会计师事务所股东（合伙人），方可注册执业资格”。

综上，在市场经济快速发展的今天，投资市场变化莫测，交易更加频繁，注册会计师在市场中发挥的作用也与日俱增，如何更好地协调公众的社会信赖同时维护好注册会计师的独立审计地位，需要我们共同努力。笔者也认为，为了更好

---

① 徐斌：《浅析我国注册会计师民事责任优先制度》，载《中央财经大学学报》2010 年第 6 期。

地保护投资者的利益，提高注册会计师的审计水平和效果，促进注册会计师事业发展，要做到：完善相关法律法规，在法律层面加快相关立法工作，使注册会计师的执业有法可依，构建以民事责任为主体的注册会计师法律责任体系。

三、保荐人的角色与责任

保荐制度起源于英国证券市场，经中国香港市场传入大陆。保荐人制度不同于我国原有的上市推荐人，其责任要重于后者。随着我国 IPO 制度的调整，保荐人的角色与责任也在发生变化。

（一）计划管理阶段保荐人责任

1993 年至 2004 年，我国尚处于计划经济的余热之中，相应的先后对 IPO 采取了额度审批制（1993—1995）、指标管理制（1996—2000）与通道制（2001—2004）。

额度审批制下，IPO 项目必须首先取得国家计划和证券监管部门核发的股票或债券发行上市额度，并逐级推荐和审批。可以想见，该制度下极易出现不透明操作，具有极强的随意性与行政干预色彩。而且，政府干预下更为倾向选择资金匮乏企业，造成上市企业多为经营不善之流，而效益突出的企业却只能被拒之门外，这与股票上市发行的初始目的大相径庭。因此，在额度审批阶段，保荐人的作用得不到发挥，相应地其应承担的责任也无从谈起。

随后，尽管 1998 年《证券法》从法律层面上确立了证券监管机构核准企业股票发行上市的制度，但实际上，该核准与审批在本质上并无太大差异，都强调了政府对上市发行的干预性；加之 1998 年《证券法》并没有具体解释二者含义，因此在指标管理制度下，证券监管部门承担着实质性审核、确保上市公司质量的责任。相反，保荐人责任较小，即使出现过诸如大庆联谊德国造假骗取上市指标的案例，其责任也因缺乏具体而明确的规范而难以追究。

之后，为鼓励证券公司多推荐质量优良的企业，通道制出现。与上述两者相同的是，通道制在实际运用中也具有极强的计划色彩。“大锅饭”表现下，通道数均衡分配，并实质上将发行指标分配给了证券公司即保荐人，进而道德风险层出不穷。但是相应监管措施没有及时落地，导致该阶段下保荐人权力迅速膨胀，而责任承担却停滞不前。

（二）保荐制阶段保荐人责任

2003年12月底，中国证监会正式颁布了《证券发行上市保荐制度暂行办法》，并于2005年《证券法》将其有关内容通过法律形式正式确定下来。保荐人制度规定保荐人必须尽职核查其所推荐的发行人的资本结构、内部治理结构是否规范，信息披露是否真实准确完整，通过设定法定的保荐责任，确保推荐企业的质量。

1.《证券发行上市保荐制度暂行办法》（以下简称《暂行办法》）

《暂行办法》主要规定了保荐人的从业资格、保荐人责任、保荐期限、持续信用和冷淡对待等措施。《暂行办法》规定保荐人得以实现保荐责任的一个前提，就是对保荐机构和保荐代表人从业资格进行规范；明确了保荐人责任并建立相应的责任追究机制，如对保荐人注册登记管理，建立保荐信用监管系统。将奖惩情况予以公布；规定了保荐期间①和保荐人责任，主要包括上市前尽职推荐和上市后持续督导；确立了信用监管和"冷淡对待"监管措施②，用18个条款对保荐人监管措施和保荐人法律责任作出了详尽规定。

2.《证券发行上市保荐业务管理办法》（以下简称《保荐办法》）

2008年12月1日，中国证监会制定《证券发行上市保荐业务管理办法》，我国保荐制度发展到一个新阶段。修改后的《保荐办法》与《暂行办法》相比，主要具有以下特点：（1）总框架基本不变；（2）第六章"监管措施和法律责任"变化最大，监管措施更丰富，处罚更为灵活，严格了保荐代表人责任，设定了保荐业务负责人、内核负责人的连带责任追究，增设了对发行人及其董事、监事、高级管理人员违法规定的罚则；（3）保荐人门槛提高，申请保荐代表人条件更为具体；（4）明确上市推荐书内容；（5）明确保荐机构和保荐代表人权利。

（三）保荐人职责

在尽职推荐和持续督导两个阶段中，保荐人职责主要可以概括为以下六个

① 《证券发行上市保荐制度暂行办法》第29条。

② 《证券发行上市保荐制度暂行办法》第68条。

方面：

1. 辅导职责。保荐人辅导职责，是指在保荐对象申请发行上市时，保荐人依照和保荐对象签订的保荐合同和相关法律法规对其进行法律法规知识、上市业务流程、重大信息披露等方面进行全方位辅导，使保荐对象具备发行上市条件①。

2. 调查职责。保荐人有义务按照证券行业公认的业务标准和道德规范对推荐发行人证券发行上市有关重要事项和问题，进行充分尽职调查、对其提供的资料进行审慎核查。

3. 核查职责。在独立调查的基础上，保荐人要对发行人和其他证券服务机构提供的材料进行形式和实质的核查②。

4. 推荐职责。保荐机构或保荐代表人在对保荐对象进行尽职调查的基础上，确保保荐对象符合公司企业发行上市要求，依法向向证券主管机关推荐其上市。

5. 披露与提示职责。依据相关法律法规，在公司企业发行证券时以及发行后一定时期内，保荐对象有向投资者及时公开披露真实、准确、完整信息的义务。保荐人信息披露责任，也可称之为担保职责，是指保荐机构或保荐代表人必须明确公开承诺，保证发行人的报告或公告信息内容真实准确完整。

6. 持续督导职责。保荐人在保荐期限内对保荐对象实行全方位监督，使其管理经营活动符合相关规定。

（四）保荐人责任划分缺陷

目前，保荐制度在保荐人责任方面已经有了重大进步，但是仍存在以下问题：首先，保荐机构和保荐代表人地位不平等，从《暂行办法》与《保荐办法》具体条文来看，保荐代表人从属于保荐机构，但是两者在具体承担法律责任上却是连带，违背权责一致原则。其次，保荐机构与保荐代表人角色与责任划分不清，甚至出现错位越位现象。如《保荐办法》对保荐机构和保荐代表人在公司发行上市的保荐义务和应承担的法律责任分配上不明确，由保荐机构或者是

① 陈界融：《证券发行法论》，高等教育出版社2008年版。

② 李有星、徐晓琼：《论证券发行上市中保荐人指责制度的完善》，载《商业经济与管理》2008年第1期。

保荐代表人承担保荐义务，处罚保荐机构或者是保荐代表人，以及处罚程度都不明确①。

四、中介机构法律责任配置

随着市场经济的发展，中介机构日益增多，中介机构作为信息的生产者和传递者，在市场上处于独立的地位，其承担的功能是相对准确、完整、真实地提供信息。② 中介机构作为市场“看门人”，对证券市场的有序运行始终发挥着举足轻重的作用。从我国目前法律环境看，《证券法》第173条与第69条形成的规制格局明确了包括投资咨询机构、财务顾问机构、资信评级机构、资产评估机构、会计师事务所在内的证券中介服务机构，另外律师事务所也通过“法律意见书”与证券服务建立起紧密联系。因此，如何实现中介机构与发行人、上市公司之间的责任分配，以及明确不同证券服务机构之间（或其与保荐人间）的关系，成为证券中介机构法律责任配置的两大焦点。

（一）正确配置中介机构法律责任的意义

在中介市场上涉及的主体包括：中介机构、客户、利害关系人③。从历史上看，中介机构的产生起源于市场参与者对信息的渴求，市场参与者把这种希望寄托于中介机构，而中介机构自出现的那一天，亦以默示的方式向社会承诺，其将以谨慎、独立、诚信、善意的标准来提供信息，并对信息的质量承担责任，市场参与者已相信中介机构会按这一规则行事，基于这一信赖而作出自己的判断。中介机构的社会责任源于其内生性需要，中介机构作为特殊的公众性、社会性很强的企业，是现代经济的核心和资源配置的枢纽，其行业特性要求其对环境和社会承担更多的责任④。另外，客户之所以委托中介机构为其提供服务，实际上是基于社会对它的信任，基于它所出具的文件具有公信力。依据美国相

① 谈潇：《香港保荐人制度最新修订述评》，载《证券市场导报》2005年第4期。

② 张炎：《刍议中介机构在市场经济中的功能和责任》，载《商业时代》2007年第33期。

③ 受信息影响作出相关市场行为的第三者。

④ 朱慈蕴：《论金融中介机构的社会责任——从应对和防范危机的长效机制出发》，载《清华法学》2010年第1期。

关规定，中介机构向社会所有人担保会以谨慎、诚信、善意的原则行事。[①] 另外，适逢我国证券市场注册制改革，这将会把中介机构推向前台，承担更大的责任，发挥更广泛的作用，当然，也面临更频繁的风险。中介机构更应做好规范职业的专业人，恪守独立的“看门人”，自担风险的责任者。[②] 但是中介机构法律责任配置在我国一直存在含混不清、边界不明的尴尬。在证券法40年发展背景下，该问题的厘定与澄清，对当前证券法改革显得尤为关键。

对于中介机构法律责任配置的意义，不同学者给出了自己的回答。有学者将规制证券中介机构行为、划分法律责任边界的意义根源于中介机构在证券活动中的重要影响。如印晓慧（2003）认为[③]，证券中介机构出具的专业文件经过有关机关认证，即可作为极具信服力的披露资料，而会计师事务所和律师事务所等证券咨询服务机构尤其承担着保证所披露的信息真实、准确和完整的法律义务，因此正确划定中介机构法律责任可以达到规范市场行为，维持市场秩序，以及促进市场发展的目的；于鸿润（2006）认为，[④] 从我国现行证券立法的规定来看，没有对证券中介机构的监管责任作明确的规定；同时部分企业在改制的过程中选择了上市公司这种模式，而现有法律环境往往缺乏对上市公司必要的监管。这样不但损害了国家作为投资者和经营者的利益，也损害了广大股民的利益。因而，发挥中介机构的监管作用，确立中介机构的监管责任对规范上市会司是十分重要的。另外，王玮、夏中宝（2012）也以“洪良国际案”对境内欺诈上市案件为警示，强调要充分调动中介机构的力量，使其成为监管的“哨兵”。[⑤] 虽以上学者对中介机构承担看门人角色的评价不无道理，但其并没有具体看到合理配置责任的意义。也有学者将合理划分法律责任的意义置于注册制改革背景之下，如吕红兵（2014）对注册制改革下各中介机构职责划分作出了

---

① 张炎：《刍议中介机构在市场经济中的功能和责任》，载《商业时代》2007年第33期。

② 甘培忠、孔令君：《论IPO注册制改革背景下中介机构作用之强化》，载《法律适用》2015年第8期。

③ 印晓慧：《证券中介机构在信息披露制度中的义务和作用》，载《现代管理科学》2003年第5期，第87~88页。

④ 于鸿润：《我国证券保荐人制度完善的法律问题研究》，载《商业研究》2006年第4期。

⑤ 王玮、夏中宝：《“洪良国际案”对境内欺诈上市案件查处的启示——以“绿大地案”为比较分析样本》，载《证券法苑（第七卷）》，法律出版社2012年版，第601~612页。

新解释①，其认为，注册制改革背景下市场化选择的中介机构价值日益凸显。近年来，我国证券市场多年来一直实行券商主导的发行模式，审核制向注册制转变，保荐人的工作重心将越来越转移到提升承销能力，而律师在证券发行上市及后续信息披露的合法合规性认定和论证方面的重要性将大大增加，因而构建市场化的中介机构责任配置极为重要。另有学者指出，合理配置中介机构责任的意义与投资者教育息息相关。如李润（2014）认为，② 在金融商品或服务的提供者已经向适格投资者充分披露相关信息的前提下，投资者拥有足够的用脚投票的机会，也因对自己的投资行为承担相应风险。因此，正确划定发行人和中介机构的责任，在一定程度上能够推动贯彻买者自负原则，有利于投资者教育和风险意识培育。

以上学者从不同角度分析了正确配置中介机构责任的意义，尽管侧重点不同，但不可否认的是其均表示中介机构作为证券市场上的看门人，在投资者保护、市场秩序维护等多方面具有不可替代的重要作用；而只有责任的合理分配，才能真正实现对证券市场的积极影响。

（二）中介机构法律责任配置现状

纵观国内外证券监管立法，各国均对中介机构的法律责任作出了规定。境外证券中介机构的职责划分模式主要有保荐人牵头责任模式和区分责任模式。前者最早由英国伦敦证券交易所于 1995 年在其新开设的成长型公司板块——AIM 市场中引入；后者则以美国为典型国家，现行美国《证券法》第 11 条实际上确立了“区分责任”为主体的监管模式。

保荐人牵头责任模式，简言之是由保荐人担任“牵头责任人”的监管模式，规定由保荐人对风险度可能较高的公司统筹负责，通过设定义务和施加处罚敦促其协助交易所或证监会进行监控，切实承担起提供诚实和公正专家意见的使

---

① 吕红兵、孙艳：《注册制主要问题的思考框架》，载《证券法苑（第十二卷）》，法律出版社 2014 年版，第 258 页。

② 李润：《反思投资者保护逻辑下的新股发行制度改革》，载《证券法苑（第十二卷）》，法律出版社 2014 年版，第 321 ~ 339 页。

命。当然也有学者指出，[①] 中国香港改革的事实充分说明了一味倚重证券公司、对其强加过多的义务且中介机构之间责任划分不明的问题正亟待解决。

在区分责任模式下，代表国家是美国。赵英杰、杨卓（2015）[②] 通过对美国证券发行承销商法律责任的研究，发现证券监管法规对承销商法律责任的规定尽管复杂，但最基本的法律为1933年《证券法》和1934年《证券交易法》两部法律；而承销商法律责任的规定则主要规定体现在《证券法》及其相关解释中。现行美国《证券法》第11条实际上确立了“区分责任”为主体的监管模式。第11（a）条罗列了可能对登记注册文件中不实陈述或遗漏负有法律责任的自然人和组织；第11（b）条对发行人规定了无过错责任，对发行人以外的人规定了免除责任所应承担的各种举证义务。从各国实践中看，这种区分责任能够有效实施的关键一点在于美国SEC拥有更为宽泛的监管范围和更为灵活的监管手段。

反观我国对于中介机构的法律责任配置现状，主要呈现以下特点：

从法律规定来看，我国在《注册会计师法》《证券法》第161条、第202条，《产品质量法》第21条、第57条，对中介机构的法律责任作了类似具体规定。《民法通则》第4条、第5条以及第108条第2款也有抽象的相似规定。中介机构的法律责任承担的判断是依据其行为是否遵守法定的程序和标准，这是由信息的质量特点决定的，信息的质量包括形式质量[③]和实质质量[④]。现实生活中中介机构能够保证的只是形式质量，所以法律上不能以实质质量来要求。就赔偿范围而言，中介机构所应承担的是全部赔偿责任而不是补充。对信息承担责任的既有中介机构也有客户，两者从不同的层面、不同的角度承担连带的法律责任。而且应适用举证责任倒置，发生纠纷时，中介机构应当证明自己不应

① 郭雳：《证券市场中介机构的法律职责配置》，载《南京农业大学学报（社会科学版）》2011年第1期。

② 赵英杰、杨卓：《美国证券发行承销商法律责任研究》，载《证券法苑（第十六卷）》，法律出版社2015年版，第346~378页。

③ 形式质量，即中介机构所出具的文件是否依照法定的程序和标准作出，中介机构只保证出具的文件的形式而不就其实质作出保证。

④ 实质质量，中介机构不仅应依照法定程序和标准出具文件，而且应利用其专业技能与经验，使信息与所反映的内容吻合。

对利害关系人的损失承担法律责任。[①]

徐海燕和朱辰昊对证券市场中介机构不实陈述的案例中中介机构的责任问题进行了具体分析。首先，认定这是一种第三人的纯粹经济损失，对于这种情形下的损失，德国法上秉承契约法的救济思路，其他各国都认为成立侵权责任。作者认为在我国现在的法律基础上，应以侵权法为依据，这是由信托义务的违反所导致的侵权。[②]

（三）证券中介机构法律责任配置路径

基于对近年文献的梳理，学界对于中介机构法律责任配置的重点基本集中于以下两个方面：一是如何区分、界定发行人与保荐、承销、审计、律师、评估、评级等中介机构的责任，二是如何分配中介机构之间的责任。另外，也有学者对上述问题进一步展开，如张子学（2014）认为，[③] 发行人内部还存在董事会成员、高管人员的责任认定问题，各中介机构也存在单位责任的宽度、深度与时间长度三维边界及其内部具体承办人员、高管人员、合规人员的责任承担问题。

在中介机构与发行人（上市公司）之间的责任划分方面，尽管证券法第173条与第69条相对明确地确定了二者之间的连带责任格局，但从现行立法看前后亦存在矛盾，并突出表现在对第三人的民事责任。有学者坚持，二者间宜坚持连带责任原则，但应明确前者的免责事由。如郭雳（2011）认为，[④] 我国对中介机构和委托人之间目前宜采取明确免责是由基础之上的连带责任，促使其基于应有谨慎对相关方提出的不合理要求予以坚决抵制，同时充分保护受损害投资人的利益，但应限缩“虚假陈述司法解释”中所谓“共同侵权”的应用，在承担次序上可考虑补充方式。

对于如何处理与划分多中介机构的责任内容，学者则更倾向于区分责任，

---

① 张炎：《刍议中介机构在市场经济中的功能和责任》，载《商业时代》2007年第33期。

② 徐海燕、朱辰昊：《纯粹经济损失赔偿制度研究—兼论证券市场中介机构不实陈述的民事责任》，载《甘肃社会科学》2008年第3期。

③ 张子学：《以强有力的事后执法维护注册制改革》，载《证券法苑（第十二卷）》，法律出版社2014年版，第248～249页。

④ 郭雳：《证券市场中介机构的法律职责配置》，载《南京农业大学学报（社会科学版）》2011年第1期。

因为如果允许赔偿，就会面临责任泛滥的问题。徐海燕和朱辰昊认为构建一个筛选器[①]来限制责任之分非常重要。并提出《最高人民法院关于审理涉及会计师事务所在审计业务活动中民事侵权赔偿案件的若干规定》是我国目前可以利用的一个筛选器。还可以借鉴国外的“比例责任系统”制度和“有限责任合伙”制度等[②]。张子学（2014）提出以下三点原则性建议[③]：一是责任、义务、风险要与定位、权利、收益相匹配；二是精准打击，也即惩治哪些人、刺痛哪根神经更能有效防止欺诈；三是要考虑现实的专业能力与专业特长。既要借鉴域外经验，更要结合与针对我们的实际情况，防止比猫画虎反类犬。郭雳（2011）认为，[④] 在各中介机构之间，独立判断基础上的分工合作及基于区分责任配置的不同尽职履责标准或是更好的选择，从而实现不同中介机构各司其职又互相制约。赵英杰、杨卓（2015）认为[⑤]，在实施注册制改革时，如何界定包括承销商在内的中介机构的职责成为各界关心的问题。从现有规则看，承销商的工作很大程度上与注册会计师和律师是重复的。对于重点风险领域，承销商、注册会计师与律师的重复工作可以相互验证，因此是有必要的。但对于风险程度一般的领域，重复工作的必要性似乎不大。因此，建议梳理 IPO 过程中可能出现的风险，进行风险分类，并在此基础上重新研究界定承销商与注册会计师、律师等中介机构的职责。李静（2002）认为[⑥]，证券发行与交易中，发行人与中介机构在信息披露中承担一定角色。中介机构应当承担信息披露瑕疵的法定赔偿责任，只有证明其无过错时才可免责；且应按不同情况，区分中介机构应承担的不同责任。

如上所述，学者对于中介机构的责任划分倾向于共同但有区别的责任。共

---

① 为避免纯粹经济损失赔偿的泛滥，许多判例纷纷创制出各种“筛选器”，将应予赔偿的纯粹经济损失从其他类似案件中筛选过滤出来。

② 徐海燕、朱辰昊：《纯粹经济损失赔偿制度研究——兼论证券市场中介机构不实陈述的民事责任》，载《甘肃社会科学》2008 年第 3 期。

③ 张子学：《以强有力的事后执法维护注册制改革》，载《证券法苑（第十二卷）》，法律出版社 2014 年版，第 248 ~ 249 页。

④ 郭雳：《证券市场中介机构的法律职责配置》，载《南京农业大学学报（社会科学版）》2011 年第 1 期。

⑤ 赵英杰、杨卓：《美国证券发行承销商法律责任研究》，载《证券法苑（第十六卷）》，法律出版社 2015 年版，第 346 ~ 378 页。

⑥ 李静：《中介机构信息披露法律责任研究》，载《甘肃政法学院学报》2002 年第 4 期。

同是指为保护投资者利益，发行人和中介机构应承担连带责任，除非中介机构能够举证证明自身具有免责事由；有区别是指中介机构之间应按各自尽职履责标准承担不同程度的责任。

在注册制改革的背景下，中介机构作用的强化还应注意几个问题，从中介机构自身和外部环境出发，甘培忠、孔令君提出提升执业水准、完善声誉机制、重构自律组织、修正责任机制的构想，以期的局面是，更加专业、合规的中介机构在市场上通过竞争形成自身的品牌效应，以其声誉约束自身、应对竞争、谋求发展；自律组织在声誉机制的形成、行业执业水准的提升、行业共识的凝聚上作出自己应有的贡献；中介机构之间职责明确，相互配合且制约，出现违法行为的中介机构承担其应负的责任。① 也有学者提出，从制度根源上，应改变既有的发行人委任模式，重构以证监会为委任人的“委托一代理”关系。同时从营造自由竞争的市场环境和加大力度方便投资者查询声誉信息两方面推进，建立市场化的声誉约束机制。此外，还应完善责任约束机制，建立民事责任、行政责任、刑事责任三者形成良好衔接的责任格局。②

① 甘培忠、孔令君：《论 IPO 注册制改革背景下中介机构作用之强化》，载《法律适用》2015 年第 8 期。

② 刘志云、史欣媛：《论证券市场中介机构“看门人”角色的理性归位》，载《现代法学》2017 年第 4 期。

论　文

证券虚假陈述责任纠纷中的选择管辖与移送管辖

——兼议《虚假陈述民事赔偿规定》第10条的解释与管辖设计

曹明哲*

【内容提要】证券虚假陈述责任纠纷中，投资者以其他虚假陈述行为人为被告在其他虚假陈述行为人所在地法院起诉，被告申请追加发行人、上市公司为共同被告，原告拒绝申请追加且不同意追加被告时，人民法院是否应移送案件至上市公司住所地法院为当前司法实践面临的争议问题。从保障投资者诉权、选择管辖制度中的利益平衡，《最高人民法院关于审理证券市场因虚假陈述引发的民事赔偿案件的若干规定》第9条和第10条的体系解释以及第10条的内部逻辑一致，《最高人民法院关于审理证券市场因虚假陈述引发的民事赔偿案件的若干规定》第10条中的当事人申请应仅为原告申请，因此受诉法院不得移送案件。由此，造成两地、甚至多地法院共同审理因同一侵权行为而生的诉讼案件。

* 北京市第一中级人民法院民事审判第四庭法官助理，中国人民大学民商法法学硕士。

为避免裁判不统一，解释上可以参照民事诉讼共同管辖原理由先立案法院管辖，进而移送案件，抑或中止诉讼等待上市公司住所地法院案件定论。但是这两种解释方案亦均无法在教义学上得到圆满的解释。出现此种现象的根本原因在于当前证券虚假陈述责任纠纷的管辖设计上，此种设计直接与前置程序相关，因前置程序的存在使得案件在上市公司住所地法院管辖优势无法体现。未来前置程序变革后，证券虚假陈述责任纠纷案件的管辖应定为“发行人、上市公司住所地法院管辖”。

【关键词】证券虚假陈述　选择管辖　追加被告　移送管辖　前置程序

问题的提出

根据《中华人民共和国证券法》第69条以及《最高人民法院关于审理证券市场因虚假陈述引发的民事赔偿案件的若干规定》（以下简称《虚假陈述民事赔偿规定》）第7条，证券虚假陈述责任纠纷中的被告除了发行人、上市公司之外，根据具体情况还可能存在董事、监事、高级管理人员以及专业中介机构等所谓“其他虚假陈述行为人”，因此，对投资者而言，其可以根据具体情况选择被告起诉。在作为原告的投资者以发行人、上市公司以外的其他虚假陈述行为人为被告在其他虚假陈述行为人所在地法院起诉，而未在发行人、上市公司所在地法院将发行人、上市公司作为被告起诉时，根据《虚假陈述民事赔偿规定》第9条第（二）项的规定，被告所在地有管辖权的人民法院有管辖权。而《虚假陈述民事赔偿规定》第10条则是共同被告追加的问题以及追加共同被告后案件移送管辖的规定。根据该条，其他虚假陈述行为人所在地法院是否应当将案件移送至发行人、上市公司所在地人民法院，因当事人是否申请追加被告、原告是否同意追加被告而不同。①

那么，由此产生的问题是：在投资者以其他虚假陈述行为人为被告在其他

① 该条规定：人民法院受理以发行人或者上市公司以外的虚假陈述行为人为被告提起的诉讼后，经当事人申请或者征得所有原告同意后，可以追加发行人或者上市公司为共同被告。人民法院追加后，应当将案件移送发行人或者上市公司所在地有管辖权的中级人民法院管辖。当事人不申请或者原告不同意追加，人民法院认为确有必要追加的，应当通知发行人或者上市公司作为共同被告参加诉讼，但不得移送案件。

虚假陈述行为人所在地法院起诉，当作为被告的其他虚假陈述行为人申请追加发行人、上市公司为共同被告，而原告却拒绝申请追加被告且不同意追加被告时，对受诉人民法院而言，究竟是适用《虚假陈述民事赔偿规定》第10条第1款还是第2款？因为此时同时触发了该两款中的“当事人申请”和“原告不同意”，案件是否应该移送？该条中的“当事人申请”指的是原告申请还是被告申请？被告能否申请追加被告？应如何妥当地解释《虚假陈述民事赔偿规定》第10条的两款规定从而与《虚假陈述民事赔偿规定》第9条相协调？《虚假陈述民事赔偿规定》第9条、第10条的管辖设计在立法论角度是否存在问题？

上述问题的存在亦困扰着司法实践，如在“方正证券”案中，出现了所谓“方正证券索赔案两地法院开打，26位股民直接起诉方正集团”的现象；[①] 而在“昆明机床”“沈阳机床”案中，更出现“管辖权异议矛盾”的情况，部分投资者以昆明机床、中德证券为被告在昆明市中级人民法院起诉（即上市公司所在地法院），中德证券提出管辖权异议申请请求将案件移送至北京市第三中级人民法院，而部分投资者仅以中德证券为被告起诉至北京市第三中级人民法院（即其他虚假陈述行为人所在地法院），中德证券提出管辖权异议要求将案件移送至北京市第三中级人民法院。[②]

就上述问题，本文将首先从解释论视角进行阐述，就《虚假陈述民事赔偿规定》第10条的适用以及证券虚假陈述责任纠纷案件的管辖问题进行梳理，以期解决司法实践中的争议，并在立法论角度反思证券虚假陈述责任纠纷案件的管辖设计。

一、《虚假陈述民事赔偿规定》第10条“当事人申请”的司法歧见

当出现上述情形，对受诉法院即其他虚假陈述行为人所在地法院而言，是否应当移送案件至发行人、上市公司所在地法院，存在以下两种观点。

第一种观点认为，人民法院不应移送案件。原因在于，根据《虚假陈述民事赔偿规定》第10条第2款的规定，原告有权利通过选择共同被告的方式决定

---

① “方正证券索赔案两地法院开打26位股民直接起诉方正集团”，网址：http：//stock. hexun. com/2017－06－07/189522887. html，最后访问时间：2017年7月11日。

② “昆明机床、中德证券提管辖权异议”，网址：http：//stock. 10jqka. com. cn/20170531/c598723408. shtml，最后访问时间：2017年7月11日。

管辖法院。在原告仅以其他虚假陈述行为人为被告起诉，且“原告拒绝追加发行人或者上市公司为共同被告，意味着原告不同意由发行人或者上市公司所在地法院管辖此案，法院基于查明案件事实的需要，依职权追加发行人或者上市公司为共同被告是为了解决私权纠纷行使公权力的结果，这种结果不是原告的自愿选择，不能强加到原告的身上。也就是说，原告不同意将发行人或者上市公司列为被告，即使法院依职权追加其为共同被告，也不能以发行人或者上市公司为共同被告为理由，决定由发行人或者上市公司所在地法院管辖本案”。①

第二种观点认为，人民法院应移送案件。原因在于，《虚假陈述民事赔偿规定》第10条第1款为“经当事人申请或者征得所有原告同意”，二者为并列关系，只要有“当事人申请”，就符合该条该款的规定，在原告不申请亦不同意追加被告而其他虚假陈述行为人申请追加被告时，人民法院追加被告后应移送案件。司法实践中当出现此种情形时，人民法院也是据此将案件移送至发行人、上市公司住所地法院管辖。如在郑某与李某某、广东某某股份有限公司（广东美雅集团股份有限公司）（以下简称美雅公司）证券虚假陈述赔偿纠纷案中，原告郑某最初是以美雅公司的独立董事李某某为被告提起诉讼，在原告明确反对追加上市公司美雅公司为被告的情形下，人民法院依被告李某某申请追加，并认为“经被上诉人李某某申请，原审法院依法追加美雅公司为共同被告，并将本案移送广东省广州市中级人民法院审理并无不当。至于上诉人所辩称的本案应当适用《虚假陈述民事赔偿规定》第10条第2款的主张，因该条款系适用于人民法院依职权追加共同被告的情形，而本案为人民法院依当事人申请追加共同被告，故本案不应适用该条款”。② 同样采用此观点的还有“昆明机床”案。③

前述两种观点与案件原被告之间的分歧在对《虚假陈述民事赔偿规定》第

---

① 李国光主编：《最高人民法院关于审理证券市场虚假陈述案件司法解释的理解与适用》，人民法院出版社2015年版，第156页。

② 浙江省高级人民法院（2009）浙辖终字第258号“郑某与李某某、广东某某股份有限公司证券虚假陈述赔偿纠纷上诉案民事裁定书”。此外，最早以上市公司以外的其他虚假陈述行为人为被告单独起诉的案件为“红光实业案”，该案原告最初以国泰君安证券股份有限公司为被告向上海市第一中级人民法院起诉，随后上海市第一中级人民法院以上市公司红光实业所在地为四川省成都市为由，将案件移送至成都市中级人民法院，可参见上海市第一中级人民法院（2002）沪一中民三（商）初字第91号“龚某仪诉国泰君安证券股份有限公司等虚假陈述民事侵权赔偿纠纷案民事裁定书”。

③ 详见北京市第三中级人民法院（2017）京03民初84号“夏某桂与沈机集团昆明机床股份有限公司、沈阳机床（集团）有限责任公司等证券虚假陈述责任纠纷一审民事裁定书”。

10条“当事人申请”“当事人不申请”中的“当事人”的理解，即究竟是仅指原告，还是指除原告之外的其他当事人。若为前者，则在原告不申请、不同意追加被告时，即便被告申请追加、人民法院依职权追加共同被告，根据《虚假陈述民事赔偿规定》第10条第2款人民法院不得移送案件；而若为后者，当案件被告申请追加被告时，人民法院依照《虚假陈述民事赔偿规定》第10条第1款应当移送案件。

从《虚假陈述民事赔偿规定》第10条的文义本身而言，该条中当事人应指一般意义上的当事人概念，即《民事诉讼法》第四十八条的当事人概念，应包括原告之外的其他当事人。但是，根据《虚假陈述民事赔偿规定》起草者对该条的释义，该条中的当事人概念应仅指原告，“因原告申请或者同意追加发行人或者上市公司为共同被告的，人民法院应当将案件移送到发行人或者上市公司所在地有管辖权的中级人民法院管辖；原告不申请或者不同意追加发行人或者上市公司为共同被告，而人民法院认为确有必要，依职权予以追加的，案件仍然由原人民法院管辖，不得将案件移送”。[①] 也即司法解释起草者是从尊重原告诉权的角度认为，对第10条中的“当事人”进行了限缩解释，仅在原告同意、申请的情形下才可以移送案件。

二、《虚假陈述民事赔偿规定》第10条“当事人申请”的含义与解释

（一）被告是否有权追加被告

事实上，在出现本文所述问题时，司法审判首先面临的一个普遍性问题是，被告是否有申请追加共同被告的权利？具体至本文，其他虚假陈述行为人是否有权追加发行人、上市公司为共同被告呢？对此，司法实务和理论中一直存在争议。

一种观点基于“不告不理”的原则、原告处分权的尊重角度认为只有原告才有申请追加被告的权利。[②] 被告申请追加被告既无法律依据，也无理论依据，

---

① 李国光主编：《最高人民法院关于审理证券市场虚假陈述案件司法解释的理解与适用》，人民法院出版社2015年版，第156页。

② 详见许平：《民事诉讼中追加被告之问题分析》，载《山东审判》2011年第3期。

“如果同意被告申请追加被告，实际上就是混淆了被告与原告的权利，原告方的合法权益就得不到保障”。① 司法实践中，最高人民法院公报案例“王某刚与王某安、第三人岚县大源采矿厂侵犯出资人权益纠纷上诉案”中，法院认为，“无论陈某平是否构成共同侵权，均不能作为王某安免除责任的理由，并且是否起诉陈某平或者追加其为被告的选择权在于王某刚，作为被告一方，王某安无权以遗漏被告为由主张追加被告”。②“追加被告系原告的诉讼权利，中关村建设公司系本案原审被告，无权申请追加被告。”③

另一种观点认为，被告具有申请追加被告的权利。因法律无明文禁止性规定，应当视为法律允许。民事诉讼法规定当事人可以申请追加被告，此当事人是广义的，应当包括被告，且有的案件如果不允许追加被告，势必无法查清事实，增加当事人诉累。④

还有观点认为，只有在必要共同诉讼下，被告才有申请追加被告的权利。如“本案并非必要共同诉讼，被告申请追加被告，没有法律依据”。⑤《最高人民法院关于适用〈中华人民共和国民事诉讼法〉的解释》（以下简称《民诉法解释》）第73条的规定，“必须共同进行诉讼的当事人没有参加诉讼的，人民法院应当依照民事诉讼法第一百三十二条的规定，通知其参加；当事人也可以向人民法院申请追加。人民法院对当事人提出的申请，应当进行审查，申请理由不成立的，裁定驳回；申请理由成立的，书面通知被追加的当事人参加诉讼”，似是肯定必要共同诉讼中被告申请追加被告的权利。

笔者认为，所谓必要共同诉讼中被告有申请追加被告的权利实为伪命题，

---

① 详见董林华：《关于民事诉讼中“被告能否申请追加被告”问题的探讨》，载《法学杂志》2009年第2期。

② 最高人民法院（2012）民一终字第65号“王某刚与王某安、第三人岚县大源采矿厂侵犯出资人权益纠纷上诉案民事判决书”。

③ 天津市高级人民法院（2015）津高民二终字第0003号“北京中关村开发建设股份有限公司、北京中关村开发建设股份有限公司第三建筑工程分公司与北京宏特盛商贸有限公司买卖合同纠纷民事判决书”。

④ 详见许平：《民事诉讼中追加被告之问题分析》，载《山东审判》2011年第3期；杨杰、许磊：《民事案件中被告能否申请追加被告》，网址：http：//www.chinacourt.org/article/detail/2014/01/id/1172076.shtml，最后访问时间：2017年7月11日。

⑤ 广东省高级人民法院（2015）粤高法民一提字第35号“东莞市大岭山盛基小学与刘某、谢某龙运输合同纠纷、教育机构责任纠纷再审民事裁定书”。

原因在于，作为一项权利，其应当有权利的行使效果，但是在必要共同诉讼中，无论被告是否申请，人民法院均需追加共同被告，与被告是否申请无关。被告的所谓申请，至多是一种对法院的“建议”。因而，才有观点指出，在目前法律不明确的情况下，“法院完全可以采取变通的方式来解决被告能否申请追加被告问题……如果该案是必要共同诉讼，在法院建议原告追加被告的情况下，原告仍然不追加被告的，法院可以依职权追加被告；如果不是必要共同诉讼，法院不得依职权追加被告”。①

而且，即便认为必要共同诉讼中，被告具有申请追加被告的权利，证券虚假陈述责任纠纷在《虚假陈述民事赔偿规定》的当前规定下，也很难认定为必要共同诉讼。首先，《虚假陈述民事赔偿规定》第 9 条和第 10 条的规范表述与《民事诉讼法》《民诉法解释》关于必要共同诉讼的规定并不符合，② 证券虚假陈述责任纠纷在目前很难解释为必要共同诉讼。其次，在相关的判例中也明确指出，证券虚假陈述责任纠纷目前并非必要共同诉讼，如在最高人民法院公报案例“陈某华等 23 名投资者诉大庆联谊公司、申银证券公司虚假陈述侵权赔偿纠纷案”中，裁判指出，“根据《证券赔偿案件规定》，对发行人或者上市公司的上市文件，证券承销商、证券上市推荐人或者专业中介服务机构都有责任审核，都可能对发行人或者上市公司的虚假陈述行为承担连带责任。以上述主体为被告的诉讼，属于普通共同诉讼。在一审诉讼中，原告基于其诉讼利益的判断而选择其中某些人当被告，不违反法律规定。法院根据原告的请求确定诉讼参加人，是尊重当事人的诉讼选择权，并无不当”。因而，即便认为在必要共同诉讼中被告可以申请追加共同被告，证券虚假陈述责任纠纷至少在当前规定下也并非必要共同诉讼。

（二）证券虚假陈述责任纠纷中的特别考量

除了基于普遍性的被告不具有追加被告权利的理由外，在证券虚假陈述责

---

① 丁稳静：《民事诉讼中被告能否申请追加被告》，网址：http：//www. hncourt. gov. cn/public/detail. php？ id = 118765，最后访问时间：2017 年 7 月 11 日。

② 典型的必要共同诉讼如《民诉法解释》第 70 条：在继承遗产的诉讼中，部分继承人起诉的，人民法院应通知其他继承人作为共同原告参加诉讼；被通知的继承人不愿意参加诉讼又未明确表示放弃实体权利的，人民法院仍应将其列为共同原告。《民诉法解释》第 72 条：共有财产权受到他人侵害，部分共有权人起诉的，其他共有权人为共同诉讼人。

任纠纷中，《虚假陈述民事赔偿规定》第10条的当事人申请应仅为原告申请，还基于以下四点理由。

第一，基于《虚假陈述民事赔偿规定》第10条的内部逻辑一致。如前所述，当被告申请追加共同被告，而原告不同意追加被告，此时，同时触发了《虚假陈述民事赔偿规定》第10条第1款的"当事人申请"和第2款的"原告不同意"，由此造成了法条的内部矛盾，对人民法院而言，究竟适用哪款？而只有为原告申请，方能避免此种矛盾的发生。

第二，基于选择管辖中的制度平衡。根据《虚假陈述民事赔偿规定》第9条，原告在此时实际面临选择管辖的局面，而从共同管辖与选择管辖的角度而言，当原告面临着选择管辖情形时，选择其中一个受诉法院起诉是原告的权利，而这种权利来源于管辖制度设计中的利益平衡，即"一旦原告起诉时面临共同管辖的局面，就有权通过向其中一个法院实际提起诉讼的方式来选择对自己的案件最为有利的法院进行管辖。这意味着'选择管辖'成为一种方便或有利于原告一方的制度安排……法律上作为原则的'一般地域管辖'以成本负担的分配向原告倾斜的方式，构成了对被告一方利益的适用保护。但出于防止这项原则的运用过于僵硬的政策性考虑，并为了在当事人之间实现成本分担的合理均衡，也采取了如'特定地域管辖'等方法来进行调整。在此意义上，'选择管辖'同样可以理解为调整当事人之间成本分担的一种操作性手段，旨在向着有利于原告的方向与保护被告利益的价值保持某种平衡"。[①] 在此背景下，当原告就案件在多个受诉法院中作出选择时，人民法院应尊重原告选择，并不能因现有被告追加共同被告的因素而产生变化。此为选择管辖的机理所致的当然结论，否则将使选择管辖的平衡被打破。故《虚假陈述民事赔偿规定》第10条中的"当事人"为原告。

第三，基于《虚假陈述民事赔偿规定》第10条与第9条第（一）项的体系解释。《虚假陈述民事赔偿规定》第9条第（一）项规定，"投资人对多个被告提起民事赔偿诉讼的，按下列原则确定管辖：（一）由发行人或者上市公司所在地有管辖权的中级人民法院管辖。但有本法规定第十三条第二款规定的情形除外"。也就是说，只有在符合"投资人对多个被告提起民事赔偿诉讼"的情形

---

① 王亚新、陈航平、刘君博：《中国民事诉讼法重点讲义》，高等教育出版社2017年版，第49～50页。

时，案件的管辖权才自然归属发行人或者上市公司所在地法院管辖，受诉其他法院应将案件移送至发行人、上市公司所在地法院。而当投资者仅以其他虚假陈述行为人为被告起诉时是不符合《虚假陈述民事赔偿规定》第9条第（一）项规定的，只有原告申请或者同意追加发行人、上市公司为共同被告时，在诉讼构造上才符合第9条第（一）项的前提即“投资人对多个被告提起民事赔偿诉讼”。如果仅为所谓被告申请追加被告或者法院依职权追加被告，则并不符合“投资人对多个被告提起民事赔偿诉讼”。因而，只有对第10条的当事人做限缩解释即仅为原告，方能使《虚假陈述民事赔偿规定》第10条第1款与第9条第（一）项吻合。

第四，基于保障原告选择管辖的诉权。若将《虚假陈述民事赔偿规定》第10条的当事人申请理解为包括被告，则其他虚假陈述行为人无论是基于自身免除责任的利益考虑还是拖延诉讼时间的考虑，都必然会提出申请追加共同被告并提出管辖权异议，此时按照《虚假陈述民事赔偿规定》第10条第1款的规定，人民法院将案件移送，会架空《虚假陈述民事赔偿规定》第9条第（二）项，使原告的选择管辖权利被完全架空，其他虚假陈述行为人所在地法院管辖即《虚假陈述民事赔偿规定》第9条将成为具文。

综上，无论是基于被告无权申请追加被告这一普遍性理由，还是基于选择管辖中的利益平衡、原告选择管辖的权利保障、规范的体系解释和内在逻辑，《虚假陈述民事赔偿规定》第10条中的当事人申请都应仅为原告申请。

三、《虚假陈述民事赔偿规定》第10条的规范漏洞及两种解释路径

（一）无法移送管辖所导致的弊病

在上述结论下，依照《虚假陈述民事赔偿规定》第10条的逻辑，则只有在原告同意、原告申请追加被告时，人民法院追加被告后才能够移送案件，原告不同意追加、不申请追加发行人、上市公司为共同被告，人民法院就不能移送案件至发行人、上市公司所在地法院。但是事实上，在前述关于原告以其他虚假陈述行为人为被告提起诉讼且原告不同意追加、不申请追加发行人、上市公司为被告时的讨论和司法裁判中，忽视了证券虚假陈述责任纠纷的本质是涉众型纠纷，在当前人民法院未采取集团诉讼（或代表人诉讼）的前提下，分散于

全国各地的中小投资者会陆续分别起诉，因此，这并非个案情形下管辖权的确定问题。而在依照前述结论即不移送案件的指引操作下，会造成两地甚至多地法院审理，浪费司法资源，增加司法成本，增加当事人诉累，影响裁判尺度的统一。

简言之，若在此种情形下，人民法院仍不移送案件，会造成因同一侵权行为而产生的案件，由两个或者两个以上的法院审理，若一部分投资者以控股股东为单独被告在控股股东住所地法院起诉，另一部分投资者以中介机构作为单独被告在中介机构住所地法院起诉，以此类推，仅以原告不同意且不申请追加发行人、上市公司为被告为理由不移送案件至最先立案受诉法院，会造成案件审理的混乱局面。

与此同时，为查明案件事实，上市公司若被追加至每一个案件中，原被告需要多地奔波；在被告多地奔波中，受诉法院之间的开庭审理时间需要法院之间的协调，影响案件审理；更为重要的是，证券虚假陈述责任纠纷中关于重大性、揭露日确定、因果关系认定、系统风险扣除、投资差额损失计算等诸多问题均为当前司法实践中的疑难问题和裁判尺度不统一之处，为避免同案出现不同判，受诉法院之间需要耗费更多的成本就案件相关问题达成统一意见；而一旦达不成一致意见，再报请共同上级法院即最高人民法院，又增加审理难度和成本，造成诉讼的拖延，与《虚假陈述民事赔偿规定》"避免此类案件的审理在全国遍地开花和判决结果互相冲突可能性"[①] 的目的不相符。

因此，笔者认为，在此种情形下，《虚假陈述民事赔偿规定》第 10 条出现了规范漏洞抑或是法律漏洞，所谓"法律漏洞，含义如下：其一，指现行制定法体系上存在缺陷即不完全性；其二，此缺陷的存在影响现行法应有功能；其三，此缺陷的存在违反立法意图。可将法律漏洞定义为，现行法体系上存在影响法律功能，且违反立法意图之不完全性"。[②] 即若此时受诉法院不将案件移送至先立案的法院，则如前所述，此种情形将违反立法意图。

---

① 李国光主编：《最高人民法院关于审理证券市场虚假陈述案件司法解释的理解与适用》，人民法院出版社 2015 年版，第 152 页。

② 梁慧星：《民法解释学》，中国政法大学 1995 年版，第 251 页。

（二）两种解释路径

笔者以为，为避免出现上述情况，自解释论而言，有以下两个“权宜之计”。

第一，采用类推适用和目的性限缩的方法对上述规范漏洞进行弥补。具体而言，一方面，类推适用《民事诉讼法》第35条、《民诉法解释》第36条关于共同管辖的基本规则，即后立案的法院应将案件移送有管辖权的先立案法院。另一方面，在此情形下，则应当对《虚假陈述民事赔偿规定》第10条作目的性限缩解释，即该条仅仅适用于没有受诉法院对此类案件先行立案的情形下。

该方案能够避免基于同一侵权行为产生的案件由不同法院受理，但是该方案仍有以下两点不足。首先，从《民事诉讼法》第35条“原告可以向其中一个人民法院起诉；原告向两个以上有管辖权的人民法院起诉的，由最先立案的人民法院管辖”的表述看，共同管辖的前提是同一当事人，而非此种情形下，不同的原告针对不同被告进行的起诉，故此种解释方案有强行解释之嫌。其次，在此种解释下，可能会出现另外一种极端，即若不存在有先立案的法院情形，能够移送管辖的情形几乎就不存在，因为原告既然选择了管辖法院，一般就意味着原告为自身权益而进行了目的性选择，其申请、同意追加被告的情形就不会出现，移送管辖的条件就不可能发生。由此导致《虚假陈述民事赔偿规定》“为了节约诉讼成本、为了集中审结众多的投资人起诉发行人或者上市公司的同一类型的案件、为了便于判决的执行，从而规定有发行人或者上市公司所在地的中级人民法院进行管辖”[①] 的目的落空。更多的原告会在其他虚假陈述行为人所在地法院起诉，尽可能地选择北京、上海、深圳等地的法院起诉，更多的案件也将集中到上述地区。

第二，其他虚假陈述行为人所在地法院在受理案件后，中止审理，等待上市公司所在地法院的审理结果。《民事诉讼法》第150条规定了诉讼中止的六种情形，其中第（五）项为“本案必须以另一案的审理结果为依据，而另一案尚未审结的”，第（六）项为“其他应当中止诉讼的情形”。解释上适用上述两项规定，以上市公司所在地法院为主。

---

① 李国光主编：《最高人民法院关于审理证券市场虚假陈述案件司法解释的理解与适用》，人民法院出版社2015年版，第152页。

但是，此种解释方案仍有以下值得质疑之处：首先，严格意义上其他虚假陈述行为人所在地法院审理案件并不存在客观障碍，追加上市公司为被告后进行审理亦无须等待上市公司所在地法院审结；况且，从司法实践看，其他虚假陈述行为人所在地法院往往是在北京、上海等，在审理此类案件上其实比上市公司所在地法院的专业性更强，因此，等待上市公司所在地法院亦无充分理由；其次，《民事诉讼法》第150条“经常涉及的是民事案件与刑事或行政诉讼案件的复杂关系”，[①] 本文所述情形与此相差较大；最后，中止审理所导致的结果是投资者不再在其他虚假陈述行为人所在地法院起诉，《虚假陈述民事赔偿规定》第9条亦可能被司法实践架空，更为重要的是，由于需要较长时间的等待，不同法院的相同情况投资者在诉讼受到差别对待。

因而，在其他虚假陈述行为人所在地法院无法移送案件的情况下，避免两地甚至多地法院共同审理因同一侵权行为引起的案件的两种解释方案均存在理论上的欠缺。

四、立法论视角：案件管辖设计与前置程序的存废

综合上述，自解释论而言，原告以其他虚假陈述行为人为被告在其他虚假陈述行为人所在地法院起诉，在原告不申请追加上市公司为被告、不同意追加上市公司为被告，受诉人民法院在追加上市公司为被告后，依照《虚假陈述民事赔偿规定》第10条的规定，不能将案件移送至上市公司所在地法院。由此，造成两地、甚至多地法院共同审理因同一侵权行为而生的诉讼案件，为避免裁判不统一的两种解释方案亦均无法在教义学上得到圆满的解释。那么，为何会出现此种司法实践以及法律解释上的困境呢？笔者认为，有以下两个原因。

第一，当前证券虚假陈述责任纠纷案件裁判尺度的不统一。随着证监会等相关监管机关对上市公司信息披露违法行为处罚力度的加大以及职业律师的出现，证券虚假陈述责任纠纷案件数量目前成激增之势。[②]《虚假陈述民事赔偿规定》发

---

① 王亚新、陈航平、刘君博：《中国民事诉讼法重点讲义》，高等教育出版社2017年版，第225页。

② 比如，证监会2016年共对183起案件作出处罚，作出行政处罚决定书218份，较2015增长21%；罚没款共计42.83亿元，较2015年增长288%，对38人实施市场禁入，较2015年增长81%。2017年第一季度的行政处罚罚没金额已经超过了2016年全年。这说明在对待上市公司违法行为的态度上，自监管机构开始，进行从严处理，由此导致前置程序之下的此类纠纷也伴随着增长。

布于2003年，司法实践中出现的新情况、新问题，《虚假陈述民事赔偿规定》并未涉及。以司法实践中争议较大的系统风险为例，对于如何看待、认定系统风险以及如何在投资差额损失中扣除系统风险，在全国各地审理的此类案件中均出现不同的认识和裁判；[①] 另如案件受理制度，有的法院在投资者立案后便进入诉讼程序，而有的法院则是“在等待两年的诉讼时效届满后才开始安排审理”，[②] 相比较，前者无疑更有利于投资者权益的尽快实现。上述的投资差额损失计算方式和审理时效，均直接关乎投资者利益，故投资者在此类案件中开始选择更有利于自身实现权利的法院管辖，由此便越来越多地出现选择管辖的情况。

第二，因前置程序而影响的证券虚假陈述责任纠纷案件管辖设计。依据《虚假陈述民事赔偿规定》第6条的规定，证券虚假陈述责任纠纷案件的受理、审理，应以行政机关的行政处罚或者人民法院的刑事判决为前提条件，若无前置程序，人民法院对于投资者提起的此类诉讼应不予受理或者裁判驳回起诉。对于是否应废除前置程序当前仍存争议，自人民法院审理角度而言，无疑更倾向保留，因为前置程序为人民法院查明了虚假陈述行为人的虚假陈述事实。其影响到管辖设计之处在于，在证券虚假陈述责任纠纷采用前置程序的前提下，上市公司的违法事实一般都在证监会的行政处罚决定书中查明，人民法院需要查明的事实仅为原告投资者的交易情况和认定实施日、揭露日、基准日并进行投资差额损失的计算，调查难度较大、更耗时费力的违法事实实际上并不需要人民法院调查。在这种情形下，案件是否在上市公司住所地法院管辖与案件审理是否便利已经没有必然关系。因为在上市公司所在地法院管辖的原本的重要原因就是便于法院审理、查明事实和执行，例如，此种优势明显的体现在破产案件的管辖中，《中华人民共和国企业破产法》第3条规定“破产案件由债务人住所地人民法院管辖”，系因“住所地作为企业法人的注册地，最容易识别企业法人的国籍等因素，有利于确定法律的适用；住所地企业的管理机关拥有企业的信息，可以为破产案件的审理提供信息支持与其他方面的支持；住所地通常

① 对于系统风险的统计分析，可参见张保生、周伟、刘思远：《证券虚假陈述民事赔偿案件系统风险的认定标准和计算方法》，载郭峰主编：《金融服务法评论（第七卷）》，法律出版社2015年版，第313～325页。

② 黄辉：《中国证券虚假陈述民事赔偿制度：实证分析与政策建议》，载黄红元主编：《证券法苑（第九卷）》，法律出版社2013年版，第977页。

是企业的主要营业地，能够降低破产债务人与债权人之间参加破产程序的成本，提高破产程序的效率；住所地法院的管辖有利于破产有关事务的外部协调”。[①] 类推至证券虚假陈述责任纠纷，在前置程序之下，上市公司所在地法院管辖的此种管辖设计优势基本不再存在，也正是在这种情形下，《虚假陈述民事赔偿规定》第9条才规定投资者可以选择管辖。

投资者选择管辖是原告基于自身利益衡量并依照法律规定而行使诉权，无可厚非，但是，在未来前置程序废除的情况下，当前的管辖设计便存在问题。前置程序废除后，在没有证监会等行政机关对上市公司虚假陈述行为进行调查、处罚的前提下，投资者起诉上市公司请求赔偿，便需要贯彻民事诉讼举证的基本规则即“谁主张谁举证”，同时，一些事实的调查也可能需要人民法院依职权调查。在此种情形下，案件在上市公司所在地法院的优势便得以凸显。[②]

因此，未来前置程序变更之后，证券虚假陈述责任纠纷案件的管辖设计应与破产案件的管辖设计相同，即在“发行人、上市公司住所地法院管辖”，[③] 凸显上市公司所在地法院管辖的优势，抛弃目前《虚假陈述民事赔偿规定》第9条允许投资者选择管辖的情形，亦最终避免本文开头所出现的两地甚至多地法院管辖的情况。

结语

综上，原告以其他虚假陈述行为人为被告在其他虚假陈述行为人所在地法院起诉，在原告不申请追加发行人、上市公司为被告、不同意追加发行人、上

---

① 韩长印主编：《破产法学》，中国政法大学出版社2016年版，第55页。

② 应当注意的是，前置程序废除后，尽管贯彻“谁主张，谁举证”的原则，但是，应该有配套措施的建立增强投资者的举证能力以及人民法院调查取证、认定事实的能力，此点在《最高人民法院关于进一步加强金融审判工作的若干意见》第20条中亦得以体现，“加强投资者民事权益的司法保护，维护投资者的财产安全。依法审理证券市场虚假陈述、内幕交易、操纵市场的民事案件，保障证券投资者的合法权益。支持证券投资者保护机构以诉讼代表人的身份接受投资者委托提起诉讼或者提供专门法律服务，拓展投资者维权方式。探索建立证券侵权民事诉讼领域的律师调查令制度，提高投资者的举证能力。依法充分运用专家证人、专家陪审员制度，扩充证券案件审理的知识容量和审理深度，提高证券案件审判的专业性和公信力”。

③ 关于级别管辖以及是否应继续沿用“虚假陈述民事赔偿规定”第9条由省、直辖市、自治区人民政府所在的市、计划单列市和经济特区中级人民法院管辖，则属于另外一个问题，不属本文讨论范围，本文暂且不论。

市公司为被告，其他虚假陈述行为人申请追加发行人、上市公司为被告，人民法院在追加发行人、上市公司为被告后，依照《虚假陈述民事赔偿规定》第10条的规定，不能将案件移送至上市公司所在地法院。由此，造成两地、甚至多地法院共同审理因同一侵权行为而生的诉讼案件。为避免裁判不统一，解释上可以参照民事诉讼共同管辖原理由先立案法院管辖，进而移送案件；抑或是中止诉讼等待发行人、上市公司所在地法院案件定论。但是这两种解释方案亦均无法在教义学上得到圆满的解释。出现此种现象的根本原因在于当前证券虚假陈述责任纠纷的管辖设计上，此种设计直接与前置程序相关，因前置程序的存在使得案件在上市公司所在地法院管辖优势无法体现，可给予投资者选择管辖。未来前置程序变革后，证券虚假陈述责任纠纷案件的管辖应定为“发行人、上市公司住所地法院管辖”。

诱空型虚假陈述的因果关系认定研究

李伏夏*

【内容提要】诱空型虚假陈述行为是指行为人通过散布虚假的利空消息，或者隐瞒、延迟披露真实的利好消息，致使投资者在相对低价处卖出股票的行为。由于我国法律和司法解释均未对诱空型虚假陈述进行规制，但是实践中诱空型虚假陈述时有发生，投资者确因诱空型虚假陈述遭受经济损失。法律的缺位必然导致监管失去法律依据，致使该类侵权行为旁落法律真空地带，从而损害投资者利益，影响证券市场的正常运行。本文以保护投资者的利益为出发点，在兼顾公平的立场下，通过对诱空型虚假陈述进行类型分析，以提出诱空型虚假陈述因果关系认定标准以及行为人损害赔偿责任范围。

【关键词】诱空　虚假陈述　因果关系　赔偿责任

随着我国证券市场的发展，诱空型虚假陈述行为经历了一个从无到有、由少至多的过程。由于我国法律法规尚未对此类虚假陈述行为明确规制，导致诸

* 华夏基金管理有限公司机构理财部员工。本文是在作者硕士学位论文的基础上改写而成，感谢中央财经大学法学院邢会强教授、郭锋教授、曾筱清教授和竞天公诚律师事务所刘思远律师对本文的指导。

多此类案件旁落法律现有规制之外，因此对诱空型虚假陈述予以法律规制是保护投资者权益和维护市场秩序的途径之一。证券市场中虚假陈述行为着实危害中小投资者的权益、干扰资本市场的正常运作，可是在实践中，由于《证券法》以及《关于审理证券市场因虚假陈述引发的民事赔偿案件的若干规定》均未对此行为予以明确，使得在认识案件、审判案件过程中缺乏明确指导，本文旨在以解析诱空型虚假陈述行为为开端，立足因果关系认定与损害赔偿责任划分，希望能够从学术研究出发给司法乃至立法提供一个略有价值的参考。

一、概念辨析：什么是诱空型虚假陈述？

（一）关于诱空型虚假陈述的一个初步界定

自1986年新中国证券市场建立以来，我国证券业高速发展，截至2017年12月末，我国沪深两市上市公司总数达到3485家，新三板挂牌公司已经达到11630家。[①] 但是，随着证券业的繁荣，证券欺诈已经发展成阻碍证券市场健康发展的痼疾之一。证券欺诈行为的类型主要包括虚假陈述、内幕交易和操纵市场等，其中，虚假陈述行为是证券欺诈行为中最为重要的一类。[②]

2003年公布施行的《最高人民法院关于审理证券市场因虚假陈述引发的民事赔偿案件的若干规定》（法释〔2003〕2号）（以下简称《虚假陈述民事赔偿规定》）第17条[③]不仅明确了虚假陈述的定义，更是以司法解释的形式将虚假陈述行为划分为虚假记载、误导性陈述、重大遗漏和不正当披露四种类型。[④]《虚

---

① 数据来源于wind资讯金融终端，最后访问时间：2017年1月25日。

② 殷秋实：《诱空虚假陈述下的因果关系认定》，载《金融法苑》总第八十四辑，中国金融出版社，第58页。

③ 证券市场虚假陈述，是指信息披露义务人违反证券法律规定，在证券发行或者交易过程中，对重大事件作出违背事实真相的虚假记载，误导性陈述或者在披露信息时发生重大遗漏、不正当披露信息的行为。

④ 《最高人民法院关于审理证券市场因虚假陈述引发的民事赔偿案件的若干规定》第17条规定："虚假记载，是指信息披露义务人在披露信息时，将不存在的事实在信息披露文件中予以记载的行为；误导性陈述，是指虚假陈述行为人在信息披露文件中或者通过媒体，作出使投资人对其投资行为发生错误判断并产生重大影响的陈述；重大遗漏，是指信息披露义务人在信息披露文件中，未将应当记载的事项完全或者部分予以记载；不正当披露，是指信息披露义务人未在适当期限内或者未以法定方式公开披露应当披露的信息。"

假陈述民事赔偿规定》对虚假陈述的分类主要以行为方式为标准，以虚假陈述行为对投资者的行为影响为标准，虚假陈述可以划分为诱多型虚假陈述和诱空型虚假陈述。在《虚假陈述民事赔偿规定》制定初期，由于我国证券发行、交易市场中主要是诱多型虚假陈述，而诱空型虚假陈述行为在实践中没有发生，所以《虚假陈述民事赔偿规定》只规定了诱多型虚假陈述，而并未对其概念、表现形式、类型、民事赔偿等作出规定。

在诱空型虚假陈述中，受害投资者是由于虚假陈述的影响而以低于股票真实价值的价格卖出证券而发生损失。[①] 若此部分损失因为法律缺位而不能受到法律的保护，将严重违反信息披露的实质性标准，导致资本市场上的道德风险和逆向选择，并损害资本市场的有效性。因此，对诱空型虚假陈述进行系统研究以辅助立法是有必要的。

所谓诱空型虚假陈述，是相对于诱多型虚假陈述而言的，主要是指行为人通过散布虚假的利空消息，或者通过隐瞒、延误披露真实的利好消息，诱使投资者以低于股票真实价值的价格出售股票的行为。[②] 就行为人的行为方式看，主要有作为和不作为两种，具体表现为对应当披露的利好信息不予披露和披露虚假的利空信息；就行为后果而言，主要包括以下两种：第一种是投资者在实施日之前持有该诉争股票，由于行为人故意散布虚假利空消息误导投资者作出错误决策，即投资者在揭露日或更正日之前卖出诉争股票，从而遭受损失；第二种是投资者在实施日之前并不持有该诉争证券，但是有证据证明投资者本想买入该诉争股票，但是由于行为人散布虚假利空消息或延迟披露真实利好消息导致投资者未买入股票，从而丧失了预期的收益。

（二）传统侵权责任法视角下的构成要件分析

学界曾经存在对虚假陈述行为系属一般侵权或是特殊侵权的讨论，以江平教授为代表的观点认为虚假陈述行为属于一般侵权行为，其构成要件应当符合《侵权责任法》的一般规定；另一种观点则是以郭锋教授和王利明教授为代表，他们则认为虚假陈述行为是特殊侵权行为。两类学术观点在《虚假陈述民事赔

① 程啸：《证券市场虚假陈述侵权损害赔偿责任》，人民法院出版社 2004 年版，第 141 页。

② 程啸：《证券市场虚假陈述侵权损害赔偿责任》，人民法院出版社 2004 年版，第 140 页。

偿规定》颁布之后定分止争，《虚假陈述民事赔偿规定》以实在法的形式确认虚假陈述为特殊侵权行为。

无论在行为表现上，还是行为后果上，诱空型虚假陈述行为作为虚假陈述的一种类型，与其并没有实质性区别，应当适用对虚假陈述行为性质的认定，即诱空型虚假陈述行为也是一种特殊侵权行为。在构成要件上，则仅需证明侵权行为、损害后果和行为人侵权行为与受害人损害后果之间存在因果关系对行为人的过错要件则无须证明。

由此可见，在诱空型虚假陈述的侵权责任中，因果关系是最重要的构成要件。[①] 一方面，因果关系构成了其他要件的基础。另一方面，在诱空型虚假陈述中，侵权行为和损害结果都较好认定，而因果关系则可能涉及是否构成侵权以及在构成侵权的基础上，损害赔偿责任应当如何认定的问题。由于此部分问题在立法和实践中均存在诸多争议，且切实关系到投资者的权益以及证券市场的秩序，所以此问题将作为本文的中心议题在后文循序展开。

（三）一个关键的构成要件：因果关系

根据侵权责任法的基本原理，仅在侵权行为与损害结果之间存在因果关系时，侵权人才应当承担民事责任。[②] 由于股票主要采取集中竞价交易、交易所撮合交易的方式交易，所以不可能将虚假陈述行为人、受益人以及受害人之间的联系特定化，使得遭受损失的投资人难以就其损失与侵权人行为之间的联系特定化，[③] 此特点导致侵权责任法因果关系的一般理论难以直接适用虚假陈述的因果关系认定。

在这样的背景下，《虚假陈述民事赔偿规定》借鉴英美的“市场欺诈理论”和“信赖原则”，将“合理信赖”与“重大性”概念引入以减轻原告的举证责任，《虚假陈述民事赔偿规定》第十八条规定，只要投资者在虚假陈述实施日及以后，至揭露日或者更正日之前买入该证券；在虚假陈述揭露日或者更正日及

---

① 殷秋实：《诱空虚假陈述下的因果关系认定》，载《金融法苑》总第八十四辑，中国金融出版社，第58页。

② 郭锋：《虚假陈述证券侵权赔偿》，法律出版社2003年版，第174页。

③ 李国光：《最高人民法院关于审理证券市场虚假陈述案件司法解释的理解与使用》，人民法院出版社2015年版，第241页。

以后，因卖出该证券发生亏损，或因持续持有该证券而产生亏损的，法院则应当认定虚假陈述与损害结果存在因果关系。[①]

另外，由于诱空型虚假陈述行为无法适用《虚假陈述民事赔偿规定》的相关规定，所以上述标准只能适用于诱多型虚假陈述行为。所以现在需要探讨的是，上述因果关系认定逻辑能否直接适用于诱空型虚假陈述行为？

针对上述问题，诱空型虚假陈述的因果关系认定不可以直接适用《虚假陈述民事赔偿规定》第十八条、第十九条的规定。原因有三，一是诱空行为和诱多行为对股价走向及投资者决定的影响不同，因此两种行为在因果关系的表现上存在较大差异[②]；二是损害后果方面，诱多型虚假陈述行为导致的损害后果是投资者受到利多信息的作用增持证券后股价下跌造成的损失，而诱空型虚假陈述的损害后果则是投资者受利空信息的作用对证券持消极态度进而抛售诉争证券造成的可得利益损失；三是在《虚假陈述民事赔偿规定》的相关表述上，诱空型虚假陈述和诱多型虚假陈述的具体表现不一，不能直接套用《虚假陈述民事赔偿规定》中的相关内容。

二、诱空型虚假陈述的交易因果关系认定标准

我国法院所采纳的必然因果关系理论在适用于虚假陈述因果关系认定时存在固有缺陷，为减轻诉累、保护投资者，《虚假陈述民事赔偿规定》在认定此类因果关系时较多地借鉴美国证券立法与实践经验[③]，但并没有将英美侵权法中的事实因果关系（Factual Cause）与法律因果关系（Legal Cause）的二元划分引入我国。在《虚假陈述民事赔偿规定》不对诱空型虚假陈述予以规制的情况下，本节主要解决投资者因信任诱空型虚假陈述行为与在虚假陈述揭露日或更正日前卖出该证券的因果关系的认定问题。

---

① 《关于审理证券市场因虚假陈述引发的民事赔偿案件的若干规定》第十八条。

② 杨祥：《论诱空型虚假陈述中因果关系的认定》，载《宁夏大学学报（人文社会科学版）》2016年3月。

③ 闫海、彭晨：《证券虚假陈述民事责任中的因果关系辨析——基于中、美比较视角》，载《南京财经大学学报》2012年02期。

（一）诱空型交易因果关系认定的理论基础

目前，主流的因果关系认定理论包括必然因果关系理论、相当因果关系理论，以及责任成立的因果关系和责任范围的因果关系之二元划分。

1. 必然因果关系理论

必然因果关系实质上意味着仅在虚假陈述行为和损害后果之间存在绝对的、客观的、本质的联系时，才能够认定加害行为和损害后果之间具有因果关系，才能构成侵权。① 在诱空型虚假陈述案件中，原告因为误信虚假利空消息形成内心确信，进而进行证券交易并遭受损失，如果适用必然因果关系理论，原告需要举证证明其受到的损失是且仅是由被告释放的利空消息引起，并证明没有其他因素的影响。此举证责任对原告而言较重，使投资者难以获得法律救济，因此，必然因果关系理论并不适用于对诱空型虚假陈述的交易因果关系。

2. 相当因果关系理论

相当因果关系成立应当具有两个条件：一是侵权行为对损害后果的发生产生实质性影响；二是该侵权行为造成损害结果发生应当是大概率事件。因此，相当因果关系理论强调的是行为人的不法行为介入既存的社会关系中对现存的危险程度增加，或者是使被侵权人暴露在与原危险状态不同的危险状态中，如果满足上述两个条件，即存在因果关系。

在诱空型虚假陈述中，依据相当因果关系理论，如果要证明虚假陈述行为和损害后果之间因果关系存在，则原告需要举证证明两点：一是虚假陈述行为对投资损失具有实质性影响；二是虚假陈述行为引起投资损失是一件大概率事件。由于从投资者进行证券交易到遭受损失，其间可能会有系统性风险、人为操作失误等因素对损失造成影响。相当因果关系虽然能够解决诱空型虚假陈述责任成立的因果关系问题，但却难以解决责任范围的认定。因此，在将诱空型虚假陈述因果关系区分为交易因果关系和损失因果关系的前提下，交易因果关系认定这一环节适用相当因果关系无论是从保护投资者的角度，还是从降低法院对此类案件的审理难度角度，都是一个较优的选择。

---

① 程啸：《侵权责任法》，法律出版社 2011 年版，第 181 页。

3. 责任成立的因果关系和责任范围的因果关系之二元划分

在德国法系，侵权法上的因果关系被划分为两个层次，第一个层次的因果关系是“责任成立的因果关系”，即被侵权人权益遭受侵害的后果与侵权人的损害行为有关时，侵权行为和损害结果之间构成因果关系，侵权责任方可成立。[①]第二个层次的因果关系是“责任范围的因果关系”。在因果关系成立的基础上，“责任范围的因果关系”用于确立侵权人损害赔偿责任的范围，主要解决的是因权益被侵害而带来的“后续损害”中哪些要赔，哪些不赔的问题。[②]

本文在构建诱空型虚假陈述因果关系的理论框架时，主要借鉴双层因果关系理论，将诱空型虚假陈述的交易行为链条分为两个部分，第一个部分是投资者因为诱空虚假陈述行为陷入了错误认识，基于错误认识在虚假陈述揭露日或更正日前卖出持有的证券；第二部分是投资者由于卖出股票而遭受损失。具体而言，第一部分是交易因果关系的范畴，主要解决的是虚假陈述行为和损害后果之间是否存在因果关系，是“质”的问题。在认定交易因果关系时可能出现因果关系链条复杂、受害人众多、证据保存困难等问题，基于保护投资者的立场，在认定交易因果关系时可以参照相当因果关系的标准。第二部分是损害因果关系的范畴，主要解决的问题是虚假陈述行为对投资者投资损失的责任范围，解决的是侵权人需要对被侵权人承担损害赔偿责任的范围，是“量”的问题。诱空型虚假陈述被侵权人所遭受的损害并不是实体权益损害，而是独立存在的纯粹经济损失，存在数额不确定、赔偿范围认定难度大的问题。[③] 即便立法或司法承认此等损害具有可赔偿性，亦需通过损害因果关系加以控制。[④] 单独认定损失因果关系能够科学地处理介入因素对侵权赔偿责任的影响，发挥法官的造法功能，具有可操作性。

综上所述，在认定诸如诱空型虚假陈述这类较为复杂事件的因果关系时，区分责任成立的因果关系与责任范围的因果关系，有清晰的认识因果关系责任归属与明确责任范围的功能，[⑤] 因此，在诱空型虚假陈述中，区分交易因果关系

① ［德］施皮尔主编：《侵权法的统一：因果关系》，易继明译，法律出版社 2009 年版，第 80 页。

② 程啸：《侵权责任法》，法律出版社 2011 年版，第 177 页。

③ 廖升：《诱空虚假陈述侵权责任之因果关系》，载《法商研究》2016 年第 6 期。

④ 郭锋：《虚假陈述证券侵权赔偿》，法律出版社 2003 年版，第 297 页。

⑤ 王利明：《侵权责任法研究（上卷）》，中国人民法学出版社 2010 年版，第 405 页。

和损害因果关系能够起到简化复杂的因果关系链条的作用，建议在未来司法和立法中采用此种认定逻辑。

（二）他山之石：10b－5规则确立的交易因果关系认定标准

美国证券管理委员会（SEC）制定的10b－5规则，被誉为美国证券法中反欺诈的“长臂条款”。[①] 该规则以规制的范围之广著称，只要是与证券交易有关的证券欺诈行为，都可能受到该规则的规制。10b－5的具体内容为：任何人利用任何方式直接或间接地对任何人实施下列与购买或出售证券相关的行为时，皆属违法：

（1）利用任何计谋或虚假行为进行欺诈；

（2）对重大事实作出错误陈述或遗漏在其作出陈述的当时为避免该陈述不被误解所必需的重大事实；

（3）从事任何属于或者将属于欺诈的商业行为、活动或操作行为。[②]

根据10b－5提起诉讼时，原告通常对交易因果关系和损失因果关系两层因果关系有证明责任。其中交易因果关系可以细分为消极虚假陈述和积极虚假陈述两种情况，联邦法院采用了推定因果关系成立的方式来减轻原告对信赖的证明义务。在消极虚假陈述的情形下，通过信赖推定原则推定原告对被告隐瞒的重大事实有信赖，从而推定交易因果关系成立；在积极虚假陈述的情形下，采用“欺诈市场理论”来推定交易因果关系成立。下文将分别对这两种情形予以说明。

1. 消极的虚假陈述行为

所谓消极的虚假陈述行为，是指原告在信息披露时，隐瞒了重大事实的虚假陈述行为。消极虚假陈述行为的交易因果关系认定主要通过信赖原则予以判断。在 Affiliated Ute Citizens v. United States 案中，联邦法院在判决中提出了被告隐瞒的重大事实导致原告仍与行为人进行证券交易，在此情况下，原告的信赖要件可以被推定成立。[③] 但是该案例中原告和被告之间的交易属于面对面交易，后来在 Basic Inc. v. Levinson 案中，此种逻辑被扩张适用，使信赖原则不局限适

① 陈洁：《证券欺诈侵权损害赔偿研究》，北京大学出版社，第68页。

② 程啸：《侵权责任法》，法律出版社2011年版，第176页。

③ Affiliated Ute Citizens v. United States, 406 U. S 128（1972）.

用于面对面交易之中。

但是，依据10b－5规则提起消极虚假陈述诉讼中的信赖推定并不绝对，被告可以通过证明原告并没有产生信赖免责。因此这是一种推定信赖存在，进而推定交易因果关系成立的规则。

2. 积极的虚假陈述行为

积极的虚假陈述行为指行为人在进行信息披露时，对重大事实进行错误陈述或者误导性陈述的行为。积极的虚假陈述行为的交易因果关系主要是采用“欺诈市场理论”推定其存在。

美国普通法中，投资者如果要主张被告欺诈，则对其对被告的虚假陈述有“合理的信赖”（justifiable reliance）有证明义务。为此必须证明：一是事实上相信了被告的虚假陈述；二是对被告虚假陈述的信赖是正当的。而判断信赖是否“正当”的标准是一个理性人（reasonable person）在同样的情况下是否会信赖该虚假陈述。[①] 关于理性人正当信赖的标准问题，其演进过程如表1所示。

表1　理性人正当信赖标准的演进

案件	影响
Affiliated Ute Citizens v. United States	在面对面交易中，只要原告能够证明被告的错误陈述或遗漏是重大的，原告不必证明对错误陈述或遗漏产生了信赖。 局限：此案涉及的是“面对面”证券交易，而非公开市场
Blackie v. Barrack	在公开交易市场购买股票的人相信市场价格是合理形成的，从而间接相信决定股价的事实是真实的。且无论投资者是否知道该事实，该股票价格已经受到该事实的影响。因此，原告只要证明其在公开市场上购得股票，且有关虚假信息是重大的，就能够证明交易因果关系存在
Basic Incorporated v. Levinson	联邦最高法院正式采纳“欺诈市场理论”

通过以上三个案件勾勒出的“欺诈市场理论”作为在积极虚假陈述情形下的交易因果关系认定思路，主要内容为在一个有效率的资本市场中，证券的价格能够有效反映出市场上的证券欺诈行为。当行为人作出错误陈述时，此时受虚假陈述影响的价格是不真实的，投资者因为相信市场上价格的公正性而进行

① 焦津洪：《“欺诈市场理论”研究》，载《中国法学》2003年第2期。

交易，因此投资者受到的损失与虚假陈述行为存在因果关系。因此，通过投资者对有效资本市场中证券价格信赖能够直接推出虚假陈述行为与损害后果之间具有事实因果关系。①

（三）诱空型虚假陈述的交易因果关系认定标准

根据诱空型虚假陈述在表现和交易方向的不同，可以分为消极诱空型虚假陈述和积极诱空型虚假陈述两种。由于诱空型虚假陈述行为适用责任成立的因果关系和责任范围的因果关系之二元划分，及被划分为交易因果关系和损害因果关系，在交易因果关系上，需要根据行为表现（消极和积极两类）分别予以认定。

1. 消极诱空型虚假陈述的交易因果关系

所谓消极诱空型虚假陈述，是指虚假陈述行为人隐瞒实质性的利好消息不予公布或不及时公布，此种行为的后果是处在信息劣势的投资者在股价相对低位时卖出股票（如果投资者知晓利好信息，会继续持有），在真实信息被揭露后股价上行而投资者遭受损失。② 相对低价在此处指的是投资者以低于股票真实价值的价格出售股票，出售价格和真实价格之间的差值是投资者的损失。③ 此部分损失属于投资者的合理期待利益。

《美国证券法》第 11 条、第 12 条采用重大性标准来判断事实因果关系，10b－5 规则则对隐瞒重大事实的虚假陈述，以欺诈市场理论在推定事实因果关系成立。④ 美国联邦最高法院曾在 Affiliated Ute Citizens v. United States 案中指出“正是因为被告隐瞒重大事实的行为，导致理性的股东（原告）愿意与之交易，故推断原告主观信赖要件成立”，关于重大事实的判断标准则为：一个理性投资者如果在得知该事实时，会作出与之不同乃至相反的决策。故，重大性标准适用于消极虚假陈述情形。依据信赖推定原则，投资者出于对有效资本市场中证

① 翁晓健：《证券市场虚假陈述民事责任研究——美国证券法经验的反思与借鉴》，上海社会科学院出版有限公司 2011 年版，第 114 页。

② 吴胤：《我国证券市场虚假陈述因果关系认定的制度完善》，载《金融法苑（2016 年版）》（总第九十二辑），中国金融出版社 2016 年版，第 38 页。

③ 杨祥：《论诱空型虚假陈述中因果关系的认定》，载《宁夏大学学报（人文社会科学版）》2016 年 3 月。

④ 廖升：《诱空虚假陈述侵权责任之因果关系》，载《法商研究》2016 年第 6 期。

券价格的合理信赖而交易，能够推定虚假陈述与交易行为之间具有交易因果关系。

为便于理解，我们首先构建一个理想模型，该模型中的构建理念是股票价格仅受真实价值和虚假陈述的影响，不考虑诸如系统性风险、行业风险、操作风险等因素。如图 1 所示（由于揭露日或更正日对价格的影响一样，此处仅对揭露日予以分析），在利好信息满足重大性标准的前提下，消极诱空型虚假陈述的具体表现及内在原因为：股票的真实价值受到重大利好消息的影响上涨，但是在公开交易市场中负有信息披露义务的行为人违背法定义务不披露或不及时披露利好信息，从而使利好消息没有反映在股票价格上。在利好消息公布前，股票的价格并未受到利好信息的影响，直到揭露日或更正日后利好消息才逐渐反映在股价中，直到基准日股票价格才恢复到真实价值。在这一过程中，投资者由于不知道重大利好消息，于揭露日之前卖出在实施日之前就持有的股票，从而丧失理性投资者在知晓利好消息后继续持有即可获得期待利益。此部分的损失满足信赖推定原则的要件，可以推定虚假陈述与投资者的损失之间的交易因果关系成立。

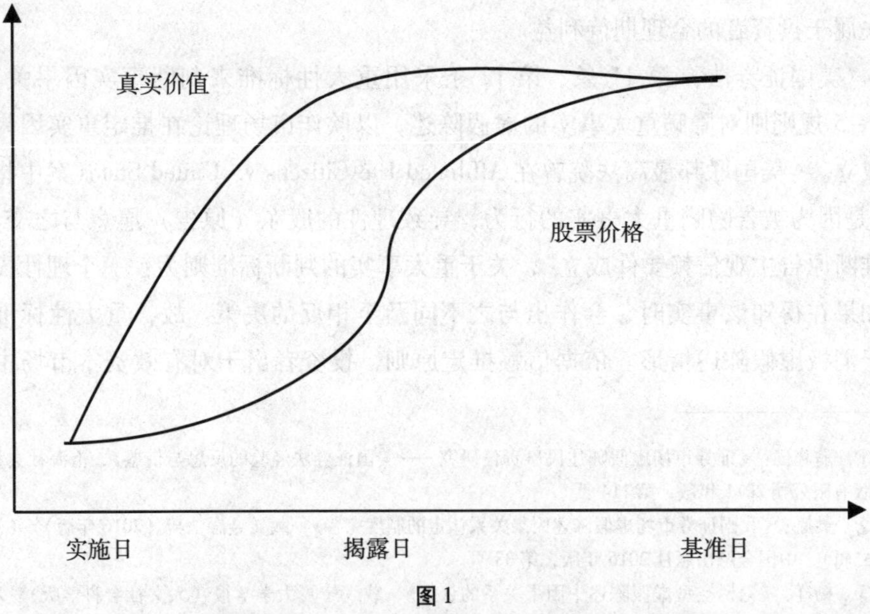

图 1

需要特别讨论的两种情形：一是投资者在实施日后、揭露日前买入股票并在此期间内卖出；二是投资者在揭露日前买入、揭露日后卖出股票，虚假陈述行为和损害后果之间是否成立交易因果关系？

投资者在实施日后、揭露日前买入股票并在此期间内卖出的情况与在实施日前买入、揭露日前卖出不同，投资者在实施日至揭露日期间完成了一组反向交易。投资者或许基于其他原因认为股票具有投资价值而买入股票，在长期持有中又由于行为人不披露利好消息的行为卖出股票。根据 But for 原则，如果行为人公布了利好消息，股价上涨投资者则不会卖出股票。所以，在此种情形下，虚假陈述行为和投资损失之间的交易因果关系成立。

投资者在揭露日前买入、揭露日后卖出股票的情况下，由于投资者卖出股票时已经知悉该利好消息，市场也正针对该利好消息调整股票价格。所以，投资者卖出股票的行为并不是受到虚假陈述行为的影响，故交易因果关系不成立。

综上，我国 A 股市场原则上能够适用信赖推定原则，推定消极诱空型虚假陈述行为与投资损失之间的因果关系成立。

2. 积极诱空型虚假陈述的交易因果关系

所谓积极诱空型虚假陈述，是指虚假陈述行为人发布虚假的利空消息，使得投资者在股价向下运行或相对低位时卖出股票，在虚假陈述被揭露或被更正后股价又上涨至真实价值，投资者在这期间遭受差额损失的行为。①

为便于更好地理解，此处构建一个理想模型说明积极诱空型虚假陈述的具体表现和内在原因，此模型建立在股票价格仅受真实价值及虚假陈述行为的影响，而不考虑其他因素的影响。如图 2 所示（仅分析揭露日），积极诱空型虚假行为实施之后，虚假利空消息在有效市场中迅速引发市场低迷情绪并看空，致使原本稳定的股价下行低于股票的真实价格，股价在揭露日附近跌至最低。但是，随着虚假陈述行为的揭露或更正，市场获取真实信息并迅速作出反应，股价上行并在基准日时恢复真实价值。

---

① 吴胤：《我国证券市场虚假陈述因果关系认定的制度完善》，载《金融法苑（2016 年版）》（总第九十二辑），中国金融出版社 2016 年版，第 38 页。

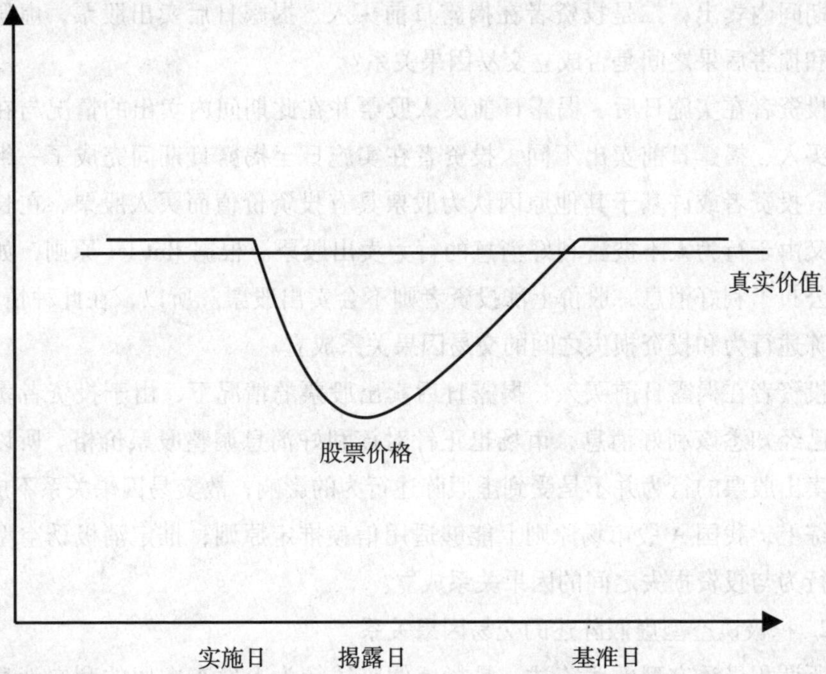

图 2

由图 2 可以看出，投资者在实施日前买入股票、揭露日之前卖出的；实施日至揭露日期间买入并卖出的；在揭露日前买入、揭露日至基准日之间内卖出的；以及在基准日之前买入、基准日之后卖出的投资者都可能遭受损失。就上述四种情况是否成立交易因果关系，下文将逐一进行分析。

第一类，实施日前买入、揭露日之前卖出的交易因果关系成立。依据欺诈市场理论，在行为人作出积极诱空虚假陈述行为后，市场受到利空消息的影响迅速作出反应，股票价格下行，投资者因此卖出诉争股票并遭受损失。此时投资者的损失基于对市场价格反应出的信息的信任而出售股票造成的，所以满足信赖要件，[①] 能够推定交易因果关系成立。

第二类，投资者在实施日至揭露日期间买入并卖出的，交易因果关系不成立。根据市场欺诈理论，证券价格反映证券市场中的信息，而投资者基于对资本市场中证券价格的信赖作出决策，进而虚假陈述行为与损害后果之间具有交

① 吴胤：《我国证券市场虚假陈述因果关系认定的制度完善》，载《金融法苑（2016 年版）》（总第九十二辑），中国金融出版社，第 38 页。

易因果关系。但是在此种情况下，由于投资者买入和卖出诉争股票的行为都受到了同一虚假利空信息的影响，如果说投资者基于对利空消息反映出来的价格的信赖而买入股票，显然是不具有说服力的。

与消极虚假陈述如果公布利好消息将致使投资者买入并持有诉争股票的结构不同，若适用 But for 规则，由于不考虑其他因素的影响，如果没有利空消息投资者也不一定会持有诉争股票。因此，在此种情况下，交易因果关系并不成立。

第三类，揭露日前买入、揭露日至基准日之间内卖出的交易因果关系不成立。由于揭露日已经将诱空虚假陈述的事实向社会公众公布，作为一个理性投资者是当然知晓该信息的，因此投资者卖出诉争股票的行为不是受到虚假陈述的影响，故交易因果关系不成立。

第四类，基准日之后卖出的交易因果关系不成立。同第三类一样，揭露日是已经言明诱空信息系属虚假陈述，投资者的卖出行为并不是受到虚假陈述行为的影响，所以交易因果关系不成立。

需要注意的是，在当然适用欺诈市场理论之前，我们需要讨论欺诈市场理论的基础——“有效市场假说”是否能够适用于我国现阶段的证券市场。有学者在 2003 年指出我国证券市场仍未达到弱势有效市场，适用欺诈市场理论的条件尚不具备，如果贸然适用可能欲速则不达。① 随着我国证券市场的发展，目前我国证券市场的有效性提升，但是证券市场的定价效率却仍没有达到半强势有效水平。② 但事实上，欺诈市场理论并不是完全依赖市场的有效性，而是基于大多数公布的信息能够为市场中的专业人员（机构投资者）考虑并对证券价格产生影响。③ 另外，就社会意义上看，在“欺诈市场理论”基础上信赖推定原则能够鼓励投资者寻求救济，发挥社会力量对信息披露义务人的监督，因此是有必要的。④ 在

① 焦津洪：《“欺诈市场理论”研究》，载《中国法学》2003 年第 2 期。

② 张文强、孙国茂：《我国证券市场融资效率问题——基于有效市场理论的分析》，载《金融发展研究》2016 年第 11 期。

③ 廖升：《诱空虚假陈述侵权责任之因果关系》，载《法商研究》2016 年第 6 期；转引自［美］罗伯特·C. 克拉克：《公司法则》，工商出版社 1999 年版，第 264 页。

④ 郭矗：《证券虚假陈述中的因果关系研究》，载《福建法学》2012 年第 3 期。

我国，依据《证券法》第七十条[①]的相关规定，上市公司公开信息公众能够便利获取，且目前我国机构投资者的资金份额庞大，投资人分析能力强，公开的上市公司信息能够迅速地反映到证券交易价格之中。因此，我国A股市场能够适用欺诈市场理论。结合上述分析，积极诱空型虚假陈述能够适用欺诈市场理论，推定虚假陈述行为和投资损失之间交易因果关系成立。

三、诱空型虚假陈述的损失因果关系认定及损害赔偿责任的确定

如果说交易因果关系关注虚假陈述行为与投资损失之间的是否存在因果关系，那么损失因果关系则解决的是虚假陈述行为与投资损失之间的原因力大小，即行为人的损害赔偿责任范围。在保护投资者权益的前提下，合理限制诱空虚假陈述行为人需承担的损害赔偿责任范围，避免因果关系链条无限延伸或者其他介入因素的影响致使行为人承担不合理的赔偿责任是本节解决的焦点问题。[②]

（一）诱空型虚假陈述损失因果关系的理论依据

最近原因理论、直接后果理论和合理预见理论是支撑诱空型虚假陈述损失因果关系成立与否的理论依据。

美国侵权法上的最近原因理论是指被告的侵权行为与原告的损害结果之间具有直接的、自然的因果关系。法院在判定案件的最近原因时通常采用“可预见性”标准或与之密切相关的“风险范围内伤害”标准。[③] 通过最近原因理论判断损失因果关系简单明了，但是对于一些事实复杂的案件却难以适用。诱空型虚假陈述案件的损失因果关系中涉及众多介入因素，案件事实复杂，通过最近原因理论难以合理的判断损失赔偿责任的范围。

与最近原因理论仅解决没有外因介入情况下的损害因果关系认定不同，直接后果理论能够在考虑介入因素的前提下解决损害因果关系的认定问题。直接后果理论认为侵权行为直接引发损害后果，以及被告的在先侵权行为引发一事

---

① 《证券法》第70条规定：“依法必须披露的信息，应当在国务院证券监督管理机构指定的媒体发布，同时将其置备于公司住所、证券交易所，供社会公众查阅。”

② 程啸：《侵权责任法》，法律出版社2011年版，第215页。

③ 王学梅：《美国侵权法上的“最近原因”理论》，载《黑龙江省政法管理干部学院学报》2003年第6期。

后介入因素（该介入因素对损害后果的发生具有积极作用的），以上两种情况侵权行为与损害后果之间存在法律因果关系。① 在上市公司为了自身利益或少数股东利益故意披露虚假诱空信息、延缓披露或不披露重大利好信息的类型案件中，一方面上市公司是信息披露的责任人和义务人，另一方面从保护上市公司利益出发，在直接后果理论中，被告在抗辩时如果举证证明其他介入因素（如系统性风险等）中断了损失因果关系链条，因此，在诱空型虚假陈述的损失因果关系认定时可以直接适用直接后果理论。

在实践中，过失导致虚假陈述的案件也有发生，此类案件的损失因果关系认定适用合理预见理论。合理预见理论是侵权行为人的责任范围以其在事件发生时对损害的可预见能力为限。如果损害不在行为人的可预见范围之内，那么行为人无须对不可预见损失承担责任。② 根据合理预见理论的基本逻辑，上市公司作为虚假陈述行为人，其过失行为的类型主要包含：一、错误理解公司经营数据误以为公司经营状况恶化而公布利空信息；二、出于降低增发价格的考虑延迟披露、不披露利好消息。为了保护投资者的权益，此时不应当以行为人可预见的损失为限，建议赔偿范围应当以投资者的可得利益损失为限。另外，在过失性虚假陈述中也存在介入因素的影响，为了避免行为人的责任无限扩大，在认定损失因果关系范围时应当抽离介入因素的影响。

（二）消极诱空型虚假陈述的责任范围

在探讨消极诱空型虚假陈述的责任范围前，需要明确几个概念。实施日，顾名思义，在消极诱空型虚假陈述的语境中是指应当披露而没有披露利好信息之日；揭露日是指诱空虚假陈述行为在公开媒体上首次被公开揭露之日；更正日是指行为人在证监会指定证券市场信息披露的平台上，自行公告更正虚假信息并履行停牌手续之日。③ 根据《虚假陈述民事赔偿规定》第 32 条的规定④，

---

① 程啸：《侵权责任法》，法律出版社 2011 年版，第 162 页。

② 赵克祥：《论法律政策在侵权法因果关系判断中的作用——以英美侵权法最近原因的分析为中心》，载《法律科学（西北政法学院学报）》2007 年第 4 期。

③ 参见《最高人民法院关于审理证券市场因虚假陈述引发的民事赔偿案件的若干规定》第 20 条。

④ 《虚假陈述民事赔偿规定》第 33 条规定：投资差额损失计算的基准日，是指虚假陈述揭露或更正后，为将投资人应获赔偿限定在虚假陈述所造成的损失范围内，确定损失计算的合理期间而规定的截止日期。

基准日的实质是拟定股票价格回归真实价值之日。

1. 损害赔偿责任范围的认定规则

消极诱空型虚假陈述行为虽然没有引起股价下跌，但是其扭曲了股价，造成股价应涨而未涨、股价低于股票真实价值的情况，投资者因此丧失了继续持有可获得的利润。① 投资者丧失的利润即是行为人理论上应当承担的损害责任的范围，由于投资者买入和卖出股票的具体时点不同，责任范围可能有所差异。

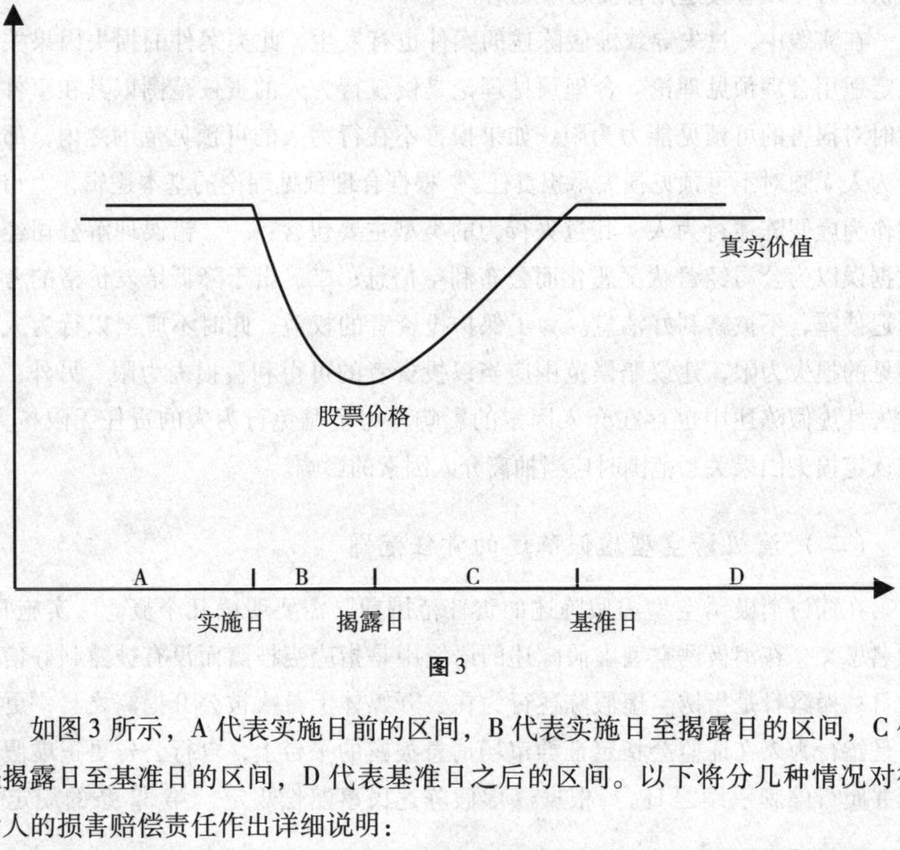

图 3

如图 3 所示，A 代表实施日前的区间，B 代表实施日至揭露日的区间，C 代表揭露日至基准日的区间，D 代表基准日之后的区间。以下将分几种情况对行为人的损害赔偿责任作出详细说明：

（1）A 区间买入，B 区间卖出。此种损失是消极诱空型虚假陈述最为多发的一种损失类型，行为人的损害赔偿责任以投资者的可得利益损失为限，投资者的卖出买股可得利益损失公式为：可得利益损失 = 卖出日股票的真实价值 –

① 杨祥：《论诱空型虚假陈述中因果关系的认定》，载《宁夏大学学报（人文社会科学版）》2016 年 3 月。

卖出价格。

（2）B区间买入并卖出。由于投资者的卖出行为受到行为人不披露利多信息的影响而作出，进而遭受到了损失，故损害因果关系是成立的。但是赔偿责任不仅要求损害因果关系成立，更要求投资者有实际损失。此种情况下，由于投资者在实施日后买入股票支付的对价是被扭曲的低价，故对于卖出时真实价格与股票价格之间的差额并不享有合理的期待利益，因此如果采用第一种情况的公式认定损害赔偿责任的范围显然对行为人不利。

虽然投资者不能因为损害行为获得额外利益，但是对于投资者的合理期待利益还是应当保护的。如图4所示，A为投资者买入诉争股票的价格，A’为投资者买入诉争股票时对应的股票真实价值；B为投资者卖出诉争股票的价格，B’为投资者卖出诉争股票时对应的股票真实价值。在投资者进行买入卖出的过程中，卖出日当天的可得利益损失为B’－B，投资者买入日的少投入的成本为A’－A，因此投资者可得利益损失为卖出日当天的可得利益损失减去买入日少付出的成本，即损害赔偿责任范围为（B’－B）－（A’－A）。

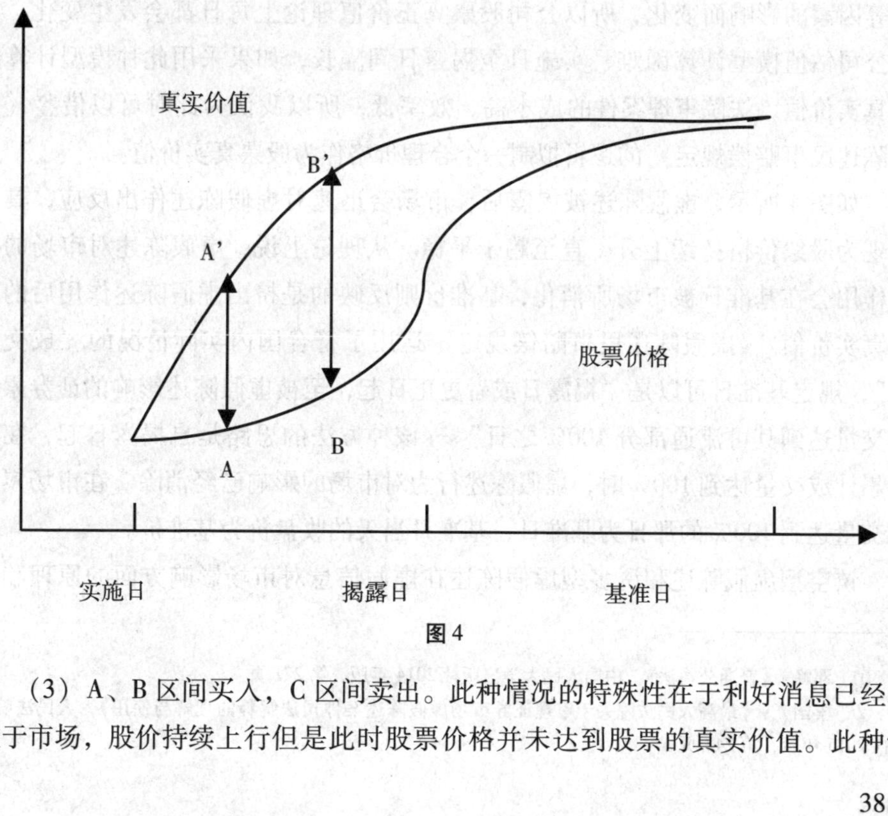

图4

（3）A、B区间买入，C区间卖出。此种情况的特殊性在于利好消息已经释放于市场，股价持续上行但是此时股票价格并未达到股票的真实价值。此种情况下，投资者作出卖出股票的决定往往是因为特殊的原因如资金短缺急需套现，且此时股票价格确实与真实价值偏离。但是不可否认的是，揭露日后利好消息已经为投资者所知，投资者的卖出决策并不是受到虚假陈述行为的影响，因此交易因果关系不成立。由于交易因果关系是损失因果关系的基础，所以此时损失因果关系亦不成立，行为人不对此类投资者的损失承担损害赔偿责任。

（4）A、B、C 区间买入，D 区间卖出。在 D 区间卖出股票时，股票价格已经回归股票真实价值，投资者卖出股票并未受到可得利益损失，因此行为无须承担损害赔偿责任。

2. 股票真实价值的认定标准

上述损害赔偿范围的认定均涉及股票真实价值，为了具体化行为人的赔偿责任，我们需要进一步的明确股票真实价值的标准。

公司的资本划分为股份，股东所有的股份单位用股票的概念来表示，股票意味着“公司划分比例利益的一个单位”。[①] 理论上股票真实价值的公式为公司整体价值 ÷ 总股数，但是由于公司的总体估值每日都会受到经济形势、经营情况等因素的影响而变化，所以公司股票真正价值理论上每日都会发生变化。鉴于公司估值模型计算困难、实施日至揭露日间隔长，如果采用此种模型计算股票真实价值，法院审理案件的成本高、效率低，所以我认为此时可以借鉴《虚假陈述民事赔偿规定》的逻辑拟制一个合理价格作为股票真实价值。

如图 4 所示，虚假陈述被揭露后，市场会迅速对虚假陈述作出反应，具体表现为股票价格持续上升，直至趋于平稳。从理论上说，虚假陈述对市场的扭曲作用会在基准日被市场所消化，基准价则反映的是挤出虚假陈述作用后的股票真实价值。《虚假陈述民事赔偿规定》运用了符合国内实际情况的“成交量法”，规定基准日可以是“揭露日或者更正日起，至被虚假陈述影响的证券累计成交量达到其可流通部分 100% 之日”。[②] 该种方法的思路是自揭露日起，在市场累计成交量达到 100% 时，虚假陈述行为对市场的影响已经消除。在市场累计成交量达到 100% 的那日为基准日，基准日当天的收盘价为基准价。

诱空型虚假陈述和诱多型虚假陈述在虚假信息对市场影响方面的原理和机

① 邓峰：《普通公司法》，中国人民大学出版社 2014 年版，第 271 页。

② 李国光：《最高人民法院关于审理证券市场虚假陈述案件司法解释的理解与使用》，人民法院出版社 2015 年版，第 243 页。

制是相同的，因此诱多型虚假陈述基准日的认定方式可以适用于诱空型虚假陈述中。因此，在诱空型虚假陈述中，股票真实价格拟定为基准价。基准日为该公司的流通股累计成交量达到100%之日，该日的收盘价即为基准价。

因此，上述损害赔偿责任的范围即：

（1）A区间买入，B区间卖出的，损害赔偿责任范围为基准价－卖出价；

（2）B区间买入并卖出的，如前所述，此时的损害赔偿责任范围为（B’－B）－（A’－A）。由于此时情况特殊，如果A’和B’均适用基准价的话，此时损害赔偿责任范围为买入价－卖出价，所以此种情况下，投资者仅在买入价大于卖出价时能够向行为人主张权利。

（三）积极诱空型虚假陈述的责任范围

积极诱空型虚假陈述行为以披露虚假利空消息的方式引起市场低迷情绪并看空，股票价格背离股票真实价值向下运行并在揭露日或更正日达到最低点。随着利空消息被证伪，市场迅速作出反应，股票价格开始上行，直到基准日股票价格恢复至真实价值。

投资者在买入股票至受到诱空虚假陈述影响而卖出股票的过程中，有可能遭受实际损失，也可能遭受可得利益损失。由于在股票价格受虚假陈述作用而震荡时，投资者所受损失的不同主要是因买入、卖出的时点不同。因此投资者买入和卖出股票的具体时点不同，责任范围可能有所差异。

如图5所示，A代表实施日前的区间，B代表实施日至揭露日的区间，C代表揭露日至基准日的区间，D代表基准日之后的区间。以下将分几种情况对行为人的损害赔偿责任范围作出详细说明：

1. A区间买入，B区间卖出。在实施日后，由于股票价格受到诱空虚假陈述的作用下行，投资者往往在B区间作出卖出股票的决策，因此，此种类型是最典型、最普遍的积极诱空型虚假陈述类型。损害赔偿责任的范围以投资者的损失为限，在此种情形下，投资者存在客观投资损失（买入价－卖出价）和可得利益损失（卖出时的股票真实价值－卖出价）两种类型的损失，由于在不考虑其他因素的情况下，投资者的实际损失和可得利益损失是相等的，所以此时行为人的损害赔偿责任的计算公式为：损害赔偿责任范围＝买入价或卖出时的股票真实价值－卖出价。

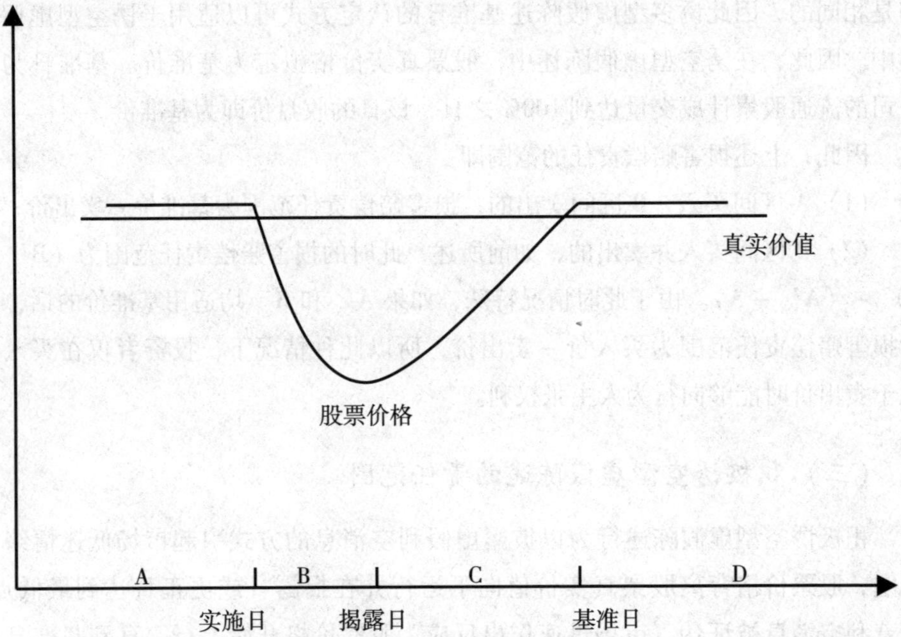

图5

在实践中，股票价格可能受到诸多因素的作用而背离股票的真实价值，因此我们有必要讨论在计算股票损害赔偿责任范围时应当以投资者客观投资损失为准还是以可得利益损失为准。我认为适用可得利益损失更为合理，主要原因有二，第一，投资者在诱空型虚假陈述的影响下作出了卖出诉争股票的决策，使本来能够得到的利益无法实现，投资者的损失在属于可得利益损失；第二，由于投资者可能持有诉争证券的时间较长或者在诱空虚假陈述作出前诉争股票涨幅较大，诉争证券的买入价低于实际卖出价，投资者仍有获利。在此种情况下，如果适用买入价明显对该部分投资者不利，所以不应当适用买入价。综上，在此种情形下，由于损害赔偿责任以投资者的可得利益损失为限，因此行为人的损害赔偿责任范围的计算公式应当为：卖出时的股票真实价值 - 卖出价。

2. B区间买入并卖出。虽然在B区间买入并卖出诉争股票投资者会遭受客观投资损失，但是此种类型虚假陈述行为与投资者损失之间并无交易因果关系（相关论述前文已经交代）。由于交易因果关系是损失因果关系成立的基础，所以此时损失因果关系并不成立，即此种情况下行为人不承担损害赔偿责任。

3. A、B 区间买入，C 区间卖出。此种情况下，投资者在卖出诉争股票时虚假陈述行为已经被揭露，因此，虽然投资者可能有客观投资损失，但是由于卖出的投资决策不是虚假陈述行为引起，所以损害因果关系不成立，行为人无须承担损害赔偿责任。

4. A、B、C 区间买入，D 区间卖出。此种情况下一方面投资者已然知晓虚假陈述行为，卖出决策并未受到虚假陈述行为的影响，损失因果关系不成立；另外，在基准日后股票价格回归股票价值，在不考虑其他因素的情况下，投资者并未遭受损失。所以，此种情况下行为人无须承担损害赔偿责任。

关于股票真实价值的认定标准，积极诱空型虚假陈述与消极诱空型虚假陈述一样，关于股票真实价值可以拟制适用基准日的收盘价，即基准价。基准价为揭露日后在市场累计成交量达到100%的那日的收盘价格。具体逻辑与消极诱空型虚假陈述相同，此处不再赘述。

所以，在积极诱空型虚假陈述情形下，行为人需要承担损害赔偿责任的情况为投资者在 A 区间买入，B 区间卖出时，损害赔偿责任范围为基准价—卖出价。

四、介入因素抽离的实证分析——以系统性风险为例

中断损失因果关系的因素可以分为两类，一类是系统性风险，即能够影响整个证券市场的宏观政治因素、经济因素等；另一类是非系统性风险，此类介入因素较微观，如他人操作市场、公司经营决策失误等。由于涉及非系统性介入因素相关案例少（仅渤海股份[①]一例），故本文主要以系统性风险为例对介入因素的抽离进行论述。

（一）系统性风险抽离的理论依据

在诱空型虚假陈述案件中，行为人的损害赔偿责任以投资者可得利益损失为限。但是和诱多型虚假陈述行为一样，诱空型虚假陈述的损失因果关系可能

① 刘某民与渤海集团股份有限公司股票交易赔偿纠纷上诉案（山东省济南市中级人民法院（1998）济中经终字第41号）。

会受到介入因素的影响，且介入因素所起到的作用是加重损害赔偿责任。为了公平地保护双方当事人利益，在认定诱空型虚假陈述损失因果关系时，也应当抽离介入因素的影响。

根据侵权损害赔偿的基本理论，侵权人只应对其侵权行为造成的被侵权人的损失进行赔偿。由于在证券虚假陈述场合，导致被侵权人损失的原因往往不止侵权人的虚假陈述行为一种，还可能包括国内外经济环境、政治环境、国内金融政策等多种因素。在 Waddell v. Blockery[①] 案中，法院就准确地指出：如果没有欺诈，原告本不会购买该股票，因此也就不会遭受因股票贬值而带来的风险；但是，原告仍可能将资金投资于其他股票，并仍然遭受同样的系统性风险和相应的损失。关于系统性风险抽离的标准，主要包括：一是介入因素所造成原告的损失是否与虚假陈述行为造成的损失种类相同，如果不同，则应抽离；二是侵权人对于介入因素能否合理预见，如果不能预见，则应抽离。[②]

（二）实证研究：司法审判对系统性风险认定的相关问题分析

1. 法院对系统风险抗辩的认定

我国在认定虚假陈述因果关系时，采取了“可抗辩的推定信赖”立场，规定被告可以就原告提出的基础事实提出反证，以证明投资者的损失与虚假陈述之间不存在损失因果关系。[③] 根据《虚假陈述民事赔偿规定》第 19 条第 1 款第（四）项规定，[④] 被告可以提出系统性风险抗辩。通过对检索到的 29 个被告提出系统性风险抗辩的案例进行分析研究，发现法院支持或部分支持被告提出的系统性风险抗辩的案件共计 24 例，完全不支持系统风险的抗辩案件共计 5 例。可见，法院对系统性风险在损失因果关系中的作用是认可的。

结合上述案件的具体情况，法院认为系统性风险对证券市场有普遍性影响，进而对证券市场的所有股票价格均产生影响，因此法院普遍支持系统性风险。

---

① Waddell v. Blockery（1879）4 Q. B. D. 678，C. A.

② 程啸：《侵权责任法》，法律出版社 2011 年版，第 218 页。

③ 李国光：《最高人民法院关于审理证券市场虚假陈述案件司法解释的理解与使用》，人民法院出版社 2015 年版，第 252 页。

④ 当被告举证证明损失或部分损失是由证券市场系统风险等其他因素导致的，可以认定虚假陈述与损害结果之间不存在损失因果关系或减轻损失因果关系的范围。

这种具有普遍性的影响上市公司对其是不可控的，投资者也不可能通过分散投资的方式避免系统性风险的影响。正是因为系统性风险的不可控性和不可避免性，投资者因为系统性风险造成损失不应当由行为人承担，即投资者的损失和行为人的虚假陈述行为的损失因果关系不成立。

另外，法院完全不支持系统性风险的理由仅为原告没有完成证明责任，包括原告承担举证不能责任以及系统性风险确不存在两类。

2. 系统性风险的认定标准

目前理论界和实务界都对系统性风险的认定标准存在分歧，主要的观点有三种：第一种观点认为系统风险可以通过大盘综合指数判断；第二种观点认为系统性风险可以通过同行业股票指数判断；第三种观点认为由于我国证券市场仍不是一个有效率的资本市场，用任何指数度量系统性风险都不准确。[①] 通过对法院支持或部分支持系统性风险的 24 个案件中法院认定系统性风险所采用的指标的分析，我国司法实践中系统性风险认定的具体情况如表 2 所示。

序号	认定标准	数量	占比
1	仅考虑大盘指数	11	46%
2	综合考虑大盘指数和板块指数	10	42%
3	仅考虑板块指数	1	4%
4	调解结案	1	4%
5	驳回	1	4%

表 2

可见，仅以大盘指数作为系统性风险标准的观点在司法实践中最为常见，而最为常见的大盘指数是上证 A 指和深证成指。由于大盘指数覆盖的股票范围广，在整个大盘持续走低、巨幅下跌的背景下，个股不受影响的情况是极其罕见的。[②] 因此，以大盘指数作为系统性风险的标准，能够最大限度地涵盖包括诉争股票在内的流通股所受到的系统性风险的作用范围。

① 蔡伟真：《论系统风险对证券市场虚假陈述损害赔偿额确定的影响》，载《研究生法学》2014 年 2 月。

② 刘振：《关于证券市场系统风险所致损失数额的认定》，载《人民司法》2008 年第 11 期。

3. 系统性风险的计算方法

根据案例汇总出的系统性风险计算方法，发现各地法院普遍采用的计算方法主要有统一确定系统风险直接比例法、统一确定系统风险相对比例法、个案计算系统风险相对比例法、个案计算系统风险直接比例法四类。[①]

（1）统一确定系统风险直接比例法

金某诉数源科技股份有限公司虚假陈述证券民事赔偿纠纷案中，法院在计算系统性风险所致损失时采用了此种方法。在本案中，杭州市中级人民法院综合考虑后酌情确定系统风险的造成数源科技股票下跌的幅度为10%，投资者因系统性风险导致的损失数额=买入价×10%×持有股数。[②]

由于此种方法较为简单方便，因此各地法院在计算系统性风险损失时普遍采用此种方法。

（2）统一确定系统性风险相对比例法

陈某诉三九医药股份有限公司虚假陈述证券民事赔偿纠纷案中，法院在计算系统性风险所致损失时采用了此种方法。深圳市中级人民法院在民事判决书中指出三九医药的股票价格跌幅超过综合指数跌幅部分即三九医药虚假陈述造成原告的损失部分。虚假陈述造成的损失比例计算公式为：虚假陈述造成的损失比例=（三九医药股票价格跌幅-综合指数跌幅）÷三九医药股票价格跌幅。投资者因系统性风险导致的损失数额=买入价×虚假陈述造成的损失比例×持有股数。[③]

（3）个案计算系统风险直接比例法

何某慧等投资者诉佛山照明股份有限公司虚假陈述民事赔偿纠纷案中，法院在计算系统性风险所致损失时采用了此种方法。通过根据个别投资者具体买入时间大盘指数的变动情况，决定个别投资者因系统性风险造成的损失。

广州市中级人民法院在判决书中指出“鉴于《虚假陈述民事赔偿规定》未对如何计算系统风险提供具体标准，该院结合本案的实际情况，确定以深成指数作为参数，以买入平均价×损失计算数（1-卖出时的深成指数÷买入时的平

① 张保生、周伟、刘思远：《证券虚假陈述民事赔偿案件系统风险的认定标准和计算方法》，载《金融服务法评论（第7卷）》，法律出版社2015年版，第322页。

② 杭州市中级人民法院（2010）浙杭商初字第34号民事判决书。

③ 广东省高级人民法院（2005）粤高法民二终字第147号民事判决书。

均深成指数）计算系统风险致损金额。在扣除系统风险致损的金额之后，原告余下的投资差额损失应由被告承担”。①

（4）个案计算系统性风险相对比例法

刘某章诉烟台东方电子信息产业股份有限公司等虚假证券信息纠纷案中，法院计算系统性风险所致损失时采用了此种方法。具体而言，青岛市中级人民法院在计算系统性风险时先计算系统性风险的损失比例，再用投资者损失 × 系统性风险造成的损失比例得到系统性风险对投资者造成的损失。

其计算公式如下：系统风险造成的损失比例 =（买入平均深证 A 指—卖出平均深证 A 指）÷ 买入平均深证 A 指。为便于计算，将系统风险造成的损失比例转化为相对于投资差额损失比例的相对比例（系统风险造成损失的相对比例），其计算公式如下：系统风险造成损失的相对比例 = 系统风险造成的损失比例 ÷ 投资差额损失比例。②

由于在诱空型虚假陈述和诱多型虚假陈述中，投资者因虚假陈述行为造成的损失都应当抽离系统性风险，而投资者承担系统性风险的大小不因虚假陈述行为方式的不同而改变。因此，诱多型虚假陈述案件中的系统性风险所致损失的认定和计算方法可以类推适用于诱空型虚假陈述案件中。在系统性风险认定标准方面，建议采用行业指数板块予以认定更为准确；而系统性损失计算标准方面，从公平、科学的角度，由于每个投资者的具体情况具有差异性，建议采用个案计算系统性风险比例法。

五、结语

随着我国证券市场的发展，诱空型虚假陈述行为不再是理论上的分类，已经成了证券市场中频发的类型案件。虽然现在针对诱空型虚假陈述案件尚无相关规制，但是当此类案件成为新常态时，法律必然会有所作为。法律是金融活动有序开展的重要屏障，尽管可能滞后于金融创新，但是这并不意味着法律会无视新型证券欺诈行为。希望通过本文浅显的论述，在立法、司法审判工作中起到抛砖引玉的作用，为我国的证券法制事业贡献绵薄之力。

---

① 广州市中级人民法院（2013）穗中法金民初字第 5 号民事判决书。

② 青岛市中级人民法院（2007）青民初字第 70 号民事判决书。

证券期货高频交易中的市场操纵行为规制研究

吴任桓*

【内容提要】高频交易对证券期货市场的影响优劣并存，若高频交易被滥用，则可能造成市场操纵等违法行为。在高频交易下市场操纵行为展现出幌骗、塞单、试单等新类型。在我国，对于新出现的高频交易操纵行为予以规制存在一定问题，主要体现在法律规则对当前市场操纵行为分类存在局限、对行为人目的的要求不明确、认定行为对证券期货价量的影响存在困难以及配套监管措施存在不足等方面。对此，本文从立法及执法层面，对如何有效认识和规制证券期货高频交易中的市场操纵进行深入分析和研究。

【关键词】高频交易　市场操纵　证券执法　幌骗

高频交易（High - Frequency Trading，HFT）是一种依托计算机算法，能够超高速报撤单、低迟延传递指令与信息、不隔夜持有头寸、自动化运用策略的量化投资方式。在我国，高频交易近年来在逐步发展，被应用于期货、融券日

* 北京国枫（深圳）律师事务所律师助理。

内交易、ETF 等金融市场中。然而，2015 年伊世顿国际贸易有限公司（以下称为“伊世顿”）因涉嫌通过高频交易软件操纵股指期货市场被公安机关立案侦查。2017 年 6 月，上海市第一中级人民法院作出一审宣判，认定被告伊世顿及相关行为人和责任人操纵期货市场罪成立。此外，中信证券、国信证券、海通证券等证券公司因在 2015 年违反《证券公司融资融券业务管理办法》（以下称为《融资融券管理办法》）的相关规定，协助司度（上海）贸易有限公司（以下称为上海司度）规避监管要求以设立信用证券账户并使用高频交易软件进行做空交易，受到证监会巨额罚款。由于伊世顿及上海司度的案件发生在 2015 年 6 至 7 月的“股灾”时期，因此我国监管部门及学界均十分关注高频交易对我国金融市场稳定与公平的影响，而相关的判决结果及处罚决定将影响我国高频交易未来的发展。

在上述两起案件中，高频交易均因涉及市场操纵而受到监管部门的调查与处罚，这说明高频交易中涉及的市场操纵行为是当前亟须予以规制的问题。笔者希望结合高频交易对金融市场影响的认识以及域外实践经验，对我国高频交易中市场操纵行为的认定规则制定、执法适用以及相应的配套监管措施中存在的问题进行分析与探讨，以完善我国对高频交易中市场操纵行为的规制，在维护我国金融市场稳定、打击欺诈行为的同时避免过度抑制高频交易等金融创新产物在我国的发展。

一、高频交易行为的概述

（一）高频交易中市场操纵行为的分类

市场操纵作为一种损害证券期货交易秩序的欺诈行为，受到各国法律的明确禁止。目前受到各国监管部门及学术界关注的行为主要为以下三种类型。

1. 幌骗

幌骗（spoofing/layering）主要表现为行为人不以成交为目的申报订单后又迅速撤销所申报订单，以引诱其他投资者见势跟随买入或卖出某金融商品，当达到该行为人所欲实现的效果时，其迅速进行反向交易，与被引诱入场的投资者在其期望的价格水平上交易，从而获利。[①] 在高频交易软件的应用下，幌骗行为相较于一般投资者的报撤单行为更为快速，可能仅在一秒之内即完成了多次报撤单行为。

应予关注的是，IIROC 在其监管文件中指出，试单行为人基于操纵市场的目的，还可能会结合报价操纵行为（Quote Manipulation）一同实施。在暗池交易平台（Dark Pool / Dark Platform）中，交易价格通常以主要交易所公开的报价作为参考，而试单及报价操纵行为人利用高频交易技术在公开市场申报不真实的订单（non - bona fide order），以影响某只股票的公开市场交易价格，继而影响暗池交易平台中的订单价格，行为人再于暗池交易平台中与经试单而探知的该只股票的大宗订单投资者在更高或更低的价位成交，同时迅速撤销在公开市场上的订单。[②] 从 IIROC 的定义可知，报价操纵在行为目的及模式上与幌骗并无差别，实质上是通过申报与撤销不以成交为目的的订单从而影响公开市场的交易价格，因此笔者将报价操纵归为幌骗的一种具体形式。此外，ESMA 的监管文件还将“动量发起”（Momentum Ignition）明确列为在自动化交易环境下应予关注的市场操纵行为。动量发起是指交易者通过提交一系列的订单以形成一种态势，并促使其他市场参与者推动这种态势的增强，继而使价格达到其期望水平。[③] 动量发起与幌骗一样，均通过迅速或频繁地申报、撤销不以成交为目的的订单以诱使其他投资者跟势买入或卖出某股票或期货合约。因此笔者将动量发起行为归为幌骗进行讨论。

2. 塞单

塞单（Quote Stuffing）表现为高频交易商在市场上瞬间投入大量的买卖订单，然后又被迅速取消或更新。[④] 美国证券交易委员会（SEC）曾对 2010 年

---

① 张孟霞：《高频交易的频繁报撤单与市场操纵认定——以美国国债期货“虚假报单操纵”案例为视角》，载《证券市场导报》2016 年第 5 期。

② See IIROC, Guidance on Certain Manipulative and Deceptive Trading Practices, http://www.iiroc.ca/Documents/2013/02a24cf0 - 770e - 4d23 - 8d32 - e46c4cda32c1_ en. pdf (last visit on 2018 - 02 - 07).

③ See ESMA, Systems and Controls in an Automated Trading Environment for Trading Platforms, Investment Firms and Competent Authorities, https://www.esma.europa.eu/search/site/high - frequency%20trading? date_ from = 2012 - 01 - 01&date_ to = 2012 - 03 - 01&f [0] = is_ esma_ bundle_ group%3A1 (last visited on 2018 - 01 - 07).

④ 严婷：《SEC 介入调查，“塞单”涉嫌助推“闪电崩盘”》，载《第一财经日报》2010 年 9 月 3 日第 A14 版。

"闪电崩盘"中大量出现的塞单现象进行调查。[①] ESMA 在针对自动化交易的监管文件中将塞单列为市场操纵行为，其具体是指行为人通过申报大量订单并且取消或者更新这些订单以造成其他投资者对市场行情的不确定、延缓其交易进程及掩饰行为人的交易策略。[②] IIROC 亦明确将塞单列为市场操纵行为，并指出塞单行为人的目的是增加市场的数据迟延（data latencies）及增加套利机会等。[③]

3. 试单

试单（Ping Orders），亦可称为"高速试探"（High - Speed Ping）或"流动性探测滥用"（Abusive Liquidity Detection），[④] 其通常针对机构投资者的大宗订单，在国外的暗池交易平台中十分常见。高频交易商通过不断发出小量订单而后撤销，试探市场中大宗订单的反应并测算其体量，进而利用其信息获取速度上的优势抢先在机构投资者之前买入相应的股票等金融商品，然后报出更高的卖价，迫使机构投资者提价买入，形成对报价的操纵。[⑤] ESMA 及 IIROC 均将试单或流动性探测滥用列为市场操纵行为。[⑥]

从行为模式上看，塞单与幌骗均属于行为人滥用高频交易技术的速度优势在极短的时间内向市场申报订单以干扰其他投资者作出交易决定的行为。但二

---

① 严婷：《SEC 介入调查，"塞单"涉嫌助推"闪电崩盘"》，载《第一财经日报》2010 年 9 月 3 日第 A14 版。

② See ESMA, Systems and Controls in an Automated Trading Environment for Trading Platforms, Investment Firms and Competent Authorities, https: //www. esma. europa. eu/search/site/high - frequency% 20trading? date_ from = 2012 - 01 - 01&date_ to = 2012 - 03 - 01&f [0] = is_ esma_ bundle_ group% 3A1 (last visited on 2018 - 02 - 07).

③ See IIROC, Proposed Guidance on Certain Manipulative and Deceptive Trading Practices, http: //www. iiroc. ca/Documents/2012/f62c746a - b5c9 - 448a - b57f - f1c04c88de14_ en. pdf#search = Guidance% 20on% 20Certain% 20Manipulative% 20and% 20Deceptive% 20Trading% 20Practices (last visit on 2018 - 02 - 07).

④ 肖凯：《高频交易与市场操纵》，载《交大法学》2016 年第 2 期。。

⑤ [美] 萨尔·阿努克、约瑟夫·萨鲁兹：《华尔街数据大盗：高频交易的罪与罚》，刘飏译，人民邮电出版社 2014 年版，第 105 ~ 106 页。

⑥ See IIROC, Guidance on Certain Manipulative and Deceptive Trading Practices, http: //www. iiroc. ca/Documents/2013/02a24cf0 - 770e - 4d23 - 8d32 - e46c4cda32c1_ en. pdf (last visit on 2018 - 02 - 07). And ESMA, Systems and Controls in an Automated Trading Environment for Trading Platforms, Investment Firms and Competent Authorities, https: //www. esma. europa. eu/search/site/high - frequency% 20trading? date_ from = 2012 - 01 - 01&date_ to = 2012 - 03 - 01&f [0] = is_ esma_ bundle_ group% 3A1 (last visited on 2018 - 02 - 07).

者的不同之处在于前者并不一定紧跟着进行反向交易，[①] 并且在行为目的这一认定行为人违法性的重要因素上，前者较后者更难于判断。[②] 交易者既有可能是试图扰乱其他投资者的判断从而隐藏其交易策略，[③] 也可能是制造活跃的成交量假象企图获利，又或者仅是基于其对市场行情的分析，认为报出的订单无法成交而取消报单而已。相较于幌骗与塞单，试单行为所针对的交易对象及交易环境更为特殊。试单的主要目的并非引诱其他投资者跟势买入或卖出，或者引起市场数据迟延，而是为了抢在大宗订单投资者之前交易以迫使其提高报价。

（二）高频交易操纵违法性特征

1. 不以成交为目的的申报或撤销订单

幌骗是行为人不以成交为目的申报订单，企图制造某只股票或期货合约的虚假供求表象以引诱其他投资者跟势买入或卖出，在达到期望的价位时行为人立即进行反向交易；塞单是行为人不以成交为目的在短时间内向证券期货市场投放大量订单，从而达到扰乱市场秩序、干扰其他投资者决策或者隐藏其交易策略等效果；试单则是行为人先通过不以成交为目的的用于试探的订单探知暗池交易平台中存在的大宗订单，而后抢在被探知的准备进行大宗交易的投资者之前先对相应的证券或期货合约进行交易，以实现提高大宗订单交易价格的效果。

2. 滥用高频交易技术优势

高频交易软件或技术赋予了使用者远超其他投资者的报撤单及获取交易信息的速度优势。但应当明确的是，高频交易商具有这种高频优势并不等同于具有违法性，只有其滥用这种高频优势时才会构成违法行为。根据欧盟《反市场滥用条例》（Regulation（EU）No 596/2014）第 12 条规定以及德国《高频交易法》对《市场操纵定义条例》第 3 条的修订，滥用高频交易优势的行为具体可体现为扰乱或迟延交易系统的运行；增加他人在交易系统中辨识真实订单的难度，包括申报订单以引起交易簿的过载或不稳定（overloading or destabilisation）；

---

① 邢会强：《证券期货市场高频交易的法律监管框架研究》，载《中国法学》2016 年第 5 期

② 严婷：《SEC 介入调查，“塞单”涉嫌助推“闪电崩盘”》，载《第一财经日报》2010 年 9 月 3 日第 A14 版。

③ See Andrew J. Keller, Robocops: Regulating High Frequency Trading after the Flash Crash of 2010, 73 Ohio State Law Journal 1468 (2012).

制造或者可能制造关于某金融工具的供给、需求或价格的错误或误导性信号，特别是申报订单以产生或助推某种趋势（to initiate or exacerbate a trend）等。[①]

3. 形成错误或误导性表象以影响交易价量

幌骗、塞单及试单行为均对其他投资者形成错误或误导性表象。例如，幌骗行为人通过快速、频繁或者批量地申报订单，以诱使其他投资者跟势买入或卖出相关股票或期货合约；塞单行为人通过瞬间向市场申报大量订单，以影响其他投资者对当时市场行情的判断；试单行为人则在申报及撤销订单以试探市场中的大宗订单过程中，影响了计划对该大宗订单进行交易的机构投资者的操作决策。通过形成对其他投资者的错误或误导性表象，高频交易操纵的行为人实现了对相关证券或期货合约交易价格的影响，使之偏离正常水平或价值，或者形成对交易量的操纵而造成市场的波动，即造成了违法后果。

（三）高频交易操纵在我国的情况

1. 高频交易在我国发展的特殊性

与在欧美国家蓬勃发展的情况不同，高频交易在我国尚处于特殊的发展环境中。在交易制度方面，除期货、ETF 等交易允许 T+0 机制外，融券交易亦曾采用 T+0 机制，但上海交易所于 2015 年 8 月对《上海证券交易所融资融券交易实施细则（2015 年修订）》（以下称为《上交所融资融券细则》）第 15 条规定作出修改，将融券交易由 T+0 变更为 T+1 机制。在以 T+1 为主、T+0 适用范围狭小并存在进一步收缩可能的交易环境下，高频交易商难以实现通过捕捉细微的价格变动获利和不隔夜持有头寸的盈利模式。此外，在经历 2015 年的股灾后，我国监管部门及交易所对频繁报撤单作出严格限制，例如中国金融商品交易所自 2015 年 8 月 3 日起将单个股指期货合约每日报撤单行为超过 400 次、每日自成交行为超过 5 次的认定为异常交易行为。再加上相对较高的印花税等交易成本，以及除新三板市场等领域外做市商制度的贫乏等因素，高频交易在我

① See Regulation (EU) No 596/2014 of the European Parliament and of the Council of 16 April 2014 on market abuse (market abuse regulation) and repealing Directive 2003/6/EC of the European Parliament and of the Council and Commission Directives 2003/124/EC, 2003/125/EC and 2004/72/EC. And Translation of the main provisions of the High Frequency Trading Act, https://www.bafin.de/SharedDocs/Veroeffentlichungen/EN/Aufsichtsrecht/Gesetz/hft_en.html (last visit on 2018-02-12).

国难以像国外一样得到快速发展和普及。[①] 除了以上交易制度层面的局限外，我国政府对金融市场要服务于实体经济这一政策的强调亦影响着高频交易的发展。对于高频交易这样一种在证券期货市场中以赚取价差为主要盈利方式而缺乏长期投资目的的交易技术，其能否符合服务实体经济的政策要求虽然还无法下定论，但这将导致监管部门对高频交易保持持续关注并严加看管。另外，我国期货市场依然采用 T+0 交易制度，这为高频交易留下了活动的余地。但如果高频交易被滥用于具有加杠杆特点的期货市场中以获取非法利益时，对期货市场造成的损失可能是巨大的。特别是当高频交易被利用于操纵股指期货交易时，跨越证券市场与期货市场的风险将影响金融市场的整体稳定。

2. 高频交易操纵在我国出现的可能性

随着伊世顿案及上海司度案的相继曝光，高频交易中的幌骗行为在我国受到更广泛的关注。此外，近年来证监会的行政处罚案件以及法院审理的刑事案件中已出现涉及幌骗的市场操纵行为，例如，2016 年的江某市场操纵案便被学界认为其操纵手段是幌骗，行为人江某被证监会认定构成市场操纵。

塞单行为目前尚未出现于我国市场操纵案件中，但如前文所述，塞单与幌骗在行为模式上相似，在我国当前的交易制度与市场环境下，塞单有可能出现于我国期货等金融市场中。而对于试单行为，尽管我国证券期货市场存在大宗商品交易制度，但由于我国境内尚不存在类似国外的暗池交易平台，且大宗交易主要以协议交易形式进行，需在特定交易所及特定交易时段，在交易所的交易规则下进行，受到监管部门和交易所的严格管控，因此试单行为在我国当前的金融市场中尚难出现。[②]

二、我国高频交易操纵认定规则之制定中的问题

面对新出现的高频交易操纵，认定规则的明确界定是对之予以有效规制的重要基础。我国能否通过制定规则在违法认定方面对高频交易操纵进行有效规范显得十分重要，当然挑战亦同样存在。

---

① 上海证券交易所、复旦大学联合课题组：《高频交易及其在中国市场应用研究》，2012 年第 23 期上证联合研究计划报告。

② 邢会强：《证券期货市场高频交易的法律监管框架研究》，载《中国法学》2016 年第 5 期。

（一）我国高频交易操纵认定规则的缺失

当前我国证券期货市场可能出现或已经出现了幌骗及塞单等高频交易操纵行为。对于是否有必要像高频交易发达的国家或地区一样在法律文件或者监管部门指导性文件中予以专门界定，笔者认为该问题的重点在于关注并分析现有证券期货法律关于市场操纵的规定能否涵盖幌骗、塞单等行为，从而实现有效的规范。

我国《证券法》第77条规定了连续交易操纵、约定交易操纵、洗售操纵及其他手段操纵4种市场操纵行为类型。而《刑法》第182条对操纵证券、期货市场罪行为类型的规定与《证券法》第77条的规定一致。此外，《期货交易管理条例》第71条对于操纵期货市场行为的规定，除了包括《刑法》《证券法》规定的类型外，还包括囤积存货。这是目前我国关于市场操纵行为认定的法律及行政法规层面上的依据。然而，以上法律及行政法规仅对连续交易操纵、约定交易操纵、洗售操纵等行为作出列举，至于哪些行为属于其他手段操纵，以上法律及行政法规尚未明确。尽管证监会《证券市场操纵行为认定指引（试行)》（以下简称《认定指引（试行)》）对属于“其他手段操纵”的虚假申报操纵等5种行为作出较详细的列举说明，但由于其属于证监会的内部指引性文件，证监会或法院无法根据该指引的相关规定作出处罚或裁判。并且在刑事案件中，法院若利用兜底条款对其他手段操纵行为进行解释，还会引致是否与罪刑法定原则相冲突的理论问题。①

2015年，证监会发布了《证券期货市场程序化交易管理办法（征求意见稿)》(以下简称《程序化交易管理办法（征求意见稿)》)，第18条规定了程序化交易不得进行的7种行为，其中第（三）项为“频繁申报并频繁撤销申报，且成交委托比明显低于正常水平”；第（五）项为“进行申报价格持续偏离申报时的市场成交价格的大额申报，误导其他投资者决策，同时进行小额多笔反向申报并成交”；第（六）项为“连续以高于最近成交价申报买入或连续以低于最近成交价申报卖出，引发价格快速上涨或下跌，引导、强化价格趋势后进行大

① 刘宪权：《操纵证券、期货市场罪“兜底条款”解释规则的建构与应用——抢帽子交易刑法属性辩正》，载《中外法学》2013年第6期。

量反向申报并成交”。笔者认为以上规定相比《证券法》、《刑法》、《期货交易管理条例》及《认定指引（试行）》而言更加具体，更具有针对性，能够涵盖幌骗及塞单行为。然而该办法至今尚未公布实施，相关规定在将来是否会作修改仍未确定，因此只能将其视为证监会将来对高频交易下市场操纵行为认定标准的发展方向。此外，2017年4月进入“二读”阶段的《证券法》修订草案相比于“一读”版本增加了市场操纵行为的类型以及对程序化交易的规范等内容，这表明《证券法》的修订已关注到高频交易等程序化交易对市场操纵立法的影响。就目前而言，仅依据上述法定的市场操纵行为类型及其认定标准来处理涉及幌骗、塞单等市场操纵行为是存在不足的。因此，我国当前的法律法规尚不存在针对高频交易操纵的认定规则。

（二）现有市场操纵法定类型难以适用于高频交易操纵认定

1. 高频交易操纵与其他法定市场操纵类型存在差异

根据我国现有的法律法规及证监会《认定指引（试行）》对市场操纵类型的规定，笔者认为现有的行为类型无法涵盖高频交易操纵，甚至与高频交易操纵存在明显差异。

（1）“抢帽子”交易操纵与高频交易操纵。虽然“抢帽子”交易与幌骗、塞单行为均存在诱使和误导投资者作出交易决定的特征，但“抢帽子”交易主要通过行为人的评价性或推测性观点来达到违法目的，而幌骗和塞单则是通过大量或频繁的报撤单行为来影响投资者的判断。

（2）蛊惑交易操纵与高频交易操纵。蛊惑交易操纵表现为行为人利用虚假或错误的重大信息诱导不了解实情的投资者进行交易，从而引起行为人期待的市场变化效果。幌骗和塞单行为虽然也存在诱导投资者的动机，但其并非利用重大信息，而是利用高频交易技术上的速度优势。

（3）约定交易操纵与高频交易操纵。约定交易操纵的主要特征是与他人串通，实现约定相互进行交易，而高频交易中的幌骗和塞单则依靠计算机程序进行交易，只需通过算法的运作即可快速完成交易策略，因此无须与他人串通以实现对交易价格或交易量的操纵。

（4）洗售操纵与高频交易操纵。洗售操纵主要表现为行为人在其实际控制的账户之间进行交易。而幌骗一般表现为行为人在交易市场中的买方（或卖方）

一侧频繁地作出委托申报，在引起其他投资者跟投后随即于另一侧进行交易。塞单则表现为行为人在交易市场的买方（或卖方）一侧在较短时间内作出大量委托申报。由此可见，洗售与幌骗、塞单的主要差异在于前者的实施需要行为人拥有实际控制的两个以上账户，且所交易的证券或期货合约的所有权实际上并未发生转移，而幌骗、塞单则只需行为人使用一个账户即可实现其目的，最终完成交易的证券或期货合约是真实交付的。

（5）特定时间的价格或价值操纵、尾市交易操纵与高频交易操纵。幌骗和塞单行为可能出现在尾市等特殊交易时间段，但特定时间的价格或价值操纵和尾市操纵并不仅仅涉及幌骗和塞单，还可能存在其他的拉抬、打压或锁定手段，因此这一类型不能准确反映幌骗和塞单的特征。

2. 将连续交易操纵、虚假申报操纵涵盖幌骗、塞单不完全恰当

（1）高频交易操纵与连续交易操纵。对于少数涉及幌骗行为的执法案件，证监会主要以连续交易操纵和虚假申报操纵来认定操纵行为的性质。在江某市场操纵案中，江某在融券交易中频繁发出卖出以及撤销申报，卖出和撤销申报的平均时间间隔仅十余秒甚至几秒，撤单比例已超过80%。证监会在处罚决定书中认为江某在融券过程中连续卖出股票，影响了其他投资者的判断，并造成短时间内多头与空头之间的失衡，最终认定其违反《证券法》关于连续交易操纵及其他手段操纵的禁止性规定。① 从证监会处罚决定书的事实认定部分可见，江某已具备幌骗的行为模式及交易目的，且从江某卖出和撤销申报的平均间隔时间极短这一情况来看，其采用高频交易等自动化交易技术的可能性较大。江某频繁发出及撤销申报的行为亦符合“连续”这一交易特征。然而，证监会在处罚决定中认定行为人构成市场操纵行为的依据除了《证券法》关于连续交易操纵的规定外，还包括了“以其他手段操纵”。这实际上反映了将幌骗等高频交易操纵认定为连续交易操纵是不够全面的，即仅依据关于连续交易操纵的法律规定尚不足以作出违法认定。另外，虽然连续交易操纵及幌骗和塞单等高频交易操纵均具有滥用优势地位的特征，但是，连续交易操纵无法反映幌骗行为人是否不以成交为目的，是否随即进行反向报单完成交易等特征，而对于塞单行为，其不必满足存在连续交易的特征。因此，目前关于连续交易操纵的规定尚

---

① 参见中国证监会行政处罚决定书（2016）71号。

不能周延地认定幌骗和塞单行为。

（2）高频交易操纵与虚假申报操纵。对于虚假申报操纵，根据《认定指引（试行）》第38条规定，其是指“行为人作出不以成交为目的的频繁申报和撤销申报，误导其他投资者，影响证券交易价格或交易量”。有学者认为幌骗可被认定为虚假申报操纵。[①] 在江某案中，证监会所认定的行为人构成“其他手段操纵”所指向的应为虚假申报操纵。笔者认为，《认定指引（试行）》第38条关于虚假申报操纵的定义与幌骗的行为模式和交易目的基本一致，将幌骗归为虚假申报操纵具有合理性。但是对于塞单而言，由于其并不一定存在频繁报撤单行为，因此其适用虚假申报操纵的认定标准不完全合适。

（三）高频交易操纵认定中的主客观元素

1. 对高频交易操纵行为人目的的认定

（1）认定行为人主观目的的必要性。通说认为，基于市场操纵属于欺诈行为这一理论基础，行为人应当出于故意而实施市场操纵。[②] 对于高频交易中的幌骗行为，美国CFTC亦明确指出，只有行为人是故意而非过失时才会构成幌骗。[③] 而行为人的目的是故意内在的主观心理要素，行为人意志对目的作出选择，使之成为故意的组成部分，并贯穿于行为人意志活动的整个过程，指引着行为人实施违法行为。[④] 尽管市场操纵是各国法律严厉打击的证券期货交易违法行为，但对于某些市场操纵行为，即使其外观符合法律规定的行为标准，也不应据此认定该行为构成市场操纵。对于高频交易而言，直接进行报撤单的是算法程序，而程序本身自无主观意识和善恶可言，[⑤] 因此在认定高频交易中的市场操纵时应当关注算法程序背后的操作人员的目的。应予关注的是，幌骗等行为与正常交易中部分成交存在较为相似的外观行为表现，后者与前者的区

---

① 刘杨：《高频交易的潜在风险及法律监管——由伊世顿公司操纵股指期货案引发的思考》，载《金融理论探索》2016年第2期。

② 田宏杰：《操纵证券市场罪：行为本质及其司法认定》，载《中国人民大学学报》2014年第4期。

③ See http://www.cftc.gov/idc/groups/public/@lrfederalregister/documents/file/2013-12365a.pdf (last visit on 2018-01-07).

④ 贾宇、怯帅卫：《论法定犯罪目的的实质——兼论犯罪目的与犯罪故意的关系》，载《法律科学（西北政法大学学报）》2010年第4期。

⑤ 缪因知：《裸卖空、卖空性操纵与股指期货做空监管研究》，载《财经法学》2015年第6期。

别在于，后者是以成交为目的申报订单，但投资者进行大量申报后，基于各种市场因素，最终只能部分成交。[①] 对于如何区分幌骗与正常交易中的部分成交，美国 CFTC 明确只有行为人是故意而非过失时才会构成幌骗。而行为人的目的作为意志因素的重要组成部分，是区分幌骗与正常交易中部分成交的关键内容。

（2）我国当前法律法规对行为人目的无明确要求。我国《证券法》《期货交易管理条例》等法律法规对市场操纵行为人的目的并无明确要求。2006 年《刑法修正案（六）》在《刑法》第 182 条中关于操纵证券、期货市场罪的界定中删去了“为获取不正当利益或者转嫁风险”这一主观目的要件，这引起了学界对于操纵证券、期货市场罪是否为目的犯的问题的争论。[②] 证监会《认定指引（试行）》对于各市场操纵行为类型的规定中亦基本未对行为人的目的予以明确，主要是以行为模式和行为结果来认定涉嫌违法行为是否构成市场操纵。其中，对于需考察行为人目的的连续交易操纵，《认定指引（试行）》却缺乏对行为人目的的具体要求。而对于虚假申报操纵，《认定指引（试行）》在第 38 条对该行为作出的定义包含了“误导其他投资者”的表述，第 40 条关于其构成要件的规定则包含了“行为人不以成交为目的”，这反映了证监会在认定虚假申报操纵时应考察行为人的目的。至于《程序化交易管理办法（征求意见稿）》，其对程序化交易违法行为的列举亦未对行为人目的予以明确规定。

2. 对高频交易操纵影响交易价量的认定

价格是证券期货市场运行的基础及核心要素，市场操纵本质上是对证券、期货交易价格的控制。而交易量的变化是价格可能发生变化的直观表现。[③]

根据《刑法》《证券法》等法律关于市场操纵的界定，在判定违法行为是否构成市场操纵或者操纵证券、期货市场罪时，均要求操纵行为影响了证券、期货的交易价格或者交易量，即操纵行为与市场行情变动结果之间应存在因果关系。根据《认定指引（试行）》第 14 条第 1 款关于影响证券交易价格或者证券交易量的定义，此影响体现为行为人的行为致使证券交易价格异常或形成虚拟的价格水平，或者致使证券交易量异常或形成虚拟的交易量水平。而第 14 条第 3 款则

---

① 肖凯：《高频交易与市场操纵》，载《交大法学》2016 年第 2 期。

② 田宏杰：《操纵证券市场罪：行为本质及其司法认定》，载《中国人民大学学报》2014 年第 4 期。

③ 刘宪权、谢杰：《市场操纵犯罪的实质解构：法律与经济分析》，载《现代法学》2014 年第 6 期。

更加具体地列举了哪些情形可以构成对证券交易价格或者证券交易量造成影响。

最高人民检察院、公安部于2010年发布的《关于公安机关管辖的刑事案件立案追诉标准的规定（二）》（以下称为《追诉标准二》）第39条第（一）项至第（五）项对应予立案追诉的市场操纵行为人规定了认定标准，即以行为人在特定时点对特定证券或期货合约的特定持有量或成交量作为标准。然而，该规定实际上仅就连续交易操纵、约定交易操纵、洗售操纵及虚假申报操纵等行为作出认定标准，未包括其他类型的市场操纵行为。同时，该条规定将特定股票或期货合约的持有量或成交量作为考量标准，但未明确将市场价格纳入标准中，这可能导致在刑事案件中进行市场操纵认定时仅根据持有量或成交量作出判断而完全忽略了相关行为是否会对价格造成影响。[①] 此外，《追诉标准二》第39条是针对操纵证券、期货市场罪作出的适用规定，至于证监会在行政处罚案件中对市场操纵行为影响交易价量的认定标准目前并无具体规定。

三、我国高频交易操纵认定规则之执法适用中的困境

基于高频交易操纵认定规则，执法部门如何适用相关规则以对高频交易违法行为作出认定，同样面临不少困境。随着涉及高频交易的市场操纵处罚案件逐渐增多，我国对于高频交易操纵的执法认定亦显现出问题，主要体现在行为人主观目的及客观方面的认定上。

（一）高频交易操纵主观目的认定的困境

1. 难以准确探知行为人主观目的

对于高频交易，一旦其追涨杀跌策略出现于证券期货市场大幅波动时期，高频交易商或操作人员容易被贴上市场操纵行为人的标签，而其真正的目的可能被忽视。但是，对其目的作出认定也并非易事。由于目的属于意识层面的内容，因此最清楚实施市场操纵行为目的的人只有行为人自己，若行为人始终不承认，将缺少直接证据证明行为人的目的。[②] 此外，高频交易所依赖的算法程序并无意识，但其快速、频繁或大量报撤单的特点会进一步干扰对高频交易商或

① 刘宪权、谢杰：《市场操纵犯罪的实质解构：法律与经济分析》，载《现代法学》2014年第6期。

② 马江河：《美国证券市场操纵认定标准研究》，载《证券市场导报》2005年第8期。

操作人员行为目的的考查。

鉴于主观目的难以被准确探知的困境，部分国家和地区在认定是否构成市场操纵时未要求证实行为人的主观目的。例如，欧盟于2003年发布的《反内幕交易及市场操纵指令》（Directive 2003/6/EC）关于市场操纵定义的规定并未要求行为人具有特定的目的，行为人亦无须证明其目的，包括无须证明其是否存在欺骗投资者的目的、是否为获得个人财富而实施行为等。① 又如，根据德国《有价证券交易法》第20a条规定，只要行为人实施了该条所禁止的市场操纵行为，即构成市场操纵，无须认定行为人的目的。②

在我国，从证监会公布的行政处罚决定书中我们可以看到，证监会在查处市场操纵行为时，主要关注行为人是否具有操纵行为，以及其行为方式和行为结果等客观方面的内容，而对于行为人的主观目的的证明过程则并未进行清楚的分析，还可能存在不看重行为人主观目的的情况。③ 当行为人在申辩过程中提出其不具有不法目的时，证监会才进行回应并就行为人目的问题说明相关理由。在江某案这起涉及幌骗的案件中，证监会的处罚决定书甚至未对行为人是否具有操纵市场的故意予以认定。笔者认为，这一方面是因为认定行为人主观目的及故意存在困难，对于证券期货交易违法行为的案件查处负担较重的证监会而言不利于效率的提高；另一方面则反映出证监会作为查处市场操纵行为的“第一把关人”，在国家的政策指导下保持对市场操纵行为的严厉打击。

2. 主观目的认定方式不明确

对于证监会如何认定市场操纵行为人的目的及故意，我们只能通过行政处罚决定书进行分析，但行政处罚决定书一般对认定结论的证明过程未有详细记载，因此我们难以了解证监会认定主观目的的方式或标准。应当关注的是，证监会对市场操纵行为进行调查后，如发现行为的社会危害性已达到刑事犯罪的标准，则案件将被移送法院作为刑事案件予以审理。因此，证监会与法院对市

① See Directive 2003/6/EC of the European Parliament and of the Council of 28 January 2003 on insider trading and market manipulation（market abuse）.

② See the Securities Trading Act（Wertpapierhandelsgesetz – WpHG），last amended by Article 7 of the Act of 19 November 2010，http：//www. bafin. de/cln_ 161/nn_ 720786/SharedDoes/Aufsichtsercht/EN/Gesetze/wphg_ 101119_ en. html#doc1958240bodyText33（last visit on 2018 – 01 – 21）.

③ 王新：《操纵证券市场犯罪之主观故意的认定》，载《中国刑事法杂志》2016年第6期。

场操纵行为的认定具有紧密的联系。尽管由于处理的市场操纵案件的社会危害性程度不同，证监会的行政执法认定与法院的司法认定在证明标准上存在差异，但司法审判上的实践经验对于行政执法工作而言是具有借鉴意义的。

在刑事案件审理过程中，证明主观目的与故意的困难同样存在。涉及高频交易操纵的刑事案件，我国目前仅有伊世顿案一例。据权威媒体对一审判决部分内容的报道，一审法院经审理查明，伊世顿存在“为逃避证券期货监管”，“将自行开发的报单交易系统非法接入中金所交易系统”，“获取非法利益”的行为。[①] 法院就案件事实部分使用“逃避”“非法”等用语对被告人构成市场操纵进行描述，但我们尚无法从新闻报道披露的有限内容中获知法院是否就被告人的操纵目的与故意予以分析，以及如何分析。而在为数不多的其他市场操纵刑事案件中，例如汪某中市场操纵案，有学者认为法官实际上根据被告人的客观行为来推定被告人的主观方面满足操纵证券、期货市场罪的构成要件。[②]

3. 以推定方式判断行为人之目的

鉴于汪某中市场操纵案对于被告人的主观方面的判断可能适用了推定方式，笔者认为通过推定来判断行为人之目的具有可行性。对于要求认定市场操纵行为人主观目的的国家和地区，其主要通过证明市场操纵行为的客观事实即间接证据来推定行为人的目的。[③] 在美国，SEC 曾在对 Thornton & Co. 市场操纵行为的处罚中指出，在认定行为人具有《证券交易法》第 9（a）（2）条规定的目的时，只要证明行为人对其交易行为缺乏合理的解释，以及行为人对引起相关证券的市场价格具有经济上的原因，即可推定行为人构成市场操纵。[④] 而在涉及高频交易幌骗行为的 United States v. Coscia 案中，Coscia 辩称其取消委托订单的行为是有条件的，且与其他投资者取消委托订单的行为无本质区别。然而法院通过为 Coscia 编写高频交易程序的工程师的证言及其高速且频繁的报撤单行为等证据及客观事实，最终认定 Coscia 存在《多德－弗兰克法》4c（a）（5）（C）

① 张琴：《伊世顿公司操纵期货市场案一审宣判》，载新华网：http：//sh. xinhuanet. com/2017－06/24/c_ 136390779. htm，最后访问时间：2018 年 2 月 4 日。

② 王新：《操纵证券市场犯罪之主观故意的认定》，载《中国刑事法杂志》2016 年第 6 期。

③ 王新：《操纵证券市场犯罪之主观故意的认定》，载《中国刑事法杂志》2016 年第 6 期。

④ See Thornton & Co.，28 SEC 208，aff’d. 171 F. 2d Cir. 1948.

条不以成交为目的的幌骗行为。[①] 以上以推定的方式认定市场操纵主观目的的实践对我国具有借鉴意义。但应当注意的是，推定所基于的客观事实认定应具有一定的标准，才能使推定的结果具有合理性。

（二）判定高频交易操纵影响交易价量的困境

在证券期货市场上，影响交易价格及交易量的因素可能不胜枚举，除了因为行为人实施了操纵行为外，还可能是因为国家重大宏观经济政策的发布、美联储宣布加息、股市行情连续多日呈上涨趋势等，也可能是因为公司买卖重大资产、发生重大人事调整、发生涉案金额较大的债权债务纠纷等。这些因素均有可能导致证券期货市场行情的变化乃至于异常波动。因此，即使是处于高频交易被运用的市场环境下，而高频交易虽然具有加剧市场波动的可能性，[②] 但依然不能断然将高频交易与影响交易价格及交易量画上等号。

在江某案中，证监会仅在违法事实部分详细罗列行为人江某连续交易的次数及频繁报撤单的频率等情况，然后据此得出相关行为对其他投资者的判断造成影响，加剧市场空头气氛等结论，但未说明江某的行为是否影响了特定股票的正常交易价格以及交易量。由此可见，在目前少数涉及高频交易操纵的行政执法案件中，相关行为能否被准确判定影响了交易价格及交易量仍存在疑问。

至于伊世顿案，尽管其为司法案件，但由于法院的审判程序更为严谨，判决文书的理由陈述更加详细，因此具有参考的价值。根据权威媒体对一审宣判内容的描述，一审法院在判决中并未明确说明伊世顿的高频交易行为影响甚至扭曲了期货交易价格或交易量，而是针对伊世顿规避相关监管要求，将高频交易软件直连交易所，从而获得比其他投资者更高的交易速度。[③] 不管一审法院的说理是否有意避免讨论高频交易是否对期货交易价格或交易量造成影响，但这在某种程度上体现出判断违法行为是否影响证券期货市场交易价格及交易量的困境。虽然伊世顿违法直接连通交易所进行交易，但高频交易操纵行为之所以被法律禁止，其本质上应当是影响了证券期货市场交易价格及交易量。

---

① See United States v Coscia，100 F. Supp. 3d 653.

② 吴晓灵、李剑阁、王忠民：《高频交易对市场的影响》，载《清华金融评论》2016 年第 2 期。

③ 张琴：《伊世顿公司操纵期货市场案一审宣判》，载新华网：http：//sh. xinhuanet. com/2017 –06/24/c_ 136390779. htm，最后访问时间：2018 年 2 月 4 日。

鉴于高频交易技术的速度特点，证监会及交易所在判定相关行为是否影响特定证券或期货合约的交易价格及交易量时，如何能够从体量庞杂的交易数据中发现或查找出存在异常的交易行为，这对于执法认定工作而言具有较大挑战性。

四、我国高频交易操纵认定规则之配套监管措施的不足

证监会除了针对高频交易操纵进行执法认定外，其对投资者交易行为的日常监管亦十分重要。只有通过与认定规则相配套的监管措施，证监会及交易所才能从日常交易行为中发现高频交易操纵等违法行为。

（一）认定高频交易操纵需要配套监管措施的配合

在高频交易操纵认定规则下，市场操纵的类型是配套监管措施有效实施的核心。只有在法律规则明确规定了规制对象的前提下，监管部门才能通过相应的配套监管措施有针对性地在纷繁复杂的日常交易行为中发现可疑风险，识别高频交易操纵等异常行为，继而基于高频交易操纵认定规则进行公正、严谨的违法认定，从而实现对高频交易操纵的有效规制。因此，笔者认为高频交易操纵认定规则的配套监管措施应受高度关注。然而，在当前高频交易操纵的认定规则尚未完善的情况下，针对现有市场操纵类型的配套监管措施难以有效发挥其规制作用，同时也存在不完善之处。

（二）对交易软件的监控措施不足

高频交易依赖于计算机算法程序，因此高频交易软件或算法应当受到监管部门的关注及规范。而且交易软件作为高频交易操纵得以实施的核心要素，对交易软件的监控是其他监管措施实行的重要基础。欧盟 MIFID Ⅱ第 17 条规定投资公司所属成员国的监管当局可要求投资公司定期或不定期提供其算法交易策略性质的描述，交易参数或限制的详细信息或制度是否受到制约，关键合规领域与风险控制等是否满足要求，以及对其系统进行测试的细节。监管当局还有权随时要求投资公司提供关于其算法交易和交易系统的进一步信息。① 德国《高

① See Directive 2014/65/EU of the European Parliament and of the Council.

频交易法》亦规定监管当局可随时要求使用算法交易的投资机构提供包括但不限于其算法交易的相关信息及系统。①

在我国，根据《期货交易管理条例》第60条规定，期货公司的交易软件应当满足本公司审慎经营和风险管理的要求。对于不符合要求的软件，证监会有权要求期货公司改进或更换。同时，证监会有权要求软件供应商提供相关资料。此外，投资者通过期货公司的服务器连接交易所的服务器参与交易时，其交易委托单必须先通过期货公司的柜台检查，确认无误后方可进入期货交易所的交易系统参与交易。②《中国金融期货交易所交易细则》自2010年修订后明确规定了交易软件备案制度，由期货公司向交易所备案。若期货公司或客户下达可能影响交易所系统安全或正常交易秩序的指令，交易所有权采取相应措施。③

然而，伊世顿案暴露出我国当前对交易软件的规范不足。伊世顿于2013年开始规避我国期货交易有关交易软件的相关监管要求，买通华鑫期货公司的技术总监，使其委托单可以直通交易所，从而得以利用高频交易软件进行期货交易，且获利颇丰。应当看到，即使《中国金融期货交易所交易细则》规定了期货交易软件备案制度，且交易所有权对可能影响市场稳定的交易指令采取措施，但缺乏更具体的监管安排，例如交易所会员如何对交易软件进行定期检查，交易所如何有效监控与防范通过交易软件发出的异常指令，等等。同时，交易所是否能够及时采取措施以降低异常指令对市场的影响存在疑问，因为滥用高频交易而形成的指令在现有市场行情监察及分析技术使得执法部门发现违法行为存在一定的困难。

（三）对经纪商的内部控制要求不完善

内部控制关系着证券公司、期货公司对于开展经纪业务过程中存在的违反法律规定和监管要求的开设账户、申报委托订单等风险能否予以及时有效的识别、评估与处理。因此，诸如美国等金融市场发达的国家或地区对于证券公司、

---

① See Translation of the main provisions of the High Frequency Trading Act，https：//www. bafin. de/SharedDocs/Veroeffentlichungen/EN/Aufsichtsrecht/Gesetz/hft_ en. html（last visit on 2018 -01 -12）.

② 刘杨：《高频交易的潜在风险及法律监管——由伊世顿公司操纵股指期货案引发的思考》，载《金融理论探索》2016年第2期。

③ 《中国金融期货交易所交易细则》（2010年修订）第35条。

期货公司等经纪商的内部控制十分重视。例如，美国在经历了“闪电崩盘”事件后，鉴于金融市场上投资者通过经纪商进行高速、批量、自动的算法交易已具有普遍性，SEC 于2010 年11 月出台 Rule 15c3 –5 以加强对经纪商的风险控制要求。Rule 15c3 –5 要求经纪商建立金融风险（financial risk）和监管风险（regulatory risk）的管理控制和监督程序有效性，及时处理任何问题，并定期对风险控制程序和经纪业务活动进行审查。[①]

美国 Rule 15c3 –5 对于我国经纪商内部控制的监管要求具有借鉴意义。开展经纪业务的证券公司、期货公司应当充分审核与识别开户投资的客户的投资能力，并建立与业务相匹配的内部控制制度。证监会于 2003 年 12 月公布了《证券公司内部控制指引》，对于经纪业务的内部控制，证监会要求证券公司建立实时监控系统，监督检查部门或其他独立部门对异常交易、违规行为等作出实时预警；证券公司应定期或不定期地对其营业部门交易系统等设施进行检查，并加强信息的核对工作。[②] 证监会于 2011 年公布的《期货公司分类监管规定》亦将期货公司的内部控制制度作为风险管理能力评价的重要内容，评价标准包括是否建立健全完善的内部控制架构和管理制度、严格的内部稽核监督及责任追究机制等。[③] 除了对内部控制制度的整体监管要求外，目前我国已推行证券期货公司的风险管理制度及投资者适当性制度，例如 2014 年 10 月公布并实施、2017 年 12 月修订的《期货公司监督管理办法》规定期货公司应当建立有效的风险管理以及投资者适当性等制度；[④] 2015 年 7 月实施的《融资融券管理办法》不仅要求证券公司应当做好客户适当性管理工作，还对融资融券交易开户需要满足的从事证券交易时间、风险承担能力、违约记录等要求作出规定；[⑤] 2017 年 7 月实施的《证券期货投资者适当性管理办法》则对投资者作出机构投资者与普通投资者的区分，并针对不同类型的投资者作出相应的规定。[⑥]

然而，在上海司度案中，我们依然可以看到证券、期货公司内部控制制度

---

① See Risk Management Controls for Brokers or Dealers with Market Access [Release No. 34 –63241; File No. S7 –03 –10], https://www. sec. gov/rules/final/2010/34 –63241. pdf (last visit on 2018 –01 –10).

② 《证券公司内部控制指引》第 37 条、第 38 条的规定。

③ 《期货公司分类监管规定》之附件《期货公司风险管理能力评价指标与标准》。

④ 《期货公司监督管理办法》(2017 年修订) 第 46 条、第 47 条规定。

⑤ 《融资融券管理办法》第 12 条规定。

⑥ 《证券期货投资者适当性管理办法》第 7 条、第 8 条规定。

在应对高频交易市场操纵行为时存在的不足，主要体现在对经纪业务、融资融券业务合规经营的日常监控及监督稽核环节的缺失上。上海司度通过中信证券、中信期货、海通证券、国信证券等证券公司、期货公司相关人员的协助，突破《融资融券管理办法》对融资融券交易开户需要满足从事证券交易时间超过半年等要求，利用真实性未核实清楚的资管计划开立融资融券账户，实际参与融券交易，且使用高频交易技术进行卖空而从中获利。① 通过巨潮资讯网对涉事的三家上市证券公司的公告文件进行检索，仅检索到中信证券披露的内部控制制度。中信证券内部控制制度要求经纪业务应建立实时监控系统；创新业务需要合法、审慎，应履行必要的内部审批程序；稽查部直接对董事会负责，独立于其他部门；风险管理部及稽查部需定期向董事会提交关于内部控制效果的报告。② 从中可以看出，中信证券的日常监控及监督稽核制度立足于实时性、审慎性及独立性的要求。但是相关制度未体现对程序化交易等金融创新技术的关注，且所设置的实时监控及监督稽核安排若要在规模较大的公司治理结构、业务部门追求最大化盈利等因素下实现有效运行，相关的监督稽核报告若要向董事会作出准确汇报，是存在一定困难的。一旦证券、期货公司相关业务部门的人员利用本公司风险控制制度的漏洞而实行或者协助客户实行违法交易行为，并且风险管理部门及监督稽核部门在进行监督管理时未能及时发现证券、期货公司的风险控制制度存在重大问题，甚至故意协助行为人实施违法行为，那将可能对证券期货市场的交易秩序造成影响。

（四）异常交易监管措施缺少灵活度

《中国金融期货交易所期货异常交易监控指引（试行）》《上海证券交易所证券异常交易实时监控细则》《深圳证券交易所限制交易实施细则》等业务规则（以下称为“异常交易监管规则”）均规定交易所应对异常交易予以实时监管。根据以上异常交易监管规则关于异常交易的列举，高频交易中的幌骗、塞单等

---

① 张婧熠：《三大券商配合司度做空，“钻漏洞 + 放杠杆”手法曝光》，载第一财经：http：//www. yicai. com/news/5291282. html，最后访问时间：2018 年 2 月 4 日。

② 《中信证券股份有限公司内部控制制度》，网址：http：//www. cninfo. com. cn/cninfo – new/disclosure/sse/bulletin_ detail/true/62288433？announceTime = 2013 – 03 – 28，最后访问时间：2018 年 2 月 15 日。

行为将成为异常交易而将受到交易所采取的相应监管措施。[①] 而在 2015 年股灾时期，我国交易所及时对异常交易实施规则作出修改，并对涉及频繁报撤单等异常交易行为的账户采取限制交易的措施。同时，交易所在 2015 年 7 月及 8 月频密地发布公告，对交易手续费、每日报撤单次数、保证金等条件作出严格限制，这一系列针对异常交易的监管措施大力遏制了幌骗、塞单等高频交易操纵。然而，如此严格的限制交易措施亦打击了其他不存在市场操纵意图的高频交易等程序化交易行为。

笔者认为，对于高频交易，交易所采取的限制交易等措施应当尽可能兼顾对违法行为的有效遏制以及正常交易行为有序进行的保证。在证券期货市场较为发达的国家，其对高频交易的报撤单次数及交易量等方面亦作出限制，但相比我国交易所的监管措施则更为灵活。例如，德国《高频交易法》规定了订单－交易比率（order－to－trade ratio），投资者应当保证其申报订单、修改订单及取消订单的数量与实际执行的订单数量处于适当的比率，而该比率根据 1 个月内某金融工具的相关订单数量与交易量予以确定。[②] 笔者认为我国可以考虑借鉴订单－交易比率的相关规定，以提高我国异常交易监管措施的灵活度。

（五）交易数据整合平台的缺失

要应对高频交易者程序化、自动化、高速化的交易行为，监管部门应具有对巨量交易数据与信息进行实时监控并及时发现异常交易的能力，从而获取到足够的证据以认定行为的违法性。[③] 在某些国家和地区，监管部门通过构建交易

① 例如，《中国金融期货交易所期货异常交易监控指引（试行）》第 5 条规定：“期货交易出现以下情形之一的，为异常交易行为：……（三）大笔申报、连续申报、密集申报或者申报价格明显偏离申报时的最新成交价格，可能影响期货交易价格；（四）大量或者多次申报并撤销申报可能影响期货交易价格或者误导其他客户进行期货交易；（五）日内撤单次数过多；（六）日内频繁进行回转交易或者日内开仓交易量较大；……（八）大量或者多次进行高买低卖交易；（九）通过计算机程序自动批量下单、快速下单影响交易所系统安全或者正常交易秩序；……”

② See Translation of the main provisions of the High Frequency Trading Act，https：//www. bafin. de/SharedDocs/Veroeffentlichungen/EN/Aufsichtsrecht/Gesetz/hft_ en. html？ nn = 8379954#doc7856688bodyText11（last visit on 2018－01－25）.

③ See Adam Adler，High Frequency Regulation：A New Model for Market Monitoring，39 Vermont Law Review 161－186（2014）.

信息整合系统或平台来加强对交易信息的追踪和调查。例如，美国 SEC 于 2012 年要求美国的证券交易所和证券业协会开发和实施“综合审计追踪系统”（Consolidated – Audit Trail，CAT），收集和准确识别证券交易所上市股权和股权期权的每一订单详细信息。这一措施有利于 SEC 整合众多交易所的交易数据，以在纷繁复杂的交易中及时发现异常行为。但应注意的是，CAT 系统可能会增加市场参与者的负担，SEC 将系统的相关成本最终将转嫁于投资者。同时，成本的增加亦可能意味着市场流动性的减少。[①] 此外，由于这类交易信息交易系统或平台涉及投资者的详细交易踪迹，以及交易程序的具体算法及逻辑，因此其存在泄露与侵犯投资者隐私及商业秘密的可能。[②]

在我国，对于交易数据的实时监控，证监会在《程序化交易管理办法（征求意见稿）》第 21 条规定由交易所负责进行监控，且第 17 条规定了证券公司及期货公司对交易信息的保存义务。笔者认为这些措施在未来将有助于及时发现高频交易下的违法行为。但是，若没有完善的数据及信息整合系统作支持的话，各交易所获取的信息可能无法有效传递与分析，这使得对违法行为的锁定、调查与认定仍存在困难。

五、完善我国对高频交易操纵的规制思路

通过上文探讨，可以看出我国当前的市场操纵法律规则在高频交易的环境下尚不能有效地适应执法实践的需求。对此，笔者认为我国对于高频交易操纵行为的规制可以从以下方面予以完善。

（一）在法律规则中尽快将高频交易操纵类型化

对于市场操纵界定的立法不完善问题，我国目前已着手通过修订相关法律法规及出台有针对性的部门规章以使我国市场操纵的界定更加明晰，并且努力跟上高频交易等金融创新技术不断涌现的证券期货市场发展步伐。

《证券法》修订一读草案第 94 条增加了“不以成交为目的的频繁申报和撤

---

① See Andrew J. Keller, Robocops: Regulating High Frequency Trading After the Flash Clash of 2010, 73 Ohio State Law Journal 1480 (2012).

② 邢会强：《证券期货市场高频交易的法律监管框架研究》，载《中国法学》2016 年第 5 期。

销申报”的行为，而二读草案亦增加市场操纵类型及程序化交易监管等内容。这将在法律层面为界定幌骗、塞单等高频交易操纵提供法律依据。但在《证券法》修改工作未有进一步进展的情况下，认定高频交易操纵行为在法律依据方面仍存在不周延的问题。同时，在《证券法》修订的趋势下，刑事立法工作亦应当同步进行，及时对证券期货市场中滥用高频交易的市场操纵犯罪的刑法规范进行修订及增补，并将金融衍生品市场交易中的操纵行为明确纳入证券期货市场的法律规制范畴。[①]

此外，《程序化交易管理办法（征求意见稿）》的发布反映了证监会未来对程序化交易特别是高频交易的规制方向。其中关于禁止的程序化交易行为、对程序化交易进行实时监控、证券公司和期货公司对交易信息负有保存义务等规定，有利于证监会及法院对高频交易中的市场操纵的认定工作具有更精确的法律依据，这是有效规制高频交易操纵行为的重要基础。然而，《程序化交易管理办法（征求意见稿）》自 2015 年 10 月发布并公开征求意见后，至今仍未正式出台，这不利于我国证券期货市场法律规制的全面完善，而高频交易商亦缺乏更明确的合法发展的方向指引。

笔者认为，我国有必要在《证券法》《刑法》等法律中根据高频交易操纵的违法性特征，增加现有市场操纵的类型，从法律法规的层面构建高频交易操纵规制的基础。具体而言，在《证券法》、《刑法》及《期货交易管理条例》等法律法规中关于市场操纵行为的规定，增加符合高频交易操纵违法性特征的行为类型，如“不以成交为目的连续、频繁或大量地申报订单后立即撤销订单，或撤销订单后立即反向申报订单，操纵市场价格”的行为。[②]

在法律法规层面上制定并完善关于高频交易操纵类型的规定后，证监会应相应出台针对高频交易的监管文件，结合《期货异常交易监控指引（试行）》等交易所规则文件中的异常交易行为类型以及对交易价量影响的判定标准，明确证监会禁止的高频交易操纵行为以及相应的认定标准，以使针对高频交易操纵行为的调查认定工作更加高效、公正、合理。

---

① 谢杰：《跨市场操纵的经济机理与法律规制》，载《证券市场导报》2015 年第 12 期。

② 在立法建议上，邢会强教授建议增加“连续申报或大量申报订单后迅速撤销申报，或撤销申报后进行相反申报，操纵市场价格的行为”的规定。邢会强：《证券期货市场高频交易的法律监管框架研究》，载《中国法学》2016 年第 5 期。笔者认同其观点，并在其观点基础上结合本文的相关讨论进行细化。

（二）在确认行为人的主观目的时谨慎使用推定

当前我国《刑法》《证券法》等法律法规关于市场操纵认定的规定未将主观目的明确为构成要件，亦未明确主观目的的构成地位。对此，笔者认为当前改善高频交易操纵行为的主观目的认定困境的主要途径是通过证监会部门规章及司法解释明确采用推定的方法认定市场操纵行为人的主观目的，并应严格适用推定，以避免将正常交易行为误判为具有操纵目的的行为。而推定主要判断依据是行为人的外在客观表现，包括行为人交易前后的市场状况、交易形态、交易占有率、行为是否违反投资效率的交易因素，其核心标准应为行为是否存在违法性与不合理性。①

应当注意的是，金融市场是充斥着套利与投机的市场，获利与风险并存，而证券欺诈应当是实质危害性与形式违法性相统一的行为。② 因此，证监会对高频交易操纵行为人主观目的的执法认定应仔细研析相关操纵行为的实质危害性，不应将适用高频交易技术的正常交易行为纳入到违法行为的认定范畴中。此外，笔者认为证监会在查处相关操纵行为时，应当重视相对人在实施有关行为时的目的，以及相对人证明其不具有操纵市场的目的的申辩。

（三）强化证据收集以更明确具体地证明高频交易对价量的影响

对于如何判定特定行为是否影响特定证券或期货合约交易价量等关乎证据收集的问题，笔者认为需要监控技术的辅助，才能在高速及大量的交易信息中锁定违法行为，这不仅有助于提高证监会监控与调查工作的效率，还有助于提高对高频交易商相关行为违法性认定的公正性与合理性，特别是完善对于认定相关行为是否影响交易价量的证据收集问题。尽管监控技术的提高意味着监管成本投入的增加，但是仅因监管成本的增加而漠视监管有效性的提高，显然是不符合监管部门的职责要求的。而且提高监管技术也是金融市场监管的发展趋势。

在监控技术跟上金融创新脚步的基础上，笔者认为高频交易操纵行为影响相关证券或期货合约交易价量的判定将有所完善。

---

① 王新：《操纵证券市场犯罪之主观故意的认定》，载《中国刑事法杂志》2016年第6期。

② 祝尔军、白彦：《揭开证券欺诈的神秘面纱——股民如何认识和应对证券欺诈》，载《法律适用》2000年第1期。

（四）结合对高频交易及操纵的充分认识以完善配套监管措施

通过配套监管措施的完善，我国应在尽量降低高频交易操纵发生的可能性或对市场的破坏力的同时，合理约束合法的高频交易对市场的影响，实现高频交易者的买卖自由与市场秩序之间的平衡。具体思路有以下几点。

1. 提高对交易软件的监控要求

在现有的交易所备案制基础上，相关法律规则应当明确要求证券公司、期货公司、基金公司及投资者确保其合法合规地使用包括高频交易技术在内的交易软件，以及违法使用交易软件应承担的法律责任。而接受备案的交易所应当具体规定交易软件备案的程序及材料要求，以方便高频交易商进行交易软件备案。出于保证交易软件在日常使用中不损害证券期货市场交易秩序和安全的考虑，相关法律规则应进一步明确交易所对交易软件使用的适当监控，例如要求使用高频交易技术的证券公司、期货公司、基金公司等定期向交易所提交高频交易软件使用情况，交易所亦应关注使用高频交易软件的投资者的交易动态。此外，相关法律规则应明确证监会有权随时要求使用高频交易技术的投资者提供相关软件和算法的具体信息。

2. 经纪商内控制度应考虑对高频交易的重点规范

在现有的交易软件备案制度下，经纪商应当重点关注高频交易软件的使用，以高频交易为核心构建或修订内部控制制度。这应当与经纪商的风险控制部门及监督部门的审查程序相匹配，通过分析高频交易软件的特性，对照高频交易操纵的认定规则，以有效规范高频交易软件的使用。

此外笔者认为，经纪商在依照监管要求构建内部控制制度的前提下，其无论是否为上市公司均应向投资者公开其内部控制制度，对于定期进行的内部控制评价报告亦应予披露，以让投资者了解经纪商是否制定有效的内部控制制度。另外，证监会及交易所应加强对经纪商内部控制制度的监控职责，保证经纪商自身对其内部业务流程特别是针对高频交易技术应用的监督稽核等制度有效运行。交易所如在日常监管过程中发现相关证券公司或期货公司涉及高频交易的内部控制存在问题，应责令证券公司或期货公司针对有关问题进行整改或采取其他措施，并及时报告证监会。若证监会发现证券公司或期货公司内部控制存在问题，则可直接采取整改或惩处措施。

3. 设计异常交易监管措施应充分认识高频交易及操纵的影响

证监会及交易所要实现对涉及高频交易技术的异常交易的有效监管，应当充分认识高频交易对市场产生的影响，掌握高频交易在我国的发展动态，并立足于我国实际来汲取国外的可行经验，及时制定与改善异常交易监管措施。鉴于证监会于2016年借鉴美国经验而设置的熔断机制对市场造成的不良影响，我国在日后借鉴国外的先进经验来完善我国涉及高频交易的异常交易监管制度时，应结合高频交易对证券期货市场的积极作用及消极影响、我国证券期货市场的发展状况以及相关政策方针等各方面情况，对国外的监管制度取其精华，从而改造为适合我国的监管措施。同时，我国的异常交易监管措施应当注重灵活度，以避免过度遏制不具有操纵目的的高频交易技术在我国的发展。此外，从《程序化交易管理办法（征求意见稿）》中可以看出证监会对于高频交易将以自律监管为主，因此证监会对证券期货交易所以及证券业协会、期货业协会之间的监管责任应当合理有效，使关于高频交易违法行为的信息和数据能够及时被反馈与处理，从而加强对高频交易引起的市场操纵行为等违法行为的规制。

4. 强化交易数据整合分析系统以增强执法认定工作的效率

就我国而言，在《程序化交易管理办法（征求意见稿）》体现的自律监管为主的监管理念下，各交易所应当着手强化交易数据的整合与分析系统，这是便于证监会认定高频交易操纵行为及防范高频交易产生消极作用的关键和基础。强化相关数据系统，不仅有助于提高监管部门监控与调查工作的效率，还有助于提高对高频交易商相关行为违法性认定的公正性与合理性。尽管监控技术的提高意味着监管成本投入的增加，但证监会不应由于投入成本的增加而漠视监管及执法有效性的提高。同时，证监会及交易所应避免侵犯使用高频交易软件的投资者的商业秘密及其他涉及其合法利益的信息。对此，证监会及交易所应将强化交易数据整合分析系统与完善交易软件的监控措施相联系，保证其掌握的高频交易软件具体算法程序信息的保密性。

高频交易监管制度的实然与应然

——兼评《证券期货市场程序化交易管理办法（征求意见稿）》

彭　祺*

【内容提要】高频交易引入我国后，在国内证券期货市场的发展仍处于初期阶段。然而，“光大乌龙指”和伊世顿操纵期货案等案件业已发生，研究高频交易监管制度极具时代意义。透过高频交易的主要交易策略及市场影响，对《证券期货市场程序化交易管理办法（征求意见稿）》试解读，分析其进步与不足，比较借鉴域外法对高频交易的监管，促成证券期货市场的长足发展。

【关键词】高频交易　程序化交易　交易策略　区别监管

2015年10月9日，中国证监会（以下简称证监会）发布了《证券期货市场程序化交易管理办法（征求意见稿）》（以下简称《征求意见稿》），意在加强程序化交易的规范，以维护市场秩序。这是我国首次尝试建立对程序化交易的监

* 中央财经大学2016级民商法学专业硕士研究生。

管制度。2015 年 11 月 1 日，“上海破获特大操纵期货市场案”的消息震惊了证券期货行业。伊世顿将高频交易系统违规直连交易所，采用高频交易操纵市场等案件事实逐渐浮出水面。① 伊世顿操纵期货案的发生印证了《征求意见稿》出台的必要性。然而，若想建立对一种新兴市场手段的有效的、合理的监管，就必须首先充分了解这种手段本身，衡量其利弊，把握监管的尺度，以趋利避害。由于低频交易在实践中使用较少，本文将讨论范围限缩至程序化交易中的高频交易，试图在充分了解高频交易的发展过程、特点、利弊影响的基础上，解读、评析《征求意见稿》，并提出完善建议。

一、高频交易的起源及在我国的出现

高频交易发端于美国。1968 年美国开始建立统一的国内交易市场。20 世纪 90 年代，互联网的诞生给证券市场带来了巨大的变革。电子交易系统（Electronic Communication Networks）使得证券交易无须再经过交易经纪人，极大地增强了流动性。市场上的部分交易者开始察觉到交易速度的提升能使他们获得巨大的利润，在此背景之下，高频交易系统应运而生。② 高频交易的特点使得高频交易者在市场交易中取得了巨大的优势，“即使在金融危机发生的 2008 年，高频交易者获得的收益也有将近 210 亿美元”③。高频交易在美国证券市场的占有量和利润率在 2009 年达到了顶峰，市场占有量达到了 61% 至 68%，平均利润达到了 0.001 美元/股。④

（一）高频交易的概念及其相关概念

按照美国纽约证券交易所（NYSE）的定义，程序化交易（Program Trading）

---

① 《伊世顿操纵期货案背后：高频交易系统违规直连交易所》，载《证券时报》：http://stock.qq.com/a/20151102/065548.htm，最后访问时间：2017 年 11 月 22 日。

② Aly L. Gould，“Regulating High - Frequency Trading : Man V. Machine”，Journal of High Technology Law，December，2011，p. 277 - 278.

③ Kearns，M.，Kulesza，A.，& Nevmyvaka，Y.，“Empirical Limitations on High - Frequency Trading Profitability”，Journal of Trading，May，2010，p50.

④ Jean - Philippe Serbera & Pascal Paumard，“The Fall of High - frequency Trading：A Survey of Competition and Rrofits”，Research in International Business and Finance，January，Vol. 36，No. 2（2016），p. 274.

是指任何一笔含同时买或卖 15 只以上股票的集中一次性的交易。[①]《征求意见稿》第二条规定："本办法所称程序化交易是指通过既定程序或特定软件，自动生成或执行交易指令的交易行为。"

与程序化交易的相近概念为算法交易。Tom C. W. Lin（2014）指出，算法交易是严重依赖复杂的数学公式、高速度来确定交易策略的交易系统。[②] 简单来说，算法交易就是通过计算机程序预设交易算法，确定交易时间、方式、数量等，并自动执行的交易系统。在很大程度上程序化交易与算法交易是两个等同的概念。按照交易速度和交易频率来划分，程序化交易可以分为高频交易和低频交易，低频交易（Low Frequency Trading），是指交易速度较慢、交易频率较低的程序化交易，也称非高频交易，是相对于高频交易而言的。

对于高频交易（High Frequency Trading）学者和监管者有不同的定义。X. Frank Zhang（2010）认为"高频交易是指完全自动化的交易策略，伴随着巨大的交易量和极短的持有时间，从几毫秒到几分钟，或者可能是几小时"。[③] Jonathan A. Brogaard（2010）指出："高频交易是一种投资策略，在这种交易中股票通过计算机算法购买和出售，持有的时间很短，通常是在几秒甚至是几毫秒。"[④] 美国证券交易委员会（Securities and Exchange Commission，以下简称 SEC）将高频交易定义为"专业投资者利用其专有技术，开发能产生巨大日交易量的策略的一种交易"。简言之，高频交易属于程序化交易的子集，是以高速度、高频率为主要特征的程序化交易。

高频交易具有三个特征：（1）程序化、自动化。高频交易属于程序化交易的一种，当然也就具有了程序化交易的程序化、自动化特性。高频交易需要依托于事先开发、设计的计算机交易程序，通过复杂的算法，实现交易执行的自动化。（2）高速度、高频率。这是高频交易区别于非高频交易的关键所在。在高频交易中，得益于计算机算法的自动化，一项交易从决策到执行往往仅仅需

① 叶伟：《光大证券乌龙指时间与程序化交易的监管分析》，载《中国证券》2013 年第 10 期。

② Lin, Tom C. W., "The New Financial Industry", Alabama Law Review, Vol 65, No. 3 (2014), p. 575.

③ X. Frank Zhang, "High - Frequency Trading, Stock Volatility, and Price Discovery", Social Science Electronic Publishing, Vol. 54, No. 2 (2010), pp. 91 - 101.

④ Jonathan A. Brogaard, "High frequency trading and its impact on market quality", December, 2010, p. 393.

要几毫秒的时间。正如 Adam Adler（2014）所言，高频交易的速度都是毫秒级别的。[①] 同时，高频交易者运用高频交易系统高速度的特点，实现了高频率交易。(3) 交易量巨大。在极短的时间内，证券的价格变动幅度是有限的，每股的交易差价是很小的，仅仅拥有高速度和高频率的特点并不能使高频交易实现获利，因此高频交易者往往依靠巨大的交易量实现"薄利多赢"。

（二）高频交易监管伊始

高频交易真正引起人们关注是在 2010 年"闪电崩盘"事件发生之后。2010 年 5 月 6 日，美国股票及其衍生品的价格经历了一个快速下跌和回升的过程。当天下午，期货和证券的指数，相比前一日的收盘价，已经下跌了超过 4%，突然在短短的几分钟内暴跌 5% 至 6%，然后又迅速恢复到之前的水平。在 20 分钟内，股票市场投资者损失了将近 8620 亿美元。[②] 但在之后短短的 15 分钟内，市场的全面反弹，又使绝大部分的损失得到了弥补。"近 8000 只股票比其正常市值低了 15%，近 300 只股票比其正常市值低了 60%。道琼斯指数在一日之内暴跌 1000 点又暴涨了 600 点。"[③] 历经 4 个月的调查研究之后，SEC 出具报告，认定高频交易是推动"闪电崩盘"的主要原因之一。[④]

此后，为了防止"闪电崩盘"的再现，美国 SEC 采取了以下措施：设置个股的涨停和跌停机制、更新市场的全电路断路器、禁止无交易意图的报价和禁止无审核通路。[⑤] 由于监管的加强和高频交易行业内部的竞争加剧，高频交易的市场占有量和每股平均利润均出现了下滑。

---

① Adam Adler, "High Frequency Regulation: A New Model For Market Monitoring", Vermont Law Review, Vol. 39, (2014), p. 193.

② Nina Mehta, Lynn Thomasson & Paul M. Barrett, "One – Hour Computer Driven Crash Teaches Clarence Woods to Panic", BLOOMBERG, Vol. 20May, 2010.

③ Aly L. Gould, "Regulating High – Frequency Trading : Man V. Machine", Journal of High Technology Law, December, 2011, p. 299.

④ Findings regarding the market events of May 6, 2010, Report of the staffs of CFTC and SEC to the joint advisory committee on emerging regulatory issues, September 30, 2010.

⑤ SEC Approves Proposals to Address Extraordinary Volatility in Individual Stocks and Broader Stock Market, June 1, 2012, http://www.sec.gov/News/PressRelease/Detail/PressRelease/1365171482422.

表 1：高频交易在 2009 年和 2012 年的情况对比①

年份	收入	利润/股	收入增长率	市场占有量	每日交易量
2009 年	50 亿美元	0.001 美元	10% 以上	61% －68%	32 亿至 60 亿
2012 年	10 亿美元	0.0005 美元	6.2%	50% －51%	3 亿至 16 亿

但笔者认为，这并不代表高频交易的衰落。高频交易市场占有量的降低仅仅是由于监管的加强，一些明显损害市场的高频交易策略被禁止，如无审核通路、闪电指令等，这属于暂时现象。只要高频交易相对于非程序化交易、低频交易的高速、高频率优势还在，高频交易则不会衰落，且会继续发展。

（三）高频交易在我国的出现

高频交易在欧美市场面临着监管加强和利润空间的压缩，相对而言，中国市场则像是一块未开发的“新大陆”。“最初将量化投资策略引入中国的，是来自欧美投行的中国籍交易员。”②

在中国，高频交易真正引起人们关注是在“光大乌龙指”事件发生之后。“2013 年 8 月 16 日 11 时 05 分，光大证券在进行 ETF③ 申赎套利交易时，因程序错误，其所使用的策略交易系统以 234 亿元巨量申购 180ETF 成份股，实际成交达 72.7 亿元，引起沪深 300、上证综指等大盘指数和多只权重股短时间大幅波动。”④ 尽管此事件仍然被定性为内幕交易⑤，但高频交易仍然引起了监管者关注，并开始对高频交易涉及的相关问题进行论证⑥。正是在这样的背景下，才有了《征求意见稿》的出台。

---

① J Jean – Philippe Serbera & Pascal Paumard, “The Fall of High – frequency Trading: A Survey of Competition and Rrofits”, Research in International Business and Finance, January, Vol. 36, No. 2 (2016), pp. 274.

② 陈植、庄雪莹：《解密高频交易灰色江湖》，载《21 世纪经济报道》2015 年 11 月 3 日，网址：http://epaper.21jingji.com/html/2015 – 11/03/content_ 25099.htm，最后访问时间：2017 年 11 月 22 日。

③ ETF 是 Exchange Traded Funds 的英文缩写，即交易型开放式指数基金。

④ 证监会：《光大证券异常交易事件的调查处理情况》，网址：http://www.csrc.gov.cn/pub/newsite/jcj/aqfb/201310/t20131014_ 236116.html，最后访问时间：2018 年 12 月 16 日。

⑤ 证监会：《光大证券异常交易事件的调查处理情况》：http://www.csrc.gov.cn/pub/newsite/jcj/aqfb/201310/t20131014_ 236116.html，最后访问时间：2018 年 12 月 17 日。

⑥ 姚进：《上交所回应光大证券“乌龙”事件若干市场关切问题——“T + 0”及“熔断”机制要抓紧论证》，载《经济日报》，网址：http://paper.ce.cn/jjrb/html/2013 – 08/26/content_ 169195.htm，最后访问时间：2018 年 12 月 17 日。

二、高频交易的策略

（一）做市交易策略

做市交易策略，又称被动做市策略（Passive Market - Making Strategies）。与传统的做市商相同，采取做市交易策略的高频交易者从买卖差价中获取利益。从这个角度上讲，采用做市交易策略的高频交易可以被看成是一个传统做市商的速度升级版本。

但高频交易与传统做市商有一个最大的区别：传统做市商会与交易所达成协议，保证自己会持续地提供市场流动性，而高频交易则不会做这样的保证。[①] 高频交易者并不会从交易所获得像传统做市商那样的便利条件，也不会将提供流动性视为自己的义务。当市场情况对自己不利时，高频交易者会毫不犹豫地停止交易，其提供的流动性也会随之停止。

既然两者如此相似，我们是否可以要求高频交易者承担做市商的义务呢？时任 SEC 主席的 Schapiro 曾主张要对高频交易者施加做市商的义务，要求高频交易者都注册为做市商。[②] 但这种做法是不可取的。一方面，这会使得进入高频交易行业的门槛大大提高。只有具有雄厚的资本实力才足以应对作为做市商的风险。因为即使市场状况不好，处于亏损状态的做市商，仍然要履行提供流动性的义务。另一方面，这会打击投资者的积极性。Edgar Ortega Barrale（2012）认为对高频交易者施加做市商的义务是一个糟糕的建议。通过义务和特权的方式增加市场的流动性会打击投资者对公平市场的期待。[③]

（二）订单拆分策略

高频交易者往往依靠巨大的交易量才能获利，但单笔巨大交易量的交易必

① Matt Prewitt, "High - Frequency Trading: Should Regulators Do More? " Michigan Telecommunications and Technology Law Review, Vol. 19 (2012), p. 135.

② Edgar Ortega Barrale, "Lessons from the Flash Crash for the Regulation of High - Frequency Traders", Fordham Journal of Corporate & Financial Law, Vol. 14 (2012), p. 1197.

③ Edgar Ortega Barrale, "Lessons from the Flash Crash for the Regulation of High - Frequency Traders", Fordham Journal of Corporate & Financial Law, Vol. 14 (2012), p. 1260.

然会对市场造成巨大的影响。这对高频交易者自身是不利的。一方面，单笔巨大的交易会很容易被其他高频交易者侦测到，如果他们比自己拥有更快的交易速度并作出同样的交易指令，则原先的高频交易者将无法获利甚至亏损。另一方面，即使未被其他高频交易者侦测到，单笔巨大交易量会引起市场的急剧上升或下跌，可能触发个股涨停、跌停机制或熔断机制。

基于以上原因，高频交易者往往会采取订单拆分策略，将原本巨大的单笔交易拆分为成千上万的小交易，以减少对市场的影响，避免被侦测，同时保证自己的获利。同时，订单拆分策略也有助于降低执行成本。[①]

（三）套利策略

套利策略（Arbitrage Strategies），又称事件套利策略，是指高频交易借助于预先设定的程序算法，在网络上收集、捕捉影响目标股票的因素，包括相关新闻、公司财报等，并在信息到达普通投资者之前，就执行交易，以此获利或避免损失。

举一个例子：高频交易者甲的套利策略系统将化工行业的上市公司 A 的股票设定为目标股票，并实时在网络搜索与 A 公司相关的所有信息，通过一定的算法计算不同信息对股价的影响。某一交易日的 10 点整，A 公司的化工厂发生爆炸，10 点 3 分此消息出现在网上并立即被甲的系统捕捉到，甲的系统立即将所持有的 A 公司股票全部抛售，此时 A 公司股票并未出现下跌。10 点 5 分，此消息传播到了大部分投资者，A 公司股票被大量抛售，股价急剧下跌。套利系统让甲避免了重大损失。相反，如果甲的套利系统捕捉到的信息为对 A 公司的重大利好消息，甲的套利系统会立即大量购入 A 公司的股票。在此利好消息广泛传播并引起 A 公司股票快速上涨后，甲的套利系统则卖出所有 A 公司的股票，从而挣取巨大利润。

套利策略区别于内幕交易，因为所有被捕捉的信息都是已经通过正常的程序、渠道进行了公布。套利策略只是在信息传播的过程中，抢在普通投资者之前获得相关信息而已。这样的策略并不违反市场的公平性要求。

---

① 郭朋：《国外高频交易的发展现状及启示》，载《证券市场导报》2012 年 7 月。

（四）结构性策略

结构性策略（Structural Strategies）又可以分为两种：服务器托管、无审核通路。

1. 服务器托管

服务器托管（Co－location），又称服务器代管、机柜托管，是指“高频交易公司将自己的计算机服务器放在离交易所的交易系统尽可能近的地方，目的在于利用物理上的短距离，缩短交易指令到达交易所系统的时间”①。如今的高频交易行业已经不再像以前那样只要拥有几秒的低延时性就能在速度竞争上获得优势，高频交易的速度竞争已经进入了毫秒级别。当程序上的速度接近极限时，高频交易者转而在地理位置上寻求出路，通过缩短物理空间上的距离来缩短自己系统与交易所系统之间的信息传递时间。

Adam Adler（2014）就给我们举了一个这样的例子，说明了较短的物理距离带来的交易优势：②

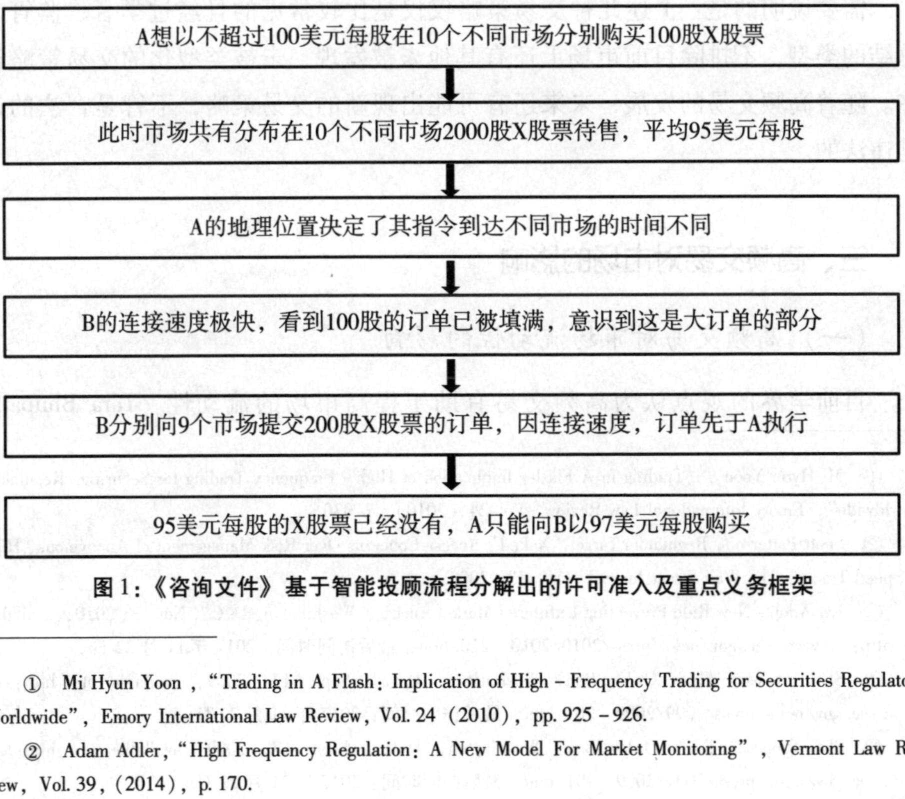

图1：《咨询文件》基于智能投顾流程分解出的许可准入及重点义务框架

① Mi Hyun Yoon，“Trading in A Flash：Implication of High－Frequency Trading for Securities Regulators Worldwide”，Emory International Law Review，Vol. 24（2010），pp. 925－926.

② Adam Adler，“High Frequency Regulation：A New Model For Market Monitoring”，Vermont Law Review，Vol. 39，（2014），p. 170.

2. 无审核通路

无审核通路（Naked Sponsored Access）是指“作为非交易所会员的高频交易者将高频交易系统直接接入交易所交易系统的行为”①。无审核通路使得采取此交易策略的高频交易者成为了事实上的会员。②

由于无审核通路造成了投资者之间起点的不平等，增加了市场的风险，因此2010年11月11日，SEC正式通过决议，禁止无审核通路。③

3. 闪电指令

闪电指令（Flash Orders）是指交易所允许某些特定的高频交易者在其他投资者之前知悉订单信息，看到订单信息，并以最佳的价格抢先交易的一种行为。

闪电指令实际上是一种“抢跑”行为。它制造了投资者之间起点的不平等，与无审核通路相比，有过之而无不及。时任SEC主席Mary Schapiro说：“通过允许特定的参与者获取特定证券的最佳交易价格，闪电指令或许会制造出一个两层的市场。”④ 因此，2009年9月17日，SEC正式宣布禁止闪电指令⑤。

需要说明的是：上述几种交易策略仅仅是比较常见的且经过学者、监管者总结的类型，不排除目前市场上还有其他未被发现、未被类型化的交易策略存在。随着高频交易的发展，未来还有可能出现新的交易策略，不管是合法的还是违法的。

三、高频交易对市场的影响

（一）高频交易对市场流动性的影响

目前学界的观点认为高频交易有助于提高市场的流动性。Tara Bhupathi

① Mi Hyun Yoon, “Trading in A Flash: Implication of High－Frequency Trading for Securities Regulators Worldwide”, Emory International Law Review, Vol. 24（2010）, p. 930.

② Scott Patterson, Regulators Target ‘Naked’ Access Concerns Over Risk Management of Anonymous, High－Speed Trades, The Wall Street Journal, Oct. 13, 2009.

③ EC Adopts New Rule Preventing Unfiltered Market Access, Washington, D. C., Nov. 3, 2010, available at: http://www. sec. gov/news/press/2010/2010－210. htm，最后访问时间：2017年11月22日。

④ SEC Proposes Flash Order Ban, Washington, D. C., Sept. 17, 2009, available at: http://www. sec. gov/news/press/2009/2009－201. htm，最后访问时间：2017年11月22日。

⑤ SEC Proposes Flash Order Ban, Washington, D. C., Sept. 17, 2009, available at: http://www. sec. gov/news/press/2009/2009－201. htm，最后访问时间：2017年11月22日。

(2010）认为高频交易本身的特点决定了它将有利于提高市场的流动性。[①] Aly L. Gould（2011）主张高频交易能够增加市场的流动性。[②] Jonathan A. Brogaard（2010）通过大量数据，建构数据模型进行分析，认为高频交易为市场提供了流动性。[③] Mi Hyun Yoon（2010）同样赞同高频交易有助于提高市场的流动性。[④] Matt Prewitt（2012）认为高频交易仅在在正常情况下回增加市场的流动性，但在市场波动较大的情况下则会停止提供甚至减少市场本身的流动性，甚至是减少市场的流动性。[⑤] 证监会也认为程序化交易能提供市场效率。[⑥]

（二）高频交易对市场稳定性的影响

对于此问题学者们的分歧较大。Aly L. Gould（2011）主张高频交易增强了市场的稳定性。[⑦] Matt Prewitt（2012）提出："闪电崩盘"并不能说明高频交易在正常的市场情况下也会增加市场的波动性。[⑧] Jonathan A. Brogaard（2010）经过详细的数据分析证实了高频交易减少了市场一天之内的波动性。[⑨]

但也有些学者提出了质疑。Tara Bhupathi（2010）认为高频交易会引起市场的不稳定性，并提出了以下两点理由："第一，由于高频交易是建立在对市场数据和行为信息进行分析和预置触发器上，因此几个系统有可能同时得出一样的

---

① Tara Bhupathi, "Technology' s Latest Market Manipulator - High Frequency Trading: Strategies, Tools, Risk, and Responses", North Carolina journal of law & technology, Vol. 11, (2010), pp. 386 - 388.

② Aly L. Gould, "Regulating High - Frequency Trading: Man V. Machine", Journal of High Technology Law, December, 2011, p. 289.

③ Jonathan A. Brogaard, "High frequency trading and its impact on market quality", December, 2010, p. 394.

④ Mi Hyun Yoon, "Trading in A Flash: Implication of High - Frequency Trading for Securities Regulators Worldwide", Emory International Law Review, Vol. 24 (2010), pp. 937 - 939.

⑤ Matt Prewitt, "High - Frequency Trading: Should Regulators Do More? " Michigan Telecommunications and Technology Law Review, Vol. 19 (2012), pp. 142 - 143.

⑥《中国证监会新闻发言人张晓军就〈证券期货程序化交易管理办法（征求意见稿）〉公开征求意见答记者问》，网址：www. csrc. gov. cn，最后访问时间：2017 年 11 月 22 日。

⑦ Aly L. Gould, "Regulating High - Frequency Trading: Man V. Machine", Journal of High Technology Law, December, 2011, p. 159.

⑧ Matt Prewitt, "High - Frequency Trading: Should Regulators Do More? " Michigan Telecommunications and Technology Law Review, Vol. 19 (2012), p.

⑨ Jonathan A. Brogaard, "High frequency trading and its impact on market quality", December , 2010, pp. 394 - 396.

结论，导致巨大的市场波动性；第二，绝大多数的高频交易公司都不会持仓过夜，它们不会去顾及市场的波动性。”① X. Frank Zhang（2010）通过控制股票的基础性波动和其他导致波动的因素，分析得出：高频交易与股票价格的波动有正相关关系。这种正相关关系在资本市场的规模前300大股票中、机构持股比例较高的股票中、市场有加高不确定性的时期表现尤为明显。因此，X. Frank Zhang（2010）认为高频交易增加了市场的波动性。② 中国证监会认为程序化交易有加大市场波动的消极影响。③

（三）高频交易对于价格发现的影响

巨大的分歧同样在这个问题中呈现。有学者认为高频交易在提供流动性的同时必然会有助于价格发现。Mi Hyun Yoon（2010）认为高频交易缩短了市场的价差，有利于发现证券的真实价值。④ Jonathan A. Brogaard（2010）的研究也表明：高频交易有助于价格发现。⑤

有学者认为高频交易有害于价格发现。X. Frank Zhang（2010）经过测算得出这样的结论：高频交易使得市场的波动性增加了5.6%，并使市场价格对信息的过度反应增加了8%。⑥

同时，有学者对以上两种观点都提出了质疑。Matt Prewitt（2012）认为不同的高频交易策略对价格发现的影响是不同的。“不幸的是，目前对于高频交易价格发现功能的大部分研究都是这样做的：他们的发现都是所有高频交易的整体作用。这存在的问题是：高频交易在价格发现上的积极作用可能掩盖

---

① Tara Bhupathi，“Technology’s Latest Market Manipulator - High Frequency Trading：Strategies，Tools，Risk，and Responses”，North Carolina journal of law & technology，Vol. 11，(2010)，pp. 391 - 393.

② X. Frank Zhang，“High - Frequency Trading，Stock Volatility，and Price Discovery”，Social Science E-lectronic Publishing，Vol. 54，No. 2（2010），pp. 91 - 101.

③《中国证监会新闻发言人张晓军就〈证券期货程序化交易管理办法（征求意见稿）〉公开征求意见答记者问》，网址：www. csrc. gov. cn，最后访问时间：2017年11月22日。

④ Mi Hyun Yoon，“Trading in A Flash：Implication of High - Frequency Trading for Securities Regulators Worldwide”，Emory International Law Review，Vol. 24（2010），p. 945.

⑤ Jonathan A. Brogaard，“High frequency trading and its impact on market quality”，December，2010，p. 395.

⑥ X. Frank Zhang，“High - Frequency Trading，Stock Volatility，and Price Discovery”，Social Science E-lectronic Publishing，Vol. 54，No. 2（2010），pp. 91 - 101.

了其在价格发现上的消极作用。"① 证监会认为程序化交易提高了价格发现的效率。②

（四）高频交易对市场公平性的影响

中国证监会认为所有的程序交易带来不利于市场公平性的消极影响。这也是目前学界的主流观点。Tara Bhupathi（2010）认为从事高频交易的高门槛导致了投资者的两极分化。③ Adam Adler（2014）主张高频交易虽然促进了市场整体效率，但也造就了信息的不对称，从而产生了不公平交易。④

（五）高频交易增加了系统风险

高频交易会增加系统风险，会使操纵市场变得隐秘。⑤ 这一点也在实践中得到了充分证明。2010 年 5 月 6 日的美国发生了"闪电崩盘"事件。2012 年 8 月 1 日骑士资本因高频交易软件故障股价暴跌 54%，损失 4.4 亿元。⑥ 另外还有 2013 年 8 月 16 日发生的"光大乌龙指"事件。⑦ 因此，如何控制高频交易的系统风险是高频交易监管必须面临的挑战。

（六）小结

高频交易带来交易成本的降低（如减少了员工成本），提高了交易效率的同时，也带来了系统风险的增加。但对其对市场公平性、稳定性、流动性价格发

① Matt Prewitt, "High - Frequency Trading: Should Regulators Do More?", Michigan Telecommunications and Technology Law Review, Vol. 19 (2012), p. 136.

② 《中国证监会新闻发言人张晓军就〈证券期货程序化交易管理办法（征求意见稿）〉公开征求意见答记者问》，网址：www. csrc. gov. cn，最后访问时间：2017 年 11 月 22 日。

③ Tara Bhupathi, "Technology' s Latest Market Manipulator - High Frequency Trading: Strategies, Tools, Risk, and Responses", North Carolina journal of law & technology, Vol. 11, (2010), p. 395.

④ Adam Adler, "High Frequency Regulation: A New Model For Market Monitoring", Vermont Law Review, Vol. 39, (2014), p. 203.

⑤ Matt Prewitt, "High - Frequency Trading: Should Regulators Do More? " Michigan Telecommunications and Technology Law Review, Vol. 19 (2012), p. 155.

⑥ 网易财经：《骑士资本软件故障亏损 4.4 亿美元 股价暴跌 54%》，网址：http://money. 163. com/12/0802/22/87UHCQO500251LK6. html，最后访问时间：2017 年 11 月 22 日。

⑦ 中国证监会：《光大证券异常交易事件的调查处理情况》，网址：http://www. csrc. gov. cn/pub/newsite/jcj/aqfb/201310/t20131014_ 236116. html，最后访问时间：2017 年 11 月 22 日。

现的影响，笔者认为，Matt Prewitt（2012）的观点（认为不同的高频交易策略对价格发现的影响是不同的）给了我们很大的启发。目前学界和监管者都犯了一个这样的错误：将所有高频交易作为一个整体，并以此出发去研究高频交易对市场流动性、公平性、价格发现、波动性等的影响。但我们都似乎忽略了一个关键点：高频交易中包含了诸多类型的交易策略，不同交易策略之间差距巨大。并且，在不同的时期，实际运用的高频交易中交易策略的主要种类和各个种类之间的比重又是不同的。忽略了这一前提，去谈高频交易的整体作用是意义不大的。例如，被动做市策略有助于提高市场的流动性，但套利策略却有可能减少市场的流动性。再如，无审核通路和闪电指令无疑会损害市场的公平性，但我们却很难说被动做市策略会损害市场的公平性。

笔者以为，我们应该区别不同的交易策略，对每一个交易策略的市场影响进行深入研究，明确每一个策略的市场影响。这是我们区分交易策略的意义所在，也是监管者进行区别监管的前提、基础。

四、《征求意见稿》评析

1. 积极意义

（1）首次明确了从事合理程序化交易，尤其是合理高频交易的合法性

Pistor（2013）提出了金融法律理论（The Legal Theory of Finance）主张法律不是在于金融之外，而就存在于金融之中。① 他认为金融市场是建立在规则基础上的系统；法律是金融市场不可或缺的，但可能加速金融市场的死亡。② 高频交易作为一个新生事物，是计算机技术在金融市场的进一步应用，这是未来发展的趋势，我们无法视而不见，更不能不加区别地抹杀。正如证监会新闻发言人张晓军所说，程序化交易是技术进步与市场创新的体现，是一把“双刃剑”。③ 我们要趋利避害，首先要做的就是承认其积极部分的合法存在。

对于投资者而言，这也是至关重要的。因为他们不必再担心从事高频交易像从事场外配资那样，经历了几次监管者态度不清的表态后仍被违法的名义取缔。

---

① Katharina Pistor，“Law in Finance”，Journal of Comparative Economics，Vol. 41，No. 2（2013）.

② Katharina Pistor，“Law in Finance”，Journal of Comparative Economics，Vol. 41，No. 2（2013）.

③《中国证监会新闻发言人张晓军就〈证券期货程序化交易管理办法（征求意见稿）〉公开征求意见答记者问》，网址：www. csrc. gov. cn，最后访问时间：2017 年 11 月 22 日。

（2）将监管对象确定为“程序化交易”而非高频交易增加了灵活性

正如 Pistor（2013）所言，“法律并不都是死板的，相较于市场的边界，处于顶端的法律更显灵活，灵活的法律力量是至关重要的”[①]。尽管目前绝大部分的程序化交易为高频交易，但并不排除在未来的市场上，出现其他类型的程序化交易。将监管对象确定为程序化交易，而非仅限于高频交易能避免我们在面对突如其来的新生程序化交易时显得手足无措。

（3）构建了高频交易监管的基本框架

通过上文以不同主体的角度对《征求意见稿》内容的重构，我们可以看到一个高频交易监管的初步框架已经建立起来，各个主体的定位、义务、职责得到明确。高频交易的监管并不仅是证监会的职责，证券期货公司、行业协会和交易所将在高频交易中发挥比证监会更加重要的作用。证监会正式成为一个单纯的“执法者”。

（4）禁止了不当的高频交易

《征求意见稿》第十八条规定明确禁止了七类影响正常交易秩序的程序化交易，包括自买自卖、期货自成交、频繁报撤且成交较低、影响收盘价、误导他人交易、制造价格趋势以及其他影响正常市场交易秩序的程序化交易。证券期货公司的客户只能通过证券期货公司接入交易系统，杜绝了无审核通路的发生。另外，《征求意见稿》禁止证券期货公司为客户提供申报速度存在明显差异的服务，尽管没有明确说明，但可以理解为：闪电指令也是被禁止的。

笔者倒认为，对禁止的高频交易的列举，其实也是对其他高频交易策略合法性的肯定。

2. 不足与建议

（1）对不同交易策略区分监管的意识不够强

证监会新闻发言人张晓军在谈到程序化交易对市场的影响的时候，仍然是从程序化交易的整体出发，认为“程序化交易可平滑不同市场和关联产品价格，提供市场流动性，提高价格发现效率，也有利于克服交易中人为因素的影响；但是，程序化交易也有加大市场波动、影响市场公平性、增加技术系统压力等消极影

① Katharina Pistor, “Law in Finance”, Journal of Comparative Economics, Vol. 41, No. 2 (2013).

响”。[①] 如上文所述，我们在判断程序化交易，尤其是高频交易对市场的影响时，不能只谈其整体影响，而应该区分不同交易策略的影响，并进行区别监管。

2011 年 9 月，SEC 和 FINRA（美国金融监管局 The Financial Industry Regulatory Authority）收集了一些高频交易的计算机代码，目的在于对其进行仔细研究[②]，并为此后的区别性监管做准备。Matt Prewitt（2012）认为：如果监管者不能在更具体的细节上监视和理解高频交易活动，他们是不能针对不好的高频交易策略推行有效的监管的。[③]

《征求意见稿》赋予了证券业、期货业协会制定相应行业标准的权力。笔者期待证券业、期货业协会在制定行业标准之前能基于中国证券期货市场的实际情况，深入研究目前市场上存在的交易策略种类及其比重，分析各个交易策略对市场的影响[④]，并在此基础上制定出对不同交易策略进行区别监管的行业标准，并根据实践发展，明确列举应被禁止的交易策略类型。

（2）证券期货公司承担对客户的高频交易系统的核查义务是不合理的

首先，高频交易系统的核心竞争力在于其设定的代码，一旦其算法被公开，被其他高频交易者复制，其营收空间则大大缩水。因此，高频交易系统的算法视为商业秘密予以保护。美国则有这样的判例：2014 年高盛公司以盗窃公司投行的很成功的算法为由将一名公司的前职员告上了法院，并获得了终审法院的支持。[⑤] 由于证券期货公司往往也有自营业务部门从事高频交易，因此赋予证券期货公司这样的权力、义务，是存在利益冲突的，不利于对客户高频交易程序的算法进行保护，即使证券期货公司有保密义务。

---

① Katharina Pistor，“Law in Finance”，Journal of Comparative Economics，Vol. 41，No. 2（2013）.

② U. S. Regulators Seek High - Frequency Traders´Secret Computer Codes，WASHINGTON/NEW YORK (Reuters)，Reporting by Sarah N. Lynch and Jonathan Spicer，available at ：http：//www. huffingtonpost. com/2011/09/01/us - regulators - traders - computers - secrets_ n_ 945897. html. Updated Dec 06，2017.

③ Matt Prewitt，“High - Frequency Trading：Should Regulators Do More？”，Michigan Telecommunications and Technology Law Review，Vol. 19，No. 131（2012），pp. 154 - 155 .

④ 从这个角度来说，目前国内所有的相关研究（尽管为数不多），无论是出自学界还是实务界，都是有所欠缺的，因为它们几乎都是对国外研究成果的汇总，这也是笔者不引用国内文章的原因。笔者也曾尝试寻找国内高频交易的相关数据，但一无所获，因此也只能从国外的研究和实务做法中吸取营养，“曲线救国”。从这个意义上讲，此文的写作也是失败的。

⑤ ALEYNIKOV v. The GOLDMAN SACHS GROUP，INC.，Appellant，United States Court of Appeals，Third Circuit，No. 13 - 4237.

其次，由证券期货公司进行核查必然会存在质量参差不齐的问题。不同的证券期货公司由于资本实力的不同，其招募的核查团队的质量也会有很大差异，也就导致了核查质量的参差不齐。

(3) 仅仅依靠证券期货公司保存交易信息是不够的

《征求意见稿》要求证券期货公司保存交易信息，保存期限为二十年。这是一个良好的开端，但却是不够的。尽管交易所的实时监控弥补了这一不足，但我们仍需要建立一个强大的数据库，以交易所更好地完成实时监控和历史信息追踪。

美国的做法就给我们提供了一个良好的借鉴：2012 年 8 月 1 日，SEC 颁布了 613 号规则（Rule 613），授权 18 个自律组织和 FINRA 共同实行“国家市场系统”计划（National Market System plan），要求他们开发并执行合并审计跟踪系统（Consolidated Audit Trail）以每天记录超过 500 亿笔交易，监视超过 1 亿用户的账户。①

五、高频交易监管路径之应然选择

高频交易是科技在金融市场的进一步应用，是未来的发展趋势，我们无法逆转，但我们能做到趋利避害。我们不应该再从整体的角度去简单概括高频交易对市场的影响，更不应该以此为依据制定相关的市场规则，进行“一刀切”式的监管。《征求意见稿》的出台让我们看到证监会对程序化交易正确的基本态度，建构了基本的监管框架，做到了有“法”可依。这将对程序化交易，尤其是高频交易的发展起到巨大的推动作用，稳定了投资者对程序化交易的期待和信心。但同时我们也应该看到，《征求意见稿》所建立的监管制度仍然存在一些空白，需要进一步细化。自从 2010 年“闪电崩盘”事件以来，美国 SEC 在监管高频交易方面积累了许多经验，值得我们借鉴。立法意旨乃是以实践为基础，高频交易的监管路径之选择不应囿于从“理论到理论”，所有的借鉴必须建立在国内市场实际情况的基础之上。

（一）由程序化交易系统核查公司完成对客户的高频交易系统的核查

程序核查工作应当交由专业的程序化交易系统核查公司来完成。核查公司

---

① Hayden C. Holliman, “The Consolidated Audit Trail: An Overreaction to the Danger of Flash Crashes from High Frequency Trading”, North Carolina Banking Institute Vol 19. 2015, pp. 136 – 137.

需要经过证券业、期货业协会的认证才能从事核查业务。证券期货公司客户的交易程序首先需要经过核查公司的核查并得到核查公司出具的认可证明，才能到证券期货公司申请接入。而证券期货公司无权再核查。这项制度的实施需要做到几个关键点：第一，核查公司的地位应确定为中介机构，其本身应被禁止从事任何的证券期货交易，当然也包括程序化交易。第二，核查的费用由程序化交易负担。我们可以确定相对较高的收费标准，但也必须同时赋予其严苛的法律责任。坚持“高收入，严责任”的原则，一旦发现核查公司存在出具虚假认证等行为，必须对其处以严格的法律责任。

程序核查工作交由专业的程序化交易系统核查公司来完成有以下几点好处：一方面，核查公司的核查将比证券期货公司的核查更容易专业化，形成更规范的行业标准；另一方面，核查公司由于被禁止从事证券期货交易活动，因此与程序化交易者没有竞争意义上的利益冲突，更容易在核查中保持客观、公正。证券期货市场中服务的专业化、细分化是一个应该肯定的方向。

（二）建立监测追踪系统，补强监管部门的信息监管能力

监管的前提是对信息的有效收集，将有助于程序化交易的监控与风险防范。①《征求意见稿》规定了证券期货公司须对客户程序化交易信息的保存和保密，但这远远不够。对于高频交易而言，不但应对高频交易行为的信息进行收集和监测，还需对高频交易的整个交易过程予以标记、记录，以确保其可被追踪，方便日后发生问题后进行追责。美国对于高频交易的信息监管的方式是给每个高频交易者分配专门的识别代码，从而根据该交易代码识别高频交易行为，经纪商在交易发生的次日，须将所发生的交易记录上报给美国的证监会。我国现行信息的监管主要是由证券期货交易所完成的，但是没有建立完备的监测追踪系统。央行曾在《中国金融稳定报告（2016）》以专栏形式对高频交易的监管提出建议，除高频交易商进行风险内控外，第二道防线就是证券期货交易所应进行风险控制，提升监管能力。证券期货交易所控制下单的规模以及频率，根据市场的波动水平设置节点来中止交易，对整体的准入机制、容量、指令成交

① 邢会强：《证券期货市场高频交易的法律监管框架研究》，载《中国法学》2016 年第 5 期。

比例等予以限定。[①] 立法上亦应当赋予监管机构行政监管的权力，保证证券期货市场的交易秩序的稳定以及保护投资者的合法利益，必要时候监管机构可以对高频交易行为人进行现场检查以及要求其提供相应资料。对于高频交易的交易进行应建立完整的监测追踪系统，提高监管的有效性，促进证券期货业市场主体合规发展。[②]

六、结语

高频交易的问题在于监管者永远会落后于它的脚步。[③] 这是我们不得不承认的，但最好的做法仍莫过于高频监管（Frequency Regulation）[④]，利用速度应对速度。监管机构应当维护证券期货市场正常的交易秩序，建立监管追踪系统，提升监管能力，保护投资者的合法权益。对高频交易的监管应明晰高频交易的策略，证券业、期货业协会可以在权限内制定行业标准，根据不同交易策略进行区分监管抑或作出禁止性规定。但证券期货公司不应承担核查的义务，在未来市场行业细分的情况下，可由程序化交易系统核查公司完成对客户的高频交易系统的核查。《征求意见稿》对程序化交易已表现出应有的态度，建构了监管的基本框架，其出台虽被暂时搁置，但随着高频交易对市场的影响不断加深，对程序化交易的监管实属必然态势。

---

① 中国人民银行金融稳定分析小组：《中国金融稳定报告（2016）》，网址：http：//www. gov. cn/xinwen/2016 –06/27/content_ 5086110. htm，最后访问时间：2018 年7月5 日。

② 邢会强：《证券期货市场高频交易的法律监管框架研究》，载《中国法学》2016 年第5 期。

③ Frank A. Pasquale, "Law's Acceleration of Finance：Redefining the Problem of High – Frequency Trading", Cardozo Law Review , Vol，36（2015），p. 2126.

④ Adam Adler，"High Frequency Regulation：A New Model For Market Monitoring"，Vermont Law Review，Vol. 39，(2014)，p. 162 –205.

投资者公平基金的制度功能与运作机制

杨文尧天[*]　何海锋[**]

【内容提要】投资者公平基金是美国证券交易委员会在政府诉讼或行政裁审程序中，向遭受损害的投资者分配违法行为人非法所得和民事罚金的专项基金。公平基金独特的制度设计、多元的资金来源、简洁的运作程序，有效弥补了美国投资者保护体系的缺陷，提高了投资者保护水平。目前我国的投资者保护机制尚不足以解决投资者保护资金来源有限，覆盖范围小，成本高等缺陷，可以充分借鉴美国公平基金运行经验，建立投资者专项补偿基金，提高证券市场的投资者保护水平。同时，证券投资者保护基金的运作、先行赔付制度的推行和中小投资者服务中心的建立，也为建立投资者专项补偿基金创造了条件。

【关键词】公平基金　投资者保护　先行赔付

美国公平基金（fair fund）是美国国会授权美国证券交易委员会（Securities and Exchange Commission，SEC）建立的一种投资者专项补偿性基金，SEC 通过

* 京东金融研究院助理研究员，中国社会科学院研究生院博士研究生。

** 京东金融研究院高级研究员，法学博士。

民事诉讼向证券市场违法者追缴的违法收入和民事罚款等归入一个基金之中，并进而分配给受害人，或者奖励给举报人。[①] 2001 年至 2002 年，美国资本市场连续发生世界通讯（WorldCom）、安然（Enron）等大型上市公司财务造假丑闻。这一系列丑闻严重损害了投资者对美国证券市场的信心。为了威慑上市公司的证券欺诈行为，保持投资者对证券市场的信心，美国国会制定并通过了旨在进一步强化证券监管力度的《萨班斯·奥克利法案》，该法案第 308 条首次规定了公平基金。自此，SEC 开始运用公平基金补偿投资者，并取得了一定的成效。针对实践中存在的问题，SEC 于 2006 年专门制定了《公平基金与吐赃计划的规则和实践》（*Rules of Practice and Rules on Fair Fund and Disgorgement Plans*），进一步规范了公平基金分配计划的制定和运作机制等相关事项。此外，根据美国政府问责署（U. S. Government Accountability Office）2007 年和 2010 年的报告建议，[②] SEC 成立了收集和分配办公室（Office of Collection and Distribution）管理非法所得和民事罚金的追缴与公平基金的分配等事宜，并相应地调整了内部的组织架构，以提高公平基金的运作效率。2010 年，涵盖全方位金融改革的《多德·弗兰克》法案进一步扩大了 SEC 在运作公平基金的权利，允许 SEC 单独将民事罚金通过公平基金分配给投资者。公平基金自建立起就在保护投资者权益方面发挥了重要作用。

一、公平基金的制度功能

公平基金制度构建前，遭遇证券欺诈案件，投资者寻求救济的方式首先是集团诉讼，其次是美国证券交易委员会（SEC）、美国商品期货交易委员会（Commodity Futures Trading Commission）、联邦贸易委员会（Federal Trade Commission）、司法部（Department of Justice）等联邦机构运作的各种分配非法所得的吐赃基金（disgorgement fund）。但是集团诉讼起诉门槛高、联邦机构运作的吐

① 邢会强：《内幕交易公平基金制度的构建》，载《证券法律评论（2016 年卷）》，中国法制出版社 2016 年版。

② See U. S. Government Accountability Office, Securities and Exchange Commission: Additional Actions Needed to Ensure Planned Improvements Address Limitations in Enforcement Division Operation, GAO－07－830 (2007); U. S. Government Accountability Office, Securities and Exchange Commission: Information on Fair Fund Collections and Distributions, GAO－10－448rR (2010)

赔基金补偿额度低等缺陷，造成这些机制往往不能全面保护投资者利益。建立公平基金的首要目的就是弥补已有投资者保护方式的缺陷，与现有投资者保护制度衔接，以达到投资者保护体系全面升级的效果。

（一）弥补证券集团诉讼运行中的缺陷

理论上，集团诉讼是指由一个或者数个代表人，为了集团全体成员共同的利益，经法院许可，代表所有成员进行的诉讼。① 自1938年《联邦民事诉讼规则》（Federal Rules of Civil Procedures）规定集团诉讼以来，证券集团诉讼已成为投资者保护自身权益的重要手段。据斯坦福大学法学院证券集团诉讼信息交流机构的研究调查显示，2017年全年美国境内共提起联邦证券集团诉讼412宗。1997年至2016年平均每年提起联邦证券集团诉讼193宗。2017年提起的集团诉讼数量是1995年《私人证券诉讼改革法案》（Private Securities Litigation Reform Act）实施以来的最高峰。② 投资者通过集团诉讼获得的赔偿金额近年来虽有明显下降，但是也相当惊人。著名的安然案和世通案的和解金额分别达到71亿和61亿美元，1998年至2007年十年间的和解金额总计达到518亿美元。③ 但2017年美国证券集团诉讼达成和解的案件为81件，和解金额总计仅15亿美元，个案平均和解金额为1820万美元。④ 由此可见，证券集团诉讼在美国证券投资者保护体系中占据着重要地位。因此，有学者称“联邦救济的最终效力……在很大程度上取决于集团诉讼手段的适用性”。⑤

虽然集团诉讼在投资者权利保护方面发挥了举足轻重的作用，但是集团诉讼存在的缺陷仍不能忽视。首先，提起集团诉讼的门槛较高。1995年制定的《私人证券诉讼改革法案》（Private Securities Litigation Reform Act），为了降低滥

① 郭雳：《美国证券集团诉讼的制度反思》，载《北大法律评论》第10卷第2辑。

② See Securities Class Action Filings：2017 Year in Review，资料来源：https：//www. cornerstone. com/Publications/Reports/Securities – Class – Action – Filings – 2017 – YIR，最后访问时间：2018年4月15日。

③ 郭雳：《美国证券集团诉讼的制度反思》，载《北大法律评论》第10卷第2辑。

④ See Securities Class Action Settlements—2017 Review and Analysis，资料来源：https：//www. cornerstone. com/Publications/Press – Releases/Securities – Class – Action – Settlement – Dollars – Dip – Dramatically – in – 2017，最后访问时间2018年4月15日。

⑤ ［美］路易斯·罗斯、乔尔·赛里格曼：《美国证券监管法基础》，张路等译，法律出版社，2008年版，第979页。

诉的可能性，显著提高了集团诉讼的起诉门槛，增加了原告的证明责任。然而在内幕交易类、市场操纵类、发行欺诈类等案件①中，由于对案件定性起决定性作用的证据往往存在于违法行为人内部，原告调取相关证据的难度较大。因此，有相当部分的案件难以通过集团诉讼得到解决。在2002年至2012年成立公平基金的案件中：14起内幕交易类案件中，仅有2起案件的投资者同时提起集团诉讼，但均被驳回；20起发行欺诈类案件中，7起的投资者同时提起集团诉讼，其中4起胜诉；9起市场操纵类案件中，2起案件的投资者同时提起集团诉讼，1起胜诉。②

其次，在证券集团诉讼中，获得妥善解决的案件大多属于会计欺诈类。自2006年到2010年，60%达成和解的证券集团诉讼和通过证券集团诉讼获得的赔偿金的90%都是在会计欺诈类案件中取得的。③ 2017年达成和解的集团诉讼中存在违反会计准则情况的占总数的53%。④ 那么对于其他案件的受害者而言，通过证券集团诉讼获得赔偿的可能性相对较小。

最后，证券集团诉讼成本高昂。证券集团诉讼案件的耗时大多比公平基金长。据统计，超过三分之二的集团诉讼案件在SEC行政裁审程序终结后才结束。⑤ 为获得诉讼的胜利，投资者需花费大量资金聘请专业律师，且证券集团诉讼案件一般采取风险代理模式。虽然，投资者可能通过集团诉讼获得巨额赔偿金，但是其付出的维权成本也相当高昂。

公平基金制度有效弥补了证券集团诉讼运行中的缺陷。首先，公平基金与集团诉讼是互为补充的救济手段，公平基金的设立不绝对排除投资者通过集团诉讼获得救济的权利。当SEC在行政裁审程序中设立公平基金时，投资者依然

---

① SEC将其执法的案件类型分为：证券经纪交易类、内幕交易类、投资顾问/公司类、发行人报告和披露类、市场操纵类、证券发行类和市政公债类。其中会计欺诈案件属于发行人报告和披露类。

② See Urska Velikonjia, Public Compensation for Private Harm: Evidence from the SEC's Fair Fund Distribution, 67 Stanford Law Review 331 (2015).

③ See Cornerstone Research, Accounting Class Action Filings and Settlements: 2011 Review and Analysis 1 (2012).

④ See Securities Class Action Settlements—2017 Review and Analysis，资料来源：http://securities.stanford.edu/research-reports/1996-2017/Settlements-Through-12-2017-Review.pdf，最后访问时间：2018年4月15日。

⑤ See Urska Velikonjia, Public Compensation for Private Harm: Evidence from the SEC's Fair Fund Distribution, 67 Stanford Law Review 331 (2015).

可以提起集团诉讼。在2002年至2012年成立公平基金的238起案件中，154起案件的投资者同时提起了集团诉讼，占总数的64.7%。[①] 当某一案件同时触发SEC行政裁审程序和集团诉讼时，如果两者之中某一程序率先终结，则SEC和法庭在作出裁决前都会考虑对方已经作出的决定。如果在集团诉讼作出判决前，SEC已经终结行政裁审程序，建立公平基金并补偿投资者后，法院会考虑驳回投资者赔偿请求或酌情减少赔偿数额。如果在SEC终结行政裁审程序前，法院已就集团诉讼作出判决，SEC会将公平基金转移给法院，由法院补充到集团诉讼赔偿金中。

其次，公平基金胜诉率高，补偿投资者周期短。公平基金由SEC负责设立，由于其具有专业化的优势，针对内幕交易等投资者难以取证的案件，它可以更快地查清违法事实，作出处罚决定或提起诉讼，较快地获得有利于投资者的处理结果。此外，SEC还可以通过强制手段追缴非法所得和民事罚金，保证快速、充分地补偿投资者。截至2010年2月，SEC建立了95亿美元的公平基金，已追缴到其中的91亿美元，并已将76%（约69亿美元）的基金分配给投资者。[②]

最后，公平基金制度在运行过程中着重覆盖证券集团诉讼难以保护到的投资者，突出对内幕交易等难以取证的证券违法行为中投资者的保护。在73.1%的内幕交易类、市场操纵类等其他6类案件中，公平基金是投资者可以获得补偿的唯一方式，或公平基金弱化了其他手段的补偿作用。[③]

（二）提高投资者获得的补偿数额

公平基金建立前，在证券欺诈案件中，各联邦机构运作的基金是投资者获得补偿的方式之一。该类基金资金来源主要是违法者的非法所得，而追缴非法所得往往非常困难。根据2002年SEC向国会提交的研究报告，由于违法者转移和隐匿财产，以及各州之间的法律差异等原因，在追缴非法所得时，SEC需要

---

① See Urska Velikonjia, Public Compensation for Private Harm: Evidence from the SEC's Fair Fund Distribution, 67 Stanford Law Review 331 (2015).

② See U. S. Government Accountability Office, Securities and Exchange Commission: Information on Fair Fund Collections and Distributions, GAO－10－448rR (2010).

③ See Urska Velikonjia, Public Compensation for Private Harm: Evidence from the SEC's Fair Fund Distribution, 67 Stanford Law Review 331 (2015).

花费大量的人力、物力和时间，往往还不能将所有的非法所得完全追缴。[1]因此，该类基金能够向投资者提供的补偿非常有限。据统计，1997 年至 2002 年，SEC 仅在 34 个案件中向投资者分配了 10 亿美元左右的非法所得。[2]

公平基金有效提高了投资者获得的补偿数额。《萨班斯·奥克利法案》授权 SEC 将违法行为人缴纳的民事罚金通过公平基金分配给投资者，全面提高了投资者可能获得的补偿数额。截止到 2013 年底，公平基金中追缴的非法所得共计 61 亿 8800 万美元，占总数的 42.8%，民事罚金共计 82 亿 7670 万美元，占总数的 57.2%。[3]

在开源之外，SEC 也通过强化追缴非法所得的力度，提高原有非法所得分配的数额。为了更好地收集和分配各类基金，SEC 专门成立了收集和分配办公室，协调非法所得和民事罚金的收缴。此外，SEC 还积极通过美国财政部的相关强制追缴程序，利用多种方式扩充公平基金的资金来源，提高补偿投资者的数额。

（三）强化对公司管理层的责任追究

通过处罚等方式，投资者保护机制都能起到一定的威慑违法行为人的作用。“理性经济人”假设认为，违法者在进行某一违法行为时，会衡量违反法律可能获得的利益与被法律制裁所付出的代价。如果获得的利益大于付出的代价，则他可能选择违反法律。反之，则会选择遵守法律。在传统的投资者保护机制中，发行人或上市公司是法律责任的直接承担者。这种处罚方式间接地对实际违法者，如公司管理层等，产生一定的震慑作用。但是，由于市场竞争愈发激烈，这种间接的震慑所能发挥的作用相当有限，许多公司高管仍会选择铤而走险。因此，在公平基金的执法过程中，SEC 的执法思路是除处罚公司外，也将涉案公司的高管、投资银行、会计师事务所等列为被告，对其进行直接的处罚。在 2002 年世界通讯（World Com）财务欺诈案中，SEC 在向世界通讯公司追缴非法

---

① See SEC, Report Pursuant to Section 308 (c) of the Sarbanes Oxley Act of 2002.

② See Barbara Black, Should the SEC be a Collection Agency for Defrauded Investors? 63 Bus. Law. 317, 319 (2008); Adam S. Zimmerman, Distributing Justice, 86 N. Y. U. L. Rev. 500, 527 (2011).

③ See Urska Velikonjia, Public Compensation for Private Harm: Evidence from the SEC's Fair Fund Distribution, 67 Stanford Law Review 331 (2015).

所得和处以民事罚金外，同时也对世界通讯的四名前雇员提起了诉讼。[①] 2009年，SEC 向美国国家金融服务公司（Countrywide Financial Corporation）的三位前高管处以了高额的处罚，其中前首席执行官 Angelo Mozilo 被追缴非法所得和民事罚金合计 6750 万美元，前首席运营官 David Sambol 被追缴非法所得和民事罚金合计 552 万美元，前首席财务官 Eric Sieracki 被处以 13 万美元的民事罚金。[②] 据统计截止到 2013 年底，个人（公司高管）或第三方（投资银行、会计师事务所等）在 62.6% 的公平基金案件中被列入被告，其返还的非法所得和缴纳的民事罚金总额占公平基金总额的 13.5%。[③] 这种执法方式，一方面进一步增加了投资者可获得补偿的数额，也避免了"循环补偿"[④] 的困境，同时对公司高管等个人或机构，产生了直接的威慑，有利于建设公平、诚信、有效的证券市场。

二、公平基金的运作机制

公平基金制度建立以来，围绕着保护投资者利益的主题不断演进，形成了一系列有益的经验和措施。与其他补偿性基金相比，公平基金在成立的标准、资金的来源及分配计划的制定及执行等方面有其独特之处。

（一）成立公平基金的标准

第一，可以决定成立公平基金的主体是 SEC 或联邦法院。如前文所述，公平基金是在 SEC 行政裁审程序或政府诉讼中设立的。具体而言，在 SEC 行政裁审程序中由 SEC 决定是否设立，在政府诉讼中则由 SEC 提出请求，联邦法院决定是否设立。一般地，在 SEC 与违法者达成和解协议或提起诉讼前，SEC 的执法部将对是否设立公平基金提出建议。第二，适格投资者数量和基金总数影响是否成立公平基金。SEC 在是否成立公平基金时，主要考虑两个因素，可确定

① See the Honorable Jed Rakoff Approves Settlement of SEC'S Claim for a Civil Penalty Against Worldcom，资料来源 https：//www. sec. gov/news/press/2003 - 81. htm，2018 年 4 月 15 日访问。

② See https：//www. sec. gov/divisions/enforce/claims/mozilo. htm，2018 年 4 月 15 日访问。

③ See Urska Velikonjia，Public Compensation for Private Harm：Evidence from the SEC's Fair Fund Distribution，67 Stanford Law Review 331（2015）.

④ 有学者批评公平基金处用股东的钱补偿股东的损失。邢会强：《内幕交易公平基金制度的构建》，载《证券法律评论（2016 年卷）》，中国法制出版社 2016 年版。

的适格投资者数量，以及将来可以收集的基金总数是否足以弥补所有适格投资者的损失。如果可以明确适格投资者数量，并且预期可追缴的非法所得和民事罚金足以弥补所有适格投资者，则设立公平基金。如果适格投资者数量难以明确，或者预期可追缴的非法所得和民事罚金不足以弥补所有适格投资者，则不会设立公平基金，SEC 将追缴的非法所得及民事罚金上缴财政部。

（二）公平基金的资金来源

公平基金的资金来源主要有两个方面：非法所得和民事罚金。这是它与其他联邦机构运作基金的最大区别。美国商品期货交易委员会（CFTC）、联邦贸易委员会（FTC）、司法部（DOJ）仅能将从违法行为人处追缴的非法所得分配给受害者。

SEC 可以将追缴违法行为人的非法所得分配给投资者，是由美国联邦上诉法院在 1971 年通过判例的形式确定的。① 1990 年制定的《证券执法救济与廉价股票改革法》（Securities Enforcement Remedies and Penny Stock Reform Act）又将上述规则的适用范围拓展到 SEC 的行政裁审程序中。追缴非法所得要求行为人通过该违法行为获利。如果行为人并未从该行为中获利，则不能向其追缴非法所得。当 SEC 主张追缴非法所得时，SEC 需要证明被告的违法行为与其非法所得之间具有合理联系。在确定应追缴非法所得的具体数额时，法院一般要求被告提供相应的财务记录。一般法院并不要求 SEC 确定具体的追缴数额。但是当 SEC 通过举证提出了具体的追缴数额时，若被告认为追缴数额过高，则由被告自己证明应缴数额。法院一般认为，只要追缴非法所得的措施是合理的，被告应当承受追缴非法数额不精确的风险。

1933 年证券法（Securities Act of 1933），1940 年投资顾问法（Investment Advisers Act of 1940）和 1940 年投资公司法（Investment Company Act of 1940），授权 SEC 可以通过政府诉讼向违反证券法规的当事人处以民事罚金。但直到 2010 年《多德·弗兰克法案》，SEC 才有权在行政裁审程序中向所有违法者处以民事罚金。② SEC 对违法当事人处以民事罚金时，须提供行为人违法行为的相应

---

① See SEC v. Texas Gulf Sulphur Co.

② 2010 年前，SEC 在行政裁审程序中仅能向证券经纪人、投资顾问等证券业专业人士处以民事罚金。针对其他主体的民事罚金请求，只能经由政府诉讼提出。

证明。由法官决定是否罚款及罚款数额。这类民事罚金对每个违法行为的处罚数量不超过法定上限或者违法所获金钱收入二者中的较大者。“法定上限”指：第一层，适用于不属于第二、三层情形的违法，对自然人罚款不超过5千美元，其他人不超过5万美元；第二层，适用于含有欺诈、欺骗、操纵、故意或罔顾监管要求的违法行为，对自然人罚款不超过5万美元，其他人不超过25万美元；第三层，该违法不仅包含第二层的行为，还给他人带来显著风险或造成重大损失，对自然人罚款不超过10万美元，其他人不超过50万美元。①

按照《萨班斯·奥克利法案》的要求只有追缴非法所得，并同时处以民事罚金时才能建立公平基金。然而在某些类型的案件中（如会计欺诈），上市公司并不一定通过违法行为获得利益，因此很多案件不符合建立公平基金的要求，投资者失去了获得补偿的机会。为给投资者提供更多的救济机会，《多德·弗兰克法案》降低了对建立公平基金的要求，规定SEC仅对违法者处以民事罚金时也可以建立公平基金。

（三）分配计划的制订与公平基金的运行

在政府诉讼或SEC行政裁审程序中，相关判决决定建立公平基金后，由SEC负责制订分配计划。分配计划是公平基金运行的核心，它一般由SEC的执法部制订，通过公示、征求意见和修改后，由SEC或法院通过。

SEC要求在收到违法者缴纳的民事罚金，或追缴到违法行为人非法所得的60日内，由SEC执法部提出分配计划。在SEC行政裁审程序中建立的公平基金于分配计划公告30日后，由SEC决定通过计划或修改后再通过计划。在联邦法院诉讼程序中建立的公平基金，SEC则需要将分配计划交由法院注册。

分配计划的内容一般应包含接受额外资金的程序，基金储存的账户、投资方式，基金可以补偿的投资者类别及通知他们的方式，提出、同意补偿请求及处理争议的程序，投资者提出请求的最终日期，基金运行的最后时间及剩余基金的处理办法，基金管理人的酬劳等。

分配公平基金时，首先由法院或者SEC发出通知，通告公平基金已经建立

---

① 洪艳荣：《美国证券交易委员会行政执法机制研究：“独立”、“高效”与“负责”》，载《比较法研究》2009年第1期。

并即将开始分配。通知发布后，符合要求的适格投资者应在规定时间内向基金管理人提出索赔请求。基金管理人综合考虑适格投资者所购买的股票数量，购买、出售和持有股票的时间等要素，从而确定投资者可以获得的赔偿数额。当出现违法行为人破产的情况时，公平基金由法院制定的破产管理人管理，在扣除破产管理人的相关费用后，适格投资者在其他债权人之前享有受偿权。

由于联邦法院诉讼程序耗时较长，为及时、充分地补偿投资者，SEC 采取了多种方式提高政府诉讼中公平基金的分配效率。为保护投资者合法权益，SEC 力求及时向投资者提供补偿，在公平基金的支付环节中设有中期分配，并在特定案件中尽早收集被告的财产以在清算完成后及时返还给投资者。①

在制订分配计划后，基金管理人若发现适格投资者过多，或者运转公平基金的费用过高，公平基金不足以抵消相关费用或补偿所有投资者时，公平基金不再分配给投资者，而是在抵充相关费用后上缴财政部。

由于 SEC 资源有限，为了更好地运作公平基金，SEC 一般会为每只公平基金聘请专门的基金管理人。为保证基金管理人忠实、勤勉地履行其职责，SEC 要求定期对公平基金进行财务审计。每个季度的前十天内对公平基金进行一次审计。当公平基金终结运行前，也需进行一次最终审计。

三、我国建立投资者专项补偿基金的必要性与可行性

在建立多层次资本市场的过程中，完善中小投资者权益保护机制是题中应有之义。目前，我国已经初步建立起覆盖事前、事中和事后的多种直接和间接投资者保护制度。但是在事后保护机制上，由于证券民事诉讼机制长期缺位，虽然引入了保荐人先行赔付制度等机制，但是实践中中小投资者能够获得的赔偿仍然较少。笔者认为，从转变监管思路、建立专门性投资者补偿基金等多个方面借鉴美国公平基金的实践经验，对完善我国投资者保护机制大有裨益。

（一）引入投资者专项补偿基金的必要性

目前我国证券市场发展活跃，投资者人数、交易额、上市公司市值屡创新高。同时，由于我国证券市场处于新兴加转轨的特殊发展时期，侵害投资者权

① 赵晓钧：《借鉴公平基金制度完善投资者赔偿机制》，载《上海证券报》2013 年 3 月 27 日 A07 版。

益的情况屡见不鲜。2017年仅证监会作出行政处罚的证券违法案件就达到224件。[①] 而由于相关机制的缺失，投资者难以从证券违法行为人处得到赔偿。从保护投资者利益，促进证券市场健康发展的角度看，引入投资者专项补偿性基金刻不容缓。

1. 投资者保护基金的局限性

我国目前建立的投资者保护基金制度的局限性，首先，体现在该基金覆盖的补偿事项狭小混乱，赔偿对象不明确。在赔偿事项上，投资者保护基金仅可用于补偿在证券公司发生风险时受损的债权人。[②] 而当证券公司发生风险时究竟是否对不属于投资行为的其他债权进行赔付，《证券投资者保护基金管理办法》的表述较为模糊，并未给出答案。在赔偿对象上，《证券投资者保护基金管理办法》采用了"债权人"的概念。债权人的范围大于证券公司的客户或投资者，而采用这一概念可能扩大赔偿对象范围，损害投资者的利益。其次，该基金的资金来源虽然广泛，但是实际筹集的资金十分有限，难以补偿数量庞大的投资者。相关研究表明，由于筹集的资金不足，央行再贷款成为投资者保护基金发放时的主要资金来源，导致该基金运作时每年需要将大量资金用于偿还央行的再贷款，实际用于补偿投资者的资金十分有限。[③]

2. 先行赔付制度覆盖面小

先行赔付是指在证券市场中发生虚假陈述案件时，在对发行人、上市公司等市场主体据以承担赔偿责任的行政处罚、司法裁判作出之前，由虚假陈述民事赔偿责任的可能的连带责任人之一先行垫资向投资者承担赔偿责任，然后再由先行赔付者向未参与先期赔付的发行人、上市公司以及其他责任人进行追偿的一种措施。[④] 目前，通过"万福生科案""欣泰电气案"等案例，我国已初步在虚假陈述案件中，建立起保荐人先行赔付制度。但是该制度仅能覆盖虚假陈

① 中国证监会：《2017年证监会行政处罚情况综述》，网址：http：//www. csrc. gov. cn/pub/newsite/zjhxwfb/xwdd/201712/t20171227_ 329694. html，最后访问时间：2018年4月15日。

② 《证券投资者保护基金管理办法》第十九条规定，基金的用途为：（一）证券公司被撤销、被关闭、破产或被证监会实施行政接管、托管经营等强制性监管措施时，按照国家有关政策规定对债权人予以偿付；（二）国务院批准的其他用途。

③ 武汉大学课题组：《投资者保护法律制度完善研究》，载《证券法苑（第十卷）》，法律出版社2014年版。

④ 陈洁：《证券市场先期赔付制度的引入及适用》，载《法律适用》2015年第8期。

述案件的投资者，无法保障受内幕交易、操纵市场等行为损害的投资者。在2017年证监会作出行政处罚的224件案例中，内幕交易类有60件，操纵市场类有21件。以上两类案件占总数的三分之一以上。[①]

3. 证券民事诉讼门槛高

就证券民事赔偿而言，首先，法院受理相关案件的门槛高。以证券虚假陈述案件为例，根据《最高人民法院关于审理证券市场因虚假陈述引发的民事赔偿案件的若干规定》，当事人就证券虚假陈述提起民事诉讼时，虚假陈述行为必须已经在有关机关的行政处罚决定或者人民法院的刑事裁判文书中作出认定。等待相关行政处罚决定或刑事裁判的作出，将耗费投资者大量的时间，可能使投资者错失获得补偿的最佳时机。

其次，我国民事诉讼中不存在集团诉讼，投资者必须亲自参加诉讼。我国幅员辽阔，投资者分布较为分散，要求每一名投资者必须亲自参加诉讼，必然增加投资者的维权成本，迫使中小投资者放弃获得补偿的机会。

最后，证券监管机关不具备公益诉讼主体资格，不能代表投资者提起诉讼。根据《民事诉讼法》的相关规定及目前的实践，我国仅存在由人民检察院提起的针对重大环境污染问题的公益诉讼。证券监管机关不能代表投资者提起诉讼，极大地影响了投资者维护自身权益的尝试。投资者缺乏证券监管机关具有的证据收集便利、专业化等优势，其通过我国目前的证券民事赔偿制度，难以获得应有的补偿。据相关研究报告，在2001年1月至2011年6月中国证监会对上市公司虚假陈述行为作出行政处罚的133个案件中，90起案件的投资者未提起民事诉讼。[②]

4. 证券执法“先行（刑）后民”的问题

从制度和实践两个方面来看，我国的证券执法在过程上，突出“先行（刑）后民”，在结果上强调对证券违法行为的打击，忽视对投资者所受损害的补偿。在程序上，证券民事诉讼设置了行政处罚或刑事裁判的前置程序，限制了对违法行为人民事责任的追究。表现在证券法律责任制度中，现行的证券法律法规

---

① 中国证监会：《2017年证监会行政处罚情况综述》，网址：http：//www. csrc. gov. cn/pub/newsite/zjhxwfb/xwdd/201712/t20171227_ 329694. html，最后访问时间：2018年4月15日。

② 何朝丹：《虚假陈述证券民事诉讼法律实效研究》，载《证券法苑（第五卷）》，法律出版社2011年版。

和规章对证券违法犯罪行为的责任制裁，主要偏重于行政责任和刑事责任，忽略了民事法律责任的功能，削弱了对证券违法犯罪行为的民事责任的惩戒作用。①

公平基金将 SEC 追缴的非法所得和民事罚金，首先用于补偿投资者，充分反映了美国证券执法重视追究违法行为人的民事责任，突出证券执法保护投资者利益的功能。转变“先行（刑）后民”的执法思路，一方面，在立法上要平衡民事责任、行政责任和刑事责任的比重，强化民事责任对证券违法行为人的惩戒作用；另一方面，在执法过程中，要理顺行政执法程序与民事诉讼、非诉程序之间的关系，调动部分行政执法资源支持民事诉讼、非诉等纠纷解决机制，切实保障投资者获偿的权利。

（二）建立投资者专项补偿性基金的可行性

从我国现有的制度、实践等各项条件看，引入投资者专项补偿性基金具有可行性。

首先，从资金来源上看，我国具备筹集充足的投资者专项补偿性基金资金的条件。中国证券投资者保护基金已运作多年，虽然存在来源不足的问题，但如果能够更加明确资金运用范围，提高资金运用效率，将对专项补偿性基金资金形成有力支撑。另外，据统计，2017 年中国证监会机关全年作出行政处罚决定 224 件，罚没款金额 74.79 亿元。② 由于我国缺乏财政回拨机制，按照相关法律规定，行政罚没款须全部上缴国库。如果修改相关法律，建立相应的财政回拨机制，将数额巨大的行政罚没款用于补偿投资者，建立投资者专项补偿性基金的资金基础将相当坚实。

其次，从相关制度条件上看，我国初步具备建立投资者专项补偿性基金的制度条件。第一，我国已经建立了中国证券投资者保护基金有限责任公司，该公司负责投资者保护基金的运作，且已担任了万福生科、海联讯、欣泰电气等专项补偿基金的管理人，由其负责运作投资者专项补偿性基金可以最大限度地

---

① 中国社会科学院课题组：《证券法律责任制度完善研究》，载《证券法苑（第十卷）》，法律出版社 2014 年版。

② 中国证监会：《2017 年证监会行政处罚情况综述》，网址：http://www.csrc.gov.cn/pub/newsite/zjhxwfb/xwdd/201712/t20171227_329694.html，最后访问时间：2018 年 4 月 15 日。

减少制度成本。第二，行政和解制度试点已广泛展开。在其他法律修改前，借助于行政和解金建立个案的投资者专项补偿性基金，不存在制度困难，可以较快实践，积累经验。第三，我国证券交易电子化程度高，在确定适格投资者和补偿金额达成补偿协议等方面具有先天优势，可以极大地降低制度成本，为投资者提供更多的补偿。

再次，从互补性来看，投资者专项补偿性基金与中证中小投资者服务中心探索出的“事前持股行权、事中纠纷调解和事后支持诉讼”的“投服模式”相结合，一方面能丰富投服中心的履职手段，提高保护效果；另一方面能够拓宽专项补偿性基金的参与深度，更有利于普通股股东行使公司法、证券法赋予的基本权利。

最后，虚假陈述案件中的保荐人先行赔付制度的运行取得良好效果，积累了相当经验。2013 年和 2017 年，万福生科虚假陈述案和欣泰电气欺诈发行案发生后，万福生科的主承销商和保荐人平安证券与欣泰电器的主承销商和保荐人兴业证券，分别出资设立由中国证券投资者保护基金有限责任公司负责管理，用于补偿投资者的专项基金，赔付了超过 95% 的投资者，取得了良好的效果。①

① 腾讯财经：《中国证券投资者保护基金有限责任公司关于万福生科虚假陈述事件投资者利益补偿专项基金的终止公告》，网址：http：//finance. qq. com/a/20130711/000021. htm，最后访问时间：2018 年 4 月 15 日。中国证券投资者保护基金有限责任公司：《中国证券投资者保护基金有限责任公司关于欣泰电气欺诈发行先行赔付专项基金的终止公告》，网址：https：//zxjj. sipf. com. cn/investor/notice/notice63. do，最后访问时间：2018 年 4 月 15 日。

英国 FCA 监管目标及措施阐释与反思

何宗泽* 方向红**

【内容提要】英国金融行为监管局（FCA）是全世界监管最完善、法律执行力最强的金融监管机构，它以金融消费者保护为核心，构建三项操作层面目标，即保护金融消费者，提升金融系统诚信度，促进金融市场有效竞争。FCA 是英国金融投资服务行业的中央监管机构，负责监管银行、保险以及投资业务，为保证履行职责，其权力配置为对英国的机构和零售外汇交易公司、流动性提供商、金融技术初创企业、机构经纪商和整个客服生态系统进行监管。鉴于其对于风险零容忍以及突出保护金融消费者公平交易权的监管理念，笔者认为有很多值得我国当下金融监管改革的借鉴，同时也需战略思维对其集监管权与执法权于一身进行法理评判。

【关键词】FCA 金融消费者 诚信度

* 安徽广播电视大学教师，法学副教授。

** 安徽广播电视大学阜阳分校教师。基金课题：本文系安徽省教育厅人文社科重点课题《基于金融消费者保护目标的金融监管改革研究》（SK2016A0187）阶段性成果。

FCA是英国金融投资服务行业的中央监管机构，负责监管银行、保险以及投资业务，FCA是目前全世界监管最完善、法律执行力最强的金融监管机构，成为各国金融监管机构学习的典范，其权威性得到投资者高度认同。英国金融行为监管局（FCA）的前身是金融服务管理局（FSA）。而FSA的前身则是1985年由英国财政大臣 Nigel Lawson 成立的证券投资委员会（SIB）。20世纪90年代，由于在线交易开始形成新兴的势头，并很快风靡全球，它让所有的组织合并起来，最终形成了FSA。FSA正式对英国央行以外的银行业进行监管，包括养老金顾问、生命保险产品，并逐渐扩大到外汇交易等领域。2010年，成立FSA的保守党再次组建内阁，财政大臣乔治·奥斯本（George Osborne）宣布解散FSA，将其职能一分为二，成立了FCA和PRA。FSA在2013年4月被英国政府废止，此后，FCA和PRA两大机构正式取代FSA，并分别承担其职能，PRA监管所有银行相关活动，而FCA则开始作为全球知名的监管机构，对英国的机构和零售外汇交易公司、流动性提供商、金融技术初创企业、机构经纪商和整个客服生态系统进行监管。

一、以金融消费者权益保护为核心的FCA监管目标

英国行为监管总体战略目标为确保金融市场良好运行以保证金融消费者获得公平交易。[①] 在FCA机构运行中提到，对金融企业行为监管的最基本目标是要求他们保证以金融消费者为利益核心。

由此可以看出，金融行为监管目标与金融消费者权益保护不完全等同，而是以金融消费者保护为核心，着重金融市场的良好运行。实际上是为金融消费者以及有关企业（不论大小）提供了一个良好的金融市场环境，并保证金融市场与其他市场协调一致作为一个整体和谐的经济体，从而与审慎监管一起构成市场监管体系，实现金融市场监管目标。

需要说明的是FCA也对部分金融机构进行审慎监管，[②] 不过这一审慎监管

---

① 参见FCA官网，https：//www. the - fca. org. uk/about/the - fca：Financial markets need to be honest, fair and effective so that consumers get a fair deal. It is our aim to make markets work well - for individuals, for business, large and small, and for the economy as a whole. 最后访问时间：2016年8月13日。

② 英国PRA负责存款机构、保险公司和大型投资公司的审慎监管工作，但FCA也有审慎监管，主要是包括资产管理公司、独立财务顾问以及抵押贷款和保险经纪公司。

也体现在对于金融消费者和投资者的保护目标。FCA 审慎监管的目标是当金融机构遇到资金压力或破产时，最大限度地减少对消费者、批发市场参与者和市场稳定的伤害。

基于以上目标，行为监管具体表现为三大具体操作目标：

1. 对消费者进行适度保护（Protecting consumers）①

首先，市场准入把关。FCA 针对进入金融市场的企业或者个人获得 FCA 颁发的执照严格审查，确保他们符合 FCA 制定的保护金融消费者的规范与细则，保护金融消费者利益高于其利润与收益预期②，所以也就有世界最严的监管机构一说，这也表明 FCA 重视事前防范。

其次，妥善应对消费者投诉。FCA 不直接处理消费者投诉，而是明确金融机构的主体职责，出台详尽的监管指引，详细规定金融机构处理消费者投诉的具体操作流程，同时还要求金融机构按指定格式定期上报消费者投诉案件的数量和处理结果，并向公众发布各家金融机构遭受投诉情况等相关信息，通过舆论监督的方式督促金融机构公正对待消费者，改善金融产品和服务。另外，FCA 也在其官网发布金融消费投诉指引，引导金融消费者按照规定的步骤表达诉求。第一步，消费者应以书面形式向金融机构提交投诉。金融机构在接到消费者投诉时需严格按照金融行为监管局的监管要求进行处理，包括以书面形式告知已收到投诉，且需在 8 周内以书面形式作出回应，告知投诉处理结果等。第二步，消费者若不满意金融机构的投诉处理结果，可向金融监察服务机构寻求帮助。金融监察服务机构是依照英国《金融服务和市场法案》成立的独立法定非盈利机构，负责处理金融消费者和金融机构之间无法妥善处理的纠纷。金融监察服务机构在协调纠纷时保持独立公正，提供服务而不向金融消费者收取任何费用，其经费来源主要是每年向金融机构收取的费用和处理单个案件时收取的手续费，通常自第 25 例案件后开始收取费用，且每笔收费为 550 英镑。为更好履行职责，

---

① From bank accounts to mortgages, credit cards, loans, savings and pensions, virtually every adult in the UK is a consumer of financial services, and one of our objectives is to ensure an appropriate degree of protection for all consumers. 参见 FCA 官网，https：//www. the – fca. org. uk/about/protecting – consumers，最后访问时间：2016 年 8 月 14 日。

② We act to ensure that a firm has its customers at the heart of how it does business, giving them appropriate products and services, and putting their protection above profits or remuneration. 同上。

金融监察服务机构与金融行为监管局等英国监管当局及其他有关政府机构签订备忘录。第三步，作为最终解决方案，若消费者对金融监察服务机构的处理结果依然不满意，可向法院提起诉讼。[①]

最后，金融机构触犯刑律的，FCA 可以行使法律赋予的刑事诉讼权，权威性地提高了英国金融体系诚信度及促进有效市场竞争以维护消费者权益。

2. 保护和提升英国金融系统的诚信度（Enhancing market integrity）[②]

FCA 致力于支持和鼓励健康而成功的金融系统，使得金融机构生意兴隆，同时金融消费者能够充分相信市场的透明与公开，从而保障交易的公平与公正。

3. 促进符合消费者利益的有效竞争（Promoting competition）[③]

FCA 努力促进符合消费者利益诉求的金融市场的竞争行为，从而使得市场竞争与金融消费者权益保障双赢。

二、FCA 监管目标下的监管措施

FCA 成立于 2014 年 4 月 1 日，从当时废止的金融服务局 FSA 接管行为监管以及部分相关的审慎监管权力。FCA 直接进行行为监管的对象有 56000 家金融企业，其中超过一半 24000 家企业的审慎监管也属于监管对象。FCA 监管权力有：为大公司进行连续评估及对小公司进行监控市场及其产品等事宜，以确保企业公平竞争和不损害消费者的利益，在威胁行业诚信的事件或问题上，作出迅速及果断回应，必要时确保公司对消费者的赔偿。

FCA 对风险的容忍度将更低，并将更倾向于采取预防手段而不是坐视损害发生。这种方法还将意味着更多地使用判断，即用专业知识来分析对消费者的损害是否很可能会发生，并基于这种前瞻性分析进行相应干预。

为实现战略目标与具体操作目标，FCA 主要采取以下具体监管措施：

1. 参与金融市场竞争监管。在英国，市场竞争监管权，包括金融市场竞争

① 陈宇、叶睿：《英国监管体制改革路径：双峰监管模式与金融行为监管局运行机制》，载《中国银行业杂志》2015 年第 7 期。

② 参见 FCA 官网：https：//www. the – fca. org. uk/about/enhancing – market – integrity，最后访问时间：2016 年 8 月 15 日。

③ 参见 FCA 官网：Find out how we promote effective competition in the interests of consumers. https：//www. the – fca. org. uk/about/promoting – competition，最后访问时间：2016 年 8 月。

监管，全部由竞争与市场管理局（CMA）享有。但根据英国 1998 年竞争法，FCA 与 CMA 在金融市场竞争领域管理有合作共同管理权，因而，FCA 也在金融市场竞争与反垄断中承担监管角色，从而在执行竞争法规的同时，更好地保障了金融消费者权益。

2. 制定“允许行为清单”。FCA 制定了“允许行为清单”，金融机构如果有意愿开展清单中所列业务，均需获得金融行为监管局授权。申请时，需满足一系列条件，如营业机构所在地、监管当局应具备相应的监管资源和技能、商业模式是否合适等。对于大型机构的某些重要岗位，任职人选还需报 FCA 同意。由于脱欧前英国是欧盟成员国，因此还需执行“欧盟通关政策”，若中资银行在欧盟成员国获得分行许可，则在欧盟其他成员国跨境开展获批业务或设立分行不需再次申请重新获得许可，只需分行所在国监管当局通知第三国监管当局即可，因为已经脱欧，此种状况也在改变。

3. 制定详细的监管手册。金融行为监管局制定了详细的监管手册，明确 11 项监管原则和相关细则，主要包括：诚信、技能与专注力、管控、财务审慎、市场行为、消费者权益、客户沟通、利益冲突、客户信任关系、客户资产、与监管当局关系。金融机构要主动向 FCA 展示自身遵守相关监管原则的情况。

4. 分类监管。FCA 按照行为总体情况和风险大小分为四类，从高到低依次是 C1、C2、C3 和 C4，分别给予不同的监管资源投入，将主要精力放在对金融稳定和消费者权益威胁大的领域和机构。C1 包含 12 个大规模零售业务的银行及保险机构；C2 包括 120 个较大的银行、保险公司和资产管理公司；C3 包括 350 个中等规模的银行、互助保险机构和保险公司；C4 包括剩下较小的金融服务公司、独立顾问和经纪人。

C1 是金融市场上最大和最重要的参与者，接受最严格的直接监督和持续评估：（1）每两年接受一次业务模式和策略分析，一年后复查；（2）定期召开例会，参会人员包括 FCA 监管部门、高管、金融机构董事会成员、控股人以及外部审计人员，在必要时召开临时会议，持续了解机构业务变化和风险隐患；（3）定期检查管理层信息，包括检查董事会、执行委员会以及内部规则执行情况；（4）召开年度战略会议，参会人员包括 FCA 高管与金融机构 CEO、管理人员；（5）每年对机构进行一次评价，结论以信件形式递送机构并交董事会；（6）对收益进行常规基线监测，收益的异常增加都会引起 FCA 的关注。

C2 在金融市场上的重要性仅次于 C1，在两年的评估周期内接受一至两次深度评估，且每年接受一次同行业业务模式和策略分析（peer group BMSA）。

C3 每年接受同行业分析评估，每四年至少接受一次定期评估，也可能进行临时评估。

C4 类主要评估关键问题，如机构商业模式中的风险、如何处理以及对消费者的影响。①

FCA 也关注机构文化和公司治理、资本和流动性、商业模式分析等重点领域，通过现场检查和非现场监管等手段进行监管。其中，三大监管支柱分别为“单家机构检查”、“主题或产品检查”和“事件检查”，顾名思义，分别是针对单家机构、特定主题或产品出现的不良事件开展的专项检查。对关注度高的机构进行更高强度的监管，而对为数众多的中小型机构更多的是通过特定主题或产品检查的方式进行。出现不良事件时，则承担“消防员”职责，及时化解风险。

5. 与外界广泛联系，前瞻性预测风险与寻找良策。② FCA 会与金融机构，消费者、专家学者保持联系，认真收集分析相关资料，在问题暴露和消费者利益受损前进行干涉，确保消费者权益受损时得到及时、合理的补偿。

6. 处罚措施除了 FCA 制定的规则外，FCA 还拥有民事和刑事处罚权。如刑事诉讼权（bringing criminal prosecutions to tackle financial crime），能对不良行为形成足够的震慑力，还拥有一支高效的执行和打击金融犯罪团队，如监管打击内幕交易，无证经营等。2012—2013 年共开出 51 笔罚单，总金额 4.2 亿英镑。2014 年的罚单超过了 14 亿英镑，共对 39 家机构实施了处罚，颁布了 25 个禁令和 11 个没收令（withdrawing a firm's authorisation）。此外，在打击金融犯罪方面，FCA 有着广泛的全球视野，与其他国家、欧盟及欧盟内部各国的监管机构保持合作。③

---

① 孙天琦：《金融业行为风险、行为监管与金融消费者保护：国际趋势与启示》，载《金融时报》2015 年 5 月。

② We work with consumer groups, trade associations and professional bodies, domestic regulators, EU legislators and a wide range of other stakeholders. With this extensive remit, we use a proportionate approach to regulation, prioritising the areas and firms which pose a higher risk to our objectives.

③ 陈宇、叶睿：《英国监管体制改革路径：双峰监管模式与金融行为监管局运行机制》，载《中国银行业杂志》2015 年第 7 期。

三、针对 FCA 的反思

反思一：针对金融消费者的保护目标，我国金融监管改革措施与不足。

我国人民银行、银监会、证监会、保监会均设立了相应的金融消费者保护部门。2011 年 4 月，保监会获批设立“保险消费者权益保护局”，2011 年 5 月，证监会获批设立“投资者保护局”，2012 年 3 月，人民银行获批设立“金融消费权益保护局”。① 但我国长期以来存在“重审慎监管、轻行为监管”的现象②，出现了双峰跛行的情况，导致金融机构行为失范、金融市场无序发展、金融消费者利益受损等一系列问题。第五次全国金融工作会议明确提出要更加重视行为监管，为重塑监管理念及完善监管体制指明了方向。今后必须坚持审慎监管与行为监管并重的理念，寻求两者之间关系的有机平衡，实现双峰的平行发展。③

与 FCA 相比，我国金融消费者保护方面仍有很大差距，主要体现在：

一是没有将金融消费者权益保护作为行为监管核心，倡导性语言居多。我国虽然形式上设立金融消费者保护机构，但是并没有引起高度重视，笔者曾电话调研某省银监会消保局，是否有金融消费者保护法规，却听到含混其词的解答，说是好像有。当然，这不能代表全部，但有多少金融企业真正将金融消费者作为核心来进行运作？能像英国那样，违规将受到监管机构处罚？笔者还难以找到足够案例予以佐证。相反，近几年不断出现的金融跑路事件，恰恰反映我国金融市场的准入监管以及对金融消费者的保护多流于形式，没有真正实现监管目标，没有达到 FCA 监管基本职责与要求。

二是没有金融消费者权益保护专门立法。现有的《消费者权益保护法》《产品质量法》中没有金融消费者保护、金融服务质量方面的规定，《人民银行法》

---

① 王华庆：《完善金融消费权益保护机制》，载《中国金融》2012 年第 22 期。

② 虽然我国自 2012 年开始于“一行三会”内部分别设立了消费者保护局来承担金融消费者保护职能，形成“内双峰”的监管模式，但由于新设立的四个消费者保护局完全是各监管机构的内设部门，缺乏行政上的相对独立性，流于形式，不能发挥作用，部分地方消费者保护局甚至形同虚设，与审慎监管相比处于附属地位，监管实践还是以审慎监管为主，对行为风险及金融消费者保护的重视程度不足，二者关系的失衡导致我国行为监管进展缓慢。

③ 《强化行为监管　完善金融监管体系》，网址：http://finance.eastmoney.com/news/1347，20180308840768011.html，最后访问时间：2018 年 4 月 12 日。

《商业银行法》《证券法》《保险法》等法律法规尚未建立起完善的金融消费者保护体系。

三是金融消费者权益保护协调与投诉解决机制需要整合。如何加强人民银行、证监会、银保监会间的协调，协调处理跨市场、跨行业金融产品与服务涉及的金融消费者保护问题，确保金融行业间规则的一致性，形成金融消费者权益保护的合力，是我们目前面临的一个重要问题。目前，人民银行、证监会、银保监会均自行探索了不同的投诉受理和纠纷解决方式，尚未能从整个金融业角度出发统筹考虑建立统一的金融消费者权益救济渠道。

反思二：FCA 监管措施涵盖执法权与监管权，长久运行可能导致专制。

通过分析 FCA 目标与措施，可以看出 FCA 职能集监管与执法权于一身，近乎集金融案件司法与执法于一身，依据孟德斯鸠三权分立等法理学说，如此长期集权将产生专制色彩。

2016 年 7 月，有英国高级议员提出，应重审英国金融监管机构——英国金融市场行为监管局（FCA）的职能。他们呼吁剥夺 FCA 对违规个人作出惩处或禁止的权利，并认为 FCA 应由两种不同职能的监管机构取代。这些特别委员会提出，在英国两大金融监管机构（FCA）和英国央行（BoE）之外，应设立一个新的独立机构，以专门解决曾发生在苏格兰哈里法克斯银行（HBOS）身上的监管问题。[①] 特别委员会的报告称："一个机构集监管和执法的权利于一身，这种监管系统已经过时了，可以说是很不公平的。将执法和监管分开，现有机构才能集中精力实施关键职能，即审问证据、判断违规行为。"一位议员 Antony Townsend 表示："FCA 能够恰当且公正地处理大多数投诉，然而，FCA 并不愿意面对或者承认自身的缺陷，在面对这样的案例时，FCA 会变得拖沓。"

反思三：我国如何进行监管模式改革。

目前，关于我国新的金融监管框架大致有六种改革模式，这些方案各有利弊：[②] 金融协调委员会 + "一行三会"（美国模式）；单一央行模式；"一行一会"；"一行两会"（央行 + 证监会 + 保监会）；央行 + 行为监管局（英国模式）；

① 《英国 FCA 出大事啦!》，网址：http：//mt. sohu. com/20160729/n461711207. shtml，最后访问时间：2018 年 8 月 13 日。

② 秦晓：《重构金融监管体系：理念、功能和模式选择》，网址：http：//news. hexun. com/2016 – 07 – 19/185041728. html，最后访问时间：2018 年 8 月 14 日。

“一行双峰”模式（央行+审慎监管+行为监管，澳洲模式）。

根据目前理论界探讨结果，多数学者主张参考英国模式的“央行+行为监管局”或者参考澳洲模式的“一行双峰”（央行+审慎监管委员会+行为监管局）架构。这两种金融监管模式在理论上比较完善，在结构上既符合宏观审慎管理的原则，又强化了综合监管和功能监管，同时实现了行为监管与审慎监管的适度分离。两种模式的相同之处在于央行负责宏观审慎监管和系统重要性机构的微观审慎监管，不同之处在于非系统重要性金融机构微观审慎监管的归属。相比英国模式，澳洲“一行双峰”模式将非系统重要性金融机构的微观审慎监管部门与央行分设，从而更具独立性。不过，刻意将微观审慎监管分开的模式是否合适？在中国特定的环境下，应该考虑将金融机构和业务（不论是否具有系统重要性）统一在央行这个综合监管机构之内，以避免监管竞争和监管套利。正是因为如此，文章认同部分专家学者观点，英国模式（“央行+行为监管局”）在逻辑上为更佳的选择，既符合“宏观审慎”的原则，也符合综合监管和功能监管的要求，同时兼具“双峰模式”的特征。

但是，中国金融监管改革的初始条件与英国模式颇为不同，需要权衡改革旧体制和维护新体制的成本与收益。在2013年金融监管改革之前，英国采取的是欧洲盛行的混业监管模式，而我们目前依然是典型的分业监管体制。从中国的实际出发，新的金融监管框架改革既不应墨守成规，也不应过于激进照搬别国模式，应是一个分步走的渐进过程。改革的第一步，可以考虑由国务院金融稳定委员会加强监管协调和构建宏观审慎监管体系，将具有系统重要性金融机构的监管移交央行。第二步，在完善宏观审慎管理的基础上，实现功能监管，强化行为监管，最终形成类似于英国的“央行+行为监管局”的模式。

因此，我国金融监管模式结合分业经营向混合经营体制过渡，可以将“央行+行为监管局”（英国模式）或“央行+审慎监管委员会+行为监管局”（“一行双峰”）为参照目标，结合中国的实际情况，采取渐进改革的实施方式。最终构建一个满足宏观审慎、综合监管、功能监管和行为监管要求的现代金融监管框架，实现我国“十三五”金融规划的战略部署。

书　评

面向金融公平的金融法制变革

——评袁康博士《金融公平的法律实现》一书

张东昌*

从金融发展史的角度看，金融市场一直陷入治乱循环的窠臼，面对金融危机的惨痛教训、强化监管的无奈之举、金融自由的市场诉求，金融立法和金融监管总是在金融安全与金融效率之间徘徊。2008 年金融危机之后，金融安全的价值目标成为各国金融立法和监管改革的重点，但历史经验告诉我们，这绝不意味着金融市场的治乱循环史已经终结。比如面对金融科技（FinTech）浪潮的来势汹汹，金融立法和监管如何抉择，或许会决定下一段故事的走向。可问题的关键在于，我们不能仅仅满足于不断重复昨天的故事，置身于金融安全和金融效率如何抉择的两难境地，金融法需要的是一场真正的“范式革命”！具体而言，金融法应当跳脱出“安全至上”或是“效率优先”的观念束缚，超越对经济功能的教条式奉守，拓展至金融法的社会功能，从而将金融法的价值目标统一于金融安全、金融效率和金融公平之上。① 换言之，金融法不能仅仅关注如何

* 湖南大学法学院助理教授、法学博士。

① 冯果：《金融法的“三足定理”及中国金融法制的变革》，载《法学》2011 年第 9 期。

把“蛋糕做大”，还要重视如何把“蛋糕分好”，金融发展并不是最终目的，而是服务于促进经济发展、增进社会福利、实现社会公平的手段。然而，我国金融法根深蒂固的“法律父爱主义”和“管制中心主义”观念，金融资源配置的严重失衡，金融机构“嫌贫爱富”的市场本性，都与金融公平的价值目标背道而驰，亟须金融法制变革予以回应。袁康博士的专著《金融公平的法律实现》正是紧扣金融公平的时代命题，秉持实现社会公平正义、增进人民福祉的人文情怀，深入系统研究金融公平及其法律实现路径的力作，笔者拜读之后深受启发，现就研习之收获和体会求教于方家。

一、金融公平的问题缘起：金融管制、金融垄断和金融排斥

（一）金融管制

我国金融市场从产生到发展都带有强烈的政府引导，甚至政府主导的色彩，因而并不属于那种市场自发生成的秩序（Spontaneous Order）类型。[①] 通过对我国金融立法、金融监管和金融市场运行现状的观察不难发现，大到全局性的金融体制改革，小到金融市场的价格形成、市场准入和金融交易，严格的金融管制痕迹无处不在。但这不仅无益于提升金融资源的配置效率，反倒阻碍了金融市场化和法治化进程，抑制了金融创新的步伐，造成了金融市场的价格扭曲和结构失衡，滋生了非正规金融的乱象，进而也带来了金融市场的种种不公平问题。

在金融管制思维主导下，我国金融立法具有明显的管制法色彩，充斥着调整纵向调控和监管关系的金融公法条款，而调整横向金融交易关系的金融私法条款则略显单薄，过于强调监管机构在金融市场的权力，忽略了市场主体在金融市场的权利。在“安全至上”的理念指引下，政府对金融市场创新和开放始终报以谨慎怀疑的态度，放松管制的步伐远不能满足市场发展的需要。所导致的一个直接结果就是金融资源相对于日益增长的需求显得越发稀缺，以至于，市场主体进入金融市场、参与金融活动、享受金融成果不再是其本应享有的基本权利，而是异化为了一种特权。不仅如此，在行政权力主导的金融市场，起

---

① 黄韬：《“金融抑制”与中国金融法治的逻辑》，法律出版社2012年版，第3页。

实际作用的制度规范往往不是纸面上的法律规则，而是由监管部门施行的“隐性规则”，成为中国金融市场法治化转型的障碍。[①]

金融市场的价格管制一直是制约我国金融市场深化发展的重要障碍，行政管制之下的价格形成机制难以反映金融市场真实的资金供求关系，从而导致金融资源配置的扭曲和错配，客观上沦为了“劫贫济富”的帮凶。就货币市场而言，虽然利率市场化和汇率市场化改革进程不断推进，但与真正意义上的市场化仍然相去甚远。以利率形成机制为例，长期以来的利率管制政策实际上剥夺了金融机构和客户对利率的定价权和议价权，存贷款利率的上下限导致了巨大的利率“剪刀差”，加剧了社会财富分配的不公，也诱发了社会闲置资金的投机和高利贷等民间金融乱象。即使自 2015 年 10 月起已经全面放开了利率上下限管制，但并不意味着利率市场化已经完成，基准利率的形成、市场利率的定价以及央行的利率调控仍有待完善。另外，资本市场的价格管制也依旧存在，出于对股票发行价格过高及“破发”的担忧，监管机构对 IPO 价格严格限制，市场机制难以发挥作用，资本市场成为大股东“圈钱”的工具。

再者，金融市场还面临严格的市场准入和退出管制，市场主体进入金融市场、参与金融活动的权利缺乏法律保障，“优胜劣汰”的竞争法则更是被束之高阁。在金融“牌照”制度的严格限制之下，金融机构的市场准入门槛过高、过严，除了法律法规对注册资本、人员配置、组织机构、营业场所等明文规定外，还受到监管机构对数量和规模的“隐性”控制，民间资本相对于国有资本，在设立金融机构方面受到了诸多不公平的差别待遇。以商业银行为例，总体规模上仍然是以国有或国有资本控股为主，民间资本所占比重极小，目前获批的民营银行也只有 17 家。另外，资本市场的证券发行也同样存在准入管制，股票和公司债券发行依然固守着核准制，注册制改革“雷声大雨点小”。这实质上是对市场主体投融资权利的行政干预和限制，用行政审核代替市场判断，使得上市资源成为一种稀缺性资源，这是造成我国资本市场种种扭曲和异化现象的根本之所在。

---

① 黄韬：《“金融抑制”的法律镜像及其变革——中国金融市场现实问题的制度思考》，载《财经科学》2013 年第 8 期。

（二）金融垄断

金融管制的一个直接结果就是金融垄断，由于缺乏自由竞争和公平竞争的金融市场环境，金融资源在行政化分配过程中不断集中，呈现结构化失衡的格局。因此，从表现上看，我国金融市场的垄断主要是非市场化的，更多地表现为一种行政性垄断，其背后体现着政府权力的意志，是权力和资本相结合的产物。由此衍化出了国有资本对我国金融体系的绝对控制，特别是大型国有金融机构占据了主导地位。以银行业金融机构为例，截至2016年底，机构总数达到了4399家，其中资产规模较大的依次为大型商业银行（5家）、股份制商业银行（12家）、农村中小金融机构（3770家）和城市商业银行（134家），分别占37.3%、18.7%、12.9%、12.2%。① 另外，在国有金融机构间还极易形成隐秘的垄断协议，② 比如商业银行同时上调服务费的现象屡见不鲜，2016年多家商业银行陆续上调ATM跨行取款手续费，③ 2017年各大商业银行相继收取或上调短信通知服务费用。④ 事实上，早在2010年就有律师以商业银行陆续提高跨行ATM取款手续费、账单打印费、新增小额账户管理费涉嫌价格垄断为由向国务院反垄断委员会和发改委举报。⑤ 如果说上述商业银行的行为还只是"涉嫌"垄断协议，那么2015年6月湖北省工商行政管理局对太平洋人寿保险湖北分公司等12家保险公司以共保名义实施市场划分的垄断协议行为作出行政处罚，则是金融垄断在保险业的典型表现。⑥

金融垄断不仅排除、限制了金融市场的竞争，更给我国金融改革、结构优

① 数据来源于《中国银行业监督管理委员会2016年报》，第27页，网址：http://zhuanti.cbrc.gov.cn/subject/subject/ nianbao2016/1.pdf，最后访问时间：2018年2月25日。

② 冯果、袁康：《反垄断视域下的金融资源配置和社会公平》，载《法学杂志》2011年第8期。

③《多家银行调整ATM取款手续费　巧招轻松应对跨行取款费用》，网址：http://bank.hexun.com/2016-11-16/186912573.html，最后访问时间：2018年2月25日。

④《商业银行8月起取消多项收费为何上调短信提醒费》，网址：http://henan.163.com/17/0731/09/CQLNCMM G04398K05.html，最后访问时间：2018年2月25日。

⑤《两律师向国务院举报商业银行涉嫌价格垄断》，网址：http://news.163.com/10/0817/06/6E946EBN0001124 J.html，最后访问时间：2018年2月25日。

⑥《竞争执法公告2015年第13号中国太平洋人寿保险股份有限公司湖北分公司等12家保险公司垄断协议案》，网址：http://home.saic.gov.cn/fldyfbzdjz/jzzfgg/201703/t20170309_ 232278.html，最后访问时间：2018年2月25日。

化和资源配置带来了一系列的负面影响。以大型国有金融机构为代表的金融利益集团占据着金融市场的半壁江山，享受着政府优惠的金融政策，为了维持其垄断地位，利用其政治影响力裹挟金融立法和政策制定，抑制民间金融机构和外资金融机构的发展和竞争，并且缺乏推动金融改革的热情。Rajan 和 Zingales 曾运用“利益集团理论”分析了20 世纪金融发展进程中的“大逆转”（Great Reversals）现象，即金融市场中的既得利益集团由于垄断地位和经济实力而获得了实实在在的政治权力，从而可以决定一国经济中金融部门的发展，当金融发展和竞争损害其既得利益时，这些利益集团会抵制金融创新、开放和发展。[①] 我国的金融市场也不外如是，居于垄断地位的大型金融机构在金融活动中“嫌贫爱富”“恃强凌弱”，无力满足中小企业和农村地区的金融需求，中小金融机构和农村金融机构的市场准入和竞争又受到严格限制，从而形成了我国金融体系中金融垄断和金融资源配置失衡的恶性循环。

（三）金融排斥

所谓金融排斥（Financial Exclusion）是20 世纪90 年代随着金融地理学的研究而衍生出的概念，早期用于讨论和分析涉及金融产品和服务的地理排斥问题，即金融机构出于成本考虑大量关闭分支机构所产生的“金融沙漠化”（financial desertification）现象。[②] 但是，金融排斥不仅体现在金融机构空间资源分布不均导致的可得性困难，还体现在不适当的金融产品或服务所导致的利用上的困难。因此，Panigyrakis 等将金融排斥定义为“部分群体缺乏适当的获取金融资源的渠道，导致该群体很难利用金融机构所提供的服务的状态”；[③] Sherman Chan 认为金融排斥是指“在金融体系中人们缺少分享金融服务的一种状态，主要指弱势群体缺少足够的途径和方式接触金融机构，或者在利用金融产品和服务方面存在诸多困难和障碍”。[④] 在金融管制和金融垄断的共同作用下，我国金融市场呈

---

① Raghuram G. Rajan, Luigi Zingales, The Great Reversals: the Politics of Financial Development in the Twentieth Century, Journal of Financial Economics, Vol. 69, 2003.

② 周仲飞：《银行法研究》，上海财经大学出版社 2010 年版，第 125 页。

③ Panigyrakis, G., Theodoridis, P., and Veloutsou, C. All customers are not treated equally: financial exclusion in isolated Greek islands. Journal of Financial Services Marketing, Vol. 7, No. 1, 2002.

④ Sherman Chan, Financial Exclusion in Australia. The Third Australian Society of Heterodox Economists Conference, University of New South Wales, 2004.

现出二元结构特征，突出表现为正规金融和非正规金融、城市金融和农村金融、区域金融的结构性失衡和断裂。金融二元结构与经济二元结构的互动，导致金融资源配置的结构性失衡，产生了国有企业与民营企业、城市与农村之间的金融排斥现象。

首先，在国有企业和民营企业之间，受到所有制性质、经济实力、监管政策等因素的影响，金融资源主要流向国有企业，国有企业享受着融资的便利性和低成本，民营企业则长期面临着融资难、融资贵问题，民营企业申请贷款中间环节多、收费高、难度大，一些银行惜贷、压贷、抽贷、断贷行为时有发生。2016 年国务院促进民间投资健康发展的专项督查显示，在“重公轻私”的观念下，民营企业融资遭遇差别待遇，银行对中小民企的贷款利率普遍会在基准利率基础上再上浮超过 30%，加上担保费、保证金等，中小民企贷款综合成本均在 10% 以上。[①] 另外，金融市场的结构性缺陷，融资渠道狭窄，直接融资门槛过高、过严，也是加剧民营企业金融排斥的重要推手，反倒滋生了非法集资、高利贷等金融乱象。

其次，在城乡二元结构中，金融资源配置呈现明显的城市化倾向，农村地区遭受严重的金融排斥。一方面，在金融机构网点分布上主要集中在城市地区，一些农村地区尚处于“金融盲区”。虽然近年来农村商业银行、村镇银行等农村金融机构在很大程度上填补了金融空白，银监会 2016 年年报显示仍有 5% 的行政村尚未覆盖基础金融服务。另一方面，城市和农村地区存在巨大的存贷款“剪刀差”，农业银行、农业发展银行、农村商业银行等“涉农”金融机构表现出很强的“非农倾向”,[②] 实际上充当了农村地区的“抽血机”，将信贷资金由农村输向城市，造成农村地区“失血”严重。笔者曾根据银监会发布的《中国银行业农村金融服务分布图集》的数据统计发现，2006—2010 年农村地区的贷款与存款比例一直在 54% ~59% 间徘徊，农村地区贷款比重在 21% ~23%。[③]

---

① 《资金雨露该怎样润泽民企？——国务院促进民间投资健康发展专项督查述评》，网址：http://www.gov.cn/zhengce/2016-06/01/content_5078516.htm，最后访问时间：2018 年 2 月 27 日。

② 田春雷：《金融资源公平配置的法学分析——兼论中国金融法的新价值》，载《法学评论》2013 年第 3 期。

③ 管斌、张东昌：《金融排除及其制度克服——以吴英案为分析对象》，载《经济法论坛（第 10 卷）》，群众出版社 2013 年版。

虽然2016年银监会年报显示涉农贷款余额为28.2万亿元，占银行业金融机构贷款余额比重的25%，但如果排除城市地区企业和各类组织的涉农贷款，这一比重只会进一步下降。

二、金融公平的内涵界定：机会公平、过程公平、结果公平

针对金融体系中的金融不公及由此引发的金融资源配置失衡等问题，兴起了普惠金融（Inclusive Finance）①、金融包容（Financial Inclusion）②、金融民主（Financial Democracy）③、金融公平等一系列的金融发展理念。其中，武汉大学冯果教授及其团队在法学领域率先提出并对金融公平作了深入系统的研究，从而将金融公平不仅作为一种金融发展理念，更作为与金融安全、金融效率并列的金融法价值目标看待。所谓金融公平，是指在金融活动中，各类主体不因自身经济实力、所有权性质、地域和行业等因素而受到差别对待，能够公平地参与金融活动，机会均等地分享金融资源，形成合理有序的金融秩序，并通过金融市场实现社会整体利益的最大化。金融公平的内涵表现为：公平参与金融活动（机会公平）、公平进行金融交易（过程公平）、公平享受金融福利（结果公平）。④

（一）机会公平：公平参与金融活动

金融机会公平指的是各类主体都能够公平地进入金融市场、参与金融活动、获取金融服务，是实现金融公平的前提和起点。这主要是针对金融管制、金融垄断下的金融市场准入障碍，以及对弱势群体的金融排斥而提出的。因此，金

① “普惠金融”是联合国在推广2005国际小额信贷年时提出的，其基本含义是：一个能有效地、全方位地为社会所有阶层和群体——尤其是贫困、低收入人口——提供服务的金融体系。参见焦瑾璞、陈瑾：《建设中国普惠金融体系——提供全民享受现代金融服务的机会和途径》，中国金融出版社2009年版，第4页。

② 金融包容是相对于金融排斥而言的，旨在确保每个人都有机会获得其参与社会经济生活所需要的、适当的金融产品和服务。HM Treasury，Financial inclusion：an action plan for 2008 - 11. December，2007.

③ 诺贝尔经济学奖得主罗伯特·希勒认为解决次贷危机的关键在于使金融走向民主化，使大多数人能够参与金融活动、享用金融产品和服务，金融民主本身不仅仅是目标，还是实现其他目标的手段——通过金融工具的推广和普及来实现经济的稳定和繁荣。［美］罗伯特·希勒：《美国次贷危机的解决之道》，王燕燕译，载《经济社会体制比较》2008年第6期。

④ 冯果：《金融法的“三足定理”及中国金融法制的变革》，载《法学》2011年第9期。

融机会公平包含两个方面的内容：一是从金融服务需求者的视角，保障其公平获取金融服务的权利；二是从金融服务提供者的角度，保障其公平从事金融营业的权利。[①]

首先，保障金融服务需求者公平获取金融服务要求：1. 将公平获取金融服务作为一项基本权利予以保护，特别是储蓄、信贷、支付和保险等与人们经济、社会生活休戚相关的基础金融服务。诺贝尔和平奖得主、“穷人的银行家”穆罕默德·尤努斯就提出：“贷款的权利应被视为一种人权，贷款能够在全球摆脱饥饿方面起到一种极具战略性的作用。”[②] 从人权的维度看，获取金融服务的权利既是公民生存权的重要内容，亦是发展权的应有之义。同时，还应将个人为生活消费需要获取基础金融服务的权利作为金融消费者权利加以倾斜保护，从而摆脱“权利的贫困”。2. 应当为贫困人口、中小民营企业等弱势主体获取金融服务提供适当的渠道，包括提供多元化金融机构和多层次金融市场，丰富金融产品和服务的种类，消除金融歧视和差别待遇，降低获取金融服务的门槛，以满足不同主体的金融需求。

其次，保障金融服务提供者公平从事金融营业要求：1. 放松金融管制，降低金融市场准入门槛，包括金融机构、金融业务和金融产品的市场准入，将监管重心由事前监管转向事中事后监管，为中小金融机构、农村金融机构、互联网金融等设置差异化的市场准入条件和监管要求，丰富和完善金融市场、机构、产品和业务体系。2. 保障不同所有制的主体和资本设立金融机构、从事金融营业的平等地位，消除民间资本在进入金融市场时相对于国有资本所遭受的隐性障碍和歧视待遇。

（二）过程公平：公平进行金融交易

仅仅是机会公平尚不足以保证最后的结果公平，还须以过程公平架起机会公平和结果公平之间的桥梁。金融过程公平指的是金融市场主体的交易活动能够公平地进行，包括以平等的交易地位、对等的权利义务、公平的交易规则和竞争规则从事金融交易活动。[③] 具体而言：1. 金融市场主体应当有平等的交易

---

① 袁康：《金融公平的法律实现》，社会科学文献出版社 2017 年版，第 67 页。

② ［孟］穆罕默德·尤努斯：《穷人的银行家》，吴士宏译，三联书店 2006 年版，第 125 页。

③ 袁康：《金融公平的法律实现》，社会科学文献出版社 2017 年版，第 82 页。

地位。这里的地位平等不只是形式上的法律地位平等，因为资本、信息、专业性等方面的差异，金融市场的强弱之分明显，金融机构与金融消费者、大型金融机构与中小金融机构在交易中的地位天然不对等，极易造成对弱者的倾轧。因而需要对金融市场上滥用市场支配地位、垄断协议等金融垄断行为加以规制，并且对金融消费者、中小企业等弱势主体实施倾斜性保护，以尽可能实现金融主体交易地位的实质平等。2. 金融市场主体的权利义务应当得到公平的配置。一方面，要规制金融交易过程中，居于优势地位的一方利用格式合同或金融产品结构的设计，限制交易对手权利或免除自身义务的行为；另一方面，要对弱势金融主体的权利实行倾斜化配置，在坚持交易主体地位平等的基础上，按照风险、收益和责任相适应的实质对等原则对金融市场主体权利义务进行适当调整，避免因交易双方实力悬殊导致的不公平交易。① 3. 金融市场应当有公平的交易规则和竞争规则。前者要求通过公平的交易规则防止因金融排斥、信息披露违法违规、内幕交易、操纵市场和欺诈等行为侵害金融消费者合法权益。后者要求金融市场有公平的竞争规则，防止因金融垄断产生对中小金融机构排除、限制竞争的问题，维护金融市场公平的竞争环境。

（三）结果公平：公平享受金融福利

金融结果公平指的是金融发展成果能够为广大社会成员所公平分享，进而缩小收入分配差距、促进经济社会发展、增进社会整体福利，从而实现结果上的分配正义。具体来说，金融结果公平要求：1. 实现金融福利的分配公平，尤其是要通过金融资源的合理配置保障农村地区、贫困人口、中小企业等弱势群体能够公平地享受金融服务，使金融发展的成果惠及最广大社会成员，而不只是“富人的游戏”或是“劫贫济富”的工具。2. 强化金融机构的社会责任。金融机构作为特殊的公共性、社会性很强的企业，是现代经济的核心和资源配置的枢纽，其行业特性要求其对环境和社会承担更多的责任。② 以商业银行为代表的金融机构具有“准公共机构”的特性，储蓄、信贷、支付、保险等基础金融服务也在客观上具有“准公共物品”的属性，因而金融机构在经营过程中不能

---

① 张书清：《金融公正理念的法学阐释》，载《现代法学》2012 年第 4 期。

② 朱慈蕴：《论金融中介机构的社会责任——从应对和防范危机的长效机制出发》，载《清华法学》2010 年第 1 期。

唯利是图，而要积极承担起社会责任，在环境保护、“三农”、扶贫、中小企业、教育、医疗卫生等领域发挥推动作用，给予必要的信贷支持以及资本市场融资便利。3. 保障金融消费者的权利救济。金融消费者在金融交易活动中往往处于弱势地位，面临信息不对称、金融知识欠缺、议价能力偏弱等问题，从而权利极易遭受非法侵害，不仅无法享受金融福利，反而常常蒙受损失，因而有必要健全金融消费者的权利救济机制，在分配正义的基础上进一步实现矫正正义。

三、金融公平的法制变革：金融立法、金融监管、金融司法

（一）金融立法：完善面向金融公平的法律制度

金融公平的实现首先有赖于金融立法的完善，不仅是将金融公平作为一项基本原则加以倡导和宣示，更是要将其内化至金融法律制度中。首先，应当完善金融公平的法律体系，在《商业银行法》《证券法》《保险法》等基础性金融法律之外，将涉及金融服务“三农”、扶贫、中小微企业、保障性住房等领域，以及农村金融、小微金融、民间金融、互联网金融、绿色金融等方面的规范性文件进行清理和整合，必要时可上升至法律、行政法规或部门规章，以提高其立法层级和效力。其次，应当将金融公平的原则和理念贯穿至金融立法的始终，体现在具体的金融法律制度中，以实现金融公平的法律化和制度化。至少可以包括：

1. 金融消费者权利的法律化。一方面，要实现金融消费者公平获得金融服务权利的法律化，使其免受金融排斥和金融歧视，例如，比利时在2003年3月的一项立法中将提供基本银行服务作为银行的义务，而获得基本银行服务则被表述为所有居住在比利时的消费者的一项权利，只要他们没有银行账户或者从信贷机构中获得其他相关产品。[①] 2003年初芬兰修订的《信用机构法》也加入了公民获取基本银行服务权利的条款。[②] 另一方面，要实现金融消费者在金融交

① Bernard Bayot，Lise Disneur，Elaine Kempson：《政府为促进金融包容而采取的立法措施》，袁仕甜译，载《金融服务法评论（第三卷）》，法律出版社2012年版。

② 汪鑫：《论基本银行服务排斥及其治理》，载《法学评论》2009年第4期。

易中权利的法律化，防止金融市场中的“店大欺客”现象。除了在消费者保护法层面对金融消费者的一般保护外，还应在金融法层面对金融消费者加以特别保护，例如对金融消费者适当性原则、金融机构信息披露和说明义务、金融消费者教育、金融消费者保护机构等内容的特殊规定，尤其是在大数据时代，还应重视对金融消费者信息权利的法律保护。

2. 金融机构社会责任的法律化。公司的社会责任已经在《公司法》中作了原则性规定，金融机构作为具有准公共机构性质的公司，在承担社会责任方面理应比一般的公司有更高的要求。虽然金融机构社会责任法律化尚未在《商业银行法》等金融立法中得以落实，但银监会《关于加强银行业金融机构社会责任的意见》（2007）、银行业协会《中国银行业金融机构企业社会责任指引》（2009）已经率先就银行业金融机构社会责任作了规定。笔者认为，作为实现金融公平的重要环节，金融机构社会责任有必要在《商业银行法》《证券法》《保险法》等金融法律层面进行规定。并且应当根据社会责任的不同类型，对触及底线公平的社会责任通过强制性规范对金融机构课以法律义务，其他社会责任通过倡导性规范予以鼓励和引导。[①] 也可借鉴美国《社区再投资法》的立法经验，将金融机构履行社会责任情况进行考核和评级，作为审查金融机构申请设立分支机构、兼并和收购等业务时的重要考量因素。例如，1992 年戈尔·布朗松·班克普公司（一家银行控股公司）在申请收购水塔银行股权时，即被审查委员会以其旗下控制的欧文银行和布朗松—戈尔银行受到联邦存款保险公司对履行《社区再投资法》情况“不够满意”的评级为由，予以否决。[②]

（二）金融监管：构建面向金融公平的监管制度

首先，应当建立市场化、法治化的金融市场准入制度，扭转市场准入的行政化管制困局，通过建立竞争性、多层次的金融体系，从金融机构、产品和服务等供给层面为金融公平的实现提供保障。在金融机构的市场准入方面，应逐步放宽规模和数量限制、降低市场准入门槛，推动中小金融机构、农村金融机

---

① 袁康：《金融公平的法律实现》，社会科学文献出版社 2017 年版，第 278 页。

② ［美］哈威尔 · E. 杰克逊、小爱德华 · L. 西蒙斯：《金融监管》，吴志攀等译，中国政法大学出版社 2003 年版，第 197 页。

构的发展，明确民间金融、互联网金融等非正规金融机构和新型金融机构的法律地位，鼓励民间资本设立、并购、参股金融机构，从而消除金融垄断，优化金融市场结构。另外，在金融产品和服务的市场准入方面，同样需要放松行政管制，由市场主体作出判断和选择。一方面，股票和债券等融资工具的发行应当逐步由核准制向注册制改革，建立以信息披露为核心的发行监管制度，使得发行证券融资真正成为市场主体的权利，而非大企业、国有企业的特权。另一方面，要在风险可控的前提下鼓励和保障金融产品和服务创新，在金融创新过程中丰富金融产品和服务供给，优化金融产品和服务结构，既要“做大蛋糕”，也要“做好蛋糕”。以互联网金融为例，在金融科技的驱动下正如火如荼，以互联网第三方支付、P2P网络借贷、互联网理财、股权众筹为代表的金融产品、服务和模式层出不穷，在缺乏法律规定情形下，金融监管的立场很大程度上决定了其生存和发展。对此，监管机构应当对互联网金融创新保持一种谦抑、包容的态度，可以借鉴英国的“监管沙盒”（Regulatory Sandbox）模式，在保护金融消费者和防范风险外溢的基础上，为互联网金融提供一个“试错”的制度空间。

其次，在放宽金融市场准入的同时，要求监管重心由事前监管向事中事后监管转移，特别是在金融交易监管中维护金融公平。金融交易过程的公平既包括金融机构和金融消费者之间的交易公平，也包括金融机构之间的竞争公平，二者的实现除了金融立法的规则公平之外，也离不开金融监管的保驾护航。其中，对于前者，虽然我们强调要像一般消费者一样保护金融消费者，但是基于金融行业的特殊性，对金融消费者的保护显然无法依靠市场监督管理机关，而是需要金融监管机构发挥作用。具体而言，金融监管机构应当依申请或者依职权对于金融交易中存在的违背交易公平、损害金融消费者利益的行为进行调查和处理，包括基础金融服务中存在的金融排斥、霸王条款、信息侵权等问题，也包括理财产品销售中存在的风险揭示不到位、误导消费者等乱象，以及证券交易中存在的欺诈、内幕交易、操纵市场等违法违规行为。对于金融机构间的竞争公平，在我国金融市场结构性失衡的环境下，尤其需要关注对金融垄断行为的规制。虽然《反垄断法》规定反垄断执法权集中在反垄断执法机构，但也有学者指出金融监管权与反垄断执法权之间存在事实上的重叠和冲突，从而造成金融反垄断的管辖困境。① 不可否认的是，金融监管机构相对于反垄断执法机构，在金融反垄断领域具有天然的专业和信息优势。因此，袁康博士在其书中也提出了赋予金融监管机构适当的反垄断执法权，明确其规制金融垄断和维护市场公平竞争的职责，形成以反垄断执法机构为主导，金融监管机构为辅助的合作型金融反垄断体制。②

（三）金融司法：健全面向金融公平的司法制度

“司法是维护社会公平正义的最后一道防线。”金融公平的实现最终还有赖于金融司法为金融市场主体权利提供最后的救济渠道，应当针对金融纠纷和审判的特殊性，从金融司法体制、诉讼机制、审判立场和方法等方面加以完善。首先，金融司法体制改革的核心内容是要针对金融纠纷设立专门的金融法院，2018 年 3 月 28 日，中央全面深化改革委员会第一次会议审议通过了《关于设立上海金融法院的方案》，标志着金融司法体制改革迈出了重要一步。在此基础上，还要进一步完善金融审判体系，提高金融审判的专业性、独立性，并在上海金融法院的“试点”经验成熟之后，在全国范围内推广实施。其次，针对金融纠纷诉讼存在的范围广、人数多、规模大、效率低、成本高等特点，应当建立适用于金融纠纷解决的集团诉讼机制。③ 以“光大 8 · 16 乌龙指案”为例，2013 年 12 月至 2016 年 1 月，上海市二中院共受理投资者内幕交易民事赔偿诉讼 497 件，审结 118 件。④ 同一案件如此多的诉讼，既降低了金融案件的司法效率，也容易造成司法资源的浪费，很多受害者也会因为诉讼成本而放弃索赔，因而采纳“默示加入、明示退出”的集团诉讼机制可以更加有效地实现对金融消费者的权利救济。再者，在金融立法不完备、滞后性的背景下，面对金融创新的司法审查，需要法院对金融安全、效率和公平的价值目标作出平衡和选择。在不违反法律强制性规定，不影响金融稳定的前提下，基于金融效率和公平的

---

① 史岩：《我国反垄断机构与金融监管机构的关系研究——以银行业为例》，载《经济问题》2014 年第 6 期。

② 袁康：《金融公平的法律实现》，社会科学文献出版社 2017 年版，第 268 页。

③ 章武生：《我国证券集团诉讼的模式选择与制度建构》，载《中国法学》2017 年第 2 期。

④ “光大证券二审败诉 500 名投资者排队索赔”，网址：http：//www. legaldaily. com. cn/Finance_ and _ Economics/ content/2016 -01/26/content_ 6462231. htm？ node =76109，最后访问时间：2018 年 3 月 18 日。

考量，应当尊重市场主体意思自治和契约自由，为金融创新创造必要的制度空间。与此同时，在金融创新司法审查的思路和方法上也应以合法性审查为主、合理性审查为辅，保持司法介入市场主体权利义务安排的谦抑和克制态度。①

四、结语

十九大报告已经明确提出“增进民生福祉是发展的根本目的”，金融发展的成果自然也不应当沦为少数利益集团的专属之物，而应成为改善民生、增进福祉的重要工具。金融法也不应只是片面追求金融安全、防范金融风险的管制之法，还应为金融效率的提升、金融公平的实现提供法律保障，特别是基于我国金融法治的现状，尤其需要补足金融公平的法律短板，金融立法、金融监管和金融司法都应当面向金融公平作出相应的变革，金融法学人则应为此做好理论准备。正因如此，袁康博士《金融公平的法律实现》一书方才显得尤为可贵，通过对金融公平理念的勃兴、内涵和法律实现路径的深入研究和全面阐释，为金融公平的立法和实践提供了有力的理论支撑，也为金融法基础理论的深化和体系的拓展作出了重要的理论贡献！期待着金融公平的梦想能够真正照进现实！

① 冯果：《金融创新的司法审查》，载《人民法院报》2016年2月17日第7版。

研究综述

2017 年金融服务法核心期刊论文盘点与分析

高 智*

2017 年，中国金融从整顿年逐渐迈向稳定年。“金融稳定”在十九大、全国金融工作会议、中央经济工作会议等国家重大会议中被频繁提及，金融服务实体经济、防控金融风险、守住不发生系统性金融风险的底线也成为金融服务法学重点研究的对象。这一年，国务院金融稳定发展委员会成立，提出“一带一路”金融服务与金融创新倡议，共享经济方兴未艾，互联网风险整治再度提上日程等。在新的发展理念指导下，2017 年我国金融服务法学的研究硕果累累。为了更详尽地分析 2017 年我国金融服务法学研究取得的进展，笔者对 2017 年发表在 35 本“法学核心期刊”——具体包括《中国社会科学》、23 本当年的 CSS-

* 中央财经大学法学院法律硕士生（非法学）。

CI 法学类来源期刊[①]、10 本当年的 CSSCI 法学类扩展期刊[②]以及《财经法学》[③] ——里的金融服务法论文进行了统计。本次统计坚持相对较宽的口径，以便更好地反映我国金融服务法学研究的基本情况。当然，如果能将所有的 CSSCI 来源期刊和 CSSCI 法学类来源集刊上的金融服务法论文归入肯定更好，如邢会强在《证券法苑》2017 年就发表了一篇与金融法相关的论文[④]，但这样工作量巨大，因此，暂时没有统计进来。尽管如此，本分析以数据为依据进行实证分析，较有说服力，可以为评价我国 2017 年的金融服务法学研究提供相应的参考。

一、金融服务法内部不同板块分析

本次统计范围内的 35 本期刊合计刊载金融服务法学文章共计 115 篇[⑤]，证券法研究 39 篇（占比 33.9%），证券投资基金法研究 4 篇（占比 3.4%），期货法研究 1 篇（占比 0.9%），银行法研究 8 篇（占比 7%），保险法研究 8 篇（占比 7%），信托法研究 5 篇（占比 4.3%），货币管理法律制度研究 3 篇（占比 2.6%），金融监管与金融体制改革研究 21 篇（占比 18.3%），互联网金融（含互联网金融监管内容）研究 26 篇（占比 22.6%）。（详见表 1）

---

① 根据南京大学中国社会科学研究评价中心最新公布的中文社会科学引文索引（CSSCI）来源期刊（2017—2018），法学类的 CSSCI 期刊有 23 种，分别为《中国法学》、《法学研究》、《中外法学》、《法商研究》、《清华法学》、《法学家》、《法学》、《法制与社会发展》、《当代法学》、《法律科学》、《现代法学》、《政法论坛》、《法学评论》、《法学论坛》、《比较法研究》、《政治与法律》、《行政法学研究》、《华东政法大学学报》、《环球法律评论》、《中国刑事法杂志》、《法学杂志》、《政法论丛》和《东方法学》。

② 根据南京大学中国社会科学研究评价中心最新公布的中文社会科学引文索引（CSSCI）来源期刊（2017—2018），法学类的 CSSCI 扩展期刊有 10 种，分别为《交大法学》、《国家检察官学院学报》、《知识产权》、《法律适用》、《河北法学》、《北方法学》、《中国政法大学学报》、《电子知识产权》、《甘肃政法学院学报》和《西南政法大学学报》。

③ 《财经法学》虽创刊较晚（2015 年创刊），但其刊载的金融法论文的质量较高，因此本文也将其纳入了统计范围。

④ 邢会强：《"大证券观"下的互联网金融风险防范与监管》，载《证券法苑（2017 年辑刊）》，法律出版社 2017 年版。

⑤ 与金融服务法联系特别紧密的一篇金融刑法方面的论文纳入了统计范围，即卢勤忠、黄敏：《期货市场中"抢先交易"行为的刑法规制》，载《政治与法律》2017 年第 9 期，其他均未统计在内。

表1　2017 年金融服务法学刊文题域一览

论文题域	论文数量	比例
证券法	39	33.9%
证券投资基金法	4	3.4%
期货法	1	0.9%
银行法	8	7%
保险法	8	7%
信托法	5	4.3%
货币管理法律制度	3	2.6%
金融监管与金融体制改革	21	18.3%
互联网金融（含互联网金融监管内容）	26	22.6%

具体而言，2017 年度金融服务法学论文呈现出以下特征：

（一）证券法依旧是学者研究的重点

2017 年 35 本法学核心期刊所载的 115 篇金融服务法论文中，证券法方面的论文数依旧遥遥领先，共计 39 篇，占比 33.9%。其中，证券欺诈（内幕交易、虚假陈述和操纵证券市场）方面的研究达到 12 篇之多，这与近年来证监会强化证券市场监管、严厉打击证券欺诈不无关系。其中，颇具代表性的论文有王林清的《公平交易理论下内幕交易受害投资者司法救济》①，吕成龙的《谁在偷偷地看牌？——中国证监会内幕交易执法的窘境与规范检讨》②，刘敏的《论内幕交易侵权责任因果关系的认定》③，朱开鑫的《内幕交易惩罚性赔偿制度之质疑》④，樊健的《论证券虚假陈述投资者损失计算的“事前观点”》⑤，廖升的《虚假陈述侵权责任之侵权行为认定》⑥，廖升的《操纵证券市场侵权责任之因

① 王林清：《公平交易理论下内幕交易受害投资者司法救济》，载《中外法学》2017 年第 3 期。

② 吕成龙：《谁在偷偷地看牌？——中国证监会内幕交易执法的窘境与规范检讨》，载《清华法学》2017 年第 4 期。

③ 刘敏：《论内幕交易侵权责任因果关系的认定》，载《法学评论》2017 年第 5 期。

④ 朱开鑫：《内幕交易惩罚性赔偿制度之质疑》，载《河北法学》2017 年第 8 期。

⑤ 樊健：《论证券虚假陈述投资者损失计算的“事前观点”》，载《清华法学》2017 年第 3 期。

⑥ 廖升：《虚假陈述侵权责任之侵权行为认定》，载《法学家》2017 年第 1 期。

果关系》[①]，姜鹏的《短线交易收入归入制度的实证分析——兼谈〈证券法〉（2015）第47条的去留》[②] 等。2017年我国在重启资产证券化两年后即发展为一个万亿元级的大市场，面对这一新兴的大市场，资产证券化的法律结构、风险规则和法理基础的研究也逐渐受到金融法学者的关注，典型的论文有：沈朝晖的《企业资产证券化法律结构的脆弱性》[③]，王鑫的《美欧经验下中国资产证券化风险自留规则的完善》[④]，郭万明的《论资产证券化表内与表外模式法律机制的融合》[⑤] 和强力与任海燕合作的《不良资产投资基金的法律构架及问题与对策》[⑥] 等。除了以上文章外，2017年《金融法苑》[⑦] 专门设置资产证券化专刊来研讨资产证券化法律制度、基础资产、投融资结构和风险管理等。

（二）互联网金融研究热度持续升温

2017年对互联网金融行业来说是充满挑战的一年，这一年互联网金融在政府监管和市场非议下砥砺前行。共享单车法律规制、网络平台地位界定、金融科技监管、股权众筹融资的法律规制、P2P网贷和互联网金融规范等研究热度也随之持续升温。35本法学核心期刊所载的115篇金融服务法论文中，与互联网金融（含互联网金融监管内容）相关的共有26篇，占到22.6%。其中不乏大量高质量、高水准的文章，并有两篇发表在了三大法学权威期刊中。

2017年年初，《网络借贷资金存管业务指引》和《网络借贷信息中介机构业务活动信息披露指引》相继发布，配合着2016年网贷平台监管的一系列文件出台，网络借贷平台的发文在2016年呈爆发式增长后，2017年同样是学界和实务界研究的热门话题，如冯辉的《网络借贷平台法律监管研究》，[⑧] 丁海湖、田飞的《P2P网络借贷纠纷审判实务问题研究》。[⑨]

---

① 廖升：《操纵证券市场侵权责任之因果关系》，载《法学评论》2017年第1期。

② 姜鹏：《短线交易收入归入制度的实证分析——兼谈〈证券法〉（2015）第47条的去留》，载《中外法学》2017年第3期。

③ 沈朝晖：《企业资产证券化法律结构的脆弱性》：载《清华法学》2017年第6期。

④ 王鑫：《美欧经验下中国资产证券化风险自留规则的完善》，载《法学评论》2017年第5期。

⑤ 郭万明：《论资产证券化表内与表外模式法律机制的融合》，载《法学杂志》2017年第11期。

⑥ 强力、任海燕：《不良资产投资基金的法律构架及问题与对策》，载《法律适用》2017年第7期。

⑦ 《金融法苑》由北京大学金融法研究中心主办，现为CSSCI来源核心集刊。

⑧ 冯辉：《网络借贷平台法律监管研究》，载《中国法学》2017年第6期。

⑨ 丁海湖、田飞：《P2P网络借贷纠纷审判实务问题研究》，载《法律适用》2017年第3期。

2017年对互联网股权众筹来说是深度洗牌的一年，在严监管、规范互联网众筹平台的主旋律下，众筹融资额开始下滑，金融法学者也敏锐地察觉到并提出了建议。如彭真明、曹晓路合作的《论股权众筹融资的法律规制——兼评〈私募股权众筹融资管理办法（试行）〉（征求意见稿）》,[①] 白江的《我国股权众筹面临的风险与法律规制》,[②] 刘玉的《股权众筹平台法律地位界定及制度构建——基于对美国相关制度的考察》等。[③]

互联网金融严监管的背景下，更多学者开始去探讨如何从法律层面去规范互联网金融，典型的论文有邢会强的《相对安全理念下规范互联网金融的法律模式与路径》,[④] 王怀勇、钟颖合著的《论互联网金融的软法之治》,[⑤] 李有星、金幼芳合著的《互联网金融规范发展中的重点问题探讨》等。[⑥]

2017年互联网金融法律领域研究硕果累累，而在互联网金融和金融科技飞速发展的当下，相信法律规制和监管的相关研究也必将齐头发展。

（三）金融监管与金融体制改革研究受金融法学者青睐

2017年1月7日，在北京举行的第二十一届（2017年度）中国资本市场论坛将“中国金融监管改革”定为主题，在全球金融市场跌宕起伏的新形势下，监管这只“看得见的手”与市场这只“看不见的手”如何协调，以阻隔风险扩大、收缩风险传递、防止风险外溢，维护金融市场和金融体系的有效性、稳定性就显得尤为关键。在2017年的35本法学核心期刊所载的115篇金融服务法论文中，金融监管与金融体制改革的相关文章共有21篇，占比18.3%，而这其中，证券监管和金融法治的论文又占了绝大多数。张红的《走向“精明”的证券监管》[⑦] 发表在三大法学权威期刊之一《中国法学》。除此之外，优秀的证券

---

① 彭真明、曹晓路：《论股权众筹融资的法律规制——兼评〈私募股权众筹融资管理办法（试行）〉（征求意见稿）》，载《法律科学（西北政法大学学报）》2017年第3期。

② 白江：《我国股权众筹面临的风险与法律规制》，载《东方法学》2017年第1期。

③ 刘玉：《股权众筹平台法律地位界定及制度构建——基于对美国相关制度的考察》，载《河北法学》2017年第5期。

④ 邢会强：《相对安全理念下规范互联网金融的法律模式与路径》，载《法学》2017年第12期。

⑤ 王怀勇、钟颖：《论互联网金融的软法之治》，载《现代法学》2017年第6期。

⑥ 李有星、金幼芳：《互联网金融规范发展中的重点问题探讨》，载《法律适用》2017年第3期。

⑦ 张红：《走向“精明”的证券监管》，载《中国法学》2017年第6期。

监管研究还有李东方的《证券监管机构及其监管权的独立性研究——兼论中国证券监管机构的法律变革》、[①] 章武生的《美国证券市场监管的分析与借鉴》、[②] 刘燕陈和陌阡合作的《美国股票融资交易监管：规则与实践的演进》、[③] 徐文鸣和朱良玉合作的《中美证券法公共执行机制比较研究——基于监管机构投入产出的实证分析》[④] 等文章。金融法治研究成果主要有冯辉的《金融危机、国家治理与法治精神》、[⑤] 蓝寿荣的《论金融法的市场适应性》[⑥]、蔺捷的《从金融规制权解读自贸区战略与“一带一路”战略的对接和融合》[⑦]、杨松的《全球金融治理中制度性话语权的构建》[⑧] 等文章。2017 年金融监管和金融体制改革能有如此多优秀的论文值得称赞，笔者认为该领域未来仍将是金融法学者研究的重点。

（四）银行法、保险法和信托法的研究增多

2017 年 35 本法学核心期刊刊载的 115 篇金融服务法论文中，银行法文章 8 篇、保险法文章 8 篇、信托法文章 5 篇，共计 21 篇，这个数量比 2016 年足足多了 6 篇。

2017 年 10 月 13 日由中国法学会推动的“中国大金融体制变革与影子银行的风险化解”主题研讨会在清华大学举办，主要就影子银行的规制路径、国际监管前沿及对中国的启示和中国影子银行的具体风险及其法律治理进行了专门讨论，与会提交的优秀论文和报告发布在了《清华法学》杂志，如楼建波的《法院判决对中国影子银行业务的间接激励——金融商法的视角》[⑨]、朱慈蕴的《中国影子银行：从野蛮生长到有效监管专题絮语》[⑩] 和沈伟的《银行的影子：

---

① 李东方：《证券监管机构及其监管权的独立性研究——兼论中国证券监管机构的法律变革》，载《政法论坛》2017 年第 1 期。

② 章武生：《美国证券市场监管的分析与借鉴》，载《东方法学》2017 年第 2 期。

③ 刘燕陈、陌阡：《美国股票融资交易监管：规则与实践的演进》，载《财经法学》2017 年第 2 期。

④ 徐文鸣、朱良玉：《中美证券法公共执行机制比较研究——基于监管机构投入产出的实证分析》，载《财经法学》2017 年第 3 期。

⑤ 冯辉：《金融危机、国家治理与法治精神》，载《政法论坛》2017 年第 6 期。

⑥ 蓝寿荣：《论金融法的市场适应性》，载《政法论丛》2017 年第 5 期。

⑦ 蔺捷：《从金融规制权解读自贸区战略与“一带一路”战略的对接和融合》，载《当代法学》2017 年第 2 期。

⑧ 杨松：《全球金融治理中制度性话语权的构建》，载《当代法学》2017 年第 6 期。

⑨ 楼建波：《法院判决对中国影子银行业务的间接激励——金融商法的视角》，载《清华法学》2017 年第 6 期。

⑩ 朱慈蕴：《中国影子银行：从野蛮生长到有效监管专题絮语》，载《清华法学》2017 年第 6 期。

以银行法为中心的影子银行分析框架》①。除此之外，银行法还有一篇论文发表在了社会科学领域顶级期刊《中国社会科学》杂志中，为杨松与宋怡林合作的《商业银行股东加重责任及其制度建构》②。

2017年保险法学者同样笔耕不辍，更是有三篇文章发表在了三大法学权威期刊中，为该年金融服务法刊文题域中最多的。分别为李飞的《保险法上如实告知义务之新检视》、③ 岳卫的《利他型人寿保险中投保人与受益人的对价关系》④ 和武亦文的《保险法因果关系判定的规则体系》。⑤ 另外，还有从比较法视角出发的马齐林的《保险人恶意违约制度研究——以美国保险判例为视角》⑥，从食品安全角度切入的肖峰的《我国食品安全制度与责任保险制度的冲突及协调》，⑦ 从具体问题入手的施卫忠、王静的《〈保险法〉"故意犯罪不赔"的相关问题研究》⑧ 等。

2017年法学核心期刊刊载了5篇信托法方面的论文，代表性的文章有缪因知的《证券投资信托的法律构造与监管流变》，⑨ 马荣伟的《信托产品非法定担保类增信措施性质研究》，⑩ 李文华的《完善我国慈善信托制度若干问题的思考》⑪ 等。

二、研究队伍与高产作者分析

2017年共计96位作者（对于合作署名论文，本文仅统计第一作者）在35本法学类CSSCI（含扩展版）期刊上发表金融服务法学论文115篇，人均发表论文约1.20篇。2017年金融服务法学高产作者共有15位（详见表2）。2017年金融服务法学方面的115篇论文中，包含三大权威期刊论文8篇，占金融服务法学

---

① 沈伟：《银行的影子：以银行法为中心的影子银行分析框架》，载《清华法学》2017年第6期。
② 杨松、宋怡林：《商业银行股东加重责任及其制度建构》，载《中国社会科学》2017年第11期。
③ 李飞：《保险法上如实告知义务之新检视》，载《法学研究》2017年第1期。
④ 岳卫：《利他型人寿保险中投保人与受益人的对价关系》，载《法学研究》2017年第6期。
⑤ 武亦文：《保险法因果关系判定的规则体系》，载《法学研究》2017年第6期。
⑥ 马齐林：保险人恶意违约制度研究——以美国保险判例为视角》，载《政法论坛》2017年第3期。
⑦ 肖峰：《我国食品安全制度与责任保险制度的冲突及协调》，载《法学》2017年第8期。
⑧ 施卫忠、王静：《〈保险法〉"故意犯罪不赔"的相关问题研究》，载《法律适用》2017年第1期。
⑨ 缪因知：《证券投资信托的法律构造与监管流变》，载《当代法学》2017年第2期。
⑩ 马荣伟：《信托产品非法定担保类增信措施性质研究》，载《财经法学》2017年第2期。
⑪ 李文华：《完善我国慈善信托制度若干问题的思考》，载《法学杂志》2017年第7期。

论文总数（115篇）的7.0%。（详见表3）

表2　2017年度金融服务法学高产作者统计（2篇以上）

名次	姓名	所在单位	发文数	三大权威期刊数	职称	年龄
1	杨松	辽宁大学	3	1	教授	46岁及以上
2	沈伟	山东大学	3	0	教授	46岁及以上
2	吕成龙	深圳大学	3	0	助理教授	34岁及以下
2	李文莉	上海对外经贸大学	3	0	教授	35—45
3	柴瑞娟	山东大学	2	0	副教授	35—45
3	蒋大兴	北京大学	2	1	教授	35—45
3	章武生	复旦大学	2	1	教授	46岁及以上
3	冯辉	对外经济贸易大学	2	1	副教授	35—45
3	张红	北京师范大学	2	1	副教授	35—45
4	李东方	中国政法大学	2	0	教授	46岁及以上
4	缪因知	中央财经大学	2	0	副教授	35—45
4	廖升	中南财经政法大学	2	0	博士研究生	34岁及以下
4	刘志云	厦门大学	2	0	教授	35—45
4	王怀勇	西南政法大学	2	0	教授	35—45
4	南玉梅	武汉大学	2	0	讲师	34岁及以下

表3　2017年度金融服务法学论文三大权威期刊作者情况统计

作者	所在单位	刊物名称	期数	职称	年龄
蒋大兴、王首杰	北京大学	中国社会科学	9	教授	35－45
杨松、宋怡林	辽宁大学	中国社会科学	11	教授	46岁及以上
章武生	复旦大学	中国法学	2	教授	46岁及以上
冯辉	对外经济贸易大学	中国法学	6	副教授	35－45
张红	北京师范大学	中国法学	6	副教授	35－45
李飞	南京师范大学	法学研究	1	副教授	46岁及以上
岳卫	南京大学	法学研究	6	副教授	46岁及以上
武亦文	武汉大学	法学研究	6	副教授	35－45

通过上述表2和表3，我们可以初步得出2017年的金融服务法学研究队伍，具体呈现以下几大特点：

（一）金融服务法学研究力量开始集中

金融服务法学作为专业性极强、研究分支众多的一门学科，高产作者想要垄断该领域的研究是相当困难的，但笔者根据2017年核心期刊发表论文统计发现，2017年发表2篇以上的15名高产作者合计发表了35篇论文，占到了总发表论文比重的约30.4%，这比2016年的17.5%足足高了12.9个百分点。而且发表在三大法学权威期刊上（除保险法外）的5名学者，均发表了2—3篇以上的高质量金融服务法论文。值得关注的是，山东大学在沈伟院长强势加盟后，金融服务法学研究势如破竹，是2017年唯一产出了2位高产作者的单位。

（二）三大法学权威期刊发文数突飞猛进增长

2017年金融服务法学最值得骄傲的是共有8篇杰出的论文发表在了三大法学权威期刊中，比2016年的3篇多了5篇，其中蒋大兴同王首杰合作的《共享经济的法律规制》① 和杨松与宋怡林合作的《商业银行股东加重责任及其制度建构》② 发表在了《中国社会科学》，除此之外，《法学研究》发表了3篇保险法方面的研究成果，探讨保险法中的如实告知义务、利他性人寿险中投保人和受益人的关系、因果关系的判断等。以上种种均可见2017年金融服务法学研究和论文发表表现不俗。

（三）中青年学者是金融服务法学研究的主力

表4　2017年金融服务法学高产作者年龄分布

年龄	高产作者人数	占高产作者总数比例	发文数量	占发文总数比例	三大法学权威期刊发文作者人数	三大法学权威期刊发文数量
年龄＜35	3	20%	7	20%	0	0
35≤年龄≤45	8	53.3%	18	51.4%	4	4
年龄＞45	4	26.7%	10	28.6%	4	4

---

① 蒋大兴、王首杰：《共享经济的法律规制》，载《中国社会科学》2017年第9期。

② 杨松、宋怡林：《商业银行股东加重责任及其制度建构》，载《中国社会科学》2017年第11期。

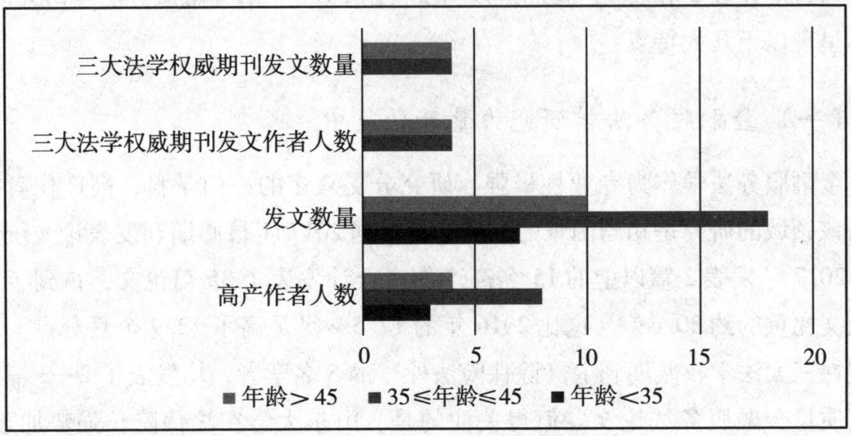

图 2　2017 年金融服务法高产作者年龄分布

根据表 4 和图 2 的 2017 年高产作者年龄分布统计，我们可以看到，有七成以上（73.3%）的高产作者年龄在 45 岁以下，合计发表文章数也占到了 71.4% 之多，而这其中年龄在 35—45 岁的又占了绝大多数，各项指标均占总数的 50% 以上，可谓占据了金融服务法学研究的半壁江山。同时，46 岁及以上的高产作者中，其实绝大多数也是中青年法学家，如杨松教授、沈伟教授等，年龄也在 50 岁以下，研究能力和学术生命力依旧旺盛。

三、法学院校比较分析

2017 年在法学核心期刊发表的 115 篇金融服务法学论文的作者来自 55 家法学科研机构①。其中，发表 2 篇以上（含本数）论文的单位共有 22 家，其中发表 4 篇以上的有 9 家。有关这 22 家单位的发表论文数、他发数、三大权威期刊数等情况，详见表 5。

表 5　2017 年金融服务法学高产科研单位排名

排名	科研单位	论文数	占总论文数的百分比	他发数	他发率	三大权威期刊论文数	占金融法学三大权威期刊总论文数百分比
1	西南政法大学	8	7%	3	37.5%	0	0%

① 本文统计作者所属单位以第一作者为准；如果一名作者同时署名两个单位及以上的，以署名排序在前的单位为准。

续表

排名	科研单位	论文数	占总论文数的百分比	他发数	他发率	三大权威期刊论文数	占金融法学三大权威期刊总论文数百分比
2	北京大学	7	6.1%	7	100%	1	12.5%
2	中国政法大学	7	6.1%	3	43%	0	0%
4	山东大学	6	5.2%	6	100%	0	0%
5	武汉大学	5	4.3%	5	100%	1	12.5%
5	华东政法大学	5	4.3%	5	100%	0	0%
7	中央财经大学	4	3.5%	3	75%	0	0%
7	对外经济贸易大学	4	3.5%	4	100%	1	12.5%
7	上海对外经贸大学	4	3.5%	3	100%	0	0%
10	辽宁大学	3	2.6%	3	100%	1	12.5%
10	中南财经政法大学	3	2.6%	3	100%	0	0%
10	深圳大学	3	2.6%	3	100%	0	0%
10	上海交通大学	3	2.6%	3	100%	0	0%
10	厦门大学	3	2.6%	3	100%	0	0%
10	清华大学	3	2.6%	1	33.3%	0	0%
16	北京师范大学	2	1.8%	2	100%	1	12.5%
16	重庆大学	2	1.8%	2	100%	0	0%
16	复旦大学	2	1.8%	2	100%	1	12.5%
16	吉林大学	2	1.8%	2	100%	0	0%
16	浙江大学	2	1.8%	2	100%	0	0%
16	中国人民大学	2	1.8%	2	100%	0	0%
16	台湾大学	2	1.8%	2	100%	0	0%
	合　计	82	71.7%	65	67%	6	75%

（一）西南政法大学、北京大学和中国政法大学位列前三名

2017 年金融服务法学论文发表数量最多的三家单位分别为西南政法大学（8 篇）、北京大学（7 篇）和中国政法大学（7 篇），但同时我们也特别注意到，西南政法大学和中国政法大学的他发率均不高，这主要是由于 2017 年《西南政法大学学报》新晋为 CSSCI 扩展版期刊，《中国政法大学学报》也由以前的

学报类调整为法学类CSSCI扩展版期刊，而这两本期刊分别刊发了4篇和3篇本校学者署名的文章。北京大学2017年以7篇文章100%的他发率在2016年表现不佳的情况下，再次用实力证明了北京大学金融服务法团队雄厚的研究实力。

西南政法大学金融法学者重点关注到了互联网金融、股权众筹平台、校园网贷及网约车等新兴互联网金融的法律治理和平台法律地位界定等问题，其次证券法也是学者们研究的核心领域。

北京大学以7篇论文的数量紧随其后，其主要是在证券法学领域进行深耕研究，同时也积极去关注共享经济、影子银行和金融监管等不同领域，蒋大兴同王首杰合作的《共享经济的法律规制》一文发表在了顶级的《中国社会科学》期刊上，也是金融法学者研究紧跟时代潮流的体现。

中国政法大学同样以7篇论文的数量和北京大学并列第2名，7篇论文中证券法学研究的就有6篇，涵盖了证券监管、证券融资、内幕交易、证券民事诉讼制度和注册制改革等，可见中国政法大学证券法研究团队实力之强。

（二）山东大学、武汉大学和华东政法大学进入前五名

山东大学以6篇论文的优异成绩位列第4位，武汉大学和华东政法大学分别发表5篇论文，并列第5名。

2017年，对山东大学来说是金融服务法刊文数排位增长最快的科研单位，山东大学在新进院长沈伟教授的带领下，一举发文6篇，排到了第4位。其中，沈伟个人贡献3篇，柴瑞娟贡献2篇。研究方向主要为互联网金融及监管、金融科技和影子银行等新出现的金融服务法问题，研究总体较前卫。

对武汉大学而言，引进的年轻海归博士南玉梅实力不俗，以一己之力连发两篇文章，研究内容主要为债券内部增信和债券交易人卖者责任，同时冯果和段丙华也就债券违约处置问题在《法律适用》发文，可见武汉大学金融服务法（商法）团队在债券问题上关注较多。

华东政法大学作为老牌的金融服务法研究强队，2017年虽稍有下滑但实力不容小觑，5篇他发核心期刊文章，表现依旧显眼。而且不得不提未加入统计的金融刑法著名学者刘宪权教授发表了多篇金融刑法高含金量的论文。

（三）中央财经大学、对外经济贸易大学和上海对外经贸大学三所财经类院校并列第七

财经类院校一直是金融服务法学研究的重要阵地，总发文数和高产作者人数一直处于领先地位，而这其中则由以中央财经大学、对外经济贸易大学和上海对外经贸大学最为突出。

中央财经大学金融服务法学研究团队科研实力强劲，2017 年相比于往年排名虽有下滑，但我们有理由相信在邢会强教授的带领下会产出更多的金融服务法优秀成果。2017 年作为中国互联网金融的风险防范之年，邢会强重点研究了在相对安全理念下规范互联网金融的法律模式与路径；缪因知则对证券交易场外配资合同及其强平约定的效力认定和证券投资信托的法律构造与监管流变方面进行研究；杜晶则继续就我国注册制改革的具体路径进行了探析。

对对外经济贸易大学而言，冯辉以一己之力贡献了 2 篇论文，为金融服务法研究领域的高产作者，并有 1 篇关于网络借贷平台法律监管的研究发表在三大法学权威期刊中，也为该校在法学权威三大刊中占了一席之地。其他学者则就银行债转股和内幕交易惩罚性赔偿制度等方面进行了研讨和反思。

对上海对外经贸大学来说，优异成绩的取得完全仰仗李文莉教授的笔耕不辍。2017 年李文莉教授同其他三名作者合著发表了 3 篇金融服务法方面论文，研究领域涉及智能投顾、信贷资产证券化和股权众筹监管等方面。

（四）六所科研单位，并列第十；七所科研单位，并列第十六

2017 年，有 6 家科研单位以 3 篇的发文数量并列榜单第 10 位，分别为辽宁大学、中南财经政法大学、深圳大学、上海交通大学、厦门大学和清华大学；有 7 家科研单位以 2 篇的发文数量并列榜单第 16 位，分别为北京师范大学、重庆大学、复旦大学、吉林大学、浙江大学、中国人民大学和台湾大学。

辽宁大学法学院院长杨松独著 1 篇，同其他作者合作 2 篇，并有 1 篇论文发表在三大法学权威期刊的《中国社会科学》中，一举成为 2017 年最高产的学者，此成绩也顶起了该校金融服务法学科的一片天。

中南财经政法大学和深圳大学两校比较相似，2017 年均是依靠年轻的博士研究生或教师在金融服务法学科方面取得了一定的突破。中南财经政法大学廖

升博士主要关注证券法学的研究，如虚假陈述、操纵证券市场等；深圳大学年轻教师吕成龙同样重点关注证券法学领域的研究，如内幕交易执法、证券定义和投保机构在证券民事诉讼中的角色定位等。

对复旦大学而言，该成绩的取得则完全仰仗于该校的民事诉讼法学专家章武生教授，同其专业领域有关，研究侧重点为我国证券集团诉讼的模式选择与制度重构问题，并发表在了三大法学权威期刊之一的《中国法学》上，可见金融服务法学同其他法学学科的交叉研究也是很有必要的，可以拓展金融服务法学科的研究广度；另外，章武生认为美国证券市场之所以能保持在世界上无与伦比的优势，除其强大的经济实力外，也与其运作良好的多元化市场监管关系密切，所以其以比较法的视角去分析美国证券市场监管并为我国借鉴。

台湾大学之所以能上榜，主要得益于该校王文宇教授主持的“合金论坛”，并由中央财经大学缪因知副教授整理成稿发表在《财经法学》，王文宇作为台湾大学法律学院研究金融法的学者，在境外上市、公司治理、金融衍生品交易和投资者保护方面都深有研究。

其他上榜单位中，上海交通大学和清华大学在银行法、证券法和金融监管领域研究全面开花，都有高水准的论文；厦门大学则更加关注民间金融和网约车合法化等的新型金融法问题；北京师范大学的 2 篇文章全部由张红贡献，主要研究领域为证券法和证券监管，关于证券监管的文章更是发表在了三大法学权威期刊中；重庆大学胡显莉将会计信息保护、会计监管制度同前沿的“互联网 +”和云计算进行结合研究，开辟了金融服务法学一条新的研究道路；吉林大学更侧重金融消费者和机构投资者方面的研究；浙江大学的 2 篇文章，李有星均为第一作者，研究领域为证券法和互联网金融；中国人民大学关注领域为信托法和证券法。

2017 年，在十九大、全国金融工作会议和中央经济工作会议精神高屋建瓴的指导下，金融服务法学研究硕果累累。2018 年为了更好地维护全国金融稳定，金融市场基础设施建设及监管、普惠金融和金融科技的法治化道路建设同样任重而道远，我们期待各位学者能在 2018 年金融服务法学研究领域取得佳绩。

图书在版编目（CIP）数据

金融服务法评论．第十卷/郭锋主编．—北京：中国法制出版社，2019.6
ISBN 978-7-5216-0260-9

Ⅰ.①金… Ⅱ.①郭… Ⅲ.①金融法-研究-丛刊
Ⅳ.①D921.280.4-55

中国版本图书馆 CIP 数据核字（2019）第 095177 号

责任编辑 韩璐玮（hanluwei666@163.com） 封面设计 周黎明

金融服务法评论（第十卷）

JINRONG FUWU FA PINGLUN（DI-SHI JUAN）

主编/郭锋
经销/新华书店
印刷/廊坊一二〇六印刷厂
开本/710 毫米×1000 毫米 16 开 印张/30.75 字数/534 千
版次/2019 年 6 月第 1 版 2019 年 6 月第 1 次印刷

中国法制出版社出版
书号 ISBN 978-7-5216-0260-9 定价：100.00 元

北京西单横二条 2 号
邮政编码 100031 传真：010-66031119
网址：http：//www.zgfzs.com 编辑部电话：010-66070084
市场营销部电话：010-66033393 邮购部电话：010-66033288
（如有印装质量问题，请与本社印务部联系调换。电话：010-66032926）